新闻传播学核心课程系列教材

媒介素养概论

主　编　方　亭
副主编　王耀龙　单晓颖　吴晓辉

图书在版编目(CIP)数据

媒介素养概论 / 方亭主编. —西安:西安交通大学出版社,2022.5(2024.8重印)
ISBN 978-7-5693-2571-3

Ⅰ.①媒⋯ Ⅱ.①方⋯ Ⅲ.①传播媒介-教材 Ⅳ.①G206.2

中国版本图书馆CIP数据核字(2022)第067713号

书　　名	媒介素养概论 MEIJIE SUYANG GAILUN
主　　编	方　亭
责任编辑	赵怀瀛
责任校对	王建洪
封面设计	任加盟
出版发行	西安交通大学出版社 (西安市兴庆南路1号　邮政编码710048)
网　　址	http://www.xjtupress.com
电　　话	(029)82668357　82667874(市场营销中心) (029)82668315(总编办)
传　　真	(029)82668280
印　　刷	陕西奇彩印务有限责任公司
开　　本	787mm×1092mm　1/16　印张 21.25　字数 392千字
版次印次	2022年5月第1版　2024年8月第4次印刷
书　　号	ISBN 978-7-5693-2571-3
定　　价	59.80元

如发现印装质量问题,请与本社市场营销中心联系。
订购热线:(029)82665248　(029)82667874
投稿热线:(029)82668133
读者信箱:xj_rwjg@126.com

版权所有　侵权必究

前言
Foreword

20世纪30年代以降,从英国学者提出"媒介素养"一词起,其概念内涵、素养构成及修习路径始终众说纷纭,如能力模式论、知识模式论、理解模式论、媒介教育论等,不一而足。但学习媒介素养的目的是一致的,那就是提升媒介使用者科学有效使用媒介的能力。

媒介素养是一种兼具综合性、具体性和复杂性的能力素质。媒介素养的综合性体现在这种素质不是一项简单的技能,而是对新闻传播知识和能力的融会贯通与综合应用。具体性体现在不同历史时期、不同身份、不同个体,对媒介素养的需求具有差异。复杂性体现在媒介素养的修习既包括理论与业务技能的学习,又涉及批判性思维能力的研判;既涵盖种类繁多的媒介传播生态,又指向不断更新变化的媒介理论与应用实践。因而,对媒介素养的修习不可能一蹴而就,它是一项与时俱进、不断更新、终身培育的复合能力。

媒介素养的提升以掌握媒介属性、内容生产方式、媒介机构运作模式、媒介信息传播形式、媒介现象的批判性思维为基础。现有的媒介素养类教材或来源于西方,语境疏离、自成一体;或归属于通识性教材,以常识为本、介绍为主;面向新闻传播学专业学生的媒介素养教材鲜见。该专业学生经过系统课程的学习,熟悉了新闻传播行业运行的基本规律和模式,掌握了各种新闻稿件的采写编评,那么对于他们而言是不是就具备了较高的媒介素养?答案是否定的。学习新闻传播学理论与业务课程,是该专业本科生认知与理解新闻传播行业运行基本规律和业务实践的基础。对课程的学习建立在认知、理解、模仿、创造过程的基础上,是融会贯通并能参与其中的理论与实践经历。媒介素养强调的是合理使用与批判解读媒介的能力与素质。这就要求新闻传播专业的学生能实现角色的转换,从仰视视角转换到俯视与透视的视角,能够全面观照新闻传播的历史性与现代性、内容生产的技术性与人文性、媒介现象的表层呈现与深层内涵、数字媒体的跨学科性与伦理反思等。

为了助力新闻传播学专业学生更好地实现这一转换,媒介素养课程内容该如何设置呢？媒介素养课程是新闻传播学专业学生媒介素养修习的基础课，是本科培养计划中的重要环节。通过对课程的学习，学生会认可终身修习媒介素养的重要性，熟知不同属性工作对媒介素养需求的差异性，体悟融合媒体环境对媒介素养的新挑战与新要求，进一步夯实新闻传播知识谱系的理论与实践基础。本教材内容架构立足于媒介生态学角度，涵盖媒介技术、媒介组织、媒介内容、媒介效果、媒介与人、媒介法制、媒介伦理、媒介文化、媒介事实核查、媒介产业等十个方面。在编写过程中，注重对学生学科知识结构的统合，力求从前沿视角、深化层次切入与透视新闻传播行业，在构建学生完整学科知识体系的同时，充分整合理论知识与业务技能，提升学生对媒介实践与媒介事件进行现象认知、多维解读与理性批判的能力，成为学生奠定媒介素养终身修习知识架构与能力的依托，最终实现媒介素养内化的过程。

媒介素养课程在西安石油大学面向本科新闻学专业学生已开设近10年，新闻系媒介素养研究团队依托课程已立项教改项目、发表教改论文、举办各类学术讲座，历经多年的调研与商榷，最终确定了书稿框架，几易其稿、终于成书。感谢参与书稿编写的各位老师的孜孜不倦、辛勤耕耘！感谢西安交通大学出版社赵怀瀛编辑的耐心细致、尽职尽责。

本书由西安石油大学人文学院新闻系方亭担任主编，西安石油大学人文学院新闻系王耀龙、单晓颖、吴晓辉担任副主编。方亭负责编写第三、五章；王耀龙负责编写绪论和第九、十章；单晓颖负责编写第一、二、四章；吴晓辉负责编写第六、七、八章。

本书在编写过程中，尽管编者已多方论证、数次订正，但书中仍难免有疏漏及不足之处，敬请各位读者不吝赐教。

西安石油大学媒介素养教材团队
2021年金秋于西安

目录 Contents

绪 论 ··· (001)
 第一节 多维视角的媒介 ·· (002)
 第二节 媒介素养与媒介素养教育 ··· (015)
 第三节 媒介素养教育的范式与基本理念 ··· (023)
 第四节 媒介素养课程的学习与提升 ·· (026)

第一章 媒介技术的发展演变：人的延伸 ··· (030)
 第一节 口语传播时代 ··· (031)
 第二节 文字时代 ··· (035)
 第三节 印刷媒介时代 ··· (040)
 第四节 电子传播时代 ··· (045)
 第五节 互联网传播时代 ·· (051)

第二章 媒介组织和新闻生产 ··· (064)
 第一节 媒介组织的内部结构及新闻生产流程 ······································· (065)
 第二节 影响"把关人"的组织内部因素 ··· (072)
 第三节 影响媒体组织内容生产的外部因素 ·· (075)

第三章 媒介内容 ··· (083)
 第一节 媒介内容类型解析 ·· (084)
 第二节 媒介内容批评方法 ·· (096)

第四章 媒介效果研究 ··· (112)
 第一节 媒介效果概述 ··· (113)
 第二节 早期效果观念和研究 ·· (116)
 第三节 有限效果论 ·· (119)
 第四节 社会宏观效果研究的代表性理论 ··· (127)
 第五节 一种特殊的效果理论——第三人效果 ······································ (142)

第五章　认知媒介文化 (145)
第一节　文化、大众文化与媒介文化 (146)
第二节　媒介批判与文化工业 (149)
第三节　伯明翰学派与文化研究 (155)
第四节　青年亚文化理论 (163)
第五节　媒介文化与消费社会 (169)

第六章　媒介与人 (177)
第一节　传播活动是人之所以成为人的重要基础 (178)
第二节　人以自身为媒介并创造了媒介 (182)
第三节　媒介塑造了人和人类社会 (194)

第七章　媒介与法 (206)
第一节　传播与公民权利 (207)
第二节　新闻媒体的法律规制 (223)
第三节　网络传播的法律问题 (232)

第八章　媒介伦理 (247)
第一节　真实——传播的基础 (248)
第二节　公正——传播活动的标尺 (257)
第三节　人文关怀——传播活动坚守的原则 (263)

第九章　新闻事实核查 (268)
第一节　新闻事实核查的起源与发展 (269)
第二节　中外新闻事实核查机制 (278)
第三节　后真相时代与新闻事实核查 (290)

第十章　媒介产业 (294)
第一节　网红经济 (297)
第二节　自媒体 IP (305)
第三节　付费新闻 (316)

参考文献 (324)

绪 论

本书是面向新闻传播学专业本科生的教材,旨在通过讲授媒介素养的相关理论,为本科生夯实专业知识、认识与提升媒介素养、培育批判思维提供有益借鉴。

媒介素养研究兴起于20世纪30年代,是大众传播发展的产物。随着媒介形态的演变、媒介技术的发展、大众传播形态的演变,媒介素养已经成为政府、学校、研究者以及个体日益关注的话题。媒介素养不再仅是一种通过教育赋能而获取的素养,而是成为个体应对复杂媒介环境挑战需要终身修习的一种基本素养。本部分将从媒介素养的源流入手,介绍媒介素养兴起发展的基本脉络及世界主要国家媒介素养教育的基本范式与理念。

第一节 多维视角的媒介

一部媒介史,就是一部媒介与社会的互动史;而一部媒介素养史,就是一部人类如何有效规避媒介不良影响,并有效使用媒介的努力史。媒介技术不断更迭,并不断作用于社会环境,同时,社会环境与人类活动的变化也在不断催生着新的媒介技术与应用。单纯内容消费层面的媒介接触,是人类使用媒介的初级阶段。伴随社交媒介的发展,受众从事媒介内容生产,使用媒介进行信息传播和自我塑造,逐渐增加了个体对媒介使用的能力和素养需求。掌握使用媒介的技术是最低层次的,而了解媒介的特性、社会功能与影响并能有效利用媒介,就需要能透视特定历史环境下媒介的技术属性、社会属性与伦理属性,规避媒介的负面影响,批判地利用媒介,这正是媒介素养的核心作用和意义所在。

在媒介发展史上,媒介一度是专业人士的专属,而随着新型媒介的产生与发展,每一个公众都成为媒介的使用者与拥有者。媒介与生活、工作高度关联。一个人若想高效使用媒介、驾驭媒介,就需要持续培育与提升自身的媒介素养。

一、媒介内涵

作为信息传播的载体,媒介的发展经历了技术由简单到复杂,功能由单一到多元融合的演变。正如加拿大媒介理论家麦克卢汉所言,任何媒介(即人的延伸)对个人和社会的任何影响,都是由于新的尺度而产生的;我们的任何一种延伸(或曰任何一种新技术)出现后,都要在我们的事务中引进一种新的尺度①。媒介不仅延伸了人的器官,更重要的在于每一种"延伸"都会为社会引入一种"新的尺度"。媒介在特定历史条件下产生,其"尺度"带给社会的不仅仅是信息传播方式、传受关系的变化,还

---

① 麦克卢汉.理解媒介:论人的延伸[M].何道宽,译.北京:商务印书馆,2001:33.

有人们认知方式、交往方式以及思维方式的转变。

手机作为新媒介的代表,对社会的影响也伴随着移动技术的发展不断升级。非智能移动电话时代的手机,仅仅是一部不需要接线的电话机,解决了远距离移动通话的问题;而智能移动终端时代的手机,不仅是通话工具,而且已经成为一个综合性的社交媒介,通话功能往往被人们忽略,因为依托手机的通话方式已经非常多元。网络交易、语音、视频、图文等内容的生产与发布,娱乐、游戏、社交、办公、出行等诸多应用不断拓展着人们对手机的认知,使用者也不断加深对手机的依赖,已经形成了一部手机"搞定"所有问题的格局。20世纪90年代,人们不会沉迷于手机,但今天沉迷于手机的人不在少数,有未成年人,也有成年人,"机不离手"似乎已经成为一种普遍的社会现象。当我们去分析这种现象的时候,已经不能简单地把手机定位为一种通信工具,因为,正是这种媒介在不断地塑造我们的生活,影响着我们的交往方式以及对社会的认知。

1. 媒介的词源

从中文词源看,"媒"是撮合男女婚事的人,即媒人、媒妁(旧指婚姻介绍人)、媒婆。《说文解字》中有"媒,谋也。谋合二姓"。《周礼》中有"媒之言谋也,谋合异类,使和成者"。介,即在两者中间,介于两者之间。从一般意义上来看,媒介指在传播过程中,用以扩大并延伸信息的工具,如报纸、广播、电视、电影、书籍与杂志等。

英文中的"媒介"大约出现于19世纪末20世纪初,是指使事物之间发生关系的介质或工具。常用复数形式media,但特指某种媒介时用单数medium。两者对应的拉丁文都是medius。英文和拉丁文词汇同源,都有中间、中心之意。可见medium最基本的意思是在若干存在物之间建立起联系的中介。这种词源定义下的存在物可以是人,也可以是物;媒介可以是自然物、技术,甚至是人本身;建立的联系可以是作用力,也可以是信息。约翰·费斯克(John Fiske)在《关键概念:传播与文化研究辞典》中提出,媒介是能使传播活动得以发生的中介性公共机构,是拓展传播渠道、扩大传播范围或提高传播速度的一项科技发展[1]。芝加哥学派的查尔斯·库利从社会学角度界定"媒介":"手势、讲话、写作、印刷、信件、电话、电报、摄像以及艺术与科学的手段,即所有能把思想和情感由这个人传给那个人的方式。""人类关系赖以存在和发展的手段,即头脑中的所有信号,以及穿越空间传送它们和在时间中保存它们的手段。"[2]

新闻传播学意义上的媒介,是指介于传播者与受传者之间,用以负载、扩大、延

---

[1] 费斯克.关键概念:传播与文化研究辞典[M].李彬,译.北京:新华出版社,2004:161.
[2] 宋小卫.西方学者论媒介素养教育[J].国际新闻界,2000(4):55-58.

伸、传递特定符号的物质实体。按美国传播学家施拉姆的观点，媒介就是传播过程中，用以扩大并延伸信息传送的工具。

2. 与媒介相关的概念

在实践中，我们经常听到或使用诸如媒体、媒介和传媒等概念，这些概念也经常被混用，在此有必要厘清。

实际上，这三个概念所指的含义是有不同侧重点的。媒介指信息传递的载体、渠道、中介物、工具或技术手段。媒介包括两方面要素：一是包容媒质所携带信息或内容的容器，如书（甲骨、竹简、帛书、纸书）、相片、录音磁带、电影胶片、录像带、影音光盘等；二是用以传播信息的技术设备、组织形式或社会机制，包括通信类（驿马、电报、电话、传真、电子邮件、可视电话、移动电话等）、广播类（布告、报纸、杂志、无线电、电视等）和网络类三大类。在当代社会，媒介指书籍、报纸、杂志、无线电、电视和国际互联网等，它们都是用以向大众传播消息或影响大众意见的传播工具。

媒体指信息的采集、加工制作和传播的社会组织。

传媒是指"大众传播媒介"。广义的大众传媒包括报纸、杂志、电视、广播、电影、图书、音像制品和互联网。传播学上的大众传播媒介，既有媒介的内涵，也有媒体的内涵。因而，传媒的使用及内涵需要根据语境去判断。

一般情况下，我们分析一种媒介，主要关注基于介质和技术特性而产生的在新闻传播过程中所具备的媒介特性。比如报纸，是一种纸质载体，它的特性就是便于携带，但传播速度慢、不易保存；它又是以文字为展现方式的媒介，在传播过程中有一定的进入门槛等。

从历史的维度来看，伴随人类社会的发展和媒介技术的进步，媒介在不同时期呈现出不同的形态。从最早的口语、肢体语言，到文字、报纸、广播、电影、电视、网络，媒介的发展为信息传播提供了日益便捷的技术承载形式。依据技术及发展阶段来划分，媒介可以分为报纸、杂志、电视、广播、电影、图书、音像制品等，这些媒介被称为传统大众传播媒体。而以数字和网络技术为基础发展起来的媒介，则被称为新媒体。也有学者认为，新媒介是一个相对的历史概念，一种新的媒介形式出现，相对于以往的媒介来讲就是新媒介。

二、认识媒介的多维视角

人类的发展史就是一部传播史、一部传播媒介的演变史。人类最早使用口语、肢体语言为媒介进行传播，到后来使用文字、纸质媒介、电子媒介，再到现在使用互联网。媒介技术的变革，为人类社会的信息传播乃至信息产业带来了不同的传播景观。

认识媒介有许多视角。不同类型的媒介具有不同的特质,不同的媒介在同一历史时期发挥的作用和产生的影响也不同,甚至同一类型的媒介在不同制度下的同一历史时期发挥的作用和产生的影响也不一样。从媒介演变的角度来看,一种新的媒介的诞生,不是对以往媒介的颠覆,而是一种功能上的叠加。因而,自从有媒介研究开始,人们就开始从不同的角度认知和研究媒介,认知视角和理论千差万别。一种物质属性的媒介,因制度、历史和社会属性的叠加,拥有了太多的内涵,甚至是隐喻。

在媒介融合发展的今天,媒介社交化应用随处可见,一部手机容纳了所有的信息传播功能,网络直播成为常态。信息内容的生产、传播、接收以及再加工都成为非常简单的流程,"人人都是麦克风"的时代已经到来。在这种媒介景观之下,我们看到的是日益复杂的信息环境、知识环境、意识形态环境、文化生态和商业生态。作为信息环境中的个体,个人被各种形式的信息包围,信息量过载带来的信息甄别难度与日俱增。

就本质属性而言,媒介属于一种信息传播的工具、载体和中介。然而伴随信息技术的发展、媒介的功能拓展和媒介应用的移动化,媒介对社会生活的影响呈现出深入化、多元化的倾向。媒介不再仅仅是建构拟态环境的工具,也成为工作、生活须臾不能离开的日常应用工具。

从新闻信息生产和传播的主体来看,一般意义上认知媒介的视角可以分为传播者视角和受众视角(或用户视角)。媒介是连接传播者与受众、承载内容的工具。从这个角度出发,媒介的本质就是信息的传播工具。因载体的差异,媒介可以分为纸质媒介、电子媒介、网络媒介等;按传播覆盖面的不同,媒介又可分为人际传播媒介、社交媒介、大众传播媒介等。我们可以从媒介的传播载体、传播方式、传播覆盖面、交互形式等方面进行不同角度媒介类型的划分。随着技术与应用的发展,媒介融合的加剧,融合媒体、全媒体、智慧媒体等新的媒体形式的产生,以及人机交互、沉浸式等新的媒介接触方式的产生,仅从技术的角度来看,媒介形式和交互方式的多样化、媒介技术的融合化、应用场景的社会化和情境化、社会环境中媒介的影响力日益增加,同时媒介使用和认知的难度也与日俱增。科学认知、合理使用媒介已经成为一个需要理性和认真对待的问题。

从传播学的研究流派来看,对于媒介作用、功能和影响的研究可以分为经验主义学派、批判学派和媒介环境学派。每一种学派对媒介以及传播的功能、作用和影响分析的立足点和结论都不同。梳理各学派的研究,有助于我们更深刻地认知不同语境和情境下的媒介。

1. 经验主义学派视野的媒介

经验主义学派主要采用社会学、心理学等研究方法,强调定量分析,注重实证经验和微观层面的研究，重点关注如何传播、如何有效传播，寻求传播活动自身的规律，致力于提高传播效果，更直接、更有效地服务于实践，主要的研究范式可以分为行为主义范式、认识论范式和功能主义范式。

（1）行为主义范式。行为主义范式关注受众对媒介的接触与反应，解释媒介传播及其影响，主导的理论模式是"刺激-反应"。早期的行为主义夸大了环境的决定性作用，而忽略了人的主观能动性，比如效果研究的魔弹论。20世纪四五十年代，新行为主义理论则开始关注个体差异及由此而产生的信息选择和解码的差异，代表性理论有个人差异论、社会分类论与社会关系论等。行为主义范式下，媒介是信息环境的制造者、社会观念的建构者，对于受众的议程选择具有非常大的影响。由此也能看到在媒介形式单一化、一对多的单向传播格局下，个体处于被动接收信息的地位，媒介对个体及社会产生的影响和作用非常巨大。

（2）认识论范式。认识论范式强调人脑已有结构、人的主体性和能动性对人的行为和当前认知活动的决定性作用。认识论范式强调媒介传播中主体的能动性，受众不再只是信息的被动接收者，而是内容的积极解读者，受众在媒介传播过程中的中心地位得到重视。比如使用满足理论就是典型代表，它强调个人根据不同需求来选择媒介内容，从而得到自身的满足。认识论范式将媒介回归到信息传播工具的本体属性，从工具和人的主体性的角度，研究媒介在社会中的作用。

（3）功能主义范式。功能主义范式将大众传播媒介看作是社会有机体的一个组成部分，社会的有序运转有赖于大众传播媒介有效承担和履行一系列的功能。比如汉诺·哈特从功能主义视角出发，认为社会在组织并控制利益群体的工作中，传播被赋予重要的角色。媒介扮演着整合社会的工具的角色，大众传播作为社会整体的子系统，主要用来维护现行社会秩序。在结构-功能主义的理论框架下，"媒介"（大众传播媒体）的意义在于将我想告知受众的信息准确地发送到个人的头脑之中，打破"我"与"非我"的界限，从而去引导公共舆论和控制社会的价值取向。20世纪40—50年代，传播的意义被理解为大众媒介传递信息产生的可验证的客观效果。以默顿（Merton）为代表的结构功能主义媒介研究者的重心完全落在了工具性层面，人类对于传播意义的主观阐释被排除，强调经验研究的真实性。

2. 批判学派视野的媒介

批判学派20世纪60年代起源于欧洲，是与经验主义学派相对立，以批判方法进行传播学研究的学派，主要包括法兰克福学派、政治经济学派、文化研究学派、意识形态霸权理论和哈贝马斯的批判理论。

(1)法兰克福学派。法兰克福学派是批判学派的开创者,其研究的最大特点就在于批判,涉及媒介、传播者、媒介产品、受众及传播体制等内容,主要从技术理性、文化工业、意识形态(媒体意识形态的异化现象)三方面对工具理性及异化现象进行批判,代表人物有阿多诺、霍克海默、本雅明、马尔库塞等。法兰克福学派的传播思想集中在对媒介控制的认识上。在资本主义社会商业化体制下,法兰克福学派对大众媒介(特别是电影和广播等)及文化工业进行了深入的分析和批判,剖析和批判了西方传播媒介的垄断化和"霸权主义"本质。他们认为,传播媒介成为凭借现代科学技术大规模复制、传播文化产品的娱乐工业体系。资本主义的发展已经使电影和广播不再作为艺术,而转变成了工业。文化工业产品具有任何其他资本主义工业一样的特征:使用异化劳动,追求利润,为了消费而生产,实现生产效率的最大化。今天流行于日常生活中的畅销小说、商业电影、通俗电视剧、流行歌曲、休闲报刊等都是这种文化工业的产物。在资本主义工业社会中,大众媒介已成为意识形态,成为维护国家统治合法性的基础;通过传播上的操纵和欺骗,大众媒介不仅极为有效地清除了社会文化的否定性,甚至系统地清除了孕育批判性和否定性的家庭环境对儿童的影响,最终造就单向度的人和社会。

(2)政治经济学派。政治经济学派致力于对西方垄断传播体制的经济结构和市场经济运行过程进行批判。他们在研究过程中注重从经济基础出发分析社会和传播现状,从所有制关系和经济结构上来揭示资本主义大众传播的内在矛盾和制度的非合理性,关注的核心问题是媒介高度集中和垄断的趋势及其带来的社会后果。他们认为,高度的独占和集中是垄断资本控制着文化生产和流通的明证,大众传媒的活动最终是为了维护垄断资本的利益、意识形态和统治权力。主要代表学者有默多克和格尔丁等。

(3)文化研究学派。文化研究学派又被称为伯明翰学派,代表人物是霍尔、莫利等。该学派常用文本分析和受众调查的方法,从上层建筑和意识形态的相对独立性出发研究资本主义社会的大众传播。他们认为大众传播是资本主义社会系统的重要组成部分,在规定社会关系、行使政治统治方面发挥重要的意识形态功能,有相对独立性。他们还认为大众传播可以分为两个部分:一是文化产品的生产过程,二是文化产品的消费过程。信息符号是与一定的价值体系或意义体系结合在一起的,受众可以对文本信息做出多种多样的理解。

(4)意识形态霸权理论。"霸权"一词最早由葛兰西提出,他把现代资本主义国家的形成看作是"强制装置"的政治社会和作为"霸权装置"的市民社会的融合,认为市民社会是建立在"合意"或"同意"基础上的社会。对政治社会,即国家的统治,可以采取暴力或强制;对市民社会的控制,必须诉诸文化。

批判学派的学者继承了葛兰西的观点,把"霸权"看作是支配阶级在一定历史时期为维护自身利益而行使社会主导权和文化主导权的能力,而实现"霸权"的手段不是通过直接的高压政策,而是通过决定国家的经济、政治和文化方向,使被支配阶级对现有的权力结构和社会关系产生认同或者从属意识。

大众传媒通过日常的报道和宣传将支配阶级的特殊利益描述为社会普遍利益,其目的是建立"合意"或"同意"的社会机制,但是,这是一种虚假的"合意",因为它掩盖了阶级支配的实质。批判学派的目的就是揭露它,唤起民众的觉醒,促进社会变革。他们认为在现代资本主义社会,支配阶级不再主要依靠国家、军队、法院等"强制装置",而主要通过意识形态"霸权装置"来维护自身利益,以私有制为基础的大众传播制度就是重要的意识形态"霸权装置"之一。

(5)哈贝马斯的批判理论。哈贝马斯是德国哲学家和社会学家,是法兰克福学派的第二代旗手。他认为,近代以来的资本主义追求的是一种"工具合理性",这一合理化过程不仅带来了对自然的支配和操作能力的扩大,而且也强化了社会的支配结构和支配关系。哈贝马斯反对导致人的异化的片面追求"工具合理性"的立场,提倡"综合的合理性",即主张通过扩展"没有支配和强制的传播关系",改善"传播的合理性"以改革社会,建立基于"理性合意"的新型社会关系。

20世纪30—40年代兴起的法兰克福学派认为大众媒介作为一种意识形态存在,对大众媒介传播内容的控制性进行指控,因而学界普遍认为法兰克福学派站在实证主义传播学的对立面。但在对于"媒介"的界定和理解上,法兰克福学派未必就比实证主义的传播学研究有更大推进。该学派依然是在大众传播媒介的视域下进行批判,"媒介"的性质依然是社会与国家对个体的控制工具。

无论是实证主义的学者,还是法兰克福学派,传播研究始终围绕国家和社会如何通过信息的传播实现对个体思想的统治和控制,因而"媒介"的定义始终落在大众传播的范畴之内,成为对受众进行意识形态控制的工具。而库利和米德对传播和媒介的研究视角开始转移到受众个体自我意识形成的层面,他们把注意力集中在人际互动上。米德在研究中指出,人的互动是以使用符号、通过理解或确定彼此行动的意义来作为媒介的,从而使传播变为人与人之间的互动与对话,也即雷蒙德·威廉斯所谓的"分享式的传播"。库利认为,人们彼此都是一面镜子,互相映照着对方,个人通过他人对自身行为的反应和评价形成自我认知,因而与他人的交往是形成"自我观念"的必要手段。米德在他的符号互动论中指出,人们并不是直接对符号本身作出反应,而是在个体对符号意义有共同理解的基础上作出反应,并在互动中形成自我意识,而这种社会互动不仅体现在人际传播上,也作用于人内传播。人际传播和人内传播相互影响,在它们的双重作用下主体的自我及自我意识最终得以妥善完成①。

3. 媒介环境学派视野的媒介

媒介环境学派形成于北美,萌芽于20世纪30年代,成长于20世纪50年代。媒介环境学派的产生,打破了传播学领域经验主义学派和批判学派两分天下的局面。经验主义学派强调以实证的方式对媒介内容进行效果研究。批判学派注重对文化工业、媒介运行机制、媒介体制、传播的意识形态等进行批判式阐释。媒介环境学派主张"泛"媒介论,即"环境即媒介",关注点涵盖整个人类文化的健康和平衡,既有微观的媒介研究,也有宏观的文明演进研究,它非常注重广义技术的发生、发展,具有强烈的人文关怀和道德关怀。

媒介环境学派与经验主义学派、批判学派对媒介内容的重视不同。媒介环境学派强调媒介形式的重要性,将媒介视为分析的重点,探究媒介与人的共生关系。人文主义关怀是媒介环境学派的精神内核。它重视媒介在社会变迁中的作用,分析媒介对人、文化、社会等产生的各种微观的或宏观的影响,以弥补传统研究对媒介本身的忽视。媒介环境学派开创了传播学研究的新范式,为传播学的发展注入了新的活力。媒介环境学派主要代表人物包括伊尼斯、麦克卢汉、尼尔·波兹曼、林文刚等。

伊尼斯着力探讨媒介与权力结构的关系。他认为媒介具有时间和空间上的偏向性,媒介的这种偏向性塑造着社会的知识状况和政治形态。其中,偏向空间的媒介由于易于携带,有利于扩张权力范围,但由于不便保存,因此难以形成中央权威;而那些偏向时间的媒介则与此相反,有利于维持政权的稳定,但不利于权力的扩张。关于媒介与权力结构的关系,伊尼斯认为媒介会极大地影响人们的交往方式,从而影响社会形态。新的媒介的出现会开创新的交往模式,从而促使权力结构发生转移,所以一旦掌控了媒介,就可以操控权力。

①媒介的偏倚论:伊尼斯认为人类传播媒介演进史,是由质地较重向质地较轻、由偏倚时间向偏倚空间发展的历史,与人类文明进步阶梯相协调。

②传播与社会稳定的关系:伊尼斯从媒介技术特性角度,论述了不同属性媒介同权力结构的关系。他认为,偏向时间的媒介有助于树立权威,有利于形成等级森严的社会体制;而偏向空间的媒介则有利于进行远距离管理和广阔的地域贸易,有助于帝国的扩张,从而有利于形成中央集权,但等级性不强的社会体制。

伊尼斯认为,任何一种新的传播媒介的出现,都能够改变社会体制的形态,常常

---

① 喻国明,王小龙,郭剑楠.智媒时代媒介的重新定义:依据社会化场域的范式[J].青年记者,2019(28):38-41.

转移权力中心。对社会权力的竞争离不开寻求新的传播技术形式的竞争。因而,伊尼斯就将控制媒介的行为视为行使社会和政治权力的一种手段。

伊尼斯将媒介与文化联系起来研究,批判了当时出现的知识机械化倾向,改变了传播学过去以信息内容为研究中心的传统,逐渐开始将媒介与社会文化、经济、权力结构联系起来研究。尽管伊尼斯在对待科技的态度方面的悲观论调和怀旧情绪并不可取,但是他对现代西方文明过于强调物质科技的力量,忽视道德力量的批判性思考却是应当受到尊重的。

麦克卢汉是一位颇富有创见性的学者,他针对媒介技术提出了很多富有创见的惊人之论。首先,关于"媒介即讯息",他认为媒介本身比它传递的内容更有价值,媒介的形式深深地影响着整个社会的交往形式,并且媒介本身也作为另一种媒介的内容而传递意义。其次,关于媒介是人的延伸,他认为凡是延伸人体的东西都是媒介,而这种延伸最终必将影响人的心灵与社会。再次,关于"媒介冷热论",他认为媒介可以分为冷媒介和热媒介两种。冷热是就媒介自身传播信息的清晰度而言。热媒介的信息清晰度很高,不需要接收者调动多种感觉器官;而冷媒介的信息清晰度较低,需要接收者调动多种感官,积极参与解读。最后,关于地球村,麦克卢汉认为不同媒介形式主导的社会被划分成不同的形态。原始社会在口语的主导下是"部落化"的群体,印刷媒介的出现使社会"脱部落化",而电子媒介重新缩短物理空间距离,在全球范围内形成"返部落化",偌大的地球骤然坍缩为一个村子,即"地球村"。

尼尔·波兹曼是早期媒介环境学派的创始人之一,代表作有《童年的消逝》《娱乐至死》。他提出的主要论断包括以下方面。

(1)童年的消逝。他认为在口语时代,儿童与成年人无异,当时不存在童年这个概念;然而在印刷时代,文字成为儿童与成人之间的分界线,儿童需要经过教育才能解读成人的奥秘;如今进入电子时代,电视等媒介降低了信息获取的门槛,儿童无须经过教育和训练就能接触成人的世界,因此"童年"这个概念消失了,儿童与成人之间的壁垒也消失了。由于感性的媒介压倒性地胜过了以往的理性的媒介,因此成人原本的逻辑思维能力也被削弱,逐渐与感性无批判的儿童趋同,造成了"成年的消逝"。

(2)媒介即隐喻。波兹曼认为媒介作为隐喻,正在定义着现实世界。它是通过自身形式来作用于社会的,媒介的形式偏好特定的传播内容,从而塑造整个社会文化形态。口语时代媒介与信息的和谐状态促成人与人之间的和谐关系,而在电子时代,媒介主宰信息,一切严肃的话语都被改造成简单通俗的形式,人们淹没在这种无须思考的信息中,丧失了自己的批判性和现实活动能力。

（3）娱乐至死。社会由印刷统治转变为电视统治，由此导致社会公共话语权的特征由曾经的理性、秩序、逻辑性，逐渐转变为脱离语境、肤浅、碎片化，一切公共话语以娱乐的方式出现，以此来告诫公众要警惕技术的垄断。波兹曼继承了麦克卢汉的媒介决定论思想，但是也开始摒弃麦氏的乐观主义，开始辩证地反思和批判媒介技术。

美国威廉·帕特森大学教授林文刚（Casey Man Lum）师从尼尔·波兹曼。他在《媒介环境学：思想沿革与多维视野》一书的绪论里，提出三个媒介环境学深层的理论命题：传播媒介不是中性的，传播媒介有七种偏向，传播技术对社会、文化、政治、经济、心理各方面产生影响。他的表述分别是："传播媒介不是中性的、透明的和无价值标准的渠道，只管把数据或信息从一个地方传送到另一个地方。实际上，媒介固有的物质结构和符号形式发挥着规定性的作用，塑造着什么信息被编码和传输、如何被编码和传输，又如何被解码。在这样的理论表述层面上，一种媒介的符号形式产生了其编码的特征，而媒介则用这样的编码来表达信息（比如模拟式符号和与之相对的数字式符号）；同时，媒介的符号形式又决定着符号组合的结构（比如命题式结构和与之相对的表现式结构）。""每一种媒介独特的物质特征和符号特征都带有一套偏向。为了便于理解，我们可以借用尼斯特洛姆设计的一套理论来概括。"这七种偏向是思想和情感偏向，时间、空间偏向，感知偏向，政治偏向，社会偏向，形而上偏向，内容偏向。"传播技术促成的各种心理或感觉的、社会的、经济的、政治的、文化的结果，往往和传播技术固有的偏向有关系。"①

美国著名的传播学者约书亚·梅洛维茨（Joshua Meyrowitz）提出了"媒介情境论"，该理论吸收融合了伊尼斯、麦克卢汉的"媒介环境"观点和戈夫曼的"情境互动论"。"媒介环境"是指媒介变化导致人的变化，而"情境互动论"认为情境变化导致人的变化。梅洛维茨提出，媒介变化导致社会情境变化，因为媒介作为传播信息的工具，本身也是一种情境，不仅告知人们社会的变动，还指导人们的行为。

麦克卢汉等学者的研究强调媒介技术的决定性作用。媒介被用来指传播方式，但更常用于指使这些方式成为现实的技术形式，如报纸、收音机、电视、书籍、照片等。梅洛维茨对"媒介"的定义则更偏重于一种工具性的思考，"媒介指除了直接的面对面传播模式外，还指信息传播的所有渠道和手段"。在这种定义之下，媒介需要被具象为一种工具性的实物，比如书信、电报和电话等，语言与非语言行为则不是媒介。

---

① 何道宽.媒介环境学派的理论命题、源流与阐释：媒介环境学评论之五［EB/OL］.［2022－03－10］. https://www.doc88.com/p-75229262908044.html.

美国著名媒介分析家阿瑟·伯格则将媒介定义为传递信息的方式和通道:"媒介可以被定义为通过一对一或一对多(如大众媒介)等方式,传递信息、资讯、文本等的通道。"[①]大多数媒介都在传递文本,例如,言语是谈话的媒介,是一种人际媒介。这种传递信息的方式和通道,本质上还是将媒介作为一种技术进行研究[②]。

保罗·莱文森是美国媒介理论家,他实现了精英文化与大众文化、科学文化与文学文化的结合。他是尼尔·波兹曼的博士生,被称为"数字时代的麦克卢汉""后麦克卢汉第一人",出版的书籍主要有《数字麦克卢汉:信息化新纪元指南》《新新媒介》等。保罗·莱文森提出,人类在媒介演化过程中,不断地进行着理性选择。任何一种后继的媒介,都是一种补救措施,都是对以往的某一种先天不足的功能的补救和补偿。换言之,人类的技术越来越完美,但新的媒介又带来新的问题。媒介的进化是人类选择的结果,能更好地满足人类需要的媒介被保留了下来。在理论贡献方面,"补偿性媒介"理论为媒介技术的进步提供了一种新的、有说服力的解释,认为人类决定着媒介的进化方向,提出人类可以进化和控制媒介技术,保存和开发我们喜欢的媒介环境。

美国著名传播学者詹姆斯·凯瑞提出"传播仪式观",从人文批判的角度考察媒介形态和媒介的表达方式,克服"技术至上"的倾向。他认为,人们对传播的认识通常定位于信息在空间中的传递和发布过程,达到控制接收者的目的,但媒介技术和表达方式本身又表现为一种仪式。"传播仪式观"并不是指信息在空间中的扩散,而是指在时间上对一个社会的维系,不是分享信息的行为,而是共享信息的表征。媒介或媒介的表达方式成为一种"神圣典礼",使参与者在媒介营造的生活环境中具备身份、担当角色,并形成媒介化的人生观、世界观。这类传播行为在不经意中改变着社会结构,形成观念上的社会共同体。

三、认知媒介的路径

从传播学不同学派的研究可以看出,存在于社会环境中的媒介并非是一种简单意义上的载体或技术形式。社会存在的各种因素,使媒介负载了不同的社会、政治、经济、文化等属性。因此,对于媒介的认知,不能单一地、简单地将其定位为信息载体、传播渠道、传播工具或意识形态工具等。媒介与社会环境密切关联,在传播实践中,媒介属性具有多重性,我们认知和分析媒介需要有多维视角和多重关照。

---

① 伯格.理解媒介:媒介与文化研究的关键文本[M].秦洁,译.北京:清华大学出版社,2013:3.
② 丁云亮.理解文本:阿瑟·伯格的媒介批评方法论[J].吉林师范大学学报(人文社会科学版),2015(2):104-108.

1. 媒介是一种物理载体

美国传播学家梅尔文·德弗勒认为,传媒可以是任何一种用来传播人类意识的载体或一组安排有序的载体。从媒介形式来看,媒介本质上是一种物理载体,媒介的载体属性因时代的技术发展而异。纸质媒介的载体是各种类型的纸张,其属性规定了纸质媒介所能承载的符号和编码形式,以及传播特性。网络媒介的载体是网络,网络的延展性、多媒体性、超链接性等特点,决定了网络媒介传播的覆盖面广、传播速度快、呈现形式多媒体化、跨时空性等传播特性。因而,认知媒介的起点是分析媒介载体的物理属性。

2. 媒介是一种信息传播工具

新闻传播学意义上的媒介是一种用于信息传播和交互的工具。尼尔·波兹曼曾经问过一个这样问题:"对于普通大众来说,一个月不看电视意味着什么?"他自己回答说:"充其量只不过是一种苦行而已。"[①]在波兹曼看来,电视这样的传统大众媒介只是供人消磨时间的娱乐工具,大众对电视的依赖只是精神上的依赖。大众媒介正在飞速发展,以手机为代表的新一代媒体正呈现出超越传统媒体的价值与活力。随着各种媒体之间的不断整合,其实用价值也日益凸显,加之社会大众工具理性意识的不断加深,人们对媒介的依赖显然不仅仅是精神上的依赖,而是已经跨入了一个工具化时代[②]。我们从新闻传播学的范畴分析媒介,将其主要功能定位为信息传播。当然,今天媒介的功能已经不再局限于信息传播,而且,今天媒介信息的传播形式也在不断变化,总体上在朝着多元化的方向发展。作为信息传播的工具,媒介功能的多元化和传播信息形式的多元化,在不断拓展着社会对媒介作为信息传播工具的认知和理解。

3. 媒介的技术属性

技术常常被看作是达到目的的手段和人的活动,兼具工具性和人类学的特质。正如海德格尔在《技术的追问》一文中所言,技术不仅是手段,还是一种展现方式。新技术的运用不只是一个传统的物质、能量、信息转化的过程,更体现了其深刻的社会化,并带来了社会的技术化。在信息传播领域,新技术正在不断革新媒介形态、内容生产与分发、传受关系、信息功能,甚至不断革新新闻原则、传播理念,最终形成新型的媒介与人、与社会的关系。技术化了的媒介,正在革新伦理,更新价值观念。挑战是巨大的,问题也非常复杂多面,如何准备应对这场革命呢?在媒介伦理的层面,

---

① 郭庆光.传播学教程[M].北京:中国人民大学出版社,1999:185.
② 何敏杰.媒介依赖:一种工具化时代的到来——当代大学生手机使用与满足实证研究[J].湖南大众传媒职业技术学院学报,2013(2):18-21.

我们需要重视技术在媒介使用中的工具性与人性的关系①。

4. 媒介的政治属性

西方学者习惯把大众媒介看成是"第四权力"或"第四等级"。第四权力是相对于行政、司法、立法三大权力而言的,意思是媒介也是一种权力,这种权力能够对其他权力进行制衡。第四等级则视新闻工作者为一个独立的社会阶层。随着批判学派的兴起,人们倾向于把大众媒介看成是公共领域的代表。公共领域的基本前提是市民应有相等的自由表达机会,并且能够自主地组成公共团体,其讨论的主题应以批评公共事务为主②。

传播过程与政治过程相辅相成。大众传播影响着政治进程,政治力量也决定着媒介传播的方向。苏联一本新闻学教科书说:"新闻事业在社会体系中总是作为一种手段,为达到一定的目的服务。目的是由一些政治组织与机构,诸如政党、国家、地方自治机关、企业家经济联合体、工会或其他的社会集团等拟定的……定期报刊是在该政治力量所定出的轨道内活动的。"在社会政治领域,大众媒介究竟能发挥什么功能?这与媒介置身的政治结构密切相关③。

5. 媒介的产业属性

媒介的产业属性是因媒介运营的组织或者所有权机构参与市场竞争而获得的。从新闻业的发展来看,西方报业进入大众化报纸时期后,新闻成为可以买卖的商品。媒介产品的经营具有二重性质,媒介既经营新闻服务和产品,又经营受众。西方的媒介组织是以企业形式运营,比如新闻集团。我国清末开始有企业化经营的商业报纸。党的第十一届三中全会以后,为适应党和国家工作重心转移到经济建设上来的新形势,一些报社试行事业单位企业化管理,坚持以社会效益为先,兼顾经济效益的原则,进行市场化发展的探索。20世纪90年代逐渐开始了报业集团、广电集团的组建和运营,媒介产业呈现出蓬勃生机。媒介的产业属性是媒介企业发展的结果,这一属性决定了媒介企业在经营过程中需要参与国内甚至全球市场的竞争。在媒介之间的竞争与合作中,企业需要考虑自身的经济效益与生存。

6. 媒介的文化属性

文化由人类创造的不断传播着的各种符号系统所构成,主要是语言符号,其次是非语言符号,但无论是语言符号,还是非语言符号,它们的本质都是文化。媒介就是一种符号,这种符号还有特定的意义。媒介也是一种文化。同时,媒介是文化传

---

① 陈昌凤. 工具性兼人性:技术化时代的媒介伦理[J]. 新闻与写作,2019(4):1.
② 张锦华. 公共领域、多文化主义与传播研究[M]. 台北:正中书局,1997:16.
③ 张昆. 大众媒介的政治属性与政治功能[J]. 武汉大学学报(人文科学版),2006(1):96-100.

播的载体,借助于媒介,文化产品得以在社会广泛传播。媒介的运营活动是人类社会精神文化活动极为重要的组成部分,新闻媒介在社会文化建设中承担着极为重要的角色。新闻媒介通过生产和传播文化,形塑和构建社会文化。

7. 媒介的公共服务产品属性

无论在国内,还是在国外,媒介都是面向社会公开提供服务。媒介是社会的公器,承担着监督社会环境、报道新闻事实、传承文化的责任,也承担着引导舆论和监督舆论的责任。在一个制度体系完备的社会中,媒介作为公众的代言人,在反映并代表舆论、报道舆论、监督舆论、引导舆论方面具有其他事物不可比拟的作用。正因为媒介和舆论如此密切的关系,久而久之,媒介逐步从单纯的舆论表达渠道变成了公众的代言人。新闻媒介在舆论领域实际已同时扮演了公众论坛和公众代言人的双重角色,它既是舆论的载体,又常常是舆论主体的影子。

第二节 媒介素养与媒介素养教育

简而言之,媒介素养是立足于受众角度,为维护受众权益,确保受众能有效利用媒介而需具备的一项技能和专业素养。媒介素养的兴起源于社会公众对信息传播产生负面影响的担忧。早期的媒介素养教育旨在培养社会公众,尤其是青少年防御不良文化侵蚀的能力,后来媒介素养逐渐发展为媒介社会条件下公众必备的一项素养。作为一种行业基础素养,媒介素养具有历史性和发展性。媒介发展推动着媒介素养内涵和外延的不断拓展。媒介素养教育旨在通过教育手段赋能,促进媒介素养的提升。从传统的学校教育、社会教育、家庭教育、自我修炼,到多元方式的融合提升,媒介素养教育的方式日益多元化,其重要性也日益得到社会的认可与重视。

早期媒介素养相关论述的立足点是施教者角度,关注的对象是受众,媒介教育或者媒介素养教育论述的都是对于媒介受众的教育内容、方式等,受众基于这样一种教育而获得的素养被称为媒介素养。因而,可以看出,与媒介素养相关的两个关键词"媒介教育""媒介素养教育"实则是立足于不同视角的两种称呼。从概念生成的逻辑和素养的形成来看,应当是学者先提出了媒介教育,后逐渐演化出了媒介素养教育,而基于教育过程,受众所具备的素养叫作媒介素养。

一、媒介素养

媒介素养是一个从国外引入的概念,也是一个内涵复杂的概念体系。媒介素养的概念经历了一个演绎变迁的过程。从媒介素养的概念入手,梳理其发展源流,深入理解和掌握媒介素养的内涵,有助于更好地认知和提升媒介素养。

1. 媒介素养的起源

19世纪末20世纪初,媒介产业飞速发展,尤其是电影的普及给社会带来了流行文化。然而,影视文化引发的流行和时尚文化所包含的价值观念往往与学校正统教育相冲突。大量社会问题出现的根源被归结为大众媒介的产生,这引起了社会精英阶层的恐慌。大众媒介遭到主流社会的抵御。众多社会思想家认为由媒介工业生产、工人阶级消费的大众文化对"优秀"的传统文化造成了严重的威胁,它是只能满足大众"低级"需求的"劣质"文化。因此,一些教师认为大众化的电影是对青年人文化趣味的一种腐蚀。在这一背景下,英国学者最先提出了"媒介教育"(media education)的思想,主要是针对正在接受教育的青少年,通过对他们进行"媒介教育",使其有能力对"低劣"的大众文化(主要来自美国的传媒工业)予以甄别与抵御,以此保护和捍卫本国"优秀"的传统文化。1933年,英国学者利维斯和他的学生汤普森共同发表论文《文化和环境:培养批判意识》(*Culture and Environment: The Training of Critical Awareness*)。作为媒介教育的先导,两位学者提出了"文化素养"的概念。他们以保存传统文化的名义,倡导媒介教育,反对传媒中的流行文化价值观念,训练青年人抗拒大众媒介中提供的"最低水平的满足"(satisfaction at the lowest level)。这种观点在20世纪30—60年代得到社会的广泛赞同[①]。

我国媒介素养的相关研究起步较晚。学界一般认为,1997年卜卫教授发表《论媒介教育的意义、内容和方法》一文,正式代表我国开始了在媒介素养教育领域的研究。

2. 媒介素养的内涵

"素养"一词我国古已有之,在字面上的理解为:修习涵养,和素质与教养相近,指平时养成的良好习惯,是形容一个人行为道德的词语。《现代汉语规范词典》中对素养的解释为:"素养是由训练和实践而获得的技巧或能力,例如:军事素养。另外一种解释是平素的修养,例如:理论素养。""媒介素养"却是一个舶来词。literacy的英文本义为"识字""有文化"和"阅读和写作的能力",而media literacy,被引申为具有正确使用媒介和有效利用媒介的能力,即素养,如具备识字、阅读和写作能力一样,也属于一种对认知、认识和批判能力的启蒙。

在欧洲,媒介素养一般称为media education(媒介教育),在美国和加拿大则多被称为media literacy(媒介素养),香港特别行政区和台湾地区译为"媒体识读"。20世纪60年代,借鉴英国的媒介教育,美国的媒介素养教育开始起步。

---

① 卜卫.论媒介教育的意义、内容和方法[J].现代传播,1997(1):29-33.

media literacy、media education 基本上通用，主要区别在于视角上的差异（受众视角与教育者视角），以及各国（地区）的语言习惯。20 世纪中后期，这一理念得到了欧美各国的普遍响应和广泛传播。20 世纪末，又通过欧美各国（尤其是美国）相继传入亚非拉地区的国家，包括南非、巴西、中国等。各国都根据实际情况对媒介素养的理念、内涵与模式进行了改造与发展，而且在不同的历史时期相继提出了一系列更具体的"媒介素养"概念，如 scene education（屏幕教育）、visual literacy（视觉素养）、information literacy（信息素养）、computer literacy（计算机素养）等。因此，在国际范围内，尽管"媒介素养"的概念与内涵至今尚未统一，但"媒介素养"对人类社会的重要意义，还是得到了各国专家学者的广泛认同。

复旦大学新闻学院张志安、沈国麟指出，媒介素养是指人们对各种媒介信息的解读和批判能力，以及使用媒介信息为个人生活、社会发展所用的能力。所谓媒介素养教育，就是指导学生正确理解并建设性地享用大众传播资源的教育。通过这种教育，学生会具有健康的媒介批评能力，使其能够充分利用媒介资源完善自我，参与社会发展[①]。

美国媒介素养教育网站对媒介素养的定义是："媒介素养是一种能力，可用这种能力来接触、分析和评价大众媒介中所传递的诸多复杂信息。媒介素养着重于帮助人们，尤其是青年人，成为对媒介信息的更谨慎和理性的消费者，从而在有关健康、购物和价值判断上能做出更明智的选择；同时也帮助人们成为媒介有创新性的生产者，从而更有效地传递他们的所思、所想和优势。"

英国媒介素养教育专家大卫·帕金翰认为，媒介素养指使用和解读媒介信息所需要的知识、技巧和能力。

伴随着媒介技术的突破和人们认识的拓展，媒介素养的名称也不断变化，比如屏幕教育、图像素养、电视素养、视觉传播、媒介批评等。进入信息时代以后，随着计算机技术的发展及信息高速公路的建立，计算机素养、信息素养和网络素养等被相继提出。媒介素养的概念经过演变，发展成一种多含义、多角度和多层面的概念。据学者鲁宾的分析，主要有三个层面，我们也可以认为是三种有代表性的观点，即能力模式、知识模式和理解模式。

1992 年 12 月，有志于媒介素养教育的美国学者召开了一次关于媒介素养的全国性会议。在这次会议上，经过激烈的辩论，学者们对媒介素养的概念达成了共识，认为所谓媒介素养，就是指"公民所应该具有的获取、分析、评价和传播各种

---

① 张志安，沈国麟.媒介素养：一个亟待重视的全民教育课题——对中国大陆媒介素养研究的回顾和简评[J].新闻记者，2004(5):11-13.

形式信息的能力"。这个定义侧重对信息的认知过程,即媒介素养"能力模式"。来自媒介学者马萨瑞斯的定义,也就是"知识模式"的观点,即媒介素养就是"关于媒介如何对社会产生功能的知识体系",这个定义侧重信息是如何传播的。而大众传播研究者 J. 刘易斯"理解模式"的观点,则认为媒介素养就是"理解媒介信息在制造、生产和传递的过程中受到了来自文化的、经济的、政治的和技术的诸力量的强制作用",在这个模式中侧重对信息的判断力和理解力的强调[①]。

二、媒介素养教育及其发展

媒介素养教育最早起源于 20 世纪 30 年代的英国,到现在已经有约 90 年的历史,起初是为了避免英国日渐肤浅和低俗的媒介环境对青年人造成不良的影响。随着数字媒介时代的来临,全球媒介环境不断恶化,世界各国相继开展媒介素养研究,发展全民的媒介素养教育就成为必然趋势。在这期间,各国的媒介素养教育迅速发展,其中英国、澳大利亚、加拿大等国家处于领先地位,逐渐形成了系统正规的媒介素养教育。

从欧美国家的实践来看,媒介素养教育应该包含四个方面:正确认识媒介的性质和功能、建立对媒介信息的批评意识、提高对不良信息的免疫力、学会有效地利用大众传媒为个人成长服务。前三个方面都是从认识媒介,保护受众不受媒介误导角度出发,而第四个方面则侧重于媒介使用者的主动性。

1989 年,英国教育和科学部认为,媒介教育的目的是培养更积极、更有批判性的媒介使用者,他们将要求媒介产品具有更大的使用范围和呈现多样化,并为此做出贡献。

加拿大的媒介素养教育主要包括两项内容:一项是培养学生的"自我认同能力",即帮助他们区分虚拟和现实、个人和世界的关系,认识媒介价值和自我价值,懂得自我价值不应为媒介所主导,同时,还要提高学生作为媒介消费者的自我意识。学生还需要理解人口统计学、消费心理学、市场份额等基本概念,清楚地了解媒体在社会经济结构中的作用。另一项是培养学生的"公民意识"。学生应该知道公民的作用,以及如何行使好自己的公民权。在消费主义泛滥的时代,这项能力特别重要。由于当时英国学生几乎都淹没在来自美国的媒介信息中,帮助他们认识到美国价值观与本国价值观是有区别的,对于他们更好地认识自我、融入社会很有帮助。

1989 年,联合国教课科文组织(UNESCO)认为,接受媒介教育是世界上每个国

---

① 臧海群.传播学教育新方向:从媒介研究到媒介素养[J].现代传播,2003(6):89-92.

家所有居民的权利,用这种能力可接触、分析和评价大众媒介中所传递的诸多复杂信息。

由于面对的媒介环境及教育体制的差异,各国学者对于媒介素养的内涵界定也不一样。关于媒介素养和媒介素养教育,前者应该是后者的最终目的,即通过媒介素养教育,人们成为具有媒介素养的人。对媒介素养的定义,在不同的国家有不同的理解。在此我们选取其中有代表性的几个国家进行阐述。

美国媒介素养教育专家詹姆斯·波特(James Potter)这样说:"媒介素养是一种观察方法,即当我们置身于媒介中时,为了解读我们所遇到的信息时主动采用的一种方法,我们通过知识结构来构建我们的方法,而要构建知识结构则需要工具和原始资料。工具是我们的技巧,原始资料则是来自媒介和现实世界的信息。"

美国媒介素养研究中心于1992年将媒介素养定义为:"人们面对各种媒体信息时的选择能力、理解能力、质疑能力、评估能力、创造和生产能力以及思辨的反应能力。"①

加拿大安大略省教育厅认为媒介素养旨在培养学生对媒体本质、媒体常用的技巧和手段,以及这些技巧和手段所产生效应的认知力和判断力。这一界定强调的是受众对媒介信息的认知和辨别能力。

媒介素养教育与媒介素养是一对无法分开的词汇。加拿大有学者对媒介素养教育的定义是:旨在帮助学生发展对大众媒介的本质有知晓和批判的理解力,懂得大众媒介所运用的技术以及这些技术所产生的影响。更具体地说,媒介素养是一种教育,这种教育的目的是增加学生对媒介如何运作、如何传递意义、如何组织起来,以及如何构建现实的理解和享受。媒介素养也旨在让学生具有创造媒介产品的能力。

中国传媒大学张开教授指出,媒介素养是传统素养(听说读写)能力的延伸,它包括人们对各种形式的媒介信息的解读能力,除了现在的听说读写能力外,还有批判性地观看、收听并解读影视、广播、网络、报纸、杂志、广告等媒介所传输的各种信息的能力,当然还包括使用宽泛的信息技术来制作各种媒体信息的能力。媒介素养无疑是一个全新的素质概念,它的宗旨是使大众成为积极善用媒体、制造媒体产品,对无所不在的信息有主体意识和独立思考能力的优质公民。它与提高社会文化品质与健全公民社会的发展息息相关。

中国人民大学新闻学院郑保卫教授在《媒介教育大众化势在必行》一文中认为,

---

① 张开.媒介素养概论[M].北京:中国传媒大学出版社,2006:94.

"媒介教育是指有关媒介知识及运用技能和方法的教育。通常这种教育是包括在新闻与传播教育之中,由新闻与传播院校向新闻与传播专业的学生实施的"[①]。

陈先元认为,传媒素养这一概念可以分为两个层次:一是指对于传媒、传媒信息和传媒专业人员本质特征的一种基本认知和解读、评判、接受、利用传媒信息的实际能力;二是指对于这种基本认知和实际能力教育和培养的过程。二者结合在一起,可以称为传媒素养教育。

白传之、闫欢认为,所谓媒介素养教育,就是根据教育理论和新闻传播理论,运用多种媒介手段,提升媒介使用者的多种媒介素养和应用技艺水平,促进协调发展的教育。

三、我国媒介素养研究的发展

我国媒介素养教育起步比较晚,经历了一个从学术引进、消化研究到社会拓展的过程。媒介素养教育的理论、方法及路径研究始于新闻传播学领域,逐渐拓展到教育教学领域,从儿童、青少年群体的媒介素养教育研究与实践,逐渐向社会大众拓展。我国学者在媒介素养教育的意义、方法、内涵、模式、框架等众多理论问题研究方面,在局部对象的媒介素养教育的相关调查方面,以及小范围实证性的媒介素养教育研究方面,都进行了探索性的尝试。

1. 引入与启蒙阶段

学界一般以1997年中国社会科学院新闻研究所研究员卜卫发表的《论媒介教育的意义、内容和方法》为标志,作为我国大陆引入媒介素养教育概念,介绍国外媒介素养教育的起源与发展,阐述媒介素养教育的意义、内容与途径的发端。从2000年开始,我国开始有较多学者加入媒介素养教育的研究与实践。在研究内容上,开始注重对国外媒介素养教育成果的翻译,系统借鉴了欧美主要国家媒介素养教育的机制、理论研究成果及教育模式,研究和实践开始呈现出全面深入的特点。在对国内媒介素养教育分析的基础上,更多的学者认识到在国内开展和推广媒介素养教育的重要性、必要性、可行性、急迫性等。在实施媒介素养教育方面,学者对媒介素养教育结合不同领域和对象的功能性进行了多元探讨。

这个时期的学术研究基本能反映出当时中国媒介素养的发展状态,即处于起步期,研究重心放在引入与借鉴上,学者们更关注的是媒介素养对中国的"意义",以及中国对媒介素养的"需求"[②]。

---

① 郑保卫.媒介教育大众化势在必行[N].中华新闻报,2002-1-15(5).
② 张开,丁飞思.回放与展望:中国媒介素养发展的20年[J].新闻与写作,2020(8):4-12.

2. 起步与积累阶段

2004年对于中国的媒介素养教育研究与实践来说具有里程碑意义。从这一年开始,媒介素养教育领域进入了成果数量激增、研究范畴纵深发展、探讨视角多元扩展的研究高潮时期。中国媒介素养研究领域发生了一系列具有历史性意义的大事。比如:2004年中国传媒大学举办首届中国媒介素养教育国际学术研讨会;2004年共青团中央、全国妇联、教育部、广电总局、新闻出版总署、中国社会科学院、全国少工委等联合主办了媒体与未成年人发展论坛,旨在从策略层面上探讨提升未成年人媒介素养的途径;2007年复旦大学举办"传播与中国·复旦论坛:媒介素养与公民素养";2007年、2008年浙江传媒学院分别举办了首届及第二届"中国(西湖)媒介素养高峰论坛";2009年中国传媒大学举办第二届中国媒介素养教育国际学术研讨会等。借力于这一系列会议及论坛,2004—2009年,CSSCI来源期刊中媒介素养相关文献达262篇之多,中国第一部媒介素养著作《媒介素养概论》也于2006年初出版[①]。它标志着中国式的媒介素养教育研究真正起步。中国媒介素养教育研究开始成为一个多层面、跨专业、交叉学科的学术领域。

3. 融合与本土创新发展阶段

从2010年起,随着中国互联网的迅速发展,社交平台、自媒体、短视频等新媒体形式不断涌现,大数据、云计算、直播、知识付费文化IP等新的应用开始普及。

伴随传媒环境的变化,中国有关媒介素养的学术活动紧跟时代,十分活跃。此外,平均每年都有不少于300篇关于媒介素养的学术期刊论文问世,其中有30~50篇CSSCI来源期刊论文。在发展期,中国媒介素养理论研究逐渐呈现出自己的特色,主要体现在以下几个方面。

(1)对媒介素养的基本要素有了基本共识,即媒介素养基本要素为"五个一":一种方法,通过媒介观察世界的方法;一种手段,利用媒介认识世界的手段;一种技巧,掌握媒介、使用媒介的技巧;一种能力,解读、鉴别信息的能力;一种观念,批判、驾驭媒介的观念。

(2)对媒介素养内涵和外延有了一定创新性认知,认为媒介素养的内涵复杂、外延广泛。从个人层面,媒介素养是个体从认知媒介、使用媒介到参与媒介的各种批判性反思、理解和行动能力,是实现媒介赋权的有效途径。从国家层面,媒介素养不仅是一个学术概念,更是一种社会行动,甚至是国家意识形态和政治的一部分,它可以作为控制社会的一种方式,也可以用作争取解放的进步性武器。

---

① 张开,丁飞思.回放与展望:中国媒介素养发展的20年[J].新闻与写作,2020(8):4-12.

(3) 在本土化方面,中国学者坚信,社会文化是媒介素养的基本环境,对媒介素养的讨论需置身于特定文化及其传统。有学者从两个层次来研究媒介素养的本土化问题,一是媒介素养教育理论的本土化,二是媒介素养教育实践的本土化。更有学者明确指出中国媒介素养教育是"在社会主义精神文明的指导下,使人民群众建立起对媒介信息的批判能力,提高对负面信息的觉醒能力,培养建设性地使用媒介的能力,从而达到为人民服务、为社会主义服务的目的"。不难看出,中国学者在媒介素养理论本土化研究中,主要有两个视角:一是把媒介素养视为功能性的客观存在,以及一种适应各种人群生存和发展需求的个人属性和能力;二是把媒介素养视为一种结构性权力、一种社会化机制,很有创新意义。

高校教师是中国媒介素养教育的忠实推动者和践行者。从 2004 年起,高校开始增设媒介素养课程,逐渐成熟后,媒介素养课程先后走向中小学校园。2007 年,中国传媒大学传媒教育研究中心的课题组与北京黑芝麻胡同小学合作,将媒介素养课程带入小学校园。2007 年,浙江传媒学院与浙江缙云县长坑小学开展合作,把媒介素养的种子成功地带进了大山。2007 年,复旦大学新闻学院成立了媒介素养教育行动小组,开展命名为"小小看媒体"的青少年媒介素养教育推广行动。广东、四川等地也陆续开展了中小学媒介素养课程教育实践[①]。

四、科学认知媒介素养概念

媒介素养是一个复杂的概念系统,它的复杂源于自身的历史发展与文化变迁。在经历不同媒介形式、社会特征和科技水平的过程中,各国根据不同的需求发展出各不相同的媒介素养教育目标、原则、内容、方法与模式,各领域的学者也根据不同的视角对媒介素养的内涵进行了不同的阐释。因此,媒介素养的概念随着历史的变迁、文化的发展和社会的进步不断丰富和扩展,已成为一个具有历史性、文化性、发展性的概念系统。

媒介素养是一种个人的知识储备与能力。从媒介素养的发展可以看出,媒介素养是面向媒介使用者,强调使用媒介过程中应具备一定的知识储备与能力,以避免因接触媒介造成负面的影响或不利后果。这种知识储备与能力的内涵与外延,也因个体差异而有所不同,因时代和技术的发展而有所不同。因而,媒介素养的知识储备与能力属性也因人而异,因职业而异,因需求而异,因时代与技术而异。媒介素养又是一个具有历史性和时代性的概念体系。媒介素养的本质属性和目的是确定的,而这种属性与目的所指向的知识与能力外延是发展变化的。

---

① 张开,丁飞思.回放与展望:中国媒介素养发展的 20 年[J].新闻与写作,2020(8):4-12.

第三节 媒介素养教育的范式与基本理念

媒介的发展受制于社会发展,同时社会的发展也受媒介的影响。着眼于对受众的保护,媒介素养教育被提上社会议程。随着媒介日益浸入大众生活,学界以及大众开始重新认知和审视媒介的作用与影响,因而,随着社会环境的发展变化,媒介素养教育的目的、基本假设以及范式与理念也在不断发生变化。

一、媒介素养教育的范式演变

媒介素养教育先后经历了免疫保护、区别鉴赏、解码、自主四种范式的变迁,这些变迁反映了学界及大众对媒介使用及认知的变化,同时也深刻反映出媒介在社会发挥作用的变化。

1. 免疫保护阶段

20世纪30年代,英国学者主张通过培养公众对大众文化的辨识和抵制能力来保证英国文学的"高级文化性",这是媒介素养教育的开端。英国文学批评家利维斯和他的学生汤普森认为,大众传媒因为商业动机的驱使,推崇的只是流行的大众文化,是在推销"低水平的满足",这将误导社会成员,尤其是青少年的精神追求。因此,应该建立系统化的课程训练,培养青少年的媒介批判意识,使其能够辨认大众传媒的不良影响。当时大众文化研究者和法兰克福学派对大众文化和媒介持否定态度,这一时期有鄙视大众文化、推崇精英文化的色彩。

2. 区别鉴赏阶段

20世纪六七十年代,各种大众传播媒介诞生,其影响备受诟病。灌输式的预防和对媒介内容一概否定的做法逐渐失效。受媒介和大众文化影响的研究者和教育者开始强调理解、判断和欣赏媒介。当时英国文化研究学派认为大众文化和精英文化在审美价值上无高下之分,都是人类生活的有机组成部分,因此,承载大众文化的大众媒介是合理的。人们需要的是分辨力,而不是免疫力,以辨别媒介内容品质。

3. 解码阶段

20世纪70年代,强调培养公众对媒介"建构现实"功能的解码能力,从而更好地通过媒介获得知识以为己用。文化学者认为大众媒介的内容是通过符号编码而来,编码过程中夹杂了各种制约因素,但受众拥有解码的能力。受众通过解码能力的培养与提升,可以更好地解读媒介传播信息背后隐藏的目的。

4. 自主阶段

20世纪80年代以后,媒介素养作为一门独立的课程,被许多国家和地区纳入正规课程教学体系。在此阶段,培养信息社会合格的公众成为媒介素养教育的主要目标,包括培养公众自主分辨、选择和评价媒体及其信息内容的能力,通过理性对话监督影响媒体的能力,以及通过参加传播创造积极推动传播过程的民主参与能力。这个时期,媒介技术教育、媒介艺术教育、传播理念的民主教育成为媒介素养教育的重要内容。

二、媒介素养教育的核心理念

媒介素养教育的核心理念阐述的是为什么要进行媒介素养教育的问题。基于理念的差异,媒介素养教育的形式和内容也会产生一定差异。本部分主要介绍媒介素养教育发起较早且较成熟的西方国家的核心理念。通过这些理念,我们可以看到媒介素养教育背后所包含的广泛的内容。

1. 美国媒介素养教育中心的五大理念与五个关键问题

美国媒介素养教育中心(Center for Media Literacy)提出了关于媒介素养教育的五个核心理念,包括:

①所有的媒介信息都是被构建的;
②媒介信息是由一种具有自己规则的创新性语言构建的;
③不同的人对同一信息的体验是不同的;
④媒介融入了价值和观点;
⑤建构的媒介信息是为了获得利益或权力[1]。

美国媒介素养教育中心的这五个核心理念实际关注的是媒介反映现实、媒介内容生产、受众信息消费、媒介立场和媒介经营的目的和本质这五个方面,由此也可以看出,美国学者关于媒介素养教育的基本出发点更多是基于透视媒体建构现实的动机、方法及受众解读。

五个关键问题是:
①是谁创造了这条信息?
②该信息运用了什么技巧来吸引我的注意力?
③别人与我对于这条信息的理解会有多大的不同?
④这条信息陈述了或是省掉了怎样的生活方式、价值观和观点?
⑤为什么要传递这条信息[2]?

---

[1] 张毅,张志安.美国媒介素养教育的特色与经验[J].新闻记者,2000(10):66-69.
[2] 张毅,张志安.美国媒介素养教育的特色与经验[J].新闻记者,2000(10):66-69.

这五个问题是媒介素养教育中重点关注的问题,主要解决的是媒介信息的传播主体、传播技巧、信息解读差异、信息把关或屏蔽、传播动机。从传播学角度来看,关注的就是谁在传播、为什么传播、通过什么方式传播、传播了什么信息、产生了什么样的效果。从理论角度来看,属于传播流程中偏向内容解读的层面。

2. 约翰·彭金特的八个核心理念

媒介素养教育组织加拿大联合会主席约翰·彭金特(John Pungente)从以下八个方面阐述了媒介素养教育的理念。

①任何媒体信息都是"构造体"。媒介并不提供外部客观世界的简单映像,而是向我们提供人工精心建构的产品,媒介素养教育致力于分解和辨析媒介的建构。

②媒介构建现实。我们对于外部世界的多数观察和体验都是通过媒介获得的。

③受众选取媒介中所传递的信息的意义。

④媒介总是暗含商业动机。

⑤媒介信息包含意识形态和价值观。

⑥媒介暗含社会和政治诉求。

⑦媒介中的内容和形式总是紧密相连的。

⑧每一种媒介都有其独特的美学形式[①]。

约翰·彭金特的八个核心理念从媒介与信息、媒介与现实、受众信息选择、媒介利益、媒介与意识形态、媒介产品、媒介特征等角度进行论述,较多地强调了媒介的运转机制、商业利益和意识形态功能和诉求。可见,透过媒介产品,分析媒介所附着的政治、经济、文化等因素,是媒介素养教育非常重要的内容。

3. 莱恩·马斯特曼的十八项原则

英国著名媒介素养教育学者莱恩·马斯特曼(Len Masterman)提出了关于媒介素养教育的十八项原则。这些原则是:

①媒介素养教育是一种值得认真对待,并有重要意义的努力尝试;

②媒介素养教育的一个核心概念是"再现"(representation);

③媒介素养教育是一种终身教育;

④媒介素养教育应当着眼于增强学生(对于媒体信息)的独立自主的批评、判断能力,而不仅仅是单纯要求学生记住某些批评、判断的手法和技巧;

⑤媒介素养教育重在调查研究,它不应将某种特定的文化价值强加于人;

---

① 宋小卫.西方学者论媒介素养教育[J].国际新闻界,2000(4):55-58.

⑥媒介素养教育应当与时俱进,善于应对周遭情势的变化;

⑦媒介素养教育的核心理念首先是分析的工具(analytical tools),而不仅仅是教材、课本上的某些段落和章节;

⑧对于媒介素养教育而言,内容是达到目的的一种手段;

⑨媒介素养教育的效果可以用以下两种标准来评估:学生以自己的批评思维应对新的(媒介)环境和情势的能力,学生在各种活动中所展示出来的责任感的高低和主动精神的强弱;

⑩媒介素养教育理想中的"评价"(evaluation)首先意味着学生的"自我评价"(self-evaluation),这种自我评价既为学生的个性所影响,也反过来影响学生的个性发展;

⑪媒介素养教育尝试重塑施教者与受教者的双边关系,它既向受教者,也向施教者来展开自己的调查研究;

⑫媒介素养教育更多的是通过对话(dialogue)而不是通过论说(discussion)来展开自己的调查研究;

⑬媒介素养教育本质上是能动的、与人分享的,它鼓励发展一种更加开放的、民主的教学方法;

⑭媒介素养教育涉及合作的学问,它强调团体精神;

⑮对于媒介素养施教者来说,实践的批评和批评的实践两者缺一不可;

⑯媒介素养教育是一种牵涉整体的教学进程;

⑰媒介素养教育信守变无止境的原则,它必须不断发展以应对随时变化的现实;

⑱媒介素养教育植根于一种独具特色的认识论[①]。

莱恩·马斯特曼的十八项原则较详细地呈现了媒介素养教育的特点、核心概念、方法、路径、效果检视等,为媒介素养教育者和学习者提供了全方位的参照系。

第四节 媒介素养课程的学习与提升

媒介素养是一项需要终身学习和提升的综合素质与能力。因从事职业不同,人们对媒介素养学习的深度和广度有所差异。作为未来的媒介行业从业人员,新闻传播学专业学生学习媒介素养具有区别于一般社会大众的需求和特点,即需要深入了解多种新闻传播媒介和渠道的特点,掌握其规律,培养自身的信息选择能力、质疑能力、评价能力,能担当为社会大众传播有效新闻信息的媒体工作的重任。

---

① 宋小卫.西方学者论媒介素养教育[J].国际新闻界,2000(4):55-58.

一、学习媒介素养课程的意义

从一般意义上来说,媒介素养类课程或读物多是面向非新闻传播学专业学生和社会大众。新闻传播学专业学生都要学习与媒体相关的理论类、业务类、史学类课程,他们相比非新闻传播学专业学生和一般社会大众,对媒介及媒介行业的运行规律的认知要更加深入和广泛。那么,对于他们来讲,还需要学习媒介素养课程吗?答案是肯定的。新闻传播学专业学生学习媒介素养课程具有特殊的意义和价值。

1. 通过对媒介素养课程的学习,有助于形成学科知识框架,综合提升专业知识的应用能力

媒介素养课程具有跨学科和综合性强的特点,不仅要求有专业理论知识,而且需要有学科研究方法,比如框架理论、内容分析、问卷调查等。新闻传播学专业学生经过专业课的学习,对新闻传播行业的基本理论、业务和行业概况有了初步认识,通过媒介素养课程可以将所学知识进行重新整合,形成系统化、谱系化、框架化、实践化的知识体系,有助于在实践中形成对新闻传播事件及现象分析视角的多元化,亦有助于提升理论分析的高度和深度。

2. 通过对媒介素养课程的学习,有助于实现对新闻传播业观察视角的转变

新闻传播学专业学生通过对专业课程的学习,对行业的认知是一个从不知到知的过程,是一个由浅入深的过程,总体来看是一种处于"仰视"的观察视角。通过对媒介素养课程的学习,深入剖析行业各组成部分,透视行业现象,以批判思维检视行业存在的问题,思维的视角跳出"未来从业者",进入"行业评判者",实现观察视角从"仰视"到"俯视"的转变。这一转变,一方面立足于对行业各组成要素的充分了解,另一方面也取决于对行业知识的整合与驾驭能力。媒介素养课程内容和应用的综合性,打通了学生学习新闻传播学理论和业务模块的区隔化障碍,将媒介行业的事件和现象置于综合性的理论和业务实践分析视角、工具和框架内,由表及里地在梳理学生学科知识谱系的同时,构建学生理论与实践相结合的、逻辑性与批判性相结合的认知问题和解决问题的能力。

3. 通过对媒介素养课程学习,有助于培养批判思维

联合国教科文组织1998年通过的《21世纪的高等教育:展望和行动世界宣言》明确提出,必须教育大学生成为学识渊博且有远大抱负的公民,能够以批判精神思考和分析社会问题,寻求解决的办法。美国批判性思维的权威人士恩尼斯1987年给批判性思维下过一个定义:批判性思维就是指在确定相信什么或者做什么时所进行的合理而成熟的思考。美国弗罗斯特堡州立大学的本斯利教授在此基础上提出了批判性思维的功能定义,认为批判性思维是一种成熟的思考过程,它包括对观点的相关证据进行评估,并最终从这些证据中得出合理的结论①。针对新闻传播学专业学生的媒介素养课程重点不是讲解、介绍学科的知识、行业的基本概况,而是应用所学的理论和方法分析、评价行业的各种存在,需要应用批判性思维分析、批评媒介文本和现象。借助对课程的学习,有助于学生批判思维的养成,提升学生的批判素质。

二、媒介素养课程的学习方法

媒介素养课程本身没有复杂的理论与模式,是一门综合性和实践性较强的课程。课程的学习难点不在于对理论和模式的理解,而是动手操作的训练和持续性的自我检视与提升。学习媒介素养课程主要要做好以下几个方面的工作。

1. 做好专业课程体系的整合与知识谱系的梳理

媒介素养课程的综合性非常强,需要用专业基础知识储备去分析行业的现象和问题。这就要求打通课程壁垒,建立学科知识谱系,将课程与课程、理论与理论、理论与业务之间打通,综合应用理论进行分析、评价。比如,娱乐新闻中频频用"近日""据知情人透露""据目击者称""疑似"等不确定性词语进行时间和事实来源的描述和报道,分析这一现象的时候,我们就要联系娱乐新闻这一类新闻的特性——以娱乐大众为目的,它属于新闻分类中关注名人事件的软新闻。同时,这类新闻报道形式的出现还是娱乐化时代到来的产物。从受众的角度来看,大多数人不会因此而较真,多以娱乐心态来观看,因此娱乐新闻也被冠以"八卦新闻"的别称。那么回归新闻的本质属性,我们又需要去讨论一个问题,那就是"八卦新闻"还具备我们学术意义上的新闻要素吗?"八卦新闻"还是新闻吗?这都是值得我们商榷的问题。这种现象不仅涉及新闻业务、新闻理论、传播理论,同时也涉及新闻与社会之间的关系等问题和理论。由此可见,对媒介素养课程的学习不是一个单一课程、单一理论的学习过程,而是一个学科交叉、课程融合的学习过程。在学习的过程中,需要学生做好对以往学过的专业课程的复习和整合,将知识谱系化,建立自己的专业知识体系。

2. 正确认识媒介素养的修习,做好长期规划

媒介素养的修习不是一次性的,也不是阶段性的,而是一个终身学习的过程。媒介素养的构成是随着社会和个人的发展而变化的。个人媒介素养的修习受职业、年龄、社会发展、环境变迁等因素影响,是一个动态变化发展的过程。因而,媒介素

---

① 王君超.媒介批评课程与批判性思维的培养:清华大学的教学案例[J].清华大学教育研究,2009(5):114-118.

养的修习需要有长期的规划,针对个人的素养情况进行有的放矢的学习和补充,是媒介素养提升的科学途径。

3. 多观察、多思考是媒介素养进阶的必经之路

观察才能发现问题,思考才能解决问题。时刻关注和思考社会及行业动向,才能不断提高自身发现问题、解决问题的能力,才能不断提升自身思考问题的深度。同时,还需要不断加强自己的知识储备,拓展知识面。除了具备专业知识外,还应当加强对社会学、心理学、经济学及哲学等相关知识的学习。这些知识有助于提升自身思考问题的广度和深度,有助于将问题放在一个广阔理论联系的环境下进行思考和分析。

 课后题

1. 如何理解媒介素养的内涵?
2. 从多维视角认知媒介有哪些意义?
3. 对于提升自身媒介素养,你有何计划?

第一章

媒介技术的发展演变:人的延伸

什么是媒介技术呢？郭庆光在《传播学教程》中界定传播技术是人类为驾驭信息传播、不断提高信息的生产与传播效率所采用的工具、手段、知识和操作技艺的总称。按照这个定义，我们使用的符号体系、文本形式、制作工具、物理载体、采集手段、保存手段、传输手段、接收手段及其知识和操作技艺等，都属于媒介技术范畴之内。

媒介是一种工具，它与人类社会生活的形态互相影响、互相渗透。媒介技术和人类的传播能力息息相关，媒介技术的水平决定了人类传播的能力和水平，影响人们生活的方方面面。梅尔文·德弗勒认为，一个社会传播过程的性质实际上与社会中人们日常生活的每个方面都有重大关系。所以，探讨人类发展的历史也可以依据传播能力，或者说是媒介技术的发展历史来进行考察。

第一节　口语传播时代

口语传播即借助口头语言来传达思想、消息与态度。语言是表情达意的符号、意义的载体，是人类传播最基本的媒介技术。语言的产生使人类摆脱了简单、原始的体语传播，可以精确传达信息，协调整体行动，提高了人类应对自然的生存能力。

一、口语的形成

据有关学者推测，人类的语言出现在6万到8万年前。英国牛津大学遗传学家安东尼·玛纳克教授领导的一个研究小组经过研究认为，人类开始说话始于12万至20万年前。尽管研究结果差异较大，但是可以大体推断：人类先站立行走、喊叫，然后通过进化学会说话，形成了可以用于交流的、世代相传的语言。虽然今天已无法考证这个过程，但是从婴幼儿出生后的前语言交流到咿呀学语，能够看到人类所经历的这一进程的缩影。

但是人类的语言具体究竟是如何形成的呢？说法不一。几种关于语言起源的假说如下。

1. 自然声源说

该假说认为最早的词是早期人类对所听到的周围自然声音的模仿。当一种物体从身边飞过，发出"布谷"的声音时，早期的人类就模仿它的声音并用之表示与这种声音相联系的物体——布谷鸟。任何语言都有些象声词，但是很难发现一种简单模仿自然声音的语言能够表示世界上众多无声的，甚至抽象的事物。

2. 口势源泉说

该假说认为一些原始的体态发展成为交际手段。利用舌头、嘴唇产生的活动被认为是模仿类似体态的活动模式。例如,当早期人类摆动手臂表达"再见"信息时,舌头也随着手臂(体态)而活动,从而发出"再见"的语音来。

3. 生理适应性

人类语言起源的进一步设想,集中到了其他生物,包括灵长类动物所不具有的人类的某些生理现象上。人类的牙齿是垂直的,不像猿猴那样向外倾斜,而且人类的牙齿顶端基本上是平齐的,易于发出像 f、v 之类的语音。人类的嘴唇较之其他灵长类动物,具有更为复杂的肌肉交错,所以相当柔软灵活,有利于发出像 p、b、w 之类的语音。人类的嘴巴比较小,可以迅速开合,舌头也非常灵活,可用来形成各种各样的语音。人的喉咙也在进化过程中发生了变化,形成了咽腔,其下端是声带。对于经过喉咙而发出的任何声音,咽腔有共鸣器的作用。有学者认为,人类语言起源更为可能的设想就是生理适应性。

生理适应性也是人类在漫长的进化过程中形成的。人类语言传播就是进化和发展的结果。按照马克思唯物主义的观点,推动人类传播进化的根本动力是劳动。恩格斯在《自然辩证法》中详细地论述了劳动在从猿到人的转变过程中的作用。恩格斯认为:"只是由于劳动,由于总是要去适应新的动作,由于这样引起的肌肉、韧带以及经过更长的时间引起的骨骼的特殊发育遗传下来,而且由于这些遗传下来的灵巧性不断以新的方式应用于新的越来越复杂的动作,人的手才达到这样高度的完善,以致像施魔法一样造就了拉斐尔的绘画、托瓦森的雕刻和帕格尼尼的音乐。"正是手和脚的分工,人们逐渐习惯直立行走。而直立行走使手完全获得自由,可以发展更为复杂的技能。

人类语言的产生也是如此,也是从劳动中产生的。恩格斯认为:"劳动的发展必然促使社会成员更紧密地互相结合起来,因为它使互相支持和共同协作的场合增多了,并且使每个人都清楚地意识到这种共同协作的好处。一句话,这些正在形成的人,已经达到彼此间有些什么非说不可的地步了。"劳动中的协作对语言的需要促进了早期人类发音器官的进化,经过漫长的进化和发展,终于出现了分音节的语言。而在这个过程中,脑髓和感觉器官也不断趋于发达。脑和为它服务的器官、越来越清楚的意识以及抽象能力和推理能力的发展,又反作用于劳动和语言,为这二者的进一步发育不断提供新的推动力[①]。

二、语言产生的意义

语言自形成以来,一直都是人类传播的基本媒介,即使在媒介技术高度发展的

[①] 郭庆光. 传播学教程[M]. 北京:中国人民大学出版社,2011:22.

今天,语言仍然是主要的、基本的媒介。

语言的产生被认为是人类传播史上第一个重要的里程碑。语言的产生使人类传播能力大大提升,并对人类社会发展有巨大的影响。梅尔文·德弗勒在他的《大众传播学诸论》中就早期智人尼安德特人的灭绝和克罗马农人的兴起进行了这样一个大胆的推论:克罗马农人发展了说话和语言,因而与他们的邻居尼安德特人相比,取得了巨大的优势。因为克罗马农人可以用语言进行推理、计划和构思,所以能以更协调的方式狩猎。他们还发明和留传了包藏食物和冬季保暖的方法,帮助他们适应了冰期末年急剧变化的气候。虽然这种推论要被完全证实,还需要进一步发掘证据。但是,毋庸置疑的是,语言的使用对个人和社会都产生了深远的影响。

具体讲,语言的意义与影响在于以下方面。

①通过使用单词、数字和其他代号,加上语言和逻辑规则,人类得以采用在前语言时代不可能采用的方法应付自然和社会环境。

②通过使用语言,人们可以进行分类、抽象、分析、推测等复杂的思维活动,抽象思维能力增强,可以演绎出复杂的文化。

③语言有助于人们记忆、理解、传送复杂的信息,从而使人类传播信息的长度、复杂性和精细程度大幅提高,远远超过了以前所有传播形式所能达到的程度。

④语言的使用减少了编码和解码的时间,加快了人们信息交流的传输和接收速度。

古希腊时期,学者们对口语传播十分推崇。那时的口语技巧已经达到相当高的程度,而较高的媒介素养在当时的表现大概就是雄辩滔滔。

不同的媒介塑造了不同的社会文化形态。媒介环境学派的学者沃尔特·翁曾专门研究了口语文化与书面文化的不同,他提出了通过口语面对面交流的九个特征,这九个特征如下。

①追加的而不是从属的。在口语社会,人们的大脑往往将输入的信息条目相加,而不是把它们组织成金字塔形的层级结构,就像小孩子讲故事一样:"然后……然后……然后……"只说而不加解释。

②聚合的而不是分析的。在口语社会,人们需要用固定的套语把重要的信息聚合在一起。这些套语可能是陈词,也可能是格言警句。格言警句不分情况,只是把智慧合起来并传播开去。

③冗余的或曰"丰裕"的。口语文化里的人总是重复;他们用多种形式表达同样的意思,帮助别人理解并记住自己的意思。

④保守的或曰传统的。倘若没有用文字记载文化的机制,那就必须要用其他的方法,如重复的故事、格言警句、吟诵的宗教仪式等。在口语社会里,这种惯例给历

史和传统赋予了巨大的力量。

⑤贴近人生世界的。既然没有办法用文字笔录若干清单,人们就只好用富有节奏甚至韵律的诗歌进行复制。知识和技能是靠具体直观的口授保存并一代代传授下去。

⑥带有对抗色彩的。因为决策产生于靠部落集会时,所以意见分歧很容易表现在个人身上。口舌之战和智谋之战是口语社会里的核心内容,比如,恶语伤人就有许多说法,如戏弄、嘲讽、叫阵等。当然称赞也是很丰富且仪式化的,可抵消集体决策中的舌战,以求得平衡。

⑦移情的和参与式的,而不是疏离的。口语社会里的人们参与活动,他们不断重复且牢记信息,浅唱低吟、高声唱和,甚至叫喊、鼓掌、跳跃或用其他肢体语言,以便全身心地参与集体的交流活动。

⑧衡稳状态的。因为没有词典固化语词的定义,没有书本用于温习,口头用语就必须要随时调整,以适应变化中的世界,以流动的方式改变语言和集体记忆。

⑨情景式的而不是抽象的。口语社会里的人们的交流在很大程度上取决于情景,比如,一般不会用圆形、方形等抽象的词汇来表示形状,而是具体地给物体命名,如盘子、门。口语社会也能出现抽象词汇,但对它的推理往往也是因情景而定的①。

"口头传统的涵义鲜活而富有弹性"②。口头传统及其活力在希腊文明中至关重要,对西方后来的历史产生显而易见的影响。这种传统在《荷马史诗》和六韵步诗行中表露无遗③。

对口语时期新闻传播情况的研究,一是来自史料的记载,二是通过对一些还停留在口语传播阶段的初民进行观察。语言一经产生,便成为人们传递和交换新闻信息的主要手段。人类学家发现了一个有趣的现象,在西太平洋蒂科皮亚岛居民的语言中,"新闻"和"说话"是同一个词,由此可一窥口语传播时代新闻传播的样貌。

口语传播时代的新闻传播形式是比较多样的,有部落、团体、民族的集会,有田间地头、"井户端"的传闻,有广泛流传的民谣,还有游吟诗人的说唱等。

三、其他传播形式

口语传播是史前时期的主要传播方式,但由于口语传播时间和空间的局限性,那个时期人类还借助其他方式来辅助口语传播,实现信息跨时间或空间的传播。

---

① 林文刚.媒介环境学:思想沿革与多维视野[M].何道宽,译.北京:北京大学出版社,2007:3.
② 伊尼斯.传播的偏向[M].何道宽,译.北京:中国人民大学出版社,2003:2.
③ 伊尼斯.传播的偏向[M].何道宽,译.北京:中国人民大学出版社,2003:33.

1. 标记传播

标记传播指借助一定的物体或符号为媒介,传递或保存信息的方法。结绳记事和珠贝传令都是标记传播的表现方式。结绳记事在古代中国、日本、波斯、埃及、墨西哥等地都曾盛行过。其中古代印加人的结绳记事最为发达,他们所使用的绳子和结子的数目、大小、颜色,包括结与结之间的距离都有一定含义。珠贝传令被北美的印第安人部落使用,不同颜色的贝壳珠被排列成不同的图形,串成各种珠带,不同图形的珠带表达不同的意思,以此来传达酋长的通知和命令。

2. 声光传播

声光传播指以声和光作为信息传递载体的传播方式。敲击响器、吹奏号角、点燃烽火都是声光传播的主要表现形式。据考证,烽火由烽薪燃起,以干柴引火,续以湿柴,浓烟就会滚滚而起。古人用烽烟来传递敌情。根据敌情的不同,还可用不同的举火放烟方式。如敌人在500人以下时,放一道烽火,在500人以上时,放两道烽火等。

3. 图式传播

图式传播指用简单的书写符号或图形来表达意思、传递信息、记载事实的传播方式。在埃及古墓和纪念碑上,常出现刻画狗头猴身的动物。它们昂首挺胸,执鞭驱赶猪猡。狗头猴身的动物代表"首领""长官""奴隶主",而猪猡代表奴隶。这种图示实际描绘了古埃及奴隶社会的状况。在古罗马庞贝城废墟的墙壁上,有手持各种武器的士兵的图画。这些图画多是古罗马普通战士所作,反映了当时人们运用图式传递信息的情况。

口语传播是人类传播历史的第一个阶段,也是人类传播史上持续最久的时期。迄今,口语传播仍然是不可或缺的,而其后产生的传播手段和媒介技术便愈来愈呈现加速度发展的趋势。施拉姆曾说,如果把人类传播的历史看作是一天的话,那么今天我们所使用的大众传播工具是在这"漫长一天的最后一秒钟"才产生的。

第二节 文字时代

文字经历了从象形文字到语音系统,从用图画表达复杂的概念到用简单的字母示意具体声音的发展过程。与口语不同,文字依靠视觉而不是声音,它把人的交流经验外化,使信息脱离人体[①]。文字的内容虽然来自口语,但其组织方式和规则与口语大不相同。

---

① 林文刚.媒介环境学:思想沿革与多维视野[M].何道宽,译.北京:北京大学出版社,2007:354.

一、文字的产生

大约公元前 4000—前 3000 年,在中国、埃及、印度和两河流域的美索不达米亚地区,分别出现了与意义有关联的图案,即早期的象形文字。它们多是画在或刻在建筑物墙壁或其他类似平面上的粗略图画,但是其意义开始标准化。比如,一个简单描绘的日出代表白天,一弓一箭代表狩猎,一条波纹线代表河流等。图画意义的标准化是文字发展的一大步。发展这种标准化系统的一个重要促进因素是人们需要记录土地边界和所有权,以及商业活动中对于买卖生意的记录。这种标准意味着各种概念可由一个人绘图,由另一个人复解。这种信息的传递还可以逾越时间和空间,使人们可能解释在遥远地区居住的人们发出的信息,也可以解释那些死去的人们留下的信息。

居住于波斯湾以北的苏美尔人发展出了另一种形式的文字。他们最初在软黏土制成的板上画出图案来表达意思,后来他们逐渐把描绘格式化。之后不久,又开始在黏土上做记号。用这种方法不可能画出清晰可辨的图画,但却可以简捷写出能表情达意的清晰字体。因而,描绘图像不再有必要。公元前 1700 年左右,苏美尔人开始让每个小符号代表一个具体的声音,而不是观念。这样,他们不需要造出成千上万个单独的符号来代表繁多的事物和观念,而只需要少量符号来组成单词音节的声音。这是语音文字发展的重要一步,也是人类传播发展的重大突破。

在之后不到 1000 年的时间里,又出现了字母文字。字母文字在被许多民族使用后发生多种演变,其中希腊人有效地简化和标准化了语音文字系统。至公元前 500 年,希腊人已经广泛使用了一套字母。之后,希腊字母又传到罗马,在那里得到进一步改进。

文字的产生意味着手抄传播时代的开启,对人类社会的发展意义非凡。

二、书写材料的改进

文字需要载体,而文字载体的发展演变对于传播的影响也是非常巨大的。早期的书写工具都很简陋,比如石头、黏土、兽骨等。这些材料大多不易携带,尤其是石头,虽然易于保存,但不易远距离传送。随着社会的发展,古代人们不断寻找和改进便于传送文字的媒介。

大约公元前 2500 年,埃及人用莎草制造出结实的草纸。莎草生长在尼罗河三角洲地区。埃及人把剥了皮的草杆削成长条,平行并列,摊在吸水布上,再在其上盖一张吸水布,然后用木槌敲击,使莎草片凝成一张薄纸,最后把纸压平、晾干。埃及人还用菜叶加烟渣调成墨汁,以芦苇茎做笔在莎草纸上书写。这种书写方法要比在石头上刻字容易多了。

莎草纸上的文字相比契刻文字形态更简洁,也更圆润。伊尼斯认为因为媒介的变化,连思想都获得了轻灵的属性。手写文字的增多,使得文字、思想与活动的世俗化也随之产生。

在拉丁美洲的玛雅人也发明了类似的轻便媒介,他们发现从无花果树上可以抽出长条的淡色树皮,把树皮浸泡在水里捣平,使其变得柔软,厚度一致,然后折叠成"书",首尾用木板相夹。人们在这种"纸张"上两面书写。欧洲人早期主要在羊皮、兔皮上书写一些重要的文件。

在我国东汉时期,蔡伦总结前人经验,用树皮、破布、旧渔网等成功制造了成本低廉的纸。这一技术后来经由中亚、阿拉伯地区传入欧洲。

书写材料和工具与文字的发展息息相关,甚至对社会的发展具有重要作用。伊尼斯认为,埃及人使用莎草纸和软笔,创造了精细的象形文字;巴比伦人依靠泥板和硬笔,创造了楔形文字。伊尼斯还认为,传播媒介对知识在时间和空间中的传播产生重要影响:"根据传播媒介的特征,某种媒介可能更加适合知识在时间上的纵向传播,而不适合知识在空间中的横向传播,尤其是该媒介笨重而耐久,不适合运输的时候;它也可能更加适合知识在空间中的横向传播,而不适合知识在时间上的纵向传播,尤其是该媒介轻巧而便于运输的时候。"依照他的这一理论,媒介可以分为倚重时间的媒介和倚重空间的媒介。莎草纸可归于倚重空间的媒介,而泥板和石头则可归于倚重时间的媒介。

三、手抄传播的意义

手抄传播突破了口头传播在时间上和空间上的局限,可以使信息传播内容更精确、距离更遥远、留存的时间更长。这种媒介的变迁,也为社会组织和社会文化的重大变革创造了条件。伊尼斯认为,掌握了基于轻便媒介的传播技术,加上可由抄写员快速完成的文字符号系统,就为社会文化巨变提供了必要条件。手抄传播影响了整个体制结构。例如,埃及人在公元前2000年已广泛使用莎草纸来传播法令,记录各种信息。记录这些信息需要抄写员,因此中央行政机构雇用了大批抄写员。为了培养书记员和行政人员,专门的学校和培训中心应运而生。抄写员成了权贵们控制下的特权阶层,而识字成为可以打开财富和社会地位之门的重要技能。

随着书写和记录能力的提高和专业化,政治体制和宗教体制也发生了重大变化。教会因为掌握文字而处于极盛地位,其权力远远胜过识字不多的王公贵族。艺术和科学也开始发展,人类各种成功的经验都可以记录在案。这使人类从此摆脱了需要记忆整个文化并在世世代代的头脑和记忆中再现整个文化的繁重任务。思想得以保存、积累并由后代汲取。因此,可以说,文字的出现标志着人类原始时代的结束和文明时代的开始。

四、古代的手抄新闻传播

据罗马史学家苏维托尼乌斯的记载,公元前59年,罗马平民派首位执政官尤里乌斯·恺撒将元老院议事记录公之于众。他颁布的第一个法令称,必须每天编辑、整理和公布元老院的活动。元老院的议事记录被用尖笔书写在一块涂有石膏的特制木板上。这块木板被放置在罗马议事厅外,供人们阅读。当时这块木板被称为"阿尔布"(Album),后来人们称其为《每日纪闻》。

恺撒设置《每日纪闻》是出于政治斗争的目的,通过公布元老院的议事记录,扩大政治影响,争取舆论支持。由此可见,传媒很早就已经成为政治斗争的武器。

恺撒遇刺身亡后,《每日纪闻》一度停止。直到公元前6年,罗马最高统治者屋大维恢复了《每日纪闻》。史料表明,《每日纪闻》受政府的审查和控制。《每日纪闻》除了报道罗马的政治和军事要闻,还登载政府公告、法庭新闻、婚丧嫁娶、官方庆典和建筑工程等信息。

史料表明,《每日纪闻》中的新闻广为流传。罗马市民可以站在《每日纪闻》公布的地方,亲自阅读或听他人阅读。另外,书记员还会将《每日纪闻》的内容抄写下来,传发给各地要人和驻军首长。而且,它的抄本也被多人传阅,其内容又会通过口耳相传得到进一步传播。随着罗马帝国版图的扩张,《每日纪闻》的传播范围也越来越广。《每日纪闻》一直持续到公元330年罗马帝国迁都君士坦丁堡才消失在历史中。

罗马帝国幅员辽阔,但新闻以惊人的效率在帝国中传播。显然,罗马帝国的霸权和稳定有助于其新闻体系的形成。但反过来,新闻体系也有助于帝国的霸权和稳定。一般来说,传播对国家建构有两种作用:一是协调社会,二是促使成员社会化。罗马手抄新闻体系同时发挥了这两种功能。

在古代欧洲,还有以书信作为新闻传播的形式。这种传递新闻、交流信息的书信,被称为新闻信。据史书记载,早在约公元前500年,古罗马就开始出现新闻信。当时无论官方,还是私人,都靠新闻信保持联系。

官方新闻信常有传递政情、军情的性质。例如公元前47年,恺撒由埃及快速进军小亚细亚,征讨本都王国。战争胜利后恺撒发出战报"我来,我见,我征服"。

私人的新闻信主要流行于上层社会。罗马共和国末期的政治家西塞罗公元前51年奉命出任西里西亚总督。西里西亚位于如今的土耳其南部,远离罗马。在此期间,他的朋友政治家凯利乌斯通过书信向他发布罗马新闻,以至于西塞罗一度向凯利乌斯抱怨,许多无关紧要的罗马新闻使他不胜其烦。西塞罗死后留下了900多封信（包括部分别人写给他的），这些信件是 2000 多年前信件作为手抄新闻传播形式的重要证据。其中记述了当时许多重大事件和人物，还有《每日纪闻》的内容，有些也记录了罗马的民众生活、乡村情况，以及民间习俗等。另一位罗马作家小普林尼，也是一位出色的新闻信作者。他留下了《通信集》10 卷，包括了 300 多封书信。其中有一封信详细叙述了发生于公元 79 年的维苏威火山爆发的过程。

在 14 世纪和 15 世纪，在地中海沿岸的某些城市出现了资本主义生产的最初萌芽。进入 16 世纪以后，商品生产迅速发展，手工工场大量出现。在农村，富裕农民建立农场，雇工耕作，自给自足的庄园经济纷纷解体。随着封建生产方式逐步向资本主义生产方式转变，旧的社会秩序开始瓦解，强烈的社会动荡接连不断。在 16 世纪的欧洲发生了两件影响深远的大事。一是马丁·路德为首的宗教改革运动。这是一场打着宗教旗帜进行的反封建运动。二是尼德兰革命。西班牙统治下的尼德兰地区，从 1566 年起爆发了长达 40 多年的反对民族压迫和封建统治的革命战争，最后在 1609 年建立了历史上第一个资产阶级共和国——尼德兰联省共和国。

在这个历史的重要转变时期，人类的新闻传播活动也在孕育着新的飞跃。随着商品经济的广泛兴起、政治动荡的不断加剧，社会信息量空前增加，首先是作坊主、手工业者、商人、银行家都需要了解各地的经济信息，以及与此有关的战局战况。于是，出现了手抄小报。手抄小报发源于意大利境内的威尼斯。威尼斯位于地中海北岸，早在 9—10 世纪，它就是地中海地区的商业重镇，到 10 世纪末已经成为富庶的商业共和国。到 15 世纪时，威尼斯的造船、纺织、玻璃等行业已经相当发达，手工工场林立，工人多达 19 万。威尼斯金币杜卡特几乎成为全欧通用的货币。这里的手工业主和商人，十分关心商品行情、物价、船舶、道路等信息。16 世纪在威尼斯率先出现了"搜集消息的人"。这些人专门打听商品销路行情，船舶、道路交通状况等消息，抄写后出售给商人。这就是手抄小报。除了私人的商业性手抄小报，后来，也有官方手抄小报。威尼斯与土耳其发生战争时，威尼斯政府就发布过手抄小报。

在 16 世纪，意大利的其他城市以及德、英、法等国都有手抄小报。有些商人团体自己投资兴建快递或邮递服务，请世界各地的代理人兼任通信员，建立了自己专属的有偿手抄新闻体系。16 世纪的德国金融家菲利普·爱德华·富格尔收集留存的手抄新闻被称为《富格尔商业通讯》。米切尔·斯蒂芬斯在其著作《新闻的历史》中称《富格尔商业通讯》是"16 世纪最完善的有偿新闻体系，十分高效而多产"。

第三节　印刷媒介时代

15世纪以前,人们用手抄的方法复制书籍。虽然很多手抄本堪称艺术品,但手抄易产生谬误,而且手抄书生产周期长,费时费力,所得册书极为有限,价格极高,只有极少数非常富裕的人才买得起。印刷则带来了奇迹般的变化,一本书可以被精确复制成百上千册。印刷传播的兴起,有力地促进了知识的大规模复制和广泛传播。以印刷技术为基础,新闻传播也从古代的新闻活动向近代新闻事业演进。随着印刷传播的发展,大众报纸出现,新闻通讯社应运而生,推动着人类新闻传播事业的大发展。

一、印刷传播的产生

印章和石刻的长期使用给印刷术提供了直接的经验性启示。印章是人们用图章做印记的方法,但是一般字数较少。石刻字数更多。先秦时期的十个石鼓是现在能见到的最早的石刻。公元4世纪左右的晋代,人们发明了用纸在石碑上墨拓的方法。

唐朝贞观年间,中国人开始雕版印刷。雕版印刷的方法是:先把字写在薄而透的纸上,字面朝下贴在木板上,用刀把字刻出来,然后在刻好的模板上刷墨,把纸覆在模板上,用刷子均匀揩拭,再揭下来就完成了印刷。《中国印刷术的发明和它的西传》的作者托马斯·F.卡特认为,在公元770年以前,中国的雕版印刷术就已经相当成熟,并流传到了日本。

宋代以后,还出现了铜版印刷。铜版可以印制线条细、图案复杂的画面。用雕版印刷还可进行彩色套印。但是雕版印刷比较费工,印一页就得刻一块版。如果雕印一部大书,往往需要几年工夫,需要的板材多,还需要空间去储存模板,其人力、物力、时间耗费巨大。

宋代庆历年间,毕昇通过亲身实践,在世界首先创造了活字印刷,沈括的《梦溪笔谈》对此有记载。而在浙江温州发现的《无量寿经》,被专家鉴定为泥活字印本,是那个时代泥活字印刷确实存在的有力证据。

到了元代,农学家王祯创制木活字印刷。他还发明了转轮排字架。通过这个简单的机械,提高了排字的效率。我国的木活字印刷术,大约在公元14世纪传到朝鲜、日本。

15世纪中叶,作为西方活字印刷术的发明人,德国美因茨市的约翰·古腾堡摸索出制造铅活字的方法。但纯铅太软,他又把铅和其他金属混合制成合金,改进了活字印刷术。他还把一台葡萄压榨机改造成了手动的印刷机。古腾堡印刷的第一批印刷品是四十二行圣经。之后，欧洲其他国家先后引进了古腾堡的活字印刷术。16世纪，这一技术又传到墨西哥及美洲大陆其他地区。

二、印刷术的影响与意义

印刷术的发明和应用意味着大规模快速复制信息成为可能，它"使得收入微薄的普通人也能找到进入文化世界的窗口"。这对于人类精神生活和文化发展的影响是深远的。

从16世纪开始，活字印刷机极大提高了书籍的生产量。这些书籍的出现激发了人们学习和阅读的兴趣。圣经开始以拉丁文以外的文字版本出版，普通人也能因此读到圣经。这一现象被认为直接瓦解了长期以来被罗马教廷垄断的对圣经的诠释权。因此可以说，新的传播媒介打开了与原有宗教和社会结构抗争的途径。这种知识的解放不仅仅在宗教领域，原先被统治阶层垄断的文化知识得以向下扩散，这成为统治阶级无法遏制的历史潮流。

印刷术也为报刊的产生提供了物质技术条件。报纸和杂志这些大众媒介的发展对社会的影响也是广泛而深远的。到19世纪末，当时的社会学家都已清楚意识到新的大众媒介，即在社会中广泛使用的报纸、书籍、杂志正给人类带来重要的变化。这些媒介不仅影响了社区相互作用的方式，也影响了个人观念。美国社会学家查尔斯·霍顿·库利概括了报纸的四个特点，即表达性、记录永久性、迅速性和分布性。他认为这些特征永久地改变了使用者的精神面貌，"个人通过与更大范围和更多样化的生活发生关系而头脑开阔，而且这种生活给他带来的大量的不断变化的启示，使他保持兴奋，有时甚至兴奋过度"[①]。

三、近代报纸的产生

印刷术产生初期，主要还是用于印刷书籍和宗教材料。这一方面是由于封建统治者在政治上的压制和限制，另一方面也和社会经济发展的程度有关。因此，只有到资本主义商品经济兴起之时，印刷术才会广泛地用于新闻传播领域。

但是，从15世纪末叶起，一些商人开始印刷某些不定期的记事性小册子，记述近期发生的大事，例如重大战役、自然灾害、节日庆典、王公葬礼等。1494年，法国国王查理八世进军意大利，从他进行军事准备到最后的溃败都被这些小册子详尽记录。法国版本目录学家J. P. 塞甘尔发现了41份报道进军的小册子，时间跨度从

---

① 德弗勒，鲍尔-洛基奇.大众传播学诸论[M].杜力平，译.北京：新华出版社，1990：27.

1494年9月到1495年7月。这类小册子常被称为"故事",后来又被叫作"新闻书"。其开本约14厘米×22厘米,4~28页不等,常常配有木刻画,每篇文章首字母字号巨大。

自从新航路开辟以后,欧洲的贸易中心逐渐移到大西洋沿岸,尼德兰、法国、德国、英国出现了一些重要的商业城市,它们取代威尼斯等地中海城市而成为新的信息中心。德国是欧洲活字印刷的发源地,又是南欧和北欧交通贸易的联结点,因而新闻印刷品产业发展得比较早。尼德兰的安特卫普(现在属于比利时)是欧洲重要的贸易中心,尼德兰革命后政治环境比较宽松,这里的新闻印刷品产业发展得也比较早。

德国1502年出版过报道打败奥斯曼帝国的印刷品,并且首次使用了"报纸"这个词。英国1513年出版过有关苏格兰战争的新闻书;到16世纪末,英国的新闻书逐步多起来,1590—1610年间大约有450种,在书名中常带有true news(真实的新闻)或者true relations(真实报道)的字词。法国在1529年以后出现了不少活页印刷品,内容多与宗教改革有关。美洲的墨西哥城在1541年9月出版过一份报道危地马拉地震的新闻传单。意大利1549年出版的"特兰特会议新闻书",报道了天主教改革的新闻,曾被译成德文和英文出版,影响比较广泛。

手抄报和早期的新闻印刷品的发展并不是一帆风顺的。手抄报受到了教廷的严加限禁,罗马教皇庇护五世在1569年严厉指责手抄报纸诋毁教廷。数日后,一名手抄报记者被处绞刑。教皇在1572年发布"谕旨",查禁手抄报纸,严惩手抄报的作者。欧洲各国对于印刷出版业都有审查制度。早期印刷品受到封建统治的严格控制,非经特许不准出版。报纸出版人和出版商时有因触犯禁令而受到迫害。

这些早期的新闻书和手抄小报虽然简陋,但被认为是近代报刊的雏形,标志着古代新闻传播开始向近代新闻业过渡。它们的出现,使人类传播活动发生了质的变化:新闻传播的规模开始面向整个社会,而非特定的对象;出现了专门采集、发布新闻的机构;有了从事这项活动的行业队伍。

16世纪后期,开始出现了定期、有固定名称的新闻印刷品。最早的是1588年奥地利人迈克尔·冯·艾津出版的《博览会编年表》。另外有一种名为《法比信使》的拉丁文出版物,每年一期。

进入17世纪,资产阶级取代封建统治阶级登上历史舞台。随着社会政治经济变动的加剧,社会对信息的需求增长。原来的手抄小报逐步改为印刷出版,不定期的新闻书逐步定期化,并逐次缩短刊期,由一年到半年,至月刊、半月刊,直至达到每周出版一次。这种定期报刊产生于17世纪初,大约在1605年到1610年间。与早期新闻印刷品相比,这些定期报刊有一些特殊的属性,即报纸的属性。第一,报纸是定期、多次发行的。1609年出版于斯特拉斯堡的周报均有编号和出版日期。第二，每期报纸都包含各种消息。约翰·卡洛鲁斯印刷的《斯特拉斯堡周报》第一期刊登了科隆、安特卫普、罗马、威尼斯、维也纳和布拉格的消息。第三，报纸都有前后一致、容易辨认的标题或格式。比如，卢卡斯·舒尔特出版的报纸前几期都以"新闻报道公报"开头，然后是新闻来源地目录、标志和日期。

英国最早的定期报刊是《每周新闻》，1621年9—10月连续出版了六期，单张印刷。法国定期报刊出现在1631年，《各地见闻》周刊在巴黎出刊。在此前后，在其他欧洲国家，如瑞士、奥地利、丹麦、意大利、西班牙、瑞典、波兰等，也陆续出现了定期报刊。

早期的定期报刊有书本样的，也有单张的，内容上也比较受限制。由于封建政权的压制，有些报刊开始只能登载国外新闻，后来才增加了政府许可的国内新闻和言论。在定期报刊增多的基础上，欧洲各国先后出现了日报。从17世纪初定期报刊问世，到17—18世纪日报陆续创办，近代报刊业逐步得以确立。

经历了漫长的孕育期，近代新闻事业终于诞生。新闻事业的诞生有着深刻的社会历史背景。归根结底，是社会生产力发展的产物，是资本主义商品经济的兴起以及由此而来的社会变化，形成了对新闻事业的需要，而同时也提供了产生新闻事业的物质手段和社会条件。

这种社会需要可以概括为两个方面。从经济上看，资本主义经济的兴起，新航路的开辟，促使工商业市场国际化，也造成了社会对新闻传播的规模化需求。那种小规模的手抄新闻已经不能满足人们对于新闻信息的需求。从政治上看，这一时期，资本主义经济的兴起加速了社会政治的变动，同宗教改革交织在一起的声势浩大的资产阶级革命运动连绵起伏。社会处于急剧的变动当中，社会信息量随之大为增加，社会各个阶层都不得不关注新闻信息，以适应事态的变化。特别是新兴的资产阶级更是迫切需要传播信息、宣传观点、制造舆论，以促进社会的变革。

在这种社会需要增长的同时，促成新闻事业诞生的社会和物质条件也在发展。这些条件包括以下方面。

①欧洲封建割据趋于减少，贸易关卡也随之减少，形成了可以比较自由流通信息的较大区域。15—16世纪，正是欧洲大陆王权削减诸侯势力的高涨时期。王权的集中统一，为商品和信息流通都提供了相对自由的空间。

②印刷和造纸工业的发展。活字印刷术的推广，为规模化新闻传播提供了新的技术条件。手动印刷机也在欧洲逐渐普及，提高了印刷的效率。人造纸代替了昂贵的羊皮纸，降低了印刷的成本。这些都为新闻印刷品的批量生产创造了条件。

③交通和邮政事业的发展。地理大发现以后,各国竞相发展远洋航行。在国内,16世纪前后,欧洲各国也大量兴建行走马车的公路,改善内河航运,因此,人员往来和信息传输日趋便利。15—16世纪,欧洲各主要国家还开通邮政业务,公路、河道的畅通使得邮政业务的投递周期大大缩短,也使得报刊短周期定期发行成为可能。

④文艺复兴后,文字从僧侣阶层的垄断下逐步解放下来,为规模化新闻传播提供了一定的读者群。

正是上述条件的发展,使近代报业的诞生成为可能。正是这种社会需要和实际条件的结合,形成了近代报刊诞生的必然性。

四、大众化报纸的发展

在真正的大众化报纸得以发展之前,西方社会需要发生一系列的社会变化以产生适于大众报纸生存的社会土壤。当商业化发展到一定程度,当工业革命加快了印刷和造纸技术的发展速度,当公共教育成为现实,报纸的大众化时代便接踵而至了。

1833年9月3日,本杰明·戴在美国创办了廉价报纸《太阳报》。该报注重地方新闻,包括有人情味的消息和耸人听闻的事件报道。这些内容很受劳工阶层的欢迎。《太阳报》是靠报童在街上零售发行。这些报童很快建立了有定期主顾的线路,日发行量在短短两个月内上升到2000份,八个月后增长到了8000份。靠着吸引劳工阶层,《太阳报》获得了极大的成功。至1837年,《太阳报》每日的发行量达3万份。

《太阳报》的成功引来了众多的效仿者,报业竞争变得更加激烈。与此同时,廉价报纸在其他西方国家也逐渐出现并发展起来。法国在1836年,出现了两份重要的廉价报纸《新闻报》和《世纪报》。英国因为知识税的缘故,廉价报纸出现稍晚一些,时间为19世纪50年代以后。德国的廉价报纸出现于德国统一之后。

廉价报纸的高发行量对广告商很有吸引力。对于广告商来说,发行量是预测利润的良好标志。高发行量就意味着广告信息可以传递给成千上万的读者,为广告商带来利润。由此可见,在大众化报纸发展的早期,就已经显示出社会关系的一种重要体制化方式。这种方式把广告商、媒介经营者和受众连接起来形成一种功能系统,生产特定类型的大众传播内容[①]。

19世纪末20世纪初,报社已经变为现代企业。也是在这一时期,报纸之间激烈的竞争产生了黄色新闻(即具有刺激性的报道)。报纸在大众化发展过程中也有了风格和旨趣的区别。高级报纸侧重于国内外政治、经济新闻,刊载具有说服力的社论;大众报纸则以趣味性为主,争取吸引尽可能多的受众。

---

① 德弗勒,鲍尔-洛基奇.大众传播学诸论[M].杜力平,译.北京:新华出版社,1990:61.

在与电子媒介的竞争中，虽然报纸的发行量受到了一定的影响，但是它作为主要大众媒体的地位并未动摇，直至互联网时代的到来。在新媒体技术日新月异的今天，报纸遇到了前所未有的冲击。艰难生存的报纸正在寻求融合媒体发展的新路径。

第四节　电子传播时代

电子传播指通过无线电波或电缆传送声像信号的传播方式，也被统称为广播。只输送声音的，称为声音广播或电台广播，简称广播；传送声音和图像的，称为电视广播，即俗称的电视。按照信号传输的方式划分，通过无线电波传送信号的称为无线广播，通过电缆或导线传送信号的称为有线广播。电子传播的主要媒介就是兴起于 20 世纪的广播和电视。电子传播是人类传播活动的又一个里程碑，实现了信息远距离的快速传播，在技术上使快速的全球传播成为可能。

广播和电视虽同为电子媒体，但是其传播特点和社会影响力却有很大差异。广播诞生之初，被认为是大众教育的福音；而电视则被作为娱乐媒体，并一再受到批判。

一、广播

（一）从自由生长到国家规制的初创时期

今天回溯广播的产生和发展的历史，它的发展初期和互联网的初创期有些相似。一群无线电爱好者推动着这个还没有被法规限定的新媒介技术不断更新。

1895 年，意大利人古列尔莫·马可尼发明了用编码信号传送电磁波的新方法——无线电波。同年，俄国科学家波波夫的无线电传送信号实验也获得了成功。但是，两位发明者的新技术并未在自己的祖国获得重视。1896 年，马可尼带着自己的发明迁居英国伦敦，并在英国获得了专利。1899 年，他成功发送了从英国到法国的电报，1901 年完成越洋电报的收发。

20 世纪初，美国人李·德·福雷斯特和雷金纳德·费森登为广播的产生做了开创性的工作。1906 年，福雷斯特成功研制三级真空管，并且能够在他的实验室中传送声音。真空管使接收电波变得更容易，并能够使声音放大，成为推动无线电广播发展的一项重要发明。费森登被认为是第一位使用连续电波——而不像马可尼那样使用间歇性声波传送声音的人。1906 年，费森登在实验室里成功播放了布道演说及音乐。

新技术吸引了许多的业余爱好者，因为没有对使用无线电设备的限制，很多人都想自己动手试试。在20世纪初,拥有一台无线电广播相当于打开了通向一个崭新世界的窗口。这些业余爱好者可以听到政府发送的消息,彼此也可以发信息。"那是一场借无线电波进行的大范围交谈,谁想加入都可以。"①但是,这种毫无限制地使用电波也带来了问题。早期的无线电在好几个频道上同时广播,所有在接听范围内的电台都能听到。当时的技术还无法把具体电台的操作限制于某个无线电频道,消除电台的干扰。因此,就出现业余电台干扰军方和商业电台的情况。

在美国,业余电台对海上救援行动的干扰,使无线电的不受约束的状态遭到质疑。泰坦尼克号的沉没,使业余无线电成为一个争议的话题。泰坦尼克号所属的轮船公司在设法对当时的情形做出解释时,就归罪于业余无线电台,其认为没有办法靠无线电获取任何可靠信息,是因为闯入信号区的无线电数量太多。《纽约先驱报》也说:"泰坦尼克号的灾难刚一从海上传来,沿岸量程内所有的无线电台都开动起来……结果是一片乱哄哄的杂音,只能从中随意拼凑起一些失真的、内容不准确的电报向焦虑的世界宣布。"

泰坦尼克号灾难之后,美国于1912年通过了《无线电法》,引进了处理船只求救信号的新规则,包括实现频道标准化,并要求无线电台旁任何时候都必须有人看守。该法律要求发报机必须申请许可,把业余电台的波长限制在200米以下,并对业余电台的发送能力、地点和活动时间都做了限制。

1920年11月2日,美国西屋电气公司KDKA电台在匹兹堡开始运营,播放了哈定和考克斯在总统竞选中的结果。它是美国第一家,也是世界上第一家正式办理了营业执照的广播电台,这被认为是广播事业诞生的标志。

1921年12月,美国政府规定了广播娱乐节目的频道,将其与海上船只遇险呼救的频道分隔开来。紧接着,美国政府又"暂时"禁止业余人士染指广播娱乐节目。

英国广播公司(BBC)首任总经理约翰·里斯说,美国缺乏对无线电的控制,结果导致了混乱。英国吸取了美国的教训,建立了一个中央控制的广播电台。BBC为其他欧洲国家树立了典范,建立了国营广播公司,用户需缴纳费用。

(二)广播的黄金时代

最初的无线电广播是中波和短波的调幅广播。1923年,美国科学家阿姆斯特朗开始研究调频广播。1933年,调频广播达到实际应用水平,调频电台开始在美国出现。调频广播具有噪声小、音质好、抗干扰能力强的特点,有效地改善了广播的收听效果。此后,调频广播在世界范围内推广开来。

---

① 斯丹迪奇.从莎草纸到互联网:社交媒体2000年[M].林华,译.北京:中信出版社,2015:283.

收音机的制造也实现了技术的突破。1948年,贝尔实验室成功研制出晶体管。晶体管代替了最初用于广播的真空管,为收音机的大量普及提供了基础。时至今日,广播的接收设备不断优化,出现了多种音效佳、易携带的超小型收听器。

(三)广播事业的发展

20世纪20年代,是广播事业的发端期,广播被视作娱乐、商业促销的新手段。1922年,美国的广播电台从不到20家猛增到将近600家。在这些广播电台中,有些是业余的,有的依靠美国无线电公司、西屋电气公司等无线电接收机制造商的支持,有的受政府机构或大学的支持。音乐节目在这一时期的广播上占有绝对的优势,新闻节目比例很小。新闻那时主要靠报纸提供。美国全国广播公司、美国哥伦比亚广播公司和英国的BBC都在这一时期成立。到20年代末,广播传播新闻的优势和广泛影响力已经显现。

20世纪30—40年代是广播发展的黄金时期。这一时期,广播电台开始建立自己的新闻采集机构,在新闻传播领域走独立发展的路子。广播的新闻时效性显著提高,新闻内容更加丰富,新闻报道的形式也更加多样化。

第二次世界大战期间,广播不仅以最快的速度报道最新战况,还能以现场报道的形式把实况声音传送给听众。广播成为人们接收新闻信息的主渠道,而且参与交战的各国也把对外广播当作战争的另一条战线而努力经营,国际广播迅速发展起来。据统计,第二次世界大战爆发前,有27个国家开办对外广播。到1945年战争结束时,有对外广播的国家增加到55个。

20世纪50年代,广播的发展受到电视的强烈冲击。二战结束后,电视就迅速成为商人们投资的热点。到50年代晚期,大型的广播网呈现衰落之势。

在20世纪60年代后期,广播的一个重大转变就是开始"小众化"传播,广播电台把自己的目标听众定位在特定的群体,针对他们播放专门的内容,广播电台呈现专门化特征。以BBC为例,1967—1971年,BBC对国内节目进行了调整。广播一台专门面向青年听众播放青年人喜爱的流行音乐。广播二台以娱乐性节目为主,主要播放轻音乐、爵士乐和体育节目。广播三台以古典音乐为主。广播四台以谈话和新闻节目为主。

20世纪90年代出现了数字广播。这一技术可以将音频信号和视频信号转化为比特。这种新的广播具有的优点包括堪比激光唱片的音质,超强的抗干扰能力,每个电台所占频带非常窄,能够提供数据传送等多种新业务。

进入21世纪后,广播借助数字技术、网络技术和卫星技术获得了前所未有的发展。数字技术使频率资源不再稀缺,网络技术、卫星技术帮助广播进一步突破时空限制,真正实现了"广播"。2000年5月,美国全国公共广播网通过"热鸟"卫星推出了全天候数字卫星广播,覆盖欧洲、中东、俄罗斯、北非和中亚的2500多万个家庭。发展中国家也借助卫星技术把广播节目送出国门,走向世界。

二、电视

电视可以说是传统媒体时代的多媒体,它的产品集文字、声音、图像于一体,逼真显示了缤纷的现实世界。可能正是基于此,电视在一切条件成熟之后,以极快的速度风靡起来。然而,亦如培养理论的提出者乔治·格伯纳所认为的那样,电视节目的生产是集中化大规模生产,其内容旨在吸引所有人的注意。电视媒体完全典型呈现出现代大众传媒单向传播的特点,正如《从莎草纸到互联网:社交媒体2000年》的作者斯丹迪奇所说,比起使人们能够创造、传播、分享以及重改和交流信息的媒体系统,电视属于另一个世界。

(一)电视的产生

1817年,瑞典科学家布尔兹列斯发现了化学元素硒。1873年,英国科学家约瑟夫·梅发现了硒元素的"光电作用"特性,为电视的发明奠定了基础。

1884年,德国人保罗·尼普科夫发明了"尼普科夫圆盘",这是最早的机械扫描盘。此后几十年中,"尼普科夫圆盘"一直是图像传送实验的基础。

第一台可行的电视装置产生于英国。英国科学家约翰·贝尔德在"尼普科夫圆盘"的基础上,发明了机械扫描式电视摄像机和接收机。1926年1月,他展示了自己的样品。他制造的装置有一个转盘,上面钻了一串螺旋状的仔细排列的小孔,小孔上安有透镜来依次扫描拍摄的景象。扫描得来的明暗不同的图像用光电池计量后发射到接收站。接收站也有一个转盘,和发送用的转盘同步,通过它调整灯的亮度,把信号重组为图像。不久之后,美国人詹金斯在华盛顿也公开展示了他的电视,他的装置也是以圆盘为基础的。

与此同时,美国人费罗·法恩斯沃斯也在进行电视的发明创造工作。他的思路和贝尔德不一样,他的设想是不依赖圆盘,而是把光变成电子信号。1929年,法恩斯沃斯用自己研制出的电子电视系统成功传送了静止图像。1930年,他获得了电子电视的专利。

1930年,BBC和贝尔德合作,开始有声电视图像传送的实验,并获得成功。1936年BBC建立了世界上第一个电视发射台,同年11月2日起定时播出电视节目。这是世界电视事业的正式开端。

1939年,美国无线电公司的电视系统在纽约世界博览会上亮相。无线电公司总经理萨尔诺夫在世博会期间召开了新闻发布会,这个电视系统则直播了萨尔诺夫的讲话。该电视系统还放映了一部宣传电视的广告电影。但是,电视机上市的销售并不好,因为第一批电视机价格非常昂贵,而且只有在接近接收塔的地方才有信号。

第二次世界大战中断了电视的发展。战争期间,美国有几个试验性的电视台仍在广播。英国的BBC则完全中止了电视运营。

(二)电视的发展

美国在电视的发展、接纳和使用方面处于领先地位。美国无线电公司在电视尚未批量生产之前就大力推销电视,努力确保自己在战前设计的制式和技术能够成为行业标准。美国电视的快速发展时期是1948—1949年。1948年电视的制造量是97.5万台,1949年则达到了170万台。电视台靠广告来获得经济收入的模式也逐渐形成。广告商都愿意在大广播公司播出的全国性节目的间歇时间做广告。广告商对大广播公司的青睐使地方电视台生存艰难,它们通过加入大广播公司来求得生存和发展。到1953年,美国几乎所有的电视台都加入了大型广播公司。美国全国广播公司(NBC)、哥伦比亚广播公司(CBS)和美国广播公司(ABC)三足鼎立的局面也在这一时期形成。美国家庭的电视拥有率在1955年达到了65%。1960年,美国的电视普及率达到了87%,1970年则达到了95%。

从20世纪前期开始,人们就已经对彩色电视做了许多试验。20世纪30—50年代,美国无线电公司、哥伦比亚广播公司和彩色电视有限公司都在研究彩色电视。1946年9月,美国制造出彩色摄影管和彩色显像管。1951年,哥伦比亚广播公司和美国广播公司试播彩色电视节目。1954年,美国正式播出彩色电视节目,成为世界上第一个开播彩色电视节目的国家。之后日本、苏联、英国、法国、联邦德国也陆续开办了彩色电视节目。

1957年,苏联成功发射了第一颗人造卫星。1962年7月,美国发射了"电星一号"通信卫星,并且进行了跨洲的越洋电视传播。1963年2月,美国成功发射了第一颗同步通信卫星。同步通信卫星的使用为真正实现全球通信奠定了基础。1965年4月,"国际通信卫星组织"发射了第一颗商用通信卫星"晨鸟号",这是世界各国共同利用国际通信卫星传送节目的开端。1969年7月19日,人类成功登上月球,卫星转播了这一创举的电视实况,全球49个国家,共7.2亿观众收看了这个节目。这一时期通过卫星播出的节目需经过卫星地面站接收、转发,个人用户才能收看。

20世纪80年代初,美国、苏联、加拿大、日本开始了卫星直播电视实验。卫星直播是指将电视信号直接接入用户,用户可以使用小型接收天线直接接收卫星电视节目。1983年11月15日,美国首次播送了卫星直播电视节目。之后,日本发射了第一颗以家庭为接收对象的实用电视直播卫星"樱花二号"。1987年,日本广播协会开始进行每天 24 小时的卫星广播。卫星电视的发展,也开辟了国际电视的新时代。

有线电视是通过电缆或光缆将电视节目直接传送给用户的一种区域性电视广播方式。电缆电视起源于 20 世纪 40 年代末 50 年代初的美国。当时在电视信号难以清晰接收的偏远地区,为了解决电视图像在传输过程中的质量问题而架起了接收天线,把收到的信号经过放大及处理后,再用电缆传送给用户。电缆电视传播的图像清晰,改善了收视效果。

卫星电视的出现为有线电视的发展带来了契机。卫星电视广播和有线电视网的结合,使有线电视迅猛发展起来。20 世纪 70 年代,众多的电缆电视系统通过卫星获得电视信号,再转送给用户。由于它图像清晰、抗干扰性强、频道多,因而很受观众欢迎。20 世纪 80 年代西方国家的电缆电视用户已经占全部电视用户的一半以上。20 世纪 90 年代全世界开办有线电视的国家和地区已达 66 个。

21 世纪以来,以数字技术、网络技术、信息技术为基础,电视传播又进入了新的发展时期。目前,数字技术在世界电视行业内已经得到了广泛的应用。电视数字化和互联网宽带技术的发展还催生了"网络电视"。在技术的武装下,电视服务领域不断进步,突破传统的传播方式,实现自由点播、双向互动等传播形式。

三、电子媒介的传播特点及其批判性研究

与报纸相比,电子媒介的传播速度更快,又因为能够再现声音和图像,所以有很强的直接感受性,覆盖面也更加广泛。但是,在没有录音设备的情况下,电子传播都是稍纵即逝,不易记忆和保存。另外,广播与电视相比,缺乏直观、生动的形象。但是,广播有很强的伴随性接收特点,即听众可以在做其他事情的同时收听广播。电视媒体图文并茂、声画结合,表现形式更加丰富,传播的影响力也更大。

人们对电视的长时间观看,引起了学者的担忧。"电视人""容器人"被用来描绘在电视前长大的人们的心理、行为特征。波兹曼的《娱乐至死》曾深刻批判了电视。他认为不管多严肃的东西,通过电视的表现,都会打上娱乐化的烙印,而造成这种结果的原因是电视的特点。首先,电视强调画面和表演。而人的思考过程,由于缺乏画面和表演,因此并不适合上电视。电视上的讨论节目,因为抽离了思考这个过程,便不可避免地沦为一场精心准备的表演。政治选举也因此而成为一个个电视广告。对于竞选者,人们更关注其形象,即画面与表演的效果,而非竞选者的政治立场、执政观念、执政能力和业绩。这些对于政治选举真正重要的东西在电视传播中反而居于次要位置了。比这更严重的问题是,电视把人们变成一群快乐而无知的羔羊。其次,电视节目有很强的时间限制,很难指望讨论者有充分的时间去思考。另外,碎片

化新闻纷至沓来,观众无暇分析其中某条新闻的内涵和意义。波兹曼认为,在电视上,一切信息都是割裂的,看起来人们身处信息的海洋,其实却置身一个个信息的孤岛。

马丁·李斯特在对传统媒体与新媒体的研究比较中,明确指出电视的中心化趋势,"我们很容易将电视视为一种中心化的媒介(特别是相对于数字网络媒介时),它是由中心向大众传播资讯。虽然并不是因为电视技术必然导致中心化,但电视传播技术确实会助力并迅速地促进中心化的产生。……无论如何,电视的出现、发展,并在一个中心位置上被主导性地使用,这正说明了电视是在一种社会结构中产生,并按中心化的方式组织完成,它需要从权力的中心向边缘(观众与听众)传播"[①]。

第五节 互联网传播时代

1946年,在美国宾夕法尼亚大学,世界上第一台电子计算机诞生,这被认为是信息时代的开端。信息时代的基础是网络。网络指的是互联网。虽然从技术的角度讲,互联网与网络是两个概念,但在非计算机领域里,一般人们所指的网络,通常是指互联网。互联网是目前全球最大的国际性计算机网络,它的兴起实现了全球信息传播的资源共享。因而,互联网被称为继报纸、广播、电视之后的新媒体的典型代表。

"新媒体"这一术语的产生,被认为把握住了20世纪80年代以来媒介迅速变迁的时代感,把握住了媒介与传播的世界与之前的世界极大的差异性。新媒体这个概念包容性强,指涉很广泛。提到这个概念,可以联想到互联网,也可以联想到数字电视、虚拟环境、电脑游戏或博客等。新媒体也可以指代电影特效、屏幕式交互多媒体、以电脑为中介的传播等。

一、网络媒体

(一)互联网的产生与发展

互联网的雏形被认为是ARPAnet(阿帕网),诞生于1969年的美国,它是美国国防部的一个实验性网络。因为是用于军事目的,阿帕网被设计为分布式结构,这样可以使它在受到外来袭击时仍能正常工作。分布式结构网络去掉了中心交换点,形成了一个由多个网点连接而成的网络,每一个网点都有多条途径通往相邻点。这种结构的好处是,网络上任一节点受破坏后并不影响其他节点之间的通信。因此,这

---

① 李斯特.新媒体批判导论[M].2版.吴炜华,付晓光,译.上海:复旦大学出版社,2016:17.

种计算机网络有更高的安全性。

最初的阿帕网只有四台计算机相连。后来许多研究机构和大学也相继加入阿帕网,到1972年,这个网络上的节点已达到40多个。

计算机网络中的信息交换也需要有相应的规则,这些规则统称为协议,是互联网进行有效信息交换的基础。1974年,文顿·瑟夫和鲍勃·卡恩提出了TCP协议和IP协议。1983年,TCP/IP协议被指定为互联网的标准协议,这意味着互联网世界有了统一的"语言"。这是互联网技术史上的一次重要飞跃,也被认为是全球互联网正式诞生的标志。

技术的进一步变革,使互联网逐渐走出实验室,向民用化和商业化阶段迈进。1986年美国国家科学基金会（National Science Foundation,NSF）建立了覆盖全国的NSFnet,使互联网开始向全社会开放,这是互联网民用化的开始。

1989年,欧洲粒子物理实验室的蒂姆·伯纳斯-李提出了万维网（world wide web,www）的技术构想。万维网是互联网中的一种应用方式,它的主要思路是利用互联网传送超文本信息,同时利用超链接将网络中的信息相互连接起来。这为互联网上各种应用的开发提供了基础,也为互联网成为一种传播媒介奠定了基础。通过万维网,几乎任何人只要有电脑和调制解调器,都可以联入国际互联网,进行信息浏览和发布。

万维网技术使互联网在20世纪90年代进入高速发展期。90年代以后,互联网逐渐渗透到社会生产生活的各个方面,使用网络的人数激增。据美国互联网委员会发布的《2000年互联网发展状况报告》,从1993年到2000年3月,全球经常使用互联网的人数从不到9万猛增到3.04亿。而从2000年到2002年9月,互联网使用人数又增加到6.056亿。

2005年以来,新一代互联网作为一种技术性的概念也越来越普及,其主要技术包括IPV6、网格计算、P2P技术、语义网技术等。这样一些技术变革使互联网的能量急剧增长,进入了Web2.0时代。关于Web2.0,虽然没有统一的定义,但其中有代表性的说法是,Web2.0是互联网的一次理念和思想体系的升级换代,是由原来的自上而下的由少数资源控制者集中控制主导的互联网体系转变为自下而上的由广大用户集体智慧和力量主导的互联网体系。Web2.0时代的特点是：个体创造、群体协作；以个人为主体的社会关联；人与人的连接。

目前,人们又提出了Web3.0的概念,虽然还不能准确描绘它的图景,但可以肯定的是,未来的网络将更加智能,将是物体全面互联、客体准确表达、人类准确感知、信息智慧解读的时代。

(二)网络媒体的主要形式

自互联网诞生以来,出现过非常多的传播形式。有些形式昙花一现,有些形式则保持着比较持久的生命力。这些传播形式并不一定是彼此独立的,它们可能相互依存,有的彼此之间有相似性,而各种传播形式之间的作用也是相互贯通的[①]。

1. 网站传播

网站传播是采用最广泛的一种网络传播形式。它的技术基础是万维网,利用Web页面组成的网站来发布信息、提供服务并与受众开展互动。网络的其他传播形式有很多也可以嵌入网站。

开办网站的主体包括互联网内容提供商、传统大众媒体、政府、机构与组织、企业和个人。网站传播中最有影响力的是互联网内容提供商运营的门户网站。从传播机制看,网站传播在很大程度上和大众传媒是相似的。它仍然是以传播者为中心的点对面传播。但是,在网络中,受众的主动性增强,不似大众传播的受众那样被动。

新闻网站的开办主体多为传统大众媒体组织。以我国为例,新闻网站包括国家大型新闻门户,如人民网,是《人民日报》建设的以新闻为主的大型网上信息发布平台,也是互联网上最大的中文和多语种新闻网站之一。也有地方传统媒体开办的新闻网,比如长江网、华商网。前者是《长江日报》的官方网站,后者是由华商传媒集团打造的网络媒体。

近年来,新闻聚合类平台越来越具有影响力。新闻聚合类平台是新闻内容提供商以各自方式进行整合的网站。以 BuzzFeed 为例,依靠技术手段追踪、分析用户行为,凭借用户真正感兴趣的内容吸引用户。在我国,以个性化推荐技术为基础的今日头条比较具有代表性,发展迅速,且影响广泛。

对于传统媒体而言,新闻聚合类平台带来的改变无疑是划时代的,传统的内容分发渠道近乎垄断式的局面被彻底打破了。

2. 即时通信传播

即时通信是人们通过网络进行人际交流的传播方式。QQ 是其典型表现形式。即时通信传播的主要功能有个体交流、信息共享、个人信息与情绪披露等。因为它可以为传播个体编织起人际关系网络,所以也被认为具有积累人脉资源的功能。

即时通信从微观上看是点对点的,但是,从宏观上看,每一个参与交流的个人都是庞大而复杂交流网络中的一个节点。也可以说,它是以每个人为节点构成了一个复杂的交流网络,每一个个体都会通过网络与他人产生联系。正是由于这种复杂的

---

① 彭兰.数字媒体传播概论[M].北京:高等教育出版社,2011:57.

社会网络,即时通信传播有时会产生广泛的社会影响,甚至不亚于大众传播。

3. 网络论坛

网络论坛是指以讨论各种话题为主的 BBS,是通过网络进行的一种一对多的交流方式。论坛可分为专题式论坛、综合式论坛和专业式论坛。专题式论坛是基于某个特定事件或话题开设的论坛。这种论坛往往是临时性的,成员构成不稳定。综合式论坛的内容综合性较强,一般成员稳定,可以长期存在。专业式论坛通常专注于一些专业性较强的领域。

论坛是以内容为中心的社会化媒体。对于那些拥有网络社区号召力和关系资源的用户以及喜欢匿名交往的用户,论坛很有吸引力。论坛也给人们提供了一个可以深度探讨某个话题的公共空间。

 **知识扩展**

强国论坛

1999年5月8日凌晨,中国驻南联盟大使馆遭到北约导弹袭击,有三位中国记者在袭击中牺牲。5月9日,《人民日报》网络版开设了"强烈抗议北约暴行"论坛。6月19日,该论坛改版为强国论坛。强国论坛是首个媒体网站开办的论坛。之后,不少媒体网站纷纷跟进,开设了新闻论坛。

强国论坛迅速成为人民网的重要品牌,也成为中国网络媒体的重要品牌。后来,人民网在强国论坛的基础上发展出了强国社区,构成更为多元,覆盖的话题范围也更广泛。

强国论坛为上下交流渠道的疏通,做了重要的贡献。由于不少网友利用强国论坛反映现实问题、维护个人权益,使强国论坛有类似内参的功能。许多政府部门通过该论坛了解民意。同时,强国论坛也是政府部门发布新闻的一条新渠道,实现了信息的上情下达。

强国论坛也在一定意义上充当了国情民意的晴雨表。强国论坛特殊的传统媒体背景以及它自身的民间属性,使它扮演了双重角色:它既是人们观察中国政治动向的一个窗口,又是人们了解中国民意的一个窗口。

当然,把强国论坛的意见,完全等同于中国民意,也是不妥当的。这些意见不能代表社会的全部民意。因此,强国论坛的意见,只是中国民意中的一个样本,是中国民意整体坐标中一个重要的参数①。

---

① 彭兰.社会化媒体理论与实践解析[M].北京:中国人民大学出版社,2015:143.

4. 博客传播

博客,是 blog 的音译,它的正式名称是网络日志,是一种通常由个人管理、发布信息的平台。早期的博客以文字帖子为主,随着技术的发展,越来越多的人发布音频、视频内容。这些音频、视频内容被称为播客,也可以看作是博客的新发展。

博客是以个体为中心的社会化媒体。它与个人主页的区别在于技术门槛低,只需简单的操作就可以随时发布内容。与网络中的各种论坛相比,博客的特点在于明显突出了博主的地位,其他人的留言、评论是以博主的帖子为中心的,保证了博主作为信息发布与交流主体的主导地位,可以说是一种一对多的交流。它使个人在信息传播及意见表达方面获得了更高的主动权,也使个体在记录社会、影响社会方面有了更大的力量。博客在新闻传播方面也独具价值。

知识扩展

赫芬顿邮报的兴起与衰落

2005 年 5 月,政治博客网站赫芬顿邮报开办,它同时提供时政新闻。赫芬顿邮报号称"第一份互联网报纸",网站具有博客自主性与媒体公共性,网站通过分布式新闻发掘方式和社会化新闻交流模式,以新锐的报道风格而引人注目。2012 年获得普利策国内报道奖,这也是网络新闻媒体首次获得普利策奖。赫芬顿邮报采用名人博主和平台用户为主的 UGC 模式,率先与 Facebook 等平台合作打造社交新闻,利用算法对多个站点内容进行集中抓取和呈现,聚合其他媒体的内容。

随着社交媒体的兴起,赫芬顿邮报的发展逐渐步入困境。2018 年 1 月,赫芬顿邮报宣布正式关闭其博客撰写平台,并将版面往新闻门户网站的方向转变。

5. 搜索引擎传播

搜索引擎是以一定的策略在互联网中搜集、发现信息,并对信息进行理解、提取、组织和处理,为用户提供检索服务。它为人们提供了快速寻找多元信息的途径,体现了受众主动"拉出"信息这样一种网络传播的特性,影响着人们网络信息消费的模式。

搜索引擎迅速发展的原因在于,它帮助人们在信息超载的情况下,快速获取所需的特定信息。但是,网民的信息搜索也不一定总能得到满足,一方面可能是因为相关信息储备的缺乏,另一方面则与网民搜索请求的技能有关,这也是一个与媒介素养相关的问题。

从技术层面,搜索引擎是在收集了互联网上数以万计的网页的基础上,对网页中的每一个文字(即关键词)进行索引,并建立索引数据库。当用户查找某个关键词的时候,所有在页面内容中包含了该关键词的网页都将作为搜索结果显示。在经过复杂的算法进行排序后,这些结果将按照与搜索关键词的相关度高低依次排列。但是,这种基于算法的智能排序实际也会受其他因素的影响,比如资本的影响。2016年的"魏则西事件",就将某搜索引擎推上舆论的风口浪尖。后来网信办的调查意见指出,该搜索引擎采用的竞价排名机制存在问题,影响了搜索结果的公正性和客观性,易误导网民。因此,搜索引擎背后的伦理问题也不容忽视。

6. 维基传播

维基传播是基于维基技术的网络传播形式。维基技术是一种超文本系统,在互联网上支持多人协作写作。在维基页面上,每个人都可以浏览、创建和更改文本。维基百科就是运用维基技术进行全球协作,用不同语言书写的网络百科全书。

维基传播主要集中在知识分享领域。它促进了知识的共享,使知识生产成为不同人进行认识与智慧交流、碰撞的过程。

7. SNS 传播

SNS 即社会网络服务,是一个构建人们的社会网络或社交关系的平台。人们基于现实身份和现实关系进行的网络互动,是从虚拟互动向现实互动的转折。SNS 传播使得网络交往的虚拟性减弱,现实性增强,使网络和现实社会的交融更加深入。Facebook 是 SNS 应用的代表。

SNS 也是人们获取新闻的重要渠道。大众媒体也主动运用 SNS 来进行新闻传播。比如为抢占报道先机,通过 SNS 进行突发事件报道,还有通过 SNS 实现媒体人和公众的联动式报道。

8. 微博

微博是一个基于用户关系的信息分享、传播及获取平台。用户可以通过各种客户端组建个人社区,并能即时分享。它集合了即时通信、论坛、博客、SNS 等多种产品的特点,将社交与公共信息传播有机结合起来。

相对于博客而言,微博的使用门槛更低、更方便,其草根性更强。由于分享与搜索同步化,微博的传播速度与转发功能呈现"核裂变"式的几何级数效应。微博也很具有新闻传播的价值。传统媒体大多在微博上开设账号,及时发布新闻信息。政府机构也普遍采用微博作为其信息发布及公共交流的渠道。

9. 微信

微信也是一个社会化媒体平台,与其他平台不同的是,它打通了人际传播、群体传播和大众传播,使其融合在一起。微信虽然是以点对点的交流功能为主,但它也能通过朋友圈保持点对点交流之外的接触。而且，微信朋友间更多的是强关系，因而与其他社会化媒体平台相比，它有更强的社交黏性。

微信还有一个公众平台，具有大众传播的功能。微信公众号是为用户提供信息和生活服务的应用，根据其所具备的功能和服务可分为两类：一是以信息传播为主的订阅号，二是以提供便捷服务为主的服务号。两种公众号都以推送文章、图片等形式供用户选择阅读和了解信息。大众媒体、政府机构、企业都可开通微信公众号，实现信息的广泛传播。

二、手机媒体

手机，原本是一种在移动中进行人际传播的通信工具。如今，手机已经超越作为移动电话的单一属性，发展成为集 CPU、存储卡、独立操作系统等计算机本质组件于一体的"迷你型电脑"。在此基础上，手机得以成为融合多种媒体形式的"全媒体终端"[①]。

(一) 手机的出现与发展

手机这个概念，早在 20 世纪 40 年代就已经出现了。当时，贝尔实验室开始试制并在 1946 年制造了第一部移动通信电话，但是体积太大，根本不能携带。因为其不具有实用性而没有进行下一步的研究。

1973 年，摩托罗拉公司的工程师马丁·库帕发明了移动电话。但当时的这部手机，约有两块砖头般的大小。直到 1987 年，真正适于随身携带并可商用推广的手机才问世。其重量约 750 克，像一块大砖头，这是第一代模拟手提移动电话，当时被称为"大哥大"。这种手机价格不菲，一时成为身份与财富的象征。

随着技术的发展，不到 10 年的时间，第二代数字手机（2G）面世于 20 世纪 90 年代中期。这些手机使用 GSM 标准，具有稳定的通话质量。第二代数字手机的外形也经历了一系列的革新，实现了功能和审美的完美结合。

随着通信网络与互联网日益密切的结合，移动通信网除了提供最基础的通话功能之外，不断添加越来越多的增值服务，如彩铃、彩信、图片下载、手机上网等业务的开展要求网络能够提供更高的数据传输率。第三代移动通信网络（3G 网络）随之出现。适应多种服务和 3G 网络的彩屏，并支持 Java 应用的新一代手机也出现了。3G 网络的启用，也预告了智能手机时代的到来。

时至今日，随着 5G 时代的到来，手机作为互联网中的核心端口之一，其信息承载及传播能力不断升级，已经成为集人际传播、群体传播、组织传播、大众传播的功

---

① 匡文波,方圆.手机媒体的发展与展望[J].新闻论坛,2020(5):45-47.

能于一体的,用户须臾不能离开的主流媒体。

(二)手机媒体的传播形式

1. 短信传播

手机短信是最早的短消息业务。短信具有实用、易用的特点,是手机普及率最高的业务之一。除了群发功能,手机短信主要是在熟人间进行人际传播。从传播的接收和限制来看,手机短信的传播形式是互动,反馈可以是同步而及时的,也可以是异步的,机动性较强。

2. 手机应用程序传播

应用程序通常被称为 App。一个应用程序就是一个软件,不同应用程序的功能不尽相同。现在的手机 App 功能五花八门、种类繁多,比如新闻 App、小说阅读 App、短视频 App、各类社会化媒体 App 等。App 使手机成为名副其实的全媒体。

3. WAP 网站传播

WAP 是 wireless application protocol 的首字母缩写,即无线应用协议。它是移动通信技术与互联网技术结合的产物。

和万维网相比,WAP 网站适应手机屏幕和手机信息传播的特点,其内容更轻巧,层次更简化,界面更简洁,也更具兼容性。传统大众媒体和门户网站都通过运作 WAP 网站而进驻无线互联网服务领域。

4. 手机广播电视

从界面上看,手机广播电视可以采用 WAP 网站或应用程序等形式进行传播,但其使用的技术又不限于此。手机广播电视不仅是传统广播平台的延伸,也具有新的传播特征:不受信号频率资源的限制;互动性增强;收看行为个人化;能够实现非同步传播;淡化了媒体间的界限[1]。

5. 手机游戏

手机游戏因为手机的便携性和移动性,成为人们打发时间、休闲放松首选的娱乐项目之一。

手机网络游戏不仅有娱乐功能,也有社交功能。很多游戏需要组队进行,游戏自身设置的沟通插件,如语音聊天、文字交流等,方便用户交流、协作;另外,游戏也会借助社交软件等第三方软件建构游戏社群,供用户在游戏外交流。

---

[1] 彭兰. 数字媒体传播概论[M]. 北京:高等教育出版社,2011:123-124.

三、新媒体的特征

以互联网为代表的新媒体，与传统大众媒体不同，具有多重属性。它们不仅仅是媒体，更是技术平台、传播平台、经营平台和虚拟社会。新媒体传播也是多层面的，它融合了人际传播、群体传播、组织传播和大众传播等传播形式，使其以多元的方式呈现于新媒体平台。它也在多个层次和方面显示出与传统媒体不同的特征。

1. 数字性

之所以把数字性放在首位，是因为新媒体的生产是通过把所有输入的数据转换成数字而实现的。这种生产方式完全不同于传统媒体时代的模拟媒介。模拟是指一组物理图像或声音被存储在另一个模拟的物理形式之中的过程。模拟媒介只能将输入的数据转化为另一种物理对象。传统媒介如印刷物、照片都是模拟过程的产物。这些传统媒介都是采用工业大生产的方式，借由拷贝和商品化的形式销往世界。在广播媒介中，这些物理模拟性质的图像和声音被进一步模拟。不同长度和强度的波形被编码为传输信号的可变电压。

从模拟到数字的转变意味着什么呢？在数字媒体生产过程中，书面文字、图形、图表、照片以及动态影像的记录等模拟文化形式被再加工，以数字形式存储，并利用在线资源、数字磁盘或存储驱动器等输出、解码，再经过屏幕显示器接收，最后才会经由电信网络被传输往各地，或被输出后作为"硬拷贝"而保存起来。也就是说，这些文化形式不是被转变为另一种物体，而是转写为数字或抽象的符号。这种转变的后果使大数据的输入、高速的数据访问与高效率的数据改写变得更加便利。

2. 交互性

交互性最直观的表现是交互传播。与传统大众媒体相比，新媒体的双向交互性非常突出。这种交互传播体现在两个方面：一是人与机器的互动；二是通过机器进行的人与人的互动。

其实，交互性也是一个含义丰富的概念。在工具层面，它是指"用户直接干预和改变他们所访问的图像和文本的能力"[①]。交互性使得接触媒体的人们不再是受众，而成为用户。它突出的是用户在媒体传播中的积极参与和主动生产内容。

3. 超文本性

超文本是指可以提供链接网络的文本。这个文本就如由多个独立分散的单元组合而成的一个作品，每一部分都包含一系列通往其他单元的路径。用户可以通过

---

① 李斯特. 新媒体批判导论[M]. 2版. 吴炜华, 付晓光, 译. 上海：复旦大学出版社, 2016：25.

使用界面中的导航设置,链接到作品的其他单元。

超文本提供了非顺序读写潜能。文本的每一个节点都带有可变数量的链接,把读者带到不同的后继节点,以此类推。这样,就给读者提供了一个"非线性"的阅读体验。因此,有学者认为,超文本性实际上挑战了文本本身的特定状态。书被溶解为一个关联性的网络,在其中,书本身的众多交错关联的链接有助于形成许多不同的阅读途径。书的完整性与以书为基础建立起来的知识系统的完整性被网络知识系统取代了。

这种变化也发生在新闻传播领域。传统的新闻的线性传播方式被打破了,新闻变成了一个包含各个层次素材的网络链接。比如第一层的材料可能是最粗线条的,主要是介绍包含主要要素的新闻框架,而具体细节通过调用关键词的超链接展开,背景材料也以这种方式呈现。链接的运用使得所有过去的新闻都将成为新的新闻报道的有机组成部分。

4. 复合性

互联网传播的复合性主要表现在以下两个方面。

(1)互联网传播形态与形式的复合性。互联网集多种传播媒介和形态,包括人际传播、群体传播、组织传播、大众传播于一体,是一种复合性媒介。同时,网络传播的具体形式包括网站传播、社区传播、即时通信传播、博客传播等,它们之间也常常被整合进某一个具体的传播过程中。各种传播形态与形式的相互交织,是互联网传播复合性的一个表现。

(2)传播信息手段的多媒体融合。互联网的多媒体融合表现在两个方面:一是作为平台,互联网可以承载任何一种形式的信息;二是在互联网新闻或信息传播中,可以在单一报道中综合运用文本、图形、视频图像、动画等多媒体手段。

5. 开放性

网络媒介特有的结构和技术,使开放性成为网络的一个突出特点。网络的开放性是指它"可以进行各种类型的信息服务,(这些信息)可以来自各种类型的提供者,可以给各种类型的用户使用,可以经过各种类型的网络服务机构,而且,这种连接是没有障碍的"。互联网传播的开放性具体表现为传播格局的开放性和传播过程的开放性。传播格局的开放性是指互联网上,任何有条件使用网络的人都可以参与传播。传播过程的开放性是指处于网络传播过程的各个要素和环节都处于开放状态,在时间上也是开放的,随时可以发布和接收信息。

6. 广容性

广容性是指互联网传播的信息容量几乎无限。网络的存储空间大大超过了传统媒体,这种存贮空间的海量性造就了信息的广容性。目前,互联网集合了全世界许多的网站,连接数以亿计的电脑终端,每日处理无限量的信息,为人们提供各种信息服务。

7. 个性化使用特色

互联网技术使得网络成为个性化媒体。人们不仅可以根据自己的个人需求和喜好来决定获取信息的时间、方式等,还能够根据自己的需要定制信息。一些新的技术,如 RSS、Widget 等,使受众有可能按照自己的兴趣来整合网络中的信息,形成个性化的信息门户。

四、新媒体的影响

以互联网为代表的新媒体极大地改变了人类的信息生产和流通方式,对人们接收信息和消费信息的方式,乃至人们生活消费的方式都产生了巨大的影响。

(一)媒介融合的趋势

新媒体技术的发展使媒介融合成为媒体发展的必然趋势。媒介融合是指各种媒介呈现出多功能一体化的发展趋势,它带来的最终结果将可能是各种媒介之间界限的模糊、功能的交叉、产品的融合。

1983年,美国麻省理工学院教授浦尔在他的著作《自由的技术》中提出"媒介融合"的概念,指各种媒介呈现多功能一体化的发展趋势。时至今日,媒介融合从早期的技术融合开始向业务融合、平台融合、市场融合以及机构融合深化。

彭兰教授认为,近年来蓬勃发展的社交化媒体是媒介融合的催化剂,因为社交活动的主体是用户。用户的需要和活动会是强劲的推动力。她认为,媒介融合应是以人为核心的融合,而"社交"与"关系",又是人们在新媒体平台上的需求与活动的核心,媒介融合的深化过程,也是社会化媒体的思维与应用在传统媒体的渗透过程。

(二)社会管理的机遇与挑战

新媒体开启了"人人都有麦克风"的时代,信息环境发生了重大变化。新闻和舆论不再只有传统媒体的单声道传播,而是新媒体平台的多渠道传播。民间舆论场在新媒体平台更容易形成。两个舆论场的观点是由新华社前总编辑南振中提出。他认为,现实生活存在两个舆论场:一个舆论场是老百姓的"口头舆论场",另一个是新闻媒体营造的舆论场。在新媒体时代,两个舆论场的存在和分野变得比较清晰。近些年来,在讨论一些重大议题时,网络上的民间舆论场和主流媒体营造的舆论场就有区别。这对社会管理者来说是巨大的挑战。

当然,新媒体发展也为社会管理者带来机遇,首先是网络舆情使管理者能更快、更直观地感受意见风向。另外,新媒体同样也能为管理者所用,使其成为交流、引导、动员、协调的有力工具,实现社会管理的优化升级。

知识扩展

政务微博

政务微博是政府机构传递信息、引导舆论、与公众对话交流的重要网络渠道,也是网络问政的一个体现。

根据人民网舆情数据中心发布的《2019年政务指数·微博影响力报告》,截至2019年12月26日,经过微博平台认证的政务微博已达到179932个,其中政务机构官方微博138854个,公务人员微博41078个。

根据《2019年政务指数·微博影响力报告》,在政务服务方面,政务微博继续强化政务新媒体的办事服务功能,立足工作核心职责,利用平台开放优势,积极发挥矩阵效应聚合办事入口的功能,将服务范围趋向与群众日常生产生活密切相关的各类民生事件,服务效能全面升级,民众体验得到大幅提升。银川市印发《"@问政银川"微博矩阵运营管理办法》,规定微博问政办理实行限时办结制,让银川政务微博从既往的"问政模式",进一步晋级到了党委、政府媒介执政与行政的政治高度,成为政治与治理的重要抓手。"@马鞍山发布"创建的#马上办#模式,整合马鞍山市362家政务微博,以矩阵模式和集群化方式协同服务,建立为民服务动态播报机制,已成为马鞍山市民的权威信息源、贴心好帮手。"@湖南高速警察"利用线上监督平台开设的微博"随手拍"举报功能,动员群众、网友的力量,共同营造良好规范的行车环境,开辟了保障顺利出行新模式。

舆情回应方面,在一系列社会事件发生后,更多类型的政务机构微博参与回应,直属部门或更高机构的出面让发声更具权威性和说服力,也让社会看到了政务机构更多的责任和担当。在"奔驰女车主哭诉维权"事件中,"@市说新语"(原"@中国市场监管")及时跟进事件进展,发布权威消息,体现了市场监督管理总局对于维护良好市场秩序、严厉打击违规行为的决心,获得了网民的支持和肯定;轰动全国的"重庆保时捷女车主掌掴司机"事件中,"@平安渝北"更是将通报详细到家庭情况、财产情况、交通违法情况等方方面面,用详尽的调查结果平息了质疑,消减了公众对于"特权"的焦虑。

(三)"无定态"的网络文化

网络文化是基于网络中的信息传播和交流活动所形成的各种独特的文化现象

和文化形态。网络为网民提供了自由表达的空间。基于这个基础而形成了网络文化。网络文化是独特的亚文化,为文化多元性注入了活力。但是网络文化内容也因包含"负能量"而被质疑、批评。

网络文化最大的特征可能就是总是处于变化和更新中。其内核可能保持着基本稳定,但在形式上却处于一种无定的状态。网络文化的"无定态"是源于媒体技术的不断演进,这种技术演进不断创造出新的互动结构与模式,影响了不同阶段网络文化的外在表现。当然,除了技术原因,网络文化的形成还源于复杂的社会因素。

网络青年亚文化在网络文化中特别有代表性。青年亚文化有抵抗性、风格化和边缘化的特征。互联网技术使得在网络中占据主体地位的青年群体的亚文化获得更加自由和便捷的培育空间和传播渠道。互联网使得青年亚文化在网络空间中表现出"狂欢式"的特点。同时,网民的多元化造成"族群性",使得网络青年亚文化更有区隔性和个性化特征①。

(四)凸显媒介素养的重要性

新媒体的使用,也使媒介素养问题愈加凸显出来。与传统大众媒体时代的媒介素养要求相比,除了传统的获取信息、分析信息和评估信息外,生产和传播信息的能力变得越来越重要。除了用户的媒介素养,新闻从业者、社会管理者的媒介素养也很重要,并亟待提高。对于传统媒体的新闻从业者而言,新媒体对他们的职业发展产生了巨大的影响。新的媒体环境要求他们转变思维,掌握新的技能。他们未来的职业角色和核心技能是随着传统媒体转型的探索步伐而前进的。

 课后题

1. 简述媒介的发展史,谈一谈媒介技术的发展与社会发展之间的关系。
2. 试析近代印刷术的发展对人类文明进程的影响。
3. 电子媒介的发展前景如何?
4. 什么是新媒体?它具有哪些特征?
5. 试析互联网等新媒体的发展对新闻事业产生的影响。
6. 你认为在当前的媒体环境下,新闻工作者应该具备哪些核心素养?

---

① 王寓凡,白天伟.形意之变:网络青年亚文化形成与异化——以"锦鲤"现象为例[J].当代青年研究,2019(6):104-109.

第二章

媒介组织和新闻生产

大众传播的一个重要特点是传播者为大众媒介,这是组织化、专业化的机构。现代大众媒体都是运用传媒技术进行大规模信息生产和传播的专业化组织。它有科层机制和不同部门的分工,也有一套工作流程确保新闻的生产、发行和组织自身的正常运行。同时作为生产内容的媒介组织,它也是"一个社会在'与自身沟通'过程中一个必要的联结与中介系统"[①]。这一章我们将聚焦于媒介组织的内部结构、新闻生产的流程,并检视和分析组织内外各种因素对媒介组织内容生产的影响。

第一节 媒介组织的内部结构及新闻生产流程

在西方国家,报纸以商业运营为主。广播电视的体制在各国表现得更多元一些,主要有国有国营、社会公营、商业运营。在西方国家,报纸和广播电视一般是社会公营、商业运营并行的,我国更多是国有国营。具体到媒介组织内部的结构,现代媒介组织都采用编辑和运营分开的结构方式,下面主要以我国的新闻媒介组织结构和生产流程为例做简要介绍。

一、报纸的组织结构与内容生产

传统的大众传播组织一般都有三个系统,第一个是内容生产系统,第二个是经营管理系统,第三个是后勤保障系统。报社委员会或者董事会是报社的最高行政领导层,统领内容生产系统和经营管理系统。

内容生产系统包括编辑部、各个新闻部门和新闻中心。总编辑是内容生产系统的负责人,管理各个新闻部门,决定报社内容的采编策略、版面的去留更新。各个新闻部门主任负责该部门的内容生产和管理。在传统大众传媒时代,一般报社采用采编分离的方式。

图2-1是一般新闻采写的流程图。报纸的新闻线索来自多个渠道,记者部负责新闻线索的管理分配,并指定记者进行采访,采访过程由责任编辑监督。写作过程的管理也是由记者部负责,记者要赶在截稿时间前完成新闻稿。

经营管理系统负责报纸的营收,管理报纸的广告、发行、印刷业务及各种创收活动,所以一般包括印务部、发行部、广告部等。后勤保障系统负责组织内部管理和各部门的协调运营,协助、支持报社的内容生产和经营活动,包括了人力资源部、财务部、品牌推广部及行政办公室等。

---

① 麦奎尔.麦奎尔大众传播理论[M].4版.崔保国,李琨,译.北京:清华大学出版社,2006:201.

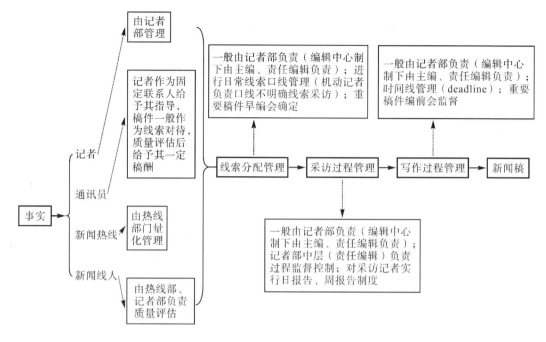

图 2-1 新闻采写流程图

一般新闻的生产流程包括新闻策划(新闻线索的搜集、设计和组织新闻报道),稿件制作(记者采访与写稿、摄影记者拍摄),分析、选择和编辑新闻稿件,配置新闻稿件,编排新闻版面,校对、签发,最后进入印刷和发行环节。

二、广播电视的组织结构与内容生产

在国内的广播电视业,尤其电视业中,存在三种不同的行政管理结构设计。①中心制,即以电视节目形态来确定生产系统的行政管理方式。节目生产部门的人员组织及分配由统一的行政管理部门进行统筹安排。中心制的广电机构呈现四级制:中心—部门—科组—栏目。②频道制,是基于受众市场细分理论和准确定位理论而形成的以频道为单元,对频道内的栏目设置和节目日常工作、人力资源使用、报酬分配等实施管理的模式。每个频道可以看作是整个广播电视台下属的一个完整的子系统,包括组织节目生产和编播、进行广告创收等。频道制一般呈现"频道—节目"二级制。③频道中心制,即针对电视台的实际情况,对电视节目生产组织依据不同情况而采取比较灵活的权变管理。

以频道制为例,一个频道的领导层包括频道总监,负责整体运营,而下设节目总监、运营总监和行政总监。节目总监负责生产和播出,运营总监负责财务、推广和经营,行政总监负责行政、协调。

广播电视媒体中真正参与节目制作的一线从业人员是制片人和节目组成员。关于节目的具体制作,很多电视台实行制片人制度。

制片人是从电影生产中借过来的一个概念。制片人是广播电视节目的主创人员之一,是节目的总负责人。制片人制度确立了栏目作为单独的制作单位,制片人对自己负责的栏目有人员录用、岗位分配、待遇设定等权力。

节目组固定成员包括主编、导演、主持人、策划、编辑、统筹等。主编负责节目内容的把关,主持召开策划会,形成策划预案,并全程对工作进行指导和要求。导演在不同的节目中的功能差异较大,有的导演权力较大,有的导演则只负责所有工作的一个技术环节,不具有领导权力。节目主持人负责引导和掌控节目的进行。策划的任务是发掘节目素材、找到拍摄的人和物、进行节目创意、撰写节目文案、制定拍摄计划等。编辑负责对节目进行后期剪辑、制作,是节目生产的最后一环。统筹负责节目组行政事务、人事事务。

广播电视新闻制作的基本流程可以分为三个阶段:前期准备、中期采访录制和后期制作合成。但是,现在的新闻节目多是直播形式,将音视频信息直接变成发射信号,即时发送到受众的接收终端。

三、新媒体时代的媒体组织结构与内容生产

(一)传统媒体的变革

受到新媒体冲击的传统媒体为应对新媒体环境,积极寻求媒介融合的路径。传统媒体的内容生产、分发渠道、接收终端都发生了巨大的变化。

下面以近几年比较受关注的融合媒体"中央厨房"模式为例,介绍传统媒体内容生产的变革。所谓的"中央厨房"就是媒体打造的能够实施"一次采集、多种生成、多渠道传播"的全媒体平台。"中央厨房"是编辑部的升级改造模式,它打破了以往同一媒体集团报、网、微端各自为政的局面,传统媒体和新兴媒体的工作人员在这个新型编辑部协同作业,实现媒体产品的采集、制作与发布。在制作方面,能够有效结合传统媒体与新兴媒体的长处,融合文、图、音视频、超级链接、可视化的动态数据和位置信息等内容,生产出适合多个终端的融媒产品。

我国中央一级媒体在2015年前后也都打造了自己的"中央厨房"。《人民日报》"中央厨房"打破了过去媒体的板块分割的运作模式,专门设立总编调度中心,建立采编联动平台,统筹采访、编辑和技术力量,实现"一次采集、多元生成、多渠道传播"的工作格局。新华社新媒体中心构建的"中央厨房"式全媒体采编发空间通过一个"轮轴"指挥台,利用一种素材资源,同步加工生成通稿、微博、微信、客户端、集成报道等多种形态产品,进行多渠道分发推送,适配到多种新媒体终端。中

央广播电视总台建立"央视新闻通稿共享平台",通过微视频、V观、网络直播等多种方式,开展全方位、全媒体、全球化报道,实现报道中电视与新媒体多屏互动、同频共振,探索台网"一体化策划、一体化运行、一体化呈现"的节目融合模式。

在融媒发展的大背景下,编辑部工作方式的变化也引发了媒体内部结构组织和新闻生产流程的变化。下面以一个地方报业集团媒介融合改革后组织机构和采编流程的变化为例做介绍。

改革后的报业集团领导层之下被分为三个大的部分:行政管理中心、全媒体工作委员会、运营中心。

行政管理中心包括党委(社委)办公室、编委办公室、经营管理办公室、组织人事部、财务部、信息技术部、机关党委、离退休人员服务中心、印务中心、子报工作领导小组、其他。

全媒体工作委员会负责内容生产,包括专职编委、全媒体指挥中心、日报编辑部、晚报编辑部、发布编辑部、新闻网编辑部、政务新闻部、社会新闻部、理论评论部、图片摄影部、市域综合事业部、开发区事业部、文化旅游事业部、科教事业部、医卫康养事业部、产经金融事业部、体育事业部、交通城建事业部、区域传播事业部、音视频事业部、全媒体运营管理事业部。

运营中心负责商业经营,包括对外文化传播中心、全媒体推广运营中心、发行公司、物业公司、融媒体发展公司、文化公司、广告业务公司。

该集团采取全媒体采写制度,记者可以进行文字、图片、短视频等全媒体形式的报道,并能对集团所有新闻平台供稿,采写供稿的流程如下。

第一步:记者采写新闻后,将采编稿件及图片、短视频通过采编系统平台传送至部门稿件库。

第二步:值班部门主任首先对稿件内容、方向、新闻性等进行把关,并对通过的稿件进行编审,审核把关修改后,将审核过的稿件推送至报业传媒集团稿件库。

第三步:日报、晚报、新闻网等各平台值班主任从中挑选符合自己平台的稿件内容,进行编审选用,并将选用的稿件推送至各自平台稿件库。

第四步:集团各平台编辑对这些稿件进行编发、修改。

第五步:最终稿件由各平台编辑发布出来。

在新媒体发展的大潮下,传统媒体在转型中不断革新、调整,寻求突围之路,在传播理念、媒体角色、营利模式方面都进行了探索。

> **知识扩展**
>
> **英国《卫报》的数字化转型**
>
> 2019年,英国著名报纸《卫报》所属的英国卫报新闻与媒体公司在经历了数十年亏损后,终于实现了盈利,其中55%的收入来源于《卫报》的数字资源。《卫报》可谓是传统媒体数字改革的先锋。2006年,公司提出了"网络优先"战略。2011年,提出了"数字优先"计划,将数字化新闻置于其发展的核心。不同于很多媒体开启网络新闻付费墙的商业模式,《卫报》采取了开放网络资源的策略。纵观《卫报》的数字化转型,"开放新闻"是其核心理念。其开放表现为三个层面:一是面向用户的开放,二是面向数据的开放,三是面向平台的开放①。
>
> 《卫报》提出的开放式新闻强调通过开放让读者共同参与信息生产的过程。同时,这种开放也使《卫报》成为数据新闻的先驱者。网络平台和其他数字平台不仅是信息发布的平台,同时也是信息收集的平台。基于数字化媒体的信息收集能力,《卫报》可以对公开获取的新闻数据进行加工和制作,同时获取的数据又对读者开放。2011年《卫报》对伦敦骚乱的系列报道正是这种操作手法的典型案例。在对伦敦骚乱的报道中,《卫报》允许读者将自己拍摄的图片上传到社交媒体,然后报纸基于这些数据制作了多个数据可视化新闻。《卫报》有一个开放平台,免费开放报纸的新闻资源。外部开发者可以使用平台的新闻资源。
>
> 在专心做好新闻内容的同时,《卫报》也依循开放新闻的方向,探索合适的商业运营模式。比如之前提到开放平台虽然不收费,但是使用信息的第三方必须在其平台上链接《卫报》的内容。这种做法成功提高了报纸内容在多个媒体平台的曝光率,广告也随内容得到了广泛的传播,这一举措更容易获得广告商的青睐。2014年,《卫报》推出了数字付费会员计划。会员制度和付费墙不同,会员制度更像一个奖励机制。会员和非会员之间信息服务没有很大的差别。只是成为会员后,用户可以享受手机 App 的无广告体验,参加走进《卫报》编辑室的线下活动,还可以加入《卫报》会员社区等。自从2014年以来,会员数量逐年增长,会员费用成为其重要收入。

(二)新媒体技术对新闻生产的影响

日新月异的媒体技术发展对新闻生产形成巨大的影响。大数据技术、人工智能技术不断催生新的采访方式、新的内容呈现方式、新的数据分析方式、新的写作方式等,使记者和媒介组织都应接不暇。

---

① 王辰瑶,刘娉婷.《卫报》开放新闻实践的个案研究[J].编辑之友,2016(7):17-23.

比如大数据技术广泛用于主要的、稳定的信息源。信息量特别庞大的用户生成内容（user generated content，UGC），目前已经得到一些传统媒体的积极应用。UGC是Web 2.0时代传播的重要特征与表现。社会网络、视频分享网络、网络社区和论坛，都是UGC展示的重要平台。这些UGC内容不仅为记者提供了新闻线索，也为记者的深入采访和完成作品提供了大量的信息和资源。物联网也早被用于新闻生产。美国的一些新闻媒体借助传感装置来搜集新闻信息，这类试验被称为"传感新闻"。

近几年，人工智能也被应用于新闻生产领域。人工智能和新闻生产结合的产物名目较多，比如机器人新闻、算法新闻、自动化新闻，其实内核都是一样的。基于此，有学者提出智能化新闻的概念。人工智能与新闻业深度融合，全方位嵌入内容生产链条。在内容生成环节，智能化新闻历经了从文字、音频、视频到AI仿真主播的数次升级迭代。早期的自动化写作始于财经、体育、环境新闻等结构化数据丰富的领域。美联社最早使用自动化洞察力公司的平台Wordsmith撰写公司财报。2015年腾讯在国内首开利用写稿机器人Dreamwriter发布财经新闻。之后智能化内容生产突破文字领域，音频、视频领域的自动拆条、自动生成和智能编辑技术也日趋成熟。新华社推出我国第一个短视频智能生产平台"媒体大脑·MAGIC短视频智能生产平台"，集纳了多项人工智能技术，2018年世界杯期间该平台上最快一条短视频从进球到发布仅需6秒。2018年，第五届世界互联网大会上新华社与搜狗联合发布的全球首个全仿真智能AI主持人具备了和真人主播几乎无异的播报能力。可以说，智能化新闻生产在文字、音频、视频、主播等领域全方位重塑着内容生态。人工智能技术也实现了编辑自动化。智能化编辑一方面可以根据实时热点分析，自动搭建新闻内容池，为编辑部门的选题策划提供素材；另一方面可以通过智能纠错系统扫描原文，把疑似错误的内容标识出来，并给出相应的修改方案。智能化新闻编辑通过机器学习，掌握了文本与信息整合的技术，通过人机协作能够帮助传统新闻从业者完成新闻编辑的基础性工作。

作为智能化新闻发展试点，2019年新华智云科技有限公司发布自主研发的25款媒体机器人，助力新闻人"采集"和"处理"新闻资源，是国内人工智能机器人在新闻内容生产领域首次实现矩阵化落地。在此之后，新华社启动了"智能化编辑部门"建设，开始探索智能化新闻编辑部的标准范式。新华智云科技有限公司已经开启了与地方媒体的战略合作，分别与成都传媒集团、重庆日报集团、北京人民广播电台等地方媒体签署战略合作协议，向地方媒体开放"媒体大脑"的功能服务和技术服务接口,形成了具有中国特色的智能化媒体发展模式①。

人工智能技术的引入,大大改变了新闻生产的图景,对新闻从业者的角色也产生了影响。从职业发展角度看,人工智能可能使"把关人"角色有了新的职业内涵,新闻从业者向"人机合作""后置把关""分享把关"转移。"人机合作"进行把关是当前新媒体新闻生产的主要形式。对于确凿的虚假新闻,可由算法精准制导,全天候进行处理。对于亦真亦假或可能引发爆点的新闻,算法可以挖掘提醒。对于人们应该了解的新闻和人们感兴趣的新闻,算法将提供数据反馈和用户画像,而新闻从业者则负责决定如何使用这些材料进行报道。"后置把关"指的是新闻从业者从把关人角色,后移至信息抵达受众后的阶段,对算法筛选的信息做价值判断和阐释。"分享把关"则指在信息转发层面,新闻从业者对 UGC 进行整理、加工、增值、推送等工作②。

新媒体技术也加快了新闻生产的节奏,因为新媒体从技术上取消了"截稿时间"这一限制,媒体可以随时发布新闻。因此,即时性传播被认为是互联网媒体生产区别于传统媒体生产的重要特征之一。而新闻节奏的加快,无疑将大大增加新闻记者的工作量。

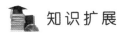 知识扩展

每日推送 10 次意味着什么?
——关于微信公众号生产过程中的新闻节奏的田野调查与思考

学者陈阳对《人民日报》微信公众号进行研究,她发现《人民日报》每天推送 10 次内容,从早上 5 点到晚上 11 点。每次推送基本间隔 2 个小时。高频率的推送节奏,使得编辑工作强度超出预期。《人民日报》微信公众号推送的大量内容并不是本报记者的原创新闻,而是采集和编辑其他机构媒体或自媒体的内容,获得对方授权后修改标题和文字,再次推送。

编辑浏览大量机构的媒体公众号、微博账号、新闻网页或其他媒体客户端,以寻找合适的文章转载,这个过程全靠人力,非常耗费时间。新闻事件本身的时效性不是选稿的标准,将新闻事件引爆成为热点话题,才能吸引编辑团队的注意,才可能被转载。

频繁推送、非原创内容,这两个特点结合在一起,使得《人民日报》微信公众号的

---

① 孟笛,柳静,王雅婧.颠覆与重塑:人工智能时代的新闻生产[J].中国编辑,2021(4):21-25.
② 王斌,顾天成.智媒时代新闻从业者的职业角色转型[J].新闻与写作,2019(4):29-36.

编辑们取消了实地采访,只对内容进行核实,修改润色即可。微信公众号的文章中有三类阅读量最高,一是重大时政新闻,二是重大突发性事件,三是情感类新闻。时政新闻和突发性事件,虽然有重大新闻价值,但不是每天发生。所以公众号里情感类文章就比较多。

第二节 影响"把关人"的组织内部因素

新闻的专业生产者,即媒体工作者,被认为是大众传播体系的"把关人"。"把关人"这个概念是社会心理学家库尔特·卢因在1947年提出的。他在研究家庭主妇如何决定购买食物并向家庭成员推荐食物的过程中发现,家庭主妇是食物流通关卡的把关人,进而推论在新闻传播过程中,也存在关卡和把关人,把关人决定信息是否进入传播渠道。

"把关人"概念形象地描述了在信息流通过程中媒体工作者扮演的角色,但也易让人忽略"把关人"背后影响媒体组织和媒体人进行新闻选择的各种因素。事实上,新闻选择不是个人的行为,而是多个因素共同作用的过程及结果。很多研究都表明,把关人的个人性格和价值观对新闻的选择有一定的影响,但是它并不是最终的决定因素,在某些时候,把关人个人的影响远不及其他力量的影响。这些力量有来自组织内部的,也有来自组织外部的。影响"把关人"新闻生产的组织内部的因素包括组织目标、职业规范和道德,以及潜在的规则。

一、新闻媒体的组织目标

作为一种组织,新闻媒体有自己的组织目标,主要包括经济目标、宣传目标、公共目标。

媒体组织的经济目标是指传媒通过生产吸引受众的媒体产品,并通过发行、广告或其他经营活动来实现经济效益。对于商业化媒体来说,经济目标是非常重要的,因为该目标能否实现关系着媒体的生死存亡。作为一个现代组织,媒体需要庞大的运营成本。媒体组织需要办公场所,需要雇佣大量的员工,需要购买设备和技术,还需要支付信息生产过程中各个环节所需的成本费用。传统媒体依赖的经济来源主要有两个,即广告费和信息产品的销售收益,后者表现为报纸的发行量和广播电视的收听率、收视率。

媒体组织的宣传目标是指媒体还有宣传某种思想、灌输某种意识形态、提倡某种信念、行使某种权利或社会影响力的目标。媒体组织之所以会有宣传目标,是和信息产品的特殊属性分不开的。信息产品属于精神产品,因而信息生产属于与社会上层建筑直接相关的精神生产[1]。因此,每一种信息产品都包含着某种特定的观念和意识形态。生产并传播信息产品就是传媒实现宣传目标的途径和手段。事实上,所有的传媒组织都有其政治、经济和意识形态背景。

媒体组织的公共目标是指作为社会传播系统的重要一环,它还有提供社会信息服务、建设多元意见平台以及增进不同群体间的交流和理解的权利和义务。大众传媒的采访权、言论自由权、舆论监督权实际都是基于其公共目标的。因此,媒体组织的公共目标和传媒组织的政治合法性息息相关。

媒体组织的经济目标、宣传目标和公共目标之间的关系是相互依存、相互影响和相互制约的。媒体组织要生存,必须兼顾和平衡这三个目标的。一个媒体若无法满足公共目标和宣传目标,获得政治合法性,其经济目标就无法实现;但若没有实现经济目标,其他两个目标也就无从谈起。更复杂的情况是,三个目标在现实中常有冲突,有时为了某一个目标会暂时牺牲其他目标。比如,因为宣传目标或公共目标,而暂时放弃经济目标。

另外,媒体组织的所有权形式也会影响各个因素起作用的权重。国有国营、国有公营或公共运营的媒体受宣传目标和公共目标的影响更大,因为它们主要追求社会效益,而私营的商业化媒体则受经济目标的影响更大,因为追求利润是它们的主要目的。

二、职业规范和道德

职业规范和道德实际就是媒体组织的自律,其内容通常由两部分组成:一部分是职业规范,就是"应该怎么做"的技术性要求;另一部分是职业道德标准,即根据一般社会公德要求所确定的、"不能做"的道德责任[2]。

关于新闻记者的职业规范和道德标准,有很多成文的规定。1954年,联合国经济及社会理事会草拟了《国际新闻道德规约》。同年,国际新闻工作者联合会制定了《记者行为基本原则宣言》。具体到各个国家,很多国家的行业组织或者媒介组织都有自己制定的职业规范,比如我国的《中国新闻工作者职业道德准则》。除了国际和国内组织的规范,各个媒体也有自己的组织内部规范。

虽然这些规定行文上不完全一致,但是核心思想大致相同,主要的规则包括:恪

---

[1] 郭庆光.传播学教程[M].2版.北京:中国人民大学出版社,2011:129.
[2] 陈力丹.新闻理论十讲[M].上海:复旦大学出版社,2012:237.

守新闻报道的真实、客观、公正等工作原则;为公众利益服务;尊重个人隐私;拒绝接受馈赠和贿赂,以及其他影响客观报道的报酬等。这些规范从字面上理解没有什么难度,但是在实际操作中,情况却比较复杂。

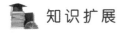 **知识扩展**

新闻专业主义

按照陆晔、潘忠党的《成名的想象:中国社会转型过程中新闻从业者的专业主义话语建构》一文,新闻专业主义不仅包括新闻工作所必需的专业技能、行为规范和评判标准,还包括一套关于新闻媒介的社会功能的信念,一系列规范新闻工作的职业伦理,一种服从政治和经济权力之外的更高权威的精神和一种服务公众的自觉态度。它产生于西方,有着特定的语境,其中包括在市场经济环境中独立、自主的传媒,自由民主的政治体制和服务行业的专业化。它是商业媒体赢利和服务公众利益这两个动因之间的矛盾和张力的产物。

新闻工作专业主义的核心原则包括:①新闻工作必须服务于公众利益,而不仅限于服务政治或经济利益集团;②新闻从业者是社会的观察者、事实的报道者,而不是某一利益集团的宣传员;③他们是信息流通的"把关人",把关的标准是主流社会的价值观念,而不是政治、经济利益冲突的参与者或鼓动者;④他们以实证科学的理性标准评判事实的真伪,服从于事实这一最高权威;⑤他们受制于建立在上述原则之上的专业规范,接受专业社区的自律,而不接受在此之外的任何权力或权威的控制。

三、新闻媒体内部的潜规则

美国学者沃伦·布里德在对美国数十家报纸和百名记者进行调查后发现,在报社内部存在着一张十分微妙而又非常强大的控制网络。它一方面确保媒介组织的传播意向顺利地贯彻下去,另一方面又防止不懂规矩的新人对媒介组织既定行规的冒犯。

布里德发现,在西方的媒体环境中,政策不能公之于众,只能暗地里操作。这些潜规则往往和西方新闻界所谓的客观、真实、不偏不倚等新闻职业道德准则相抵触。因此,它不能通过政策来明确规定,而是通过潜移默化来形成看不见的潜网,规范记者的行为。

第三节　影响媒体组织内容生产的外部因素

新闻生产除了受到编辑部或媒介组织的把关控制外,更受到外部社会环境多种因素的影响。格伯纳将大众传播工作者表述成在各种外在"权力角色"的压力之下进行传播工作的人。这些权力角色很多,主要包括客户(比如广告商)、各种权威、其他社会组织以及受众。

一、客户

客户是指对媒体产生经济控制作用的组织,一般指广告商、赞助商等。客户对媒体的影响实际是市场或是经济力量对媒体影响的直观表现。在资本主义制度下,垄断资本对媒介有强大的控制权,其控制形式有两种:一种是以强大的资本做后盾,成立超大型媒介联合企业,对大众传播事业的主要部分实行垄断;另一种是通过提供广告和赞助来控制和影响中小媒介的活动。

广告商对于媒介内容的影响,一直都很受研究者的关注。麦奎尔认为,在绝大多数资本主义国家中,大众传播媒介的结构都反映了广告商的利益。另外,大多数自由市场的媒介会很自然地将如何最大限度满足广告商的利益作为日常工作的条件。毕竟,它们影响着媒体经济目标的实现。

除此之外,在具体的内容生产层面,客户也可能进行干预。例如,广告商会利用在市场上的权力,试图限制会损害自身利益的特定传播活动。当然这些干预,大多数手法隐蔽,不易被发现。广告商对媒介内容的影响集中在如下几个方面。

①广告商很少会试图买通记者,要求记者报道他们所偏好的新闻以达到自己的目的,他们会做的反倒是试图压制他们不喜欢的新闻;

②广告商对于广告出现的环境十分重视,而且特别在意有冲突的状况;

③一旦广告商迫于压力不再对媒体施压,媒介生产者反而会转向自我检查;

④广告商通过赞助电视节目来影响内容;

⑤地方性报业竞争的实际结果明确地显示出,广告商能够成为媒介生死存亡的决定性因素[①]。

近年来,新闻报道形式的软文广告在我国越来越盛行,这其实也是客户影响内容生产的一种形式。软文广告是以新闻报道的形式发布广告主所需要的信息,也被称

---

① 麦奎尔.麦奎尔大众传播理论[M].4版.崔保国,李琨,译.北京:清华大学出版社,2006:217.

为新闻式广告。软文广告是媒介内容和广告之间的灰色地带。正如有的学者所讲,这类软文是以牺牲对读者的诚实和公平为代价,对媒体自身的品牌是很大的伤害①。

二、信源组织

除了客户,还有一类组织,虽然与媒体组织的经营没有密切关系,但它们可以为媒体提供信息,因此有机会通过多种方式影响媒体对它们的报道。除了记者自采的新闻,媒体还依赖一些组织如政府、企业和其他非政府组织(NGO)提供信息。这些组织利用媒体的惯例与逻辑,设计一些符合新闻价值的事件,吸引媒体报道,影响媒体的内容。比如国际上著名的环保非政府组织绿色和平,其媒体动员模式非常专业化,通常情况下,绿色和平会提前半年到一年进行项目设计,而媒体策略成为整个项目设计中非常重要的因素。

政府的新闻发言人制度以及企业的公关活动都是这些组织主动向媒体提供信息,以达到宣传目的的重要手段。美国政府在19世纪30年代就开始设立总统新闻发言人。20世纪初,美国总统托马斯·伍德罗·威尔逊正式确立了总统发言人制度。到了21世纪,不仅总统、州长、市长有发言人,各政府部门都有发言人。大企业也都设有专职的新闻发言人。作为重要的新闻源,新闻发言人制度对新闻报道有积极作用。但是,新闻发言人作为政府或企业的代言人,其提供的内容也可能与新闻媒体的期望有差距。设置议题、避重就轻都是新闻发言人常用的手法。

这些来自其他组织的新闻,可能会使媒体在选择的过程中陷入两难境地。因为它们虽然具有一定的新闻价值,但是被发布的组织操控,由对方设置议题。有学者专门聚焦于此类新闻,对其进行研究。美国学者布尔斯廷将其称为"伪事件"或"媒介事件"。布尔斯廷总结"伪事件"有四个特征:①不是自发产生的,而是事先计划、安排和主动引发的;②它的主要目的是为了被立即报道或复制;③伪事件与现实之间的关系是暧昧多疑的;④伪事件通常是一个自我实现的预言。

按照这个特征,公关活动、新闻发布会、庆典等都能归入此类。当然,伪事件并非虚假消息,但它是制造出来的事件。现实是很难把这种事件从报道中剔除出去的,一方面是因为它符合新闻价值,另一方面,这些报道也具有建构社群文化的功能。所以,有学者认为,与其辨别"真"与"伪",不如分析媒体表征背后的差异与权力。从这个角度看,新闻工作者除了追求表面的准确性外,还要关注新闻事件背后的政治与博弈,这对新闻工作者提出了更高的要求。

---

① 吴飞.新闻专业主义研究[M].北京:中国人民大学出版社,2009:253.

美国学者戴扬和卡茨深入研究了"媒介事件"的现象,可以看作是对"伪事件"研究的深化和修正。媒介事件是指在电视上进行现场直播的国家级历史事件。这些事件包括划时代的政治和体育竞赛、有超凡魅力的政治使命、大人物们所经历的仪式等。他们将之概括为"竞赛""征服""加冕"三种模式。戴扬和卡茨对重大历史事件的现场直播持更加辩证的观点。他们一方面看到媒介事件对民主制度的威胁,另一方面也肯定了它的积极作用。

三、受众

受众是指收听、收看、购买媒介产品的人。受众是大众传播活动的对象,他们关系着媒体经济利益。可以说,媒体的社会影响力和经济效益都是受众带来的。在媒体市场化运营的背景下,媒体竞争的就是受众的注意力,以提升媒体的发行量、收视率、收听率、页面浏览量。因而,受众的反应也必然影响媒体的运营。受众对媒介活动进行社会控制的手段主要有:个人的信息反馈;结成受众团体,以群体运作的方式对媒介活动施加影响;诉诸法律手段;通过影响媒介的销售市场来制约媒介活动。

大众媒体也会因受众而调整生产经营策略,比如,随着社会的发展,受众呈分众趋势,媒体内容便向小众化、分众化发展。在新媒体时代,受众转变为用户,其对媒体的影响甚至更大。许多传统媒体在数字化转型中,会把注重用户的参与看作一个重要的策略。比如,《纽约时报》非常注重读者的反馈,编辑会对网站新闻发布后读者的反馈进行细致的审核,以作为编辑工作调整的依据。

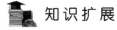
知识扩展

被读者集资救活的报纸——德国的《日报》

《日报》成立于1979年,是位于柏林的一家德国全国性报纸。在1991年以前,该报社通过订阅和捐赠来获得资金。1992年,报社一度面临破产。报社进行了重组,确立了合作社经营模式。合作社面向全社会开放,人们只需要缴纳500欧元的会费,就可以成为会员。确实有一些忠实读者为了继续保持《日报》的独立性,自掏腰包集资救报。合作社既解决了资金匮乏的问题,还可以保持报纸的独立性。所有的会员都拥有该报的股份,会员缴纳的会费全部用于报纸的发展。1993年,《日报》建立了一个基于订户状况和政治支持的差异订阅系统,读者可以选择更高的支付额度以表示对报纸的支持。这种经营模式使该报在2003年实现了盈利。就这样,报纸存活了下来。

20年来,这样一家合作社制的报社的总资产只有约824万欧元。任何人都可以向报社投入资金,最少500欧元。每个人都有平等的发言权,无论他们的股份有多少。他们影响不了报纸的日常运作，但可以在股东大会上提出政策建议。

面对新媒体的冲击，《日报》也积极进行了数字化转型。1995年，该报开始在网上发布新闻，是德国第一家开展互联网业务的全国性报纸。和其他媒体设立付费墙不同，该报坚持基于读者的团结精神，仍然采用自愿捐赠的策略来维持。2011年，报纸网站开始采用自愿支付模式。每当读者打开一篇文章，与自愿支付相关的标语就会跳出来。2012年，《日报》整合了小额捐赠工具Flattr，读者可以通过这个工具为报纸捐赠，也可以针对某条新闻、博客甚至读者评论进行捐赠①。可以说，维系《日报》生存的正是其背后强大的读者社群。

四、政治权力和媒介管理制度

国家的传播管理制度对媒介有重要影响，是政治势力对媒体的管理和控制。国家对媒体的管控手段主要有两种：一是通过法律手段来规范媒体行为；二是通过行政手段对媒体施加直接或间接的压力，以达到控制传播的目的。通过法律控制是现代国家管理媒体组织和新闻事业的主要手段，比如新闻法、通信法、广播电视法，还有反煽动法、反诽谤法、反间谍法等。行政手段包括新闻检查制度、宣传纪律等。

新闻法规一方面为新闻自由提供了法律保障，同时也从法律上对新闻自由给予了一定的制约，防止媒介滥用权利。各国实行新闻法治的形式不同，大体有两种：一种是制定专门的新闻法或新闻出版法，或者除新闻法外，还制定有广播法、电视法、大众传播法等，如法国和德国；另一种是没有制定专门的新闻法，但是在宪法、刑法、保密法等法律中设有适用于新闻、出版的法律条款，如刑法中的诽谤罪条款等，美国、英国属于后者。

知识扩展

英国《世界新闻报》窃听事件

2011年7月5日，英国《卫报》刊登了一篇报道，揭露《世界新闻报》2002年雇人窃听13岁失踪少女米莉·道勒的手机，甚至删除手机内部分信息，干扰警方调查。这篇报道迅即在英国媒体、政界、警界引起巨大反响，继而带出越来越多的窃听丑闻。伦敦警察局则披露，遭《世界新闻报》窃听的受害人可能多达4000人。

其实，早在2005年就有窃听丑闻。为《世界新闻报》工作的私家侦探格伦·马

---

① 陈文沁.德国《日报》的经营模式与数字化转型[J].传媒，2020(11)：51-53.

凯尔因报道威廉王子膝盖受伤一事被捕,当时的报纸主编库尔森被迫辞职。警方在马凯尔家中发现大批公众人物资料。2009年,《卫报》就曾披露《世界新闻报》非法窃听3000余名政要名人的电话。直到2011年7月,《世界新闻报》对普通民众的监听事件再次被《卫报》披露,窃听事件才真正引起各方关注,乃至成为全世界瞩目的新闻界丑闻。2011年7月10日,陷于窃听丑闻的具有168年历史的《世界新闻报》停刊了。

窃听丑闻被曝光后,英国法官、议会下院、警察都开始对窃听事件展开调查。新闻国际公司前首席执行官丽贝卡·布鲁克斯因窃听丑闻案被捕。当时的工作人员,以及部分新闻国际公司高层管理人员,也都接受了质询。同时,新闻国际公司部分股东,要求以"管理不善"为由起诉新闻国际公司。

虽然《世界新闻报》的窃听行为侵犯了公民的隐私,但因为英国法律没有对隐私权进行直接保护的相关法规,因此侵犯隐私权不能作为起诉的因由。根据我国学者魏永征的分析,在该窃听事件中,能够援引的英国法律有《刑事法》和《调查权力法》。可能正是因为英国对隐私法律保护的残缺,才造成了像《世界新闻报》这类媒体肆无忌惮的违规操作。

2014年,旷日持久的英国《世界新闻报》窃听案宣判。原《世界新闻报》主编安迪·库尔森被判有罪,法庭判决他参与电话窃听的罪名成立。而该案的另一名主要被告,新闻国际公司前首席执行官丽贝卡·布鲁克斯则被判无罪。

宣传纪律没有一个严格的界定。按照魏永征的说法,见诸红头和黑头文件(而不是法律文本)的有关媒体可以做什么、不可以做什么的条款,都可以归为宣传纪律。宣传纪律还可以包括主管机关的各类书面的、口头的、电话的、网络的通知,高级别领导人的讲话、意见、批示等。美国广播电视播出时5秒滞后的预检制度就是联邦通信委员会的一项宣传纪律。所谓5秒滞后,是指当人们收听或收看广播电视节目时,听到和看到的都比实际播出晚了5秒钟。这5秒钟的时间,是留给预检的。如果预检人员发现问题,会中断广播,把那些不能播出的内容删除。

不同的历史阶段或者不同意识形态的国家采取的控制手段有所不同,也形成了不同的媒介管理制度。1956年,威尔伯·施拉姆等三人撰写了《报刊的四种理论》一书,总结和论述了四种不同的报刊控制理论,分别是威权主义理论、自由主义理论、社会责任论和苏联共产主义理论。

1. 威权主义理论

威权主义理论是维护专制统治的理论。它的最大特点是主张媒介完全为统治者服务。这种媒介理论形成于封建专政时期。其典型的表现是在16世纪和17世纪,欧洲各封建专制王朝对新兴的印刷出版实施严格的控制。威权主义媒介制度的主要内容包括:

①报刊必须对当权者负责,维护国王和专制国家的利益;
②报刊必须绝对服从于权力或权威,不得批判占统治地位的道德和政治价值;
③政府有权对出版物进行事先检查,这种检查是合法的;
④对当权者或当局制度的批判属于犯罪行为,给予严厉的法律制裁。

2. 自由主义理论

自由主义理论形成于资产阶级革命时期,其理论的主要观点是在与封建专制王朝作斗争的背景下提出的。早期的自由主义理论对打破威权主义专制制度,确立自由平等的思想起到了巨大的作用。其主要内容包括:

①任何人都拥有出版自由而不必经过政府当局的特别许可;
②除人身攻击外,报刊有权批评政府和官吏,这种批评是正当合法的;
③新闻出版不应接受第三者的事先检查,出版内容不能受到任何强制;
④在涉及观点、意见和信念的问题上,真理和"谬误"的传播必须同时得到保证。

3. 社会责任论

社会责任论也是资本主义制度下的一种媒介规范理论,提出于20世纪40年代。1947年出版的,由美国芝加哥大学新闻自由委员会撰写的新闻研究报告《一个自由而负责任的新闻界》对该理论进行了集中的阐述。它强调媒体对社会和公众的责任,被认为是对自由主义理论的修正。其主要内容包括:

①大众传播具有很强的公共性,因而媒介机构必须对社会和公众承担和履行一定的责任和义务;
②媒介的新闻报道和信息传播应该符合真实性、正确性、客观性、公正性等专业标准;
③媒介必须在现存法律和制度的范围内进行自我约束,不能煽动社会犯罪,不能传播宗教或种族歧视的内容;
④受众有权要求媒介从事高品位的传播活动,这种干预是正当的。

4. 苏联共产主义理论

作为世界上第一个社会主义国家,苏联建立了一套全新的传播制度。其主要内容包括:

①传播媒介和传播资源是国家的公有财产,不允许私人占有;

②传播媒介必须为工人阶级服务,必须接受工人阶级先锋队——共产党在思想和组织上的领导;

③媒介必须按照马列主义原理、社会主义的意识形态和价值体系来传播信息,宣传、动员、组织和教育群众;

④在服务于社会总体目标的同时,媒介应该满足广大群众的愿望与需求;

⑤国家有权监督和管理出版物,取缔反社会的传播内容。

在《报刊的四种理论》的基础之上,也有学者做了延伸研究,提出过新的媒介控制理论。但该书的四种理论一直被作为分析各种媒介制度的基础,具有持续且广泛的影响力。

在我国,媒体的所有制形式是国有,这使得国家的管理在媒体的生产方面产生重要的影响。但是,随着新闻媒体改革的深入,我国媒体的经营方式也呈现多样化。

知识扩展

智媒时代新闻生产特殊的把关人——"算法"及其伦理争议

算法是一套使计算机运行明确的指令和步骤,人们可以按此得出目标结果,从而解决特定问题。当前,算法被广泛应用于新闻的采集、制作、分发和核查。所以,算法可谓是新的把关人。

算法被认为是客观的,但事实上,在算法的影响下,新闻把关的标准已经被那些创建和实施算法的人所取代,新闻生产的编辑结构和新闻惯例也同步发生着变化①。

在新闻生产层面,因为数据的质量问题,如错误的、不完整的数据可能造成自动化新闻生产,最后形成假新闻。比如《洛杉矶时报》的机器人 Quakebot 曾错误发布地震报道。2019 年 4 月,一段美国前总统奥巴马攻击特朗普的伪造视频在网上广泛流传。这段视频是通过深度伪造技术制作完成的。如果自动新闻生产抓取的是这类连人工也难以辨别的深度假数据,必然导致假新闻的输出。

"算法偏见"也是算法备受诟病的一个问题。算法偏见可以定义为算法技术在应用于信息生产与分发过程中时,因为算法设计、输入数据、技术局限等因素造成的算法决策的不客观、不公正的现象②。现实中的案例也比较多,例如:亚马逊公司筛选招聘简历的算法系统会给包含"女性"相关词汇的简历低分;微软、IBM 等几家公

---

① 毛湛文,孙曌闻.从"算法神话"到"算法调节":新闻透明性原则在算法分发平台的实践限度研究[J].国际新闻界,2020(7):6-25.

② 林爱珺,刘运红.智能新闻信息分发中的算法偏见与伦理规制[J].新闻大学,2020(1):1-15.

司的人脸识别工具在识别男性、肤色较白的人脸的表现要优于对女性、肤色较黑的人脸。

算法的应用会对新闻从业者主体性和专业自主性产生影响。有研究者认为,算法已经作用于新闻价值的判断,甚至衍生出一套有别于传统新闻价值的把关标准——"算法价值",这也损害了新闻从业者的专业自主性。

算法使新闻生产的透明度降低。算法被引入新闻业,使得权力从公共机构迁移到资本驱动的技术公司。相比传统媒体清晰的操作流程,算法使传播的操作后台化,资本权力扩张,垄断传播资源,内容的采集、投递、营销都难以受到公共力量的监督,拥有技术和数据的公司反而拥有更多的公共权力①。

算法使个人的信息保护权也受到挑战。算法运作的复杂性和低透明度,让用户难以实现相应的信息知情决策权,也使用户难以控制被收集数据的使用范围。另外,即使没有获得用户的个人身份可识别信息,算法依然可以通过其他方式推算出个人的画像。有国外的学者对Facebook上的5.8万名志愿者的"点赞"进行研究,据此推测出包括智力情况、上瘾物的使用、父母离异、个性特征、年龄等高度隐私的个人信息。由此可推知,在搜集并拥有大量数据的智能媒体和算法面前,人们几乎是没有隐私可言的。

课后题

1. 简述报纸的新闻生产流程。
2. 评析"中央厨房"这种模式的优点。
3. 谈一谈新媒体对新闻生产的影响。
4. 影响媒体新闻生产的因素有哪些?
5. 在新媒体时代,把关人的角色和职责发生了哪些变化?

---

① 陈昌凤,张舒媛.新闻生产中算法运用的技术路径和价值逻辑[J].现代出版,2021(3):36-42.

第三章

媒介内容

所有人都生活在两个世界里,即现实世界和媒介世界。现实世界是我们直接生活的世界,所有的直接经验都来源于这个世界,但是这些直接的经验是有限的,无论是知识类的认知,还是梦幻化的体验,都很难在现实社会中充分地获取。因此,媒介世界一方面验证了我们在现实世界中获取的知识经验,更重要的是极大地延展了生命的时间与空间。"读万卷书"可以在浩瀚的电子媒介产品阅读中实现;"行万里路"可以通过旅游博主的Vlog分享,或者沉浸在VR营造的线上旅游空间来实现。

虽然从原初的意义上看,我们进入媒介世界是为了增长自身的知识与经验,并将这些收获反哺现实世界,从而增进对现实世界的认知与理解。但事实上,媒介世界极大地影响着现代人的认知、理解与判断。尤其在互联网时代,媒介世界与现实世界的边界进一步模糊,媒介经验不断扩展现实世界,甚至改写现实世界。亚里士多德在《诗学》中提到这样一个深刻影响后世的观念:"一件不可能发生但可信的事情,比一件可能发生但不可信的事情更为可取。"在这个意义上,可以看到媒介世界是深刻影响受众观念的,那么媒介世界所生产的内容可能建构比现实世界更为真实的信息、场景和观念。在本章中,选取几类典型的媒介产品来进行内容层面的解析。

第一节　媒介内容类型解析

人类之所以要接触媒介,最直接的目的就是获取现实生活中无法获取的信息。假设在现实生活中的体验足够丰富,人们就不会花费额外的时间和金钱去寻求媒介信息。但这一设想无法实现,一方面,人类对信息的需求是全方位、多层级的,现实世界无法带我们上天入地、穿越空间,但是借助媒介可以轻松实现。另一方面,从时空、经济成本上看,从媒介中获取信息极大地节约了上述成本。我们可以通过互联网观看法国卢浮宫、关注美国大选、游览金字塔,而不需要真正花费时间和金钱去法国、美国和埃及。追星族在网络上"圈粉"明星,感受虚拟真实中的情感互动,而与明星真正的情感互动可能是无法实现的。既然媒介内容深刻地改变了受众的观念,那么,我们首先从最常见的媒介内容——新闻内容的呈现来分析新闻媒介素养的相关话题。

一、新闻内容及媒介素养

如果谈及新闻与文学作品的区别,相信很多人都可以理性地说出,"文学是虚构的,是对真实事件的改写与升华","新闻是真实的,是对现实事件的复刻"。这种理解是基于新闻反映论的,也是一种常见的观念。但是当受众遇到这样一种现状,比如不同媒体对同一事件报道的立场不同,或者深陷于反转新闻的迷雾中,受众就会慢慢觉察,新闻是被媒体人建构出来的,这就是新闻建构论的观念。虽然大部分媒体人想完整地复刻新闻事实本身,但事实上由于客观与主观因素的影响,百分之百的新闻真实很难达到。

新闻界不断通过各种他律和自律的方式来确保新闻真实。从他律上看,有政府监督、行政处罚、资本控制等;从自律上看,世界各国都用各类民间媒介监督组织、记者规约等方式来约束媒体行为。这些举措不同程度地收获了较为良好的效果,但同时也应当看到,影响新闻真实的主客观因素很多。从客观上说,可能存在时间受限、空间受限、资源受限等新闻采编中的"噪声",迫在眉睫的截稿时间、无法亲临现场的现状、信息资源分配的不平衡、采访人的不配合等都会造成媒体人获取信息的不完全、不充分;从主观上说,也存在无意和刻意所导致的认知偏差。早在民国时期,邵飘萍从新闻实务的角度对有意/无意失实做出了归纳:"新闻记者活动之疏解、新闻记者缺学力经验、被访问者错误之答复、官僚政客之欺蒙记者、不良记者之欺蒙读者、时间与环境之已变更。"国外理论家从理论的角度为主观失实提供了支撑,从康德到伽达默尔的解释分析学派,提出了"前理解"概念,说明人生活在一套语言系统之中,语言天然保存着历史和文化,祖祖辈辈对某一事物的通常理解(也有可能是偏见)都通过语言系统复刻下来,并不断影响新生代。瑞士心理学家荣格提出的"集体无意识"观念也说明了这一道理,他通过研究发现,无数同类型的认知经验通过心理基因代代传承,只要承袭某种语言系统,就一定会发现有一些认知经验留存于无意识之中。由此可以看出,"前理解"与"集体无意识"可能在无意中为媒体人带来认知偏差,无形中建构了媒介信息呈现的世界。

陈力丹教授曾经撰文描述记者写作中存在的细节误差对新闻真实的影响。由于采访者与受访者生活时代的差异,可能在无意中产生似是而非的效应。陈力丹教授的文章有这么一段话:

现在的一线记者多数是"90后",其记忆点最多能追溯到十几年前,且还是小孩子的记忆,而被采访的新闻人物大多是社会主流人群,年龄多大于"90后"。鉴于这种情况,记者的采访在时代背景方面需要进入被采访者的生活时间和空间,才可能保障新闻的细节不出差错。采访前要养成了解被采访者生活时代背景的习惯,这应是采访的基本功之一。就以甘惜分老师逝世后记者对我的采访为例,我说1973年甘老师是我的老师,如果同年龄的记者采访我,绝不会理解为我是甘老师名下的学生,因为他的生活经历会告诉他,1973年还处于"文革"时期,直到改革开放的80年代初,大学才实行研究生的导师制。三年前中国人民大学才实行本科生的导师制,20世纪70年代不可能存在某个学生是某位老师名下学生的说法。"90后"是在全国的大学急剧扩招研究生的时代背景下出生的,他们的经历很容易使他们把大学的教育体制看得从来如此。我们不能要求"90后"具有"50后"的记忆,但补充这方面的历史知识,就等于延伸自己的记忆,这个记者基本功必不可少。

现在看似平常的事物、情景,可能在具体的环境下并非如此,不能想当然,这也是需要年轻记者时刻提醒自己的。我上面列举的多数细节,都是由于"想当然"而不向当事人多问几句造成的失实。例如,关于课堂"铃声"的想象,"90后"从小学到大学,多数学校均以铃声作为上课的标识,于是就把中国人民大学的上课标识想象为铃声,其实中国人民大学一年多前就改为以钟声而不是铃声作为上课标识。大学上课的时间掌握也与小学、中学有很大不同,虽然有按照规定时间上、下课的钟声或铃声,但很多课堂的下课,不一定是踩着钟声或铃声的。例如,我为了集中时间,3课时的课中间不休息,于是下课时间大约是在上课后两个半小时左右,那时并非上、下课的标准时间,没有钟声,可是新闻稿里把"下课的铃声响了"作为我下课的情景,对这样的小错我都懒得改了。至于"踩着铃声走进教室",这是用小学、中学老师上课的情形框定大学的上课,想象成分太大了。问一句就可以搞清楚的问题,因为想不到该问,用"想当然"替代采访,不出差错才怪[①]。

事实上,自新闻产生之日起,假新闻就是挥之不去的一道阴影。记者或许因为名利,或许因为媒介组织的压力,人为制造各类假新闻,在世界新闻史上屡见不鲜。

假新闻并非互联网时代的特色,可以追溯到人类久远的历史。2400多年前"雅典瘟疫"中的谣言阴魂在历史的回廊中游荡,很多耳熟能详的极端历史事件都与假新闻扯不开,其罪恶血迹斑斑、罄竹难书。自15世纪铅活字印刷技术发明以来,媒介舆论便成为假新闻滋生的温床与妖言惑众的便利工具,从19世纪的"黄色新闻"浪潮到20世纪80年代末诞生的"洋葱新闻"、"恶搞"风潮,假新闻的梦魇从未曾停息。与假新闻的漫长历史相比,"fake news"这个名词却是大众媒体时代的产物,虽然其最早使用日期难以考证,但是一个基本事实是早在19世纪末,它就已经被越来越多地使用,美国杂志《展望》就曾把假新闻描述为"大部分仅由'故事'新闻组成"。然而,此时的假新闻更多是作为一个名词而非概念存在。20世纪以来,宣传战、新闻战、选举战成为大众媒体战场上的常客,假新闻的使用频率也明显高涨,但对其的研究却长期被纳入"谣言"与"宣传"研究框架之内。21世纪以来,随着社交媒体时代的快速来临,人类史上信息传播的模式前所未有地被打乱,借助传播介质的"鸟枪换炮",假新闻和假新闻网站数量激增,假新闻的"春天"才真正到来,这也触动了学界的敏感神经。通过Google e-book检索"fake news"(截至2018年11月24日),可以发现20世纪相关图书量仅为692本,21世纪初至

---

① 陈力丹.细节决定新闻真实:谈记者采访写作中的细节差错[J].新闻界,2016(6):2-5.

2018年则暴增为18.9万本,其中,2016—2018年为12.9万本,同样印证了这种趋势[①]。

美国媒介素养研究学者詹姆斯·波特认为,在建构新闻的过程中,商业属性、营销视角、所有权体制、资源使用、品牌、价值观、地方有限主义、故事模式、新闻视角等因素都会影响新闻中哪些部分被呈现、哪些部分被遮蔽。从媒体人的角度,编造、偏见、部分故事呈现、背景的选择、新闻信息的平衡都制约着新闻采写的客观性原则,除了记者之外,即使编辑也很难做到完全客观。编辑需要依照个人的判断来决定报道的显著位置,以及信息是否可以被刊发。因此,新闻的客观性看似简单,实则复杂。詹姆斯·波特于是从认知、情感、审美、道德四个维度对提升新闻媒介素养提出了技能与知识的建议,具体如表3-1所示。

表3-1 詹姆斯·波特对提升新闻媒介素养的建议

维度	技能	知识
认知	分析新闻报道,从而找到新闻焦点的能力; 了解新闻报道中的焦点,并将之与框架中的知识进行比较和对比的能力; 判断报道中信息真实性的能力; 判断新闻报道是否符合平衡原则的能力	来自多个渠道的关于主题的知识 (来自媒介世界和现实世界)
情感	分析新闻报道中人物情感的能力; 让自己身临其境的能力; 将新闻报道中人物情感移情到类似其他人身上的能力	从个人生活经历出发,来想象在新闻故事设置的情形中应该有什么样的情感
审美	分析新闻故事中艺术因素的能力; 比较一则新闻故事所用的艺术手法与其他故事的异同的能力	阅读、绘画、摄影等方面的知识; 了解如何区别故事的好坏及其影响因素
道德	分析故事中的道德因素的能力; 将该故事与其他故事进行比较和对比的能力; 评价故事中记者道德责任的能力	了解新闻中的批评意识,明白偏见、客观、平衡和公平的含义; 了解其他相同主题的故事,以及记者如何保持平衡和公正; 新闻界标准甚高的道德准则

---

① 汝绪华.国外假新闻研究:缘起、进展与评价[J].新闻与传播评论,2019(5):58-70.

詹姆斯·波特这样去论证新闻与媒介素养的关系：

新闻不是对客观事实的直接反映，而是由新闻工作者建构而成的。新闻工作者会受到多种因素的影响和制约。记者们必须每天从人们的生活中挑选那些他们认为应该被报道的事件，对每一个被选中的事件，记者们必须决定事件的焦点，以确保该新闻事件能够吸引一部分受众。最后，记者又要在某一框架下将故事要素重新组合，以讲述新闻事件。在完成这些任务的过程中，新闻工作者不可能是完全客观的，所以他们努力平衡这一目标。然而，通过仔细分析会发现，大多数新闻也未必能达到平衡，而且还有新闻模式来指导记者组织新闻。这些模式的目的在于帮助新闻工作者有效地完成工作。它们是新闻视角的一部分，受到某些制约因素的影响。新闻的目标由为大众提供信息慢慢地转向尽可能地娱乐大众，以便为新闻机构带来巨额收入，最终导致新闻过于耸人听闻或者肤浅表面。如今，新闻只追求研究效益，而忽略报道深度。

我们很多人以为自己了解时事，因为我们读书、看报、听广播、看电视。但是，如果对当天发生的事件完全不了解，我们无法判断其报道是否全面、平衡或者准确。不然的话，我们就只能依赖媒体，以为它们提供了全面的视角和观点。然而，媒体所呈现的内容是精挑细选的，是做给我们看的东西①。

同时，建设性新闻的兴起从另一个方面印证了新闻真实客观的复杂程度。简单来说，建设性新闻不仅关注事件是什么，更关注应当如何解决可能存在的困境。其思路不是"这件事情为什么这么坏"，而是如何能够推动事件往好的方面发展。其内涵接近于"解困新闻学"，在中国也被称为"有温度的新闻"。建设性新闻学的核心理念是问题解决导向、面向未来的视野、包容与多元、为公民赋权、广泛提供新闻背景语境、打造公共传播空间。在建设性新闻学中可以看到媒体人身份由旁观者到参与者的转变，在这一过程中，新闻的客观真实本身已经不是被反复强调的议题了。这一现象也对受众的媒介素养提出了更高的要求，不仅需要认识新闻事实，更需要能够辨析新闻事实中的观点。我们可以这样总结，提高新闻媒介素养，可以通过广泛搜寻新闻来源、不断完善自身知识结构、关注背景信息、分析新闻视角、对大众通常所持的观点有一定的质疑态度的方式来优化。

二、娱乐生产与媒介素养

在互联网时代，娱乐产品的生产成为整个媒介文化生产中最重要的组成部分。谈及娱乐产业，大多数人都或多或少地认为自己对这一现象非常了解。因为我们既接收娱乐产品，还分享娱乐产品，甚至参与娱乐文化的建构。有些人熟知流行歌曲，

---

① 波特.媒介素养[M].李德刚，译.北京：清华大学出版社，2012：186.

有些人对娱乐明星耳熟能详,有些人热爱追踪热播影视剧,在"娱乐至死"的时代,大多数人都不可避免地被裹挟入娱乐文化制造的异彩纷呈的世界之中。

虽然大多数人都熟知何为娱乐文化产品,但普通受众很少真正了解娱乐产品中存在着非常显著的"娱乐公式"。小说、影视剧、综艺节目,甚至网络游戏,都不同程度地在类型化模式之下来制作。比如在悲剧题材中的性格悲剧、社会悲剧与命运悲剧方面,性格悲剧以王子哈姆雷特作为代表,社会悲剧如《玩偶之家》中娜拉的出走,命运悲剧如《罗密欧与朱丽叶》中注定无法幸福的爱情故事。悲剧将崇高的人物撕碎给人看,在震惊和怜悯之中产生极大的审美认同。以主人公无论如何努力也求之不得的故事为核心的悲剧大都是在上述几个层面中构建的。喜剧的核心元素在于反差极大的人物塑形以及风趣幽默的语言魅力;爱情故事往往历尽艰辛、一咏三叹;真人秀以素人表演、不可预测的情节走向为卖点。每种娱乐文化产品几乎都遵循着固定的规律来运行。

众所周知,娱乐文化产业中涉及色情与暴力的现象是屡受诟病的,对于这些问题的关注是媒介素养版块中的一面。在娱乐产业中明显的负面信息之外,事实上还存在着一些经典的刻板印象,并且在逐步改变我们的认知。一般来说,大众媒介所生产的娱乐故事有一套非常标准的角色体系,比如美剧的律师、警察等特定职业团队里通常都是白人男性为团队领袖,其余成员由白人女性、有色人种的男性和女性组成。在美国一些"小组全灭"的恐怖电影中,通常最后逃出的都是女性或者有色人种,这是因为美国娱乐产业为了在"种族平等"的环境中寻求平衡,不会因为种族问题被投诉而影响产品的播放。娱乐产业中还有非常明显的性别刻板印象,男性在领导者位置上的更多,而女性或者以贤妻良母的形象出现,或者以充满诱惑的蛇蝎美人的形象出现。除了性别印象之外,娱乐产业对职业的塑造是以职业的戏剧性而非职业本身在人口中的占比来构建的,所以我们在娱乐产业中总是能够发现大量的医生、警察、检察官、律师、媒体人这些相对精英且刻板的职业,而在现实世界中占比很高的普通打工人、销售人员、无固定职业者则很少现身。同样,年龄的框架模式也非常固定,作为娱乐文化中边缘人群的老年人,不仅出镜率很低,而且通常以古怪的、固执的、愚昧的形象出现。比如,美国迪士尼电影《疯狂动物城》就是基于刻板印象[①]来建构、推动和反转情节的。

---

① 刻板印象,是指按照性别、年龄、职业、种族等进行社会分类形成的关于某类人群的固定印象,最常见的有社会刻板印象和性别刻板印象。尽管刻板印象在一定程度上有节省时间和资源、加快和简化认知过程等积极一面的影响,但却具有"以偏概全"的错误认识倾向,容易忽视个体差异,从而产生对某类群体的错误认识与成见。总体上说,刻板印象对人类认知的影响弊大于利。刻板印象在社会各个领域非常普遍,影视里面也不例外,处处可见刻板印象的影响。

《疯狂动物城》这部动漫电影在多处明显地体现了刻板印象及其产生的影响。九岁的兔子朱迪从小一直生活在偏远的小镇,她自小立志成为一名警察,却因人们对兔子的刻板印象招来无数讥讽与嘲弄。就如东方文化中有"胆小如鼠"一样,"胆小如兔"(as timid as a rabbit)成为西方文化印在兔子身上的深深烙印。带着百倍的信心,朱迪来到警察学院参加警察培训学习,却处处受到"兔子不能做警察"这一刻板印象的嘲弄。在培训学习开始阶段,朱迪因为个儿小,站在一群身形巨大的食肉动物们中,被动物们嘲弄为异想天开的"小可爱"(意指个儿小和胆小无能),甚至连教练也多次讽刺她,让她"别逞能""放弃吧"。当朱迪顺利完成培训作为警察正式上岗时,警察局局长也带着世俗的刻板印象,在安排新警察岗位时对朱迪迟迟不予理睬,最后在朱迪的主动询问下才极不情愿地给她安排个交通协警的工作,要求她每天在马路上指挥交通,但更多的是要完成贴罚单的任务。狐狸尼克见到朱迪忙碌的样子,对她极度蔑视,讽刺她为"傻白甜",认为她当警察纯粹是妄想,只有被其他动物歧视、忽悠和打击的份儿。可见,动物中普遍存在的刻板印象处处包围着朱迪。除了朱迪,观众在尼克身上也可看到了世俗的刻板印象的影响。在东西方文化中,狐狸都被打上了"狡猾如狐"(as sly as a fox)等刻板印象,这在影片中也得到了充分的体现。在朱迪感到十分无助时,尼克道出了自己幼年的伤害。当他还是小狐狸的时候,心中充满梦想,立志当个优秀的童子军为大家服务,却惨遭周围的狐狸们的诸多戏弄和打击,甚至被那些认为"狐狸狡猾不值得信任"的伙伴们套上了口罩。从此,尼克被迫又披上"狡猾的狐狸"的刻板印象外衣重返刻板印象世界,重蹈覆辙,成为口才好、谎技高的狐狸大家族中的一员,极具讽刺意味,这也是大象拒绝卖给狐狸冰激凌的主要原因。影片中最具有讽刺意味的场面当属深陷刻板印象之苦的朱迪在新闻发布会上自然流露出的对食肉动物的刻板印象,认为食肉动物因DNA的缘故生性野蛮凶狠,由此激起了食草动物和食肉动物两个种族间更大的怨恨与恐慌,这无疑是对刻板印象的又一嘲弄。此外,影片中还刻画了其他方面的刻板印象细节:食肉动物本性凶残霸道,让观众心生怒意;食草动物本性软弱温顺,让观众心生怜悯;黑帮老大应该是高大勇猛的,而幕后黑手也应该是凶狠的食肉动物,让观众心生恐惧;等等。一幕幕带有刻板印象的细节在影片中被无限地放大,激起了观众强烈的同理心[①]。

以上对于娱乐产品模式的解析大多来自观看的经验,除此之外,理论家也针对故事的叙事模式进行了学理化的分析。苏联结构主义理论家普罗普在其著作《故事形态学》中分析了俄国民间故事的31个功能单元。功能单元就是在故事中起推动

---

① 黄广芳,熊思宇.疯狂动物城:刻板印象三部曲[J].电影文学,2016(23):120-122.

和连接作用的部分。他认为功能单元是稳定的,次序也是高度一致的。其中功能由7种人物形象来支撑,即反面人物、捐助者、帮助者、被寻求者、差遣者、主人公和假主人公。普罗普举了一个例子来说明他的功能概念:①沙皇以苍鹰赏赐主角,主角驾苍鹰飞向另一国度;②老人以骏马赠送主角,主角骑马至另一国家;③巫师赠给伊凡一艘帆船,伊凡乘船渡至另一国家。

普罗普认为,以上三个情节中人物身份虽有改变,但其故事的基本走向是高度一致的,即故事单元都是以从捐助者到主人公的方式来进行的。

法国符号学家格雷马斯创造了"语义方阵",丰富了对作品结构关系的理解,也可以很好地分析娱乐文化产品中的模式化状况。语义方阵由4个符号学要素组成,用以现实人物行为之间的关系,分别为:主人公 X;主人公的反面反 X;与主人公有矛盾,但不绝对对立的非 X;与反 X 有矛盾,但不对立的非反 X。以电视剧《潜伏》为例,具体如图 3-1 所示。

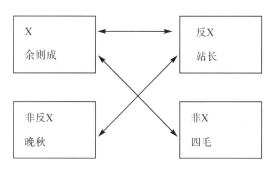

图 3-1 格雷马斯语义方阵

格雷马斯的语义方阵在影视剧解析中使用较多,我们可以看到,较为成功的影视剧作品大多具备较为稳固的叙事结构,主人公与对立面,以及亦正亦邪的因素推动故事情节不断发展。比如在国产谍战剧经典作品《潜伏》中,可以发现语义方阵在叙事结构中体现。

在《潜伏》中,我们同样也可找到这样一些特殊的文本要素。首先,剧中出现了两类个性鲜明的代表性人物。一是中共地下特工余则成,他虽名为国民党军统天津情报站的高级官员,却秉持共产主义信仰,一次又一次命悬一线,在绝境中向死而生。他是电视剧重点刻画的灵魂人物,也是剧中的主导因素。另一位则是国民党军统天津情报站站长吴敬中,他身居高位,老奸巨猾,深谙官场,频频玩弄权术,伺机敛财。电视剧对吴敬中的塑造与余形成鲜明对比,可称之为负主导因素。在描画两位代表人物之余,《潜伏》还编排了另外两类人以作补充。在共产党阵营中,伪装成五金店老板的发报员四毛被捕后因架不住国民党的酷刑而叛变,俨然站到了负主导因素一边,而其行为则造成了对余则成等人的直接威胁,但这种直接冲突又不如余则成和吴敬中之间的对峙那么激烈,我们可将其视为负从属因素。另一角色晚秋则是本剧的从属因素,其与主导因素处于非冲突状态,而与负主导因素处于冲突状态。她原本是依赖国民党政府保护的汉奸家属,最终在余则成的引导下认清了国民党的庐山真面目,弃暗投明。以上四种因素共同构筑了一个奇妙的关系格局:主导因素余则成与负主导因素吴敬中之间的冲撞是根本性的,构成全剧主线,但两者矛盾却又从未被直白地予以展现,即便到了全剧收尾,两人还是亦敌亦友,所以这种矛盾关系又是间接的。而四毛的叛变直接让余则成的处境变得岌岌可危,四毛主动帮助敌特破译共产党地下特工的密码,导致剧情形成一种"针尖对麦芒"的紧张局面。这种主导因素和负从属因素间的矛盾虽非《潜伏》的核心,却也着实让观众的心高悬了起来。以晚秋为代表的从属因素在这一人际网络中所起的作用也颇值得玩味。她是吴敬中敛财行为的受害者,却又不得不寻求吴敬中的庇护;她还是受过高等教育的优秀青年,身上洋溢着小布尔乔亚的浪漫情调,她景仰余则成并最终跻身余则成所在的队伍。自然,她与吴、余二者间的关系也就暗伏了与四毛之间的矛盾。四毛为免于酷刑而叛变,表面上是对中共组织的破坏,实际上也是对晚秋所向往生活的一种侵害。两者间的冲突虽非根本性的,却是剧中各类关系的必要补充。冲突成为组建动态叙事不可或缺的兴奋点,让观众感觉好戏连连,从而保持持续的观剧热情[①]。

除了上述理论之外,还有一些更通俗的模式来解析电影。美国编剧苏·克莱顿(Sue Clayton)认为,好莱坞电影的成功原因可以归纳为特定的模式,成功的好莱坞电影中动作打斗应该占30%,喜剧幽默占17%,正义与邪恶的较量占13%,爱情占12%,特技占10%,故事情节占10%,背景音乐占8%。按照这个标准,《泰坦尼克号》和《玩具总动员2》都能够非常完美地贴合这个公式标准。

在娱乐文化产品中,有一种比较特殊的类别是游戏,尤其在互联网时代,游戏已经从单机版游戏进阶到网络多人角色扮演游戏(multiplayer online role playing game)阶段,诸如《王者荣耀》等联网游戏已经成为娱乐产业中的热点。游戏的商业利益一般由游戏开发商、硬件提供商以及实体零售商来分成,由火爆游戏IP引发的衍生产品生产也成为时代"爆点"。《王者荣耀》的各类手办、衍生品、同人小说都成为其盈利的重要组成部分。

游戏具有很强的商业性目的,其之所以引人入胜,是因为游戏给玩家带来了漂浮和嵌入的感觉。这两个词汇都来自西方的心理学家。漂浮指一种沉迷的体验,促

---

① 李琦.谍战剧:对一种传播现象的思考[J].新闻与传播研究,2011(6):11.

使游戏玩家忘记了时间和空间,在游戏中获取的满足超越了吃饭、喝水、睡觉等琐事;嵌入指不停地完成当下目标以进入一个更复杂的目标的过程,这是一种重复却又新奇的体验。为了达到上述效果,游戏开发者必须遵循一些通用的规则来设定游戏,以保证玩家能够持续不断地在游戏中投入金钱和精力。这些准则可以归纳如下:第一,对玩家必须有奖励措施,只有游戏高手才能获得奖励,"菜鸟"必须受到惩罚,但是这些惩罚也必须在玩家的控制之内。第二,游戏应该比较容易学习。当然,有些游戏是很复杂的,但是游戏开始时并不复杂。第三,游戏应当遵守一些合理的规则,这样玩家就能预见他们行动的结果。第四,游戏应该保持前后一致。一个特定行为的结果每次都应该是相同的。第五,应该对玩家相对熟悉。这意味着设计者应当考虑将什么样的玩家拖入游戏。第六,游戏应当具有挑战性。如果游戏太简单了,玩家将很快失去兴趣。相反,设计者必须建立层级,这样玩家会追求更大的进步和更大的挑战,以使他们持续玩游戏[①]。

因此,从媒介素养的角度看,虽然游戏对拓展玩家的视野和经验有一定的积极作用,但是对游戏上瘾也是常见的现象。从表面上看,对游戏上瘾会耗费大量的时间和金钱;从深层次看,游戏建立了一个虚拟世界来代替真实世界,玩家可以在游戏中破解谜题,参与各类竞争,扮演各类角色,甚至可以结婚,游戏中的部分虚拟财富也可以转化为真实财富,这进一步加深了游戏上瘾现象。在游戏中,应倡导对社会技能的学习,如人际法则、领导才能、商业规律,而要对反社会技能保持警惕,如暴力、阴谋等,打斗与欺骗并不是解决真实世界冲突的有效办法。

三、广告生产与媒介素养

"广告"一词的最初意义是指通知、引导、披露,后来词义拓宽到使某人注意到某事。广告是外来词,中国古语中只有"广而告之"一说,也可以视为对"广告"一词的汉语解释。广告生产可以从至少三个层面来理解:其一,商业视角,广告生产的是售卖的产品,即各种各样的实体商品;其二,信息视角,广告生产的是广告信息本身,吸引用户来关注广告本身的信息呈现;其三,专业视角,广告生产的是受众,广告通过对注意力的吸引将受众裹挟其中,再将受众的注意力售卖给广告主。在争夺注意力的流量经济时代,对用户注意力的吸引,正是广告生产的重点所在。

从广告产生之日起,就受到各种各样的批评,比如众所周知的虚假广告:既有对商品效果的虚假宣传,如"肌肤如获新生";也有对商品服务的虚假宣传,如"三包""上门维修"可能无法落实。各类广告法规和消费者权益的保障可以较好地解决上

---

① 波特.媒介素养[M].李德刚,译.北京:清华大学出版社,2012:239.

述广告虚假问题。除此之外,从媒介素养的角度,广告生产还面临着许多批评和挑战。

首先,广告诱导用户购买大量不需要的产品,使物质主义更加盛行。正如孩子看到广告后希望父母能够帮他重复购买玩具、零食,而不管家里是否已经堆积了大量的同类物品,购买的原因可能只是因为包装很吸引自己。除了儿童容易受到广告的诱导之外,成人事实上也不同程度地被广告所控制。广告所营造的氛围,以及塑造的品牌效应,都不断推动用户去消费,以达到某种效果,得到某种认同,甚至进阶到某种阶层。

其次,广告通过潜意识操纵用户,很多广告是通过植入式或者潜移默化的形式自然引出的,这对媒介素养提出了更高要求。在融合媒体时代,植入式广告铺天盖地,在各类影视剧、短视频、综艺节目中层出不穷,除此之外,还有很多软性广告,比如:在微信公众号的软文中开始叙述故事,随后推送产品;在小红书、抖音等短视频网站中,许多穿搭博主开始时展示服装、彩妆搭配等内容,后来开始推送产品。几乎所有接触广告的人,都不可避免地会尝试购买一些商品,广告由此深刻地介入生活。

基于微信公众号的故事性广告营销可以发放粉丝特权,使粉丝享受一些折扣优惠,公众号平台既收获了粉丝,也实现了广告效应;粉丝既免费观看了精彩故事,也知晓了广告的产品;商家的广告宣传目的就不知不觉地实现了。故事性广告一气呵成,将公众号、粉丝、商家串联起来,形成三赢局面。

由于消费者能接收的信息量是有限的,因此基于微信公众号的故事性广告标题必须有吸引力,同时重视故事内容与广告的衔接,防止表里不一,引发粉丝对广告的"免疫力"增高,采取主观躲避的态度。比如,某微信公众号曾在"六一"儿童节推出一篇名为《今天我们就想聊点成人不宜的事》,其内容则是带粉丝回味童年的美好,反衬出当下"手机党"的不快乐,最后引出某手机品牌发起的公益广告"放下手机、守护亲情",塑造出一个富有社会责任感的手机生产商形象,引发情感共鸣。

再次,广告不断加深刻板印象,进而通过贩卖焦虑来推销产品。因为广告的时长比较短,所以无法从多个侧面反映人物形象,只能通过程式化的模块来显示情节和人物。因此,可以看到护肤品广告中总有肤白貌美的年轻女士的形象,而手机广告中的人物以科技潮人的形象为主,名车广告中呈现香车、美女、成功男士的群像。这事实上就在宣扬一种观念,如果你购买了某种产品,就能够获取和广告主角一样的人生;如果你还没有使用这种商品,就会陷入对外貌装扮、经济实力、阶层划分等的焦虑之中。从性别的视角来看,广告中的女性形象也在看与被看中被简单化与类型化,从而陷入刻板印象的困境。

西方传播学者把大众媒介再现的妇女形象分为三类:妻子、母亲和家庭主妇;作为售卖男性商品的"招牌";追求美丽、取悦男性的人。在这里,我们可以将中国电视广告中女性的刻板形象做如下分类。

1. 贤妻良母型

所谓贤妻良母,是指丈夫的好妻子、孩子的好母亲。如某色拉油品牌电视广告所展示的:妻子在厨房做饭,忙得不亦乐乎,丈夫在客厅悠闲地看报纸,儿子在起劲地打电子游戏。"开饭了!"妻子笑容可掬地从厨房出来,摆好饭菜。丈夫和儿子边吃边夸:"老婆,你真行。""妈妈,你做的菜真好吃。"妻子脸上浮现出幸福得意的笑容:"全靠有了××色拉油。"如上广告表现的是典型的温柔体贴的贤妻良母,广告中的故事都一般发生在"家中",这是贤妻良母生活的主要场所和空间。她全心全意为丈夫和孩子服务。而贤妻良母身份的建构,则是传统女性角色的当代诉求。电视广告中的女性身份的建构采取的就是这种策略,来自日常生活情境的画面,受众不会对此产生任何质疑,男主外、女主内的角色分工已成理所当然。这种性别支配的社会分工已经在社会结构的客观性和心智结构的主观性中打下了很深的烙印,男性秩序存在如此深的根基,以致根本无需提供什么证明。有一些研究者对广告中的女性形象分析表明,广告中的女性角色定位中,有 51.6% 为家庭妇女。广告中女性出现的地点,有 51.5% 是在家庭,出现在工作场所的仅占 14.5%。

2. 性感美女型

有资料证明,在 1197 个电视广告(除无声广告以外)中,517 个女性角色有 87% 是年轻漂亮的女性,7.4% 是少年儿童,1.5% 是中年妇女,3.7% 是老年妇女,其余 0.4% 是混合年龄的妇女。年轻女性在女性角色中所占的比例大大高于年轻男性在男性角色中所占的比例(61.4%)。美女不是一种身份,但在今天的社会中却被当作一种身份来诉求。性感美女的身份主要通过展示她们的身材容貌,并以性感的特质来建构。这类广告一方面反映了男权视觉下对女性形象的期待和理想构建,另一方面也揭示了女性的普遍心态和美丽欲望。这类电视广告的焦点是女性的身体,通过对美女身体的窥视,有意或无意地忽略女性的主体性,取而代之为可供欣赏、把玩的"美"的载体。电视广告中的这类美女形象是为迎合男性口味、欣赏习惯和心理需求而设计的,反映了男权社会中建构的视觉不平等现象,并且不断地改变女性的审美观和对自身的认识。对女性自身来说,身材苗条、脸蛋白皙、五官匀称是所有女性的梦想,也是女性吸引男性注视的最大资本。美女身份诉求试图滋养女性特有的气质,因而极易得到广大女性认同[①]。

---

① 代艳娟.电视广告中女性刻板形象研究[J].新闻研究导刊,2015(20):2.

当然刻板印象还有小鸟依人型、强势女人型,在此不一一赘述。

融合媒体时代的广告常常通过制造焦虑来实现营销。这些广告所使用的关键要素如下:唤起恐惧和焦虑、利用明星引流、打出平价战略、让利给公众号粉丝、大量引入素人评论等。从广告案例可以看出,广告生产不断通过明售、暗售及制造焦虑的形式实现营销与获利,这一现象也使得广告在诸多媒介产品中受到的诟病较多。玩具、零食广告之于儿童,酒类广告之于青少年,医疗美容产品广告之于女性,保健品广告之于老年人,这些广告在承担社会责任上或多或少地有所缺憾。

对于广告的使用者而言,与主动去寻找新闻、娱乐产品不同,我们对于广告的接受大多在无意识的状态中达成。但是,广告伴随各类信息出现的频率之高,可能还未被用户完全意识到。虽然广告总是不经意地出现在用户的视野中,但是那些浓缩的、充满暗示和诱导性的话语和画面,还是不断地在塑造用户对外貌、心灵、家庭生活、人际关系等的标准。当我们去主动购买商品时,一些广告用语会影响用户的判断力。在大数据时代,商家根据用户搜索记录推送广告信息,能够更加精准地匹配需求,从而激发用户强烈的购买欲望。优秀的广告能够通过语词和画面激发一种积极情绪,让用户在这种情绪的作用下记住这个产品,并通过反复投送广告来强化记忆,使用户长期与这个广告所售卖的商品产生联系,维持这种好感以达到购买及持续购买的效果。

当然,优秀的广告是建立在真实基础之上的适当夸大,完全虚假的广告是很难持续发挥作用的。

第二节　媒介内容批评方法

方法指为了达到某种目标,所使用的途径、门路、步骤、程序等。媒介内容批评方法是指为了能够认知、理解、判断媒介内容,所选取的某种或某类途径。当然,不同的媒介内容有不同的解读方式,甚至可以产生对同一内容的多种理解,这正是媒介内容的多义性所在。可以将媒介批评方法视为一种理论武器,这种武器可以帮助我们去深入解读媒介内容。

本章所选取的三种媒介内容批评方法,其产生都与英国文化研究学派,即伯明翰学派有千丝万缕的关系。英国文化研究学派从三个视角关注边缘群体的文化实践,分别为阶级、种族、性别,其中阶级视角形成意识形态分析,种族视角推动文化帝国主义的兴起,性别视角直接呼应了西方20世纪以来的女权主义运动,将女性主义推向历史舞台。

一、意识形态媒介批评

20世纪以来,伴随大众传媒时代的来临,学界深刻认识到广播、影视、广告、互联网文化产品在宣传主流意识形态方面发挥了重要作用,因此意识形态批评方法与大众文化紧密联系在一起。

日复一日,周复一周,报纸、收音机和电视持续不断地给我们传递在我们所处社会环境以外的事件的有关形象、信息和思想。电影和电视节目中放映的人物成为千百万人的共同关心点,他们之间可能从无交往,但由于他们参与传媒文化而具有一种共同经历和集体记忆。即使那些文娱形式已经存在了许多世纪,例如通俗音乐与竞技体育,今天还是与大众传播交织在一起。通俗音乐、体育和其他活动主要都是由传媒产业支撑的,这不仅包括已有文化的形式传输与财政支持,而且包括这些形式的积极转型[①]。

1. 葛兰西与文化领导权理论

文化领导权(hegemony)是由意大利共产主义者葛兰西提出的。虽然学界通常将hegemony翻译为文化霸权,这是一种约定俗成的译法,但事实上更接近于葛兰西原意的翻译是"文化领导权"。尤其在大众传媒时代,优势阶级对劣势阶级的统治不是通过军队、法庭等硬性管控来达成,相反,优势阶级将维护自身利益的价值观念普世化,依靠对意识形态的领导权来达到。所以文化霸权并非通常所认为的统治阶级对被统治阶级的文化压迫,而更多地代表统治阶级对文化权力的争夺,以及居于领导权的文化类型与其他文化类型的协商、妥协与融合。

因此,在意识形态批评中,学界更多地将文化霸权运用于国家之间的文化传播,将文化领导权更多地运用于本国如何建构和谐的文化体系。对文化霸权的理解更多地导向文化帝国主义的意味,在以下层面得以体现:在国际关系中,虽然直接的殖民主义已经不复存在,但是由于各个国家在军事、政治、经济、技术等领域的不平等格局,仍然存在一个国家控制着另一个国家有效政治主权的现象,这种控制并不表现为直接的军事控制,而更多地表现在文化上,这就是文化上的霸权,其主要是为了获得各种物质利益和权益。最明显的是在国际传播领域,西方发达国家利用与发展中国家之间信息流量的不均衡,凭借互联网、大众传媒以及各种舆论工具上的优势掌握话语权,向其他国家宣扬西方的主流价值,灌输其文化意识。同时,依靠跨国公司大批量地生产文化工业产品,使其他国家的人们在无意识中对西方的价值观所具

[①] 汤普森.意识形态与现代文化[M].高铦,文涓,高戈,等译.南京:译林出版社,2005:67-68.

有的"优越性"深信不疑①。

对文化领导权的解读如下：文化领导权的目的是在思想上获得人们的同意和赞同，这种思想上的同意不是通过强制权力予以保证，而是支配阶层或团体通过市民社会将自己的意识形态巧妙而普遍地渗透到日常惯例的社会形态中，与"文化"本身交织在一起，成为社会秩序之"常识"而获得。所谓"常识"，就是在现实的生产活动中产生的、暗含于普通民众的行为方式中的东西，这是一种偶然的、只创造个人运动的世界观，具有非理性、非逻辑性等特点，普通人在日常生活中就是依靠常识而生存的。在葛兰西看来，资产阶级统治的"巧妙"之处就在于他们没有生硬地向民众宣传自己的抽象化理论，没有对普通民众零散的、不完整的"常识"嗤之以鼻，而是依靠知识分子将逻辑性的、理性的意识形态理论体系通俗化和大众化，变成民间传说等易于为民众所理解的"常识"，再通过家庭、教会、社团、传媒等市民社会场所将这些思想渗透到人民日常生活的方方面面，最终达到对人民大众进行文化渗透和文化控制的目的②。

由此可以看出，文化领导权不等于文化统治权，在建设和谐社会文化生态的过程中，文化领导权的提出有很强的建设意义。文化领导权强调文化公共空间的形成，以及民众对于整体文化实践的积极参与。

2. 阿尔都塞与意识形态媒介批评

阿尔都塞是20世纪法国结构主义的重要理论家，也是西方马克思主义的代表人物。阿尔都塞的整个理论体系都是围绕着意识形态展开的，他将科学和意识形态进行对比来论证，认为科学是客观的，可以不受任何利益所驱使；但意识形态是一定阶级利益的表达，是一套再现的系统，甚至可以形成社会各阶层的整体准则。阿尔都塞进而创造性地提出意识形态国家机器的提法，也呼应了葛兰西对文化领导权的理解。在对意识形态国家机器的理解中，阿尔都塞将大众传媒中的类别，诸如电视、广播、出版等视为传播的意识形态工具，而将文学、艺术、体育等视为文化的意识形态工具。在大众传媒时代，社会中广为流传、作为常识而存在的价值观念，大都是通过上述两类意识形态工具而传播的。

在意识形态媒介批评的具体运用中，中国学者将其与电影解读关联，在对于电影文本的具体解读中阐释理论。

《建国大业》《建党伟业》等几部主旋律影片，充分利用了市场化的商业运作模式，这主要包括覆盖式的集中宣传、全明星阵容、对视觉奇观的追求与营造等。这几

---

① 赵冰心.葛兰西文化领导权理论及其当代价值[J].学术交流,2020(8):16-24.
② 赵冰心.葛兰西文化领导权理论及其当代价值[J].学术交流,2020(8):16-24.

部影片的制作方式以及相关问题,比如以什么样的方式叙述中国革命史,以及如何理解民族主义与民主政治等,都引起人们的关注与思考。有的评论家在肯定《建国大业》《建党伟业》成功地启动了"献礼片"商业化模式的同时,也认为这类影片把传统革命叙事中的历史意识与阶级意识淡化了。由此可见,主旋律与商业化之间难以弥合的内在冲突仍然是中国主流电影文化所面对的症候性难题。

由上述论证可以看出,在大众媒介所制造的娱乐时代,重提意识形态媒介批评是非常必要的,有助于帮助社会公众提升媒介素养,理性、客观地审视文化产品在主旋律与商业化之间寻找路径的历程。在"以人民为中心"的传播理念中,和谐文化的构建呼唤更多能够把握时代脉搏、体现普通民众生活、讲好故事的文化产品。

3. 福柯与话语-权力批评

法国哲学家、思想家米歇尔·福柯的话语-权力批评是意识形态媒介批评的另一体系。"话语"一词在福柯那里有深刻而复杂的意义,话语不是语言,也不是语言符号系统,而是语言在约定俗成的社会体系中所表达的意义。话语特别讲究语境,也强调复杂的社会系统,我们通常所使用的"话语权"一词可以视为"话语"的延伸。

作为一种社会实践活动,话语具有一定的社会功能,它直接表现为对社会现实的能动建构作用。这种社会建构作用产生了情境化(随机化、个人化)和结构化(制度化,常为习惯、惯例和制度)的社会效力,包括参与人与人之间的权力分配,塑造人际(或群际)的社会关系,制约个体的身份认同、意志、态度及思维和行为方式。作为功能性(而非工具性)的陈述实践,话语总是处于一定的时空背景即社会历史情境之中的,并对其所处的社会历史情境产生影响。换而言之,话语既深处在一定的社会权力关系中,又对这种社会权力关系进行改造①。

话语天然地与权力意志联系在一起,话语权正是掌握在有权力的阶级手中。由于话语系统先于人存在,人类在特定的话语系统中只有借助话语才能被他人所理解,话语系统控制着人的思想和行为,因此所有的话语都带有意识形态性。话语不是凭空想象或者创造的,其本身就是一种权力意志的体现。人们对话语权的争夺,背后是对权力的隐性争夺。福柯之所以被视为后现代主义理论家,是因为他格外重视在话语权力中被视为他者的元素,比如文明/疯癫、主体/身体、男性/女性中处于边缘地带的疯癫、身体与女性,这也正是他对话语权力的具体解读。

在2016年美国动画电影《疯狂动物城》中,可以看到话语-权力批评在影片叙事中所发挥的架构作用。从结构主义角度看,影片《疯狂动物城》中存在明显的二元对

---

① 李智. 从权力话语到话语权力:兼对福柯话语理论的一种哲学批判[J]. 新视野,2017(2):108-113.

立概念。二元论是西方思维中最有效的意义生产模式之一,它认为世界在二元对立模式下可以分为例如男性/女性、主体/客体、上帝/人类等多个对立项。展现在电影中,最突出的对立项为食肉动物与食草动物、男性与女性、大与小。结构主义分析学家认为,一组对立项中前者是标准、首位且本质的,而后者是次要、辅助的;前者掌握话语权,后者失去话语权;前者凌驾于后者之上,对后者进行规约与排斥,后者沦为前者的"他者"。实际上,前者掌握的话语权已不是普通的"权力",而已被置换为话语"霸权"。二者的不平等关系正是由这种话语霸权生产出来的,在二者的运行过程中又不断生产出新的话语霸权,对后者进行渗透、控制和规约。

在笔者看来,这部电影内容的前因后果可以归结为羊副市长为争夺话语权的政治阴谋。她兢兢业业工作,但却不受狮子市长的重视,这一点从羊副市长的办公室就可以看出。一个副市长的办公室却堆满了各种资料和杂物,桌子上摆放的奖杯,也是市长拿来凑数的,把"World's greatest dad",用笔划掉改为"World's greatest assistant mayor"。由此可见,她一直处在政治话语权的边缘,是针对权力中心的"他者",没有什么实权。但是羊副市长野心不小,她希望通过食草动物"人多力量大"来推翻这个由食肉动物统治的动物城,所以才展开了一系列的谋划。那么,如何才能让"他者"走出这种边缘状态?唯一的途径就是争夺话语权,消解话语霸权。这与福柯在后结构主义时期的思想不谋而合。事实上,食肉动物和食草动物之间的关系一直很紧张,狮子任市长期间,猎食者(predator)凭借自己体型上的优势包揽了城市里体面的工作,猎物(prey)虽心有不满却没有发言的渠道;当猎食者野蛮化的消息传出后,整个城市都陷入了恐惧,纷纷把矛头指向了食肉动物。而政治控制最有效的方法就是让群众产生恐惧,影片里阴谋中的"午夜嚎叫"就反映了这一现象,通过猎物对猎食者产生的恐惧思想,加上话语催化,绵羊顺利地掌握了话语权,登上了统治者的地位。所以整部电影就是一场绵羊对话语权的争夺大战[①]。

从上述对影片《疯狂动物城》的解析可以看出,话语-权力媒介批评方法适用于分析二元对立模式较为鲜明的媒介文化产品,如《疯狂动物城》中食肉/食草、男性/女性、体格大/小的鲜明对立。在中国导演姜文的作品《一步之遥》《让子弹飞》中,也可以明显地看到话语-权力格局对影片的推进。《一步之遥》中马走日的悲剧来源于精英的艺术话语、个体话语与集体话语对小人物命运的扭曲与改变;《让子弹飞》中政府/土匪这对本应当是明确二元对立的团体,在影片中模糊甚至颠覆,对权力的争夺也充满着语言的戏谑。

---

① 朱佳明,付天海.以福柯话语权理论解读动画影片《疯狂动物城》[J].电影评介,2016(10):90-93.

总而言之,"所谓意识形态批评,是指对某种事物背后的意识形态进行解码和祛魅,从而揭开其隐藏的权力结构和利益关系"[①]。与媒介批评视角相关的意识形态批评更多地建立在审美之上,是对媒介文化产品的深刻反思。最后,需要注意的是,意识形态媒介批评致力于解析媒介产品中或隐或显的话语权力,但意识形态批评不宜泛化,对媒介产品的过度解读也是值得警惕的现象。

二、女性主义媒介批评

女性主义与西方18世纪的女权运动的开展密不可分。尤其在20世纪60年代,女性主义超越了前期女权主义所密切关联的政治运动的范畴,而进入到社会思潮领域,从而形成了女性主义文学、女性主义社会学、女性主义政治学等。在同一时期,伯明翰学派的媒介批评中的三个视角,即种族、阶级、性别在全世界范围内产生深远的影响。伴随大众文化的兴起,女性成为书写媒介文化、构成媒介文化、解读媒介文化的重要组成群体,女性主义也成为媒介批判的一大方法。

女性主义起源于政治运动,最早致力于政治、教育、经济权利的平等,如要求平等投票权、男女同工同酬等,后延伸到日常生活领域。女性主义是社会思潮,也是知识经验、情感体验与批评方法。女性主义所代表的性别视角为大众传媒文化提供了独特的思想武器。

1. 新闻报道中的女性形象

社会热点新闻事件,常常由于女性作为事件的核心人物,而受到格外的关注与热议。性别甚至成为晕轮风暴中那对蝴蝶的翅膀,引发出"蝴蝶效应"。蝴蝶效应由美国气象学家爱德华·N. 罗伦兹(Edward N. Lorenz)于1963年提出,本身指微弱的气流的产生又会引起四周空气或其他系统产生相应的变化,由此引起一个连锁反应,最终导致其他系统的极大变化。形象的说法为:"拉丁美洲的蝴蝶扇动翅膀,两周后引发了美国的龙卷风",是混沌学理论的一种。在当下的网络环境中,常使用蝴蝶效应来形容网络舆论的复杂与多变,引导蝴蝶效应的那对翅膀是不确定的。女性身份在新闻报道中常常会成为引发蝴蝶效应的那对翅膀,这一现象在如下案例中可以明确看出。

2019年10月28日上午10时左右,重庆市万州区一公交车在万州长江二桥桥面与小轿车发生碰撞后坠入江中。事故发生后,许多网友根据现场事故图片,一度错认为是由于小轿车逆行引发了事故。据此前媒体报道,万州区交巡警支队于当天发布通报称,私家车驾驶员邝某娟已被警方控制。

---

① 陈吉德. 意识形态批评及其对电影研究的价值[J]. 南京师范大学学报,2020(4):140-148.

10月28日下午5点左右重庆市公安局万州区分局在其官方微博发布警情通报称，"经初步事故现场调查，系公交客车在行驶中突然越过中心实线，撞击对向正常行驶的小轿车后冲上路沿，撞断护栏，坠入江中"。许多网友在看完警情通报后均表示此前自己错怪了小轿车驾驶员，需要向她进行道歉。

但是在新闻信息最终被完整披露的过程中，女司机邝某娟已经在网络上成为被口诛笔伐、人身攻击的对象了。这一事件，很明显表现出大众传媒以及网络舆论对女司机乃至女性的污名化。正是因为涉事车辆是由女司机所驾驶，在警情正式通报之前，大量网友已经先入为主地认定公交车坠江事件的罪魁祸首是女司机，因为女司机作为"马路杀手"的污名化传播已经深入人心。连女司机邝某娟的丈夫熊某在新闻采访中也说道："我们才是受害者，为什么还要冤枉我们？"熊某说，现在人的评价体系出了偏差，"只要听到'女司机'三个字，就一定觉得责任在女司机，说话一点都不负责任！"熊某表示，目前他没有心情和当初冤枉自己妻子的人理论，不过，他保留追究相关者对妻子名誉造成伤害应承担法律责任的权利。

从重庆公交车坠江事件可以看出，无论是官方媒体，还是普通网民都存在对女司机戴有色眼镜"凝视"的问题。研究数据表明，女司机驾驶谨慎的程度远远高于男司机。依据2016年对南京、济南、杭州三个城市的调查，男性司机与女性司机发生事故的概率关系，最高者为杭州，男性与女性比为6∶1，三地平均比为2.55∶1，男性发生事故的概率远远高于女性，在醉驾事故中亦如此。但是，正如重庆公交坠江事件一样，女性驾驶者一旦在驾驶中发生事故，受关注和污名化的程度远远高于男性，以致女司机常常等同于"马路杀手"。

调查报告中的司机，在标题中一律变成了女司机。如此，"马路杀手"的标签，也一次次被贴得理所应当。由于女性可能因为化妆或者穿高跟鞋影响了驾驶安全，女性在社会身份中对机械的使用相对弱势，因此"女司机"被污名化为"马路杀手"。

2. 贪腐案件中的女性

早在民国时期，针对报刊的媒介批评就提出，报刊中凡有女性形象，多为私奔或者情杀的受害者，鲜见有正面形象。时至今日，刑事案件中的女性无论是施害方，还是受害者，都不同程度地将案件与生活作风问题联结。如女高官的贪腐案件中，其晋升路径常常与美色等词汇交织在一起。

21世纪以来，女贪官们逃不过绯闻的纠缠，给女贪官"抹黄"的现象比比皆是。但凡女贪官落马，其涉性的绯闻层出不穷。不仅媒体对此类信息大肆报道，民间舆论对此也津津乐道。公众的"窥淫欲"在位高权重的女性身败名裂的"桃色"信息狂欢中得到极大的满足。

与女司机、女高官一样,性别历来是新闻报道中的重要视角。诸如女高官、女企业家、女医生、女教师、女博士等常常难以得到客观公允的评价。即使是正面报道,也不同程度地存在对女强人家庭生活的猜测,或者天然地存在将女性与孝敬老人、支持丈夫、抚育孩子等女儿、妻子、母亲形象强化的倾向。

3. 影视作品中的女性

古今中外,无论是在文学作品中,还是影视作品中,女性形象都是重点被塑造和展示的主体。

女性主义思潮兴起后,研究者认为媒介文本中的女性始终无法摆脱"被看"的命运。即使是在以女性自强自立为主线的文学名著《简·爱》中,虽然着力塑造了自尊自爱的坚强的女性形象简·爱,但简的爱人罗切斯特的前妻伯莎则是以被污名化的女性形象而存在的,她的经历、思想、行为都是被遮蔽的存在。由此还产生了20世纪女性主义的名著《阁楼上的疯女人》,其主旨就是在揭示女性形象塑造的复杂性,有彰显的一面,就必然有被遮蔽的一面。文学影视作品中的女性常常被简单地分类为圣母/魔女的对立,认为女性或者是以辅助男性的贤妻良母的形象存在的,或者是以毁灭男性的蛇蝎美人的形象存在的。中国有"红颜祸水"的说法,西方神话传说中有对海伦、美杜莎的想象。由此可以看出,影视作品中的女性形象是非常复杂的。

使用女性主义批评方法解读媒介文本,可以从女性/男性、主体/他者、看/被看的角度来分析,比如对顾长卫导演的电影《立春》中王彩玲形象的分析。

一部以女性为主角的电影不可能不上演爱情。野百合也有春天,可王彩玲爱情的春天却从未出现。王彩玲与几个男人的感情纠葛是电影最大的卖点,也最通俗地展现出王彩玲在男性/女性的二元对立中表现出的女性他者身份。在西方神话中,夏娃是用亚当的肋骨做成的;在中国封建社会,"在家从父,出嫁从夫,夫死从子",女性始终是以第二性的身份出现,很难发出自己的声音。在封闭小城,未婚大龄女青年最容易被定性为异类。

王彩玲就是以大龄未婚女青年的形象出现的,这使得她的身份处境尤为艰难。虽然在王彩玲的身边也上演了"我爱的人不爱我,爱我的人我不爱"的庸俗故事,但其中内涵却并非如此直白。黄四宝是王彩玲真心对待的一个男人,她甚至可以将自己视为珍宝的北京户口拱手让给他,也甘愿做他的人体模特。王彩玲为此付出了压抑了三十多年的真情,"我不愿意在这个城市发生爱情",但遇上了黄四宝,一切还是发生了。无奈落花有意,流水无情,黄四宝只愿意把她视为姐姐,她愤怒而伤心。但是当喝醉酒的黄四宝深夜跑到她家中,委顿地蜷躺在地上低泣,她还是像看到自己的影子一样默默流泪。而春宵一刻之后,气急败坏的黄四宝在《暮春》的主旋律中当众摔打王彩玲,并恼羞成怒地吼道:"你让我觉得,你强奸了我!"而后扬长而去。这一场景表现出性别倒错的意味,暗示着女性若想超越男性成为主宰,结局只有更悲惨。在这次感情经历中,无论在爱上,还是性上,王彩玲都是主动的,似乎给观众以希望,女性也许并不都是男性目光之网中的他者,也有平等追求幸福的权利。但是最终这一希望还是落空了,面对黄四宝的离去,王彩玲声名狼藉并试图自杀,爱情最终幻灭了,空余深深的伤痛由自己抚平。同样的意象还出现在胡金泉对王彩玲并不真诚的求婚中,似乎可以隐约感到女性气质的胡金泉和男性气质的王彩玲展示和对话的内在张力,自然性别和个性性别的混乱和交错,使得本来就表现得大大咧咧的王彩玲更展现出女性身份无法认同的悲哀[①]。

  同时,从女性主义解读媒介文本也可以跳出二元对立,更多地从女性自身觉醒与独白中构建影像世界。比如对2019年李少红导演的电影作品《妈阁是座城》中女性形象进行分析。

  作为一部女性题材电影,《妈阁是座城》以梅晓鸥的单一女性视点进行第一人称叙述,女性既是故事的讲述者,也是故事的亲历者。电影中的女性不再是他者和附庸,而是绝对的主体。与此同时,作者的女性意识也化作"隐含作者",建构起电影文本的叙事规范。在这里,电影的叙事建构不再是依赖于男性意识中心的欲望运作机制,也不再将女性作为凝视快感的承受对象。影片并未使用物化女性的镜头,将其聚焦于女性身体各处,而是更多地推向梅晓鸥的面部,追随她的目光和身影,伴随她内心独白孤寂落寞的声调,进入她的内心世界和精神存在,并构成一种认知性的视角。

  影片并没有呈现女性电影通常聚焦的性别歧视、婚育、家暴、性骚扰、男女平等等问题,其建构的女性主义意识,并非是"娜拉出走"式的觉醒,也非女性对于个体命运的抗争或者对既有秩序的反叛,而是将女性意识包裹在男女性别关系与性别角力中,以及女性以强大的母性包容力对男性过错的全盘接纳中。在情感的赌局中不断失去、不断遭受背叛的梅晓鸥,并非是被动的隐忍,而是主动的包容接纳,"女人是无限体,只要不被打碎打烂,她一直可以接受"。面对人性的残忍、丑陋和虚伪,梅晓鸥最终以一己之力扛下了债务,平静地接受了一切。可以说,《妈阁是座城》对于女性强韧生命的书写以及母性意识的极大褒扬,构成了女性意识的极大突破[②]。

[①] 方亭. 一曲他者的挽歌:从他者视角解读《立春》中王彩玲之形象[J]. 电影文学,2008(21):24-25.
[②] 赵博雅.《妈阁是座城》:一种女性主义视角下的文本解读[J]. 当代电影,2019(7):21-23.

从2008年《立春》中的王彩玲,到2019年《妈阁是座城》中的梅晓鸥,再到2021年《我的姐姐》中的姐姐形象的变迁,可以看到在对电影这一媒介产品的内容解析中,女性意识的压抑与觉醒。女性主义媒介批评方法由此为女性的命运、困境与出路提供启示与反思,这正是媒介理论深切地关注现实的表现。

4. 时尚文化中的女性

大众传媒所制造的时尚文化中,女性是重要的参与者与实践者。如果说影视作品更多是对女性精神的引导,那么时尚文化更多是对女性身体的规训。铺天盖地的广告营销,各类网红博主的大力推荐,都在致力于让女性信服,如果使用了他们所推介的产品,就可以变得更高、更瘦、更白,也就是更接近于大众通常的审美。且不论时尚工厂里造就的千篇一律的美是否真实,这种审美的趋同化甚至异化是值得警惕的。

在女性时尚杂志广告当中,性感时尚的女性"出镜率"最高。女性低领、露乳沟、露大腿、裸背裸肩的现象普遍存在。眼球经济时代,美女文化是可被消费的媒介文化。成功的广告首先是要引起受众注意,因此以女性性感时尚的形象来强化对受众的视觉冲击力、引起受众注意、刺激受众的购买欲望,成了时尚杂志广告最常用的表现手法之一。而此类广告中光鲜靓丽的女性形象恰好是众多女性梦寐以求的,广告传递的信息似乎告诉消费者,当你用了广告中的产品,你也可以像广告中的"女神"一样魅力四射,美丽背后的暗示契合了众多女性的消费心理,因此容易刺激消费者购买。此类形象运用最多的是内衣广告、香水广告、洗发水广告、护肤品广告等。

在当今的时尚杂志广告中,女性形象被广泛使用,但女性形象的使用却往往使女性美的丰富内涵被忽视,成为一种不具有自我个性的"商品",在这类广告当中,女性形象是屈从于商品特性的,是为商品的宣传服务的。在这个过程中,女性本身也成为商品的一部分,女性形象变成了一种符号,象征着某个品牌、某种商品或服务能为人们带来良好的体验。广告主有意将女性身体的部分与产品建立联系,利用女性身体的特征作为卖点,强化了女性"物"的特征,却忽视了女性的内在价值和自我。广告作为一种文化现象,理应具备促进社会进步的职能,并有责任成为女性独立人格和存在价值的宣传工具。然而,大多数女性时尚杂志广告并没有表现这一事实,塑造的女性形象主基调依然在传播女性从属、依附地位的思想意识。女性的内在创造力、丰富内涵、潜在才能等优秀品质被略去,只剩下男权文化决定的外表价值,很多有才华的女性受传统观念的影响,在"我不能"的阴影中放弃自身潜能的开发,社会地位和社会价值得不到应有的体现[①]。

---

① 李琼.消费"她时代"女性时尚杂志广告中的女性形象塑造[J].出版发行研究,2015(6):64-66.

从上述案例可以看出,大众媒介时尚文化中的女性形象大都是被包装、被符号化的产物,女性的价值事实上远远超越了外形的表达,而更多体现在社会实践的参与之上。但娱乐时代大众传媒不断将女性作为目标人群,刻意塑造"她时代"的商品经济,这一现象无疑是值得反思的,甚至是需要批判的。

纵观中国历史长河,凡是女性地位较高、受尊重较多的时代,诸如唐代等时期,都是经济社会、文化文明最为繁荣与包容的时期。西方的女权主义与近代中国的妇女解放运动殊途同归,都致力于在社会经济、日常生活中的诸多领域追求男女平权。女性主义批评方法的引入,有利于有效消除刻板印象对女性形象的扁平化处理甚至误读。女性主义无论是作为知识经验、社会思潮,还是作为批评方法与视角,都为客观解读新闻信息、理性思考影视广告中的女性形象,提供了审视与思辨的进路。

三、后殖民主义媒介批评

后殖民主义理论是20世纪70年代兴起于西方艺术学界的一种具有很强烈的政治性和文化批判色彩的学术思潮,它主要是一种着眼于宗主国和前殖民地之间关系的话题。一般来说,学界将后殖民主义、女性主义、新历史主义这三种思潮都看作是后现代主义在不同领域中的延伸。后现代主义致力于打破现代性中被视为理所当然的二元对立,重新审视对立中处于边缘位置的元素,也即打破逻各斯(logos)中心主义。逻各斯是本源与真理的存在,常以一系列二元对立来言说,如西方/东方、男性/女性、文学/历史等。其中对东方的关注诞生了后殖民主义理论,对女性的关注衍生了女性主义,重新界定文学和历史的关系则导向新历史主义。

后殖民主义否认一切主导叙述,认为一切主导叙事者都是欧洲中心主义的,因此批判欧洲中心主义是后殖民主义的基本任务,与此相关联,对以"现代性"为基础的发展观念的质疑和批判是其重要特点之一。

1. 西方想象中的"东方"

西方中心主义是从一种特定的特权视角来审视这个世界的。通过运用一套复杂的语言与修辞策略设置了一系列二元对立。正是通过这种方式,世界一体化的进程似乎就成为一种"文明"与"野蛮"的冲突构成的历史,西方是现代与文明的,东方是前现代与野蛮的。西方总是站在所谓文明的高度来审视东方的存在,东方因而被视为西方的他者。虽然东方的风土人情在西方电影中都有展示,但是东方的神秘被西方视为把玩的对象,并未真正将东方与西方对等。在2006年美国拍摄的电影《面纱》中,可以很明显地看到西方与东方的文化对立,以及西方想象中的诗意化、救赎中的东方。

东方学自起源至今,始终都对东方持有妖魔化和诗意化两种不同的态度。但是这两种态度看似截然相反,其本质却并无区别。不管是敌对的妖魔化态度,还是看似友好的诗意化态度,都是将东方看成是他者来加以对待的。前者构筑低劣、被动、堕落、邪恶的东方形象,是西方帝国主义意识形态的一种"精心谋划",使东方成为西方观念与权力的"他者"。这种东方主义意识形态,不仅生产出一种文化与物质霸权,而且还培养了一种文化冷漠与文化敌视。后者表面上仰慕、亲和东方,却只是将东方文化当成中国古代女性的三寸金莲来玩味,这只是文化沙文主义另一种温和的表现而已。王岳川教授在他所著的《后殖民主义与新历史主义文论》中指出:"在西方话语中心者看来,东方的贫弱只是验证西方强大神话的工具,与西方对立的东方文化视角的设定,是一种文化霸权的产物,是对西方理性文化的补充。"

文化认同很大程度上是通过对比和差异来完成的,即通过设立一个"他者",再与这个异质于自身的参照物进行比较,从而确认自己的文化身份和地位。既然世界被分为西方和东方,这个东方便不可避免地成为西方眼中的"他者"。如果这个"他者"是恶的、卑鄙的、野蛮的、粗俗的,那么与之相对立的一面就应该是善的、高尚的、文明的、高雅的。基于这样一种目的,当西方人需要进行自我认同或证明自己种族优越时,他们便按自己的需要构建了他们心目中的东方人。他们将东方人的形象扭曲、妖魔化,一方面是为自身殖民行为寻找合理借口,另一方面也为了寻找优越的自我感觉和自我认同。

影片《面纱》一开始就在豪华繁荣的伦敦和贫瘠落后的中国小乡镇两个完全不同的场景间来回切换,形成强烈的对比和反差,仿若隔世。这种场景效应立刻在观众心中构建起了一个他者镜像。通过这个场景,他者的构建很快就形成了一个西方话语中心,而剧中的主人公又是代表着西方中产阶级和小资产阶级的两个典型人物,因此他们对中国的视角决定了他们绝对的西方话语权力,从而也奠定了一种绝对的文化优势[①]。

无论是妖魔化东方,抑或是诗意化东方,都是他者镜像中的文化产物。在针对各类影视文化、互联网文化解读的过程中,只有打破二元对立思想、尊重差异,才是在构建人类命运共同体中客观审慎的态度,由此才可以提升媒介素养。

2. 文化身份的杂糅与认同

后殖民主义理论涉及文化身份的混杂和认同的问题。杂糅性是指"不同种族、种群、意识形态、文化和语言相互混合的过程"[②]。而身份认同可以是一种表达的策

---

① 陈红星,蔡圣勤.《面纱》的后殖民主义解读[J].电影文学,2008(9):89-90.
② 韩子满.文学翻译与杂合[J].中国翻译,2002(2):54-58.

略,用来拓展新的发言渠道。身份不是由血统决定的,而是取决于社会和文化的结构的建构。美国芝加哥学派学者帕克将不同种族移民的解体和重组分为四个阶段:敌对、冲突、适应、同化。后殖民主义理论家萨义德、斯皮瓦克、霍米·巴巴都有印巴血统,出生于印度或者巴基斯坦,但又在白人世界里取得了较高的成就,身份认同一直是他们研究的重点所在。

比如2001年,蒋雯丽和梁家辉主演的电影《刮痧》很好地诠释了文化冲突与身份认同的问题。许大同作为华裔移民,一直用英语世界的教育方法来教育孩子。电影中反复出现的孙悟空形象集中地代表了文化冲突。孙悟空是中国四大名著之一《西游记》中的人物,也是中国民众家喻户晓的猴王英雄,他古灵精怪、英勇无敌,护送唐僧取得真经,修得圆满。但是美国人却这样解读孙悟空的故事,"长了九千年的桃子,他(孙悟空)不跟主人打一声招呼摘来便吃,当人家制止时,他不但不听劝阻,而且还大打出手毁了人家的桃园。别人辛辛苦苦炼好的丹丸,他拿来就吃,还把主人打得头破血流,临走还毁了人家的制作车间,像这样一个野蛮顽劣的猴子,竟然被许大同在电子游戏中描绘成英雄"[①]。

从中美双方对孙悟空形象的解读,可以看到对文化身份认同的艰难。霍米·巴巴由此提出文化的"第三空间",他认为身份是一种功能性的结构,某种文化身份可以在自身文化与其他文化的互动交往中形成一个无形但实际存在的新空间,既不属于原生文化,也不属于新文化,而是在交融中生成。第三空间从而在自我和他者之间找到平衡之道。

3. 文化帝国主义

如果说身份认同更多涉及不同种族在他国的文化实践,那么文化帝国主义则从另一个侧面反馈了西方/东方之间的关系。

文化帝国主义理论建立在西方发达国家通过文化输出对不发达地区实现文化控制,从而使不发达国家的民众信服其所传达的意识形态,在潜移默化中对发达国家产生认同。后殖民主义的"后"是与"前"相对立的,文化帝国主义是与军事帝国主义相对应的,即在前殖民主义时期,西方发达国家借助军事力量的优势,从而达到对欠发达地区的控制。比如在英法航海殖民主义扩张时期,在非洲建立殖民地多半是通过这种方式。在后殖民主义时期,随着全球化进程的加剧,国际文化生产与传播中的话语权多半掌握在西方发达国家手中。发达国家的媒介系统制造和传播了大量的信息,而对发展中国家的信息却传播较少,即使报道也多负面信息。在信息单

---

① 李馥辰.后殖民背景下对《刮痧》中主人公的文化身份再解读[J].苏州大学学报,2012(4):153-157.

向从发达国家流向发展中国家时,发达国家不仅取得了巨大的经济效益,同时也输出了西方的价值观念,对发展中国家的本土文化形成了极大的威胁。比如在美国造梦工厂好莱坞中,美国一直在倡导的价值观念,如所谓的自由、平等、博爱、个人英雄主义、小人物大梦想等,都不断地在其影视作品中传播。

好莱坞总是给他们创造的现代英雄神话披上一层传统的、简单的、普遍性的崇高思想外衣,能够让世界所有不同文化层次、文化身份的观众,都能感受到这些影片所承载的神圣思想和崇高精神。所以,观众们不仅难以看出这些影片在文化价值观上存在什么问题,而且相反,还会认为这些英雄神话都在不同程度上引导观者追求真善美,向往正义、尊严、和平、自由、人权等美好理想。如果我们剥去这层普遍性的崇高主题,就会发现,好莱坞编织的英雄神话,普遍是由个人英雄主义者充当主角。好莱坞打造的个人英雄主义形象有着共同特征,就是将个人英雄无限神化,从而表现出极端个人英雄主义的价值取向,其典型症候表现为:其一,英雄们普遍拥有绝对强壮的身体,如健壮的肌肉、钢铁般的身体、无与伦比的体能、英俊或美丽的外表等,一般都是身经百战而不死,伤痕累累而不败。影片《丛林奇兵》中的主人公就是这种个人力敌群雄、百战不败的代表。演员史泰龙、施瓦辛格、布拉德·皮特等就是众所周知的好莱坞英雄形象的象征,他们都是完美男性的代表,也是完美人性的典范。其二,英雄们普遍拥有优越的智力才能,如知识丰富、能力全面、身怀绝技、随机应变等。其三,英雄们普遍拥有超常的意志力,如超极限的忍耐力、顽强的战斗力、必胜的信念等。其四,英雄们普遍拥有完美男性或女性的几乎所有优点。其五,英雄们都是凭借个人力量一次又一次化险为夷,最终转危为安,获得胜利。其六,多数英雄往往还是敢于反抗美国政府的个体斗士。政府在搞阴谋,英雄们敢于揭露政府的阴谋,与强大的政府对抗,并最终让政府出丑,捍卫了正义、自由、民主、人权等[①]。

正如好莱坞影视不遗余力地制作并传播美国价值观一样,日本动漫、韩国影视剧也同样在宣扬本国的价值观。日本与韩国同属东亚国家,国土面积狭小,自然资源有限,因此"文化外交""文化强国"是两国致力于打造的重点版块。日本动漫中传播的诸如亲情、友情、爱情、团结、守护、环保等观念在世界范围内影响广泛,极大地改变了日本二战后的国家形象。韩国影视剧作品中对传统儒家观念的演绎可谓深入人心,其中对家庭、工作环节中的长幼有序、尊卑有别、尊老爱幼、注重仪表等建构了现代韩国的初步印象。

---

① 胡立新,方拥军.好莱坞大片的极端文化价值观批判[J].文艺争鸣,2006(4):123-127.

从 20 世纪 90 年代起,作为"韩流"文化的主力军,韩国影视剧(简称韩剧)在中国、日本、新加坡等亚洲国家连番掀起多次收视高潮,同时也将极具韩国特色的大众文化和价值观念逐渐渗透到海外观众的心里,从而完成了一次国家形象的塑造。2007 年,韩国国政弘报处海外弘报院院长俞载雄进行了一项《收看韩剧对韩国形象的影响》的问卷调查,结果显示高达 69.4%的被访者是通过韩剧了解韩国的,而被调查者收看韩剧的次数和数量与其对韩国产生的善意联想、情绪和行动意图基本成正比。以中国为例,随着《大长今》《来自星星的你》等一系列韩剧在中国热播,韩国在中国的形象与冷战刚结束时期相比有很大改观。可见,韩剧的海外传播成绩斐然,影响深远,不但提振了韩国经济,还成功塑造了韩国在海外的正面形象,取得了政治、经济双重效益[①]。

从上述分析可以看出,文化帝国主义理论关注国际文化生产与流通间不平等结构的出现,以及可能出现的文化跨国支配。在信息全球化的当下社会,发达资本主义国家文化强国战略通过渗透能够收获政治、经济、文化等多层面效益,文化帝国主义理论是基于这类现象而提出的。由于意识形态的传播以一种温情脉脉、易于接受的"柔性"方式出现,因此其文化霸权的意义不明显,更接近于葛兰西所说的"文化领导权",总是以一种更"先进"、更"积极"、更深入人心的方式呈现,从而以不易觉察的方式发挥作用。

在全球化的进程中,应当理性看待西方与东方的关系,尤其是在文化实践中,要保持独立思考,警惕睡眠者效应的影响,有选择地接收外来文化。睡眠者效应来自美国心理学家的实验,实验结果表明,受众更容易记住信息内容,而非信息源头。也就是说,在信息接收的过程中,虽然受众一开始质疑信息是由他国编制的,从而处于半信半疑的状态,但随着时间的推移,会逐渐忘却信息的生产者是谁,而信息内容本身更加深入人心。也就是说,诸如美国好莱坞影视之类的外来文化产品,其宣扬的价值观本身有"王婆卖瓜、自卖自夸"的意味,但是长期观看还是会接受其中一些价值观念。因此,了解后殖民主义文化批判理论有助于提升对外来文化产品的认知、理解与判断。

  课后题

新闻部分

1.寻找对同一事件报道的传统媒体/融合媒体形式,看看平台不同促使新闻信息的呈现出现了哪些差异,再思考为什么会出现这些差异?

---

① 武闽.韩剧助推国家形象塑造的传播学分析:以《太阳的后裔》为例[J].传媒,2016(16):65-68.

2.选择一则你感兴趣的新闻事件,如果你是编辑,你希望如何来呈现这则新闻?

(1)你如何选择新闻来源?

(2)你想用哪些历史背景资料?

(3)你选择的呈现方式是什么?比如文字型、文字+图片型、数据型、H5等。

(4)你希望达到什么样的信息传播效果?

娱乐部分

1.选择两部同类型的影视剧作品,做出以下分析:

(1)两部作品的主角有何异同?

(2)两部作品的故事情节走向有何异同?

(3)主角人物在推动故事情节的走向中所起的作用有何异同?

2.你是否喜爱玩某款网络游戏?在打游戏的过程中,游戏中的哪种设置最吸引你?你是否愿意付费去玩游戏?为什么?

广告部分

1.分析一则广告,识别其中哪些元素吸引你去购买商品。

具体思路如下:

(1)广告中有无吹捧的成分?广告与产品是否能够吻合?

(2)通过广告的言说方式,其所传递的价值观念是什么?

(3)你是否会去购买这个产品?为什么?

2.去超市购物时,请购买一些你需要的但是没有做广告的产品,看真实的使用体验是怎样的?没有广告效应的产品是否一定不如哪些做广告的常见品牌?

媒介批评方法

请从意识形态批评、女性主义批评与后殖民主义批评中,选取一个视角,详尽分析一个媒介文本。

第四章
媒介效果研究

媒介效果是传播研究领域最受关注的。毋庸置疑,媒体对个人和社会产生持久且强大的效果。詹姆斯·波特认为,我们必须主动而非被动地了解媒介是如何对我们产生影响的,还要了解在媒介影响我们的过程中,许多因素是相互起作用的。当了解了这两点,就可以控制媒介对我们产生影响的效果了。这正是媒介素养要解决的问题。除了积极的态度外,更重要的是对媒介的效果、影响效果的因素、产生效果的机制有深入了解和掌握,建立正确的效果观,以有效控制媒介对我们产生影响的进程。

第一节 媒介效果概述

一、媒介效果的类型

如前所述,媒介效果的存在毋庸置疑,不管我们是否能感受到它的直接影响,它都在起作用。因为效果是很复杂的,它有多个维度。

(一)显性效果与隐性效果

以是否可以直接观察或感知,效果可以分为显性效果与隐性效果。显性效果是我们可以观察到的,所以我们多数人日常提到的都是显性效果。比如,有女士看了化妆品广告,立即购买了该品牌化妆品,看到电视剧大团圆结局,观众会会心地微笑,这些都是显性效果。常常被我们忽略的,是隐性效果。因为看不见,我们会以为它不存在。詹姆斯·波特曾对隐性效果做过一个比喻。假设显性效果一个平静的、水平的湖面,忽然有鱼跳出来又跃入水中。当鱼没有跃出水面时,我们不知道它的存在;只有看到鱼,我们才能确定它的存在。但是即使看不到这条鱼,我们也不能确定水下什么都没有,可能水下不只有鱼,还有乌龟、浮游生物等。这就是隐性效果,它不显现,不代表它不存在。而这种隐性效果,是媒介素养教育更加关注的,因为媒介正是通过持续不断的接触慢慢地、不动声色地影响着我们。

(二)即时效果与长期效果

以效果什么时候产生来区分,可以分为即时效果和长期效果。即时效果产生于媒介信息的接触过程中。比如,看一场球赛时感到兴奋,看一场悲剧电影时感到哀伤,这些都是即时效果,它产生于接触媒介的过程中。长期效果是指在多次媒介接触之后才能显现出来的效果。比如在长期观看暴力和犯罪电视内容之后,人们会觉得生活在一个充满暴力和犯罪的、不安全的世界。这种对世界的认知就是长期效果,因为它很难在一次单一的媒介接触中形成,而是通过长时间的媒介接触逐渐形成。

(三)微观效果与宏观效果

以效果是作用于个人还是社会机构来看,可以分为微观效果和宏观效果。微观效果是指媒介对于个人认知、态度、行为等产生的效果。微观效果包括认知型效果、态度型效果和行为型效果。认知型效果是指传媒通过大量的信息传播影响人们的认知。比如,青年女子看过电视上身材消瘦的女演员,会认为自己的身材胖。态度型效果是指媒介能够塑造人们的意见、信仰和价值观。脱敏现象是态度型效果的极端表现。脱敏现象是指由于经常、反复接触某些内容而使一个人的价值观发生了改变。比如,长期观看暴力节目的观众会对电视暴力场面习以为常,也可能会对现实世界的暴力表现漠然。行为型效果是指媒介可以引发人们的行为。比如观众看到广告中推销的产品之后,就去购买该产品。

宏观效果有两种含义:一种是指传播对宏观单位,如机构施加的影响,比如媒体大量、集中报道毒品问题之后,某国划拨了一项禁毒资金;另一种是指大众传播媒介对受众及社会所产生的一切影响和结果的总体,即大众传媒的综合效果,也包括认知、价值形成、行为示范三层次的效果。效果研究领域的宏观效果理论着重考察的就是第二种含义的效果。

大众传媒是人们社会化的重要途径,它不仅让人们可以了解关于世界的事实性信息,也使人们可以学习社会规范等,从而形成了人们对规范的看法。

(四)积极效果与消极效果

这是对效果的价值判断。效果是积极的还是消极的,取决于对谁而言。从个体的视角看,积极效果是那种可以帮助受众个人达成目标的效果。比如,如果你的目标是获得某方面的信息,而你又的确从媒体上获得了这方面的信息,这就是一种积极效果。反之,如果媒介把受众作为达成目标的工具,而媒介的目标又与受众的目标相冲突,这就是消极效果。比如,广告客户希望受众在他们的产品上尽可能多花钱。如果受众无节制地进行消费,就是消极效果。

从宏观的视野去看,如果媒介的暴力内容引发了暴力行为,乃至犯罪行为,那么媒介就起了消极的影响。当媒介为人们提供了海量的信息,而这些信息提高了人们的认知水平,那就是媒介的积极效果。

(五)预期效果与非预期效果

以传播效果与传播者意图的关联来看,效果可以分为预期效果与非预期效果。与传播者意图相符的效果,称为预期效果。非预期效果是指与传播者意图没有直接关系的效果。

二、影响媒介效果的因素

所有具有目的性的传播活动都希望产生预期的传播效果,但是如前所述,效果是一个复杂的多维现象。这是因为传播效果的产生是一个复杂的社会过程,传播过程中的每一个环节或因素都可能会对效果的产生施加影响。

(一)受众的复杂性因素

1. 个人的认知能力

个人的认知能力受年龄、智力水平和知识结构等的影响。众所周知,随着年龄的增长,人们的认知、情感、道德会逐渐成熟。随着思维、情感、道德判断能力的不断发展,人们处理信息、解决问题的能力会进一步提升。这就是为什么很多效果研究是分年龄阶段进行的。在恐怖内容对儿童的影响研究中,年龄被认为是决定儿童恐惧反应的主要因素。研究发现,怪兽、魔鬼、超自然生物、黑暗、动物、难看的生物体等是让3~8岁的孩子惊恐的物体。9~12岁的孩子更容易对他们自己或他们爱的人受到伤害的威胁感到恐惧。大于12岁的孩子在害怕自己受伤害的同时,他们还对社会及同龄人的压力产生恐惧心理,包括全球性的问题,如政治、经济、环境。成熟度较低的人理解和处理信息的能力有限,他们控制自己情绪和行为的能力也有限。因此,他们更容易受到变动的影响,也易于表现出来。

2. 社会因素

人们都被家人、朋友和其他社会力量影响着。这也会影响人们对媒介或信息的兴趣、感情、态度和看法,对传播效果产生影响。研究显示,对儿童而言,父母沉迷于媒介会影响儿童的学习。在接触媒介的过程中,当成年人提供意见引导儿童理解媒介信息时,儿童对信息的理解会更为深刻。

团体和群体也会影响人们对媒介信息的接受。群体传播研究显示,群体的规范会对来自群体外的信息或宣传活动的效果有重要作用。个人在群体的被认可度越高,其群体归属意识越强,媒介对他们的影响就越小。

3. 社会经济地位和生活方式

社会经济地位和生活方式影响人们对媒介的接触和对信息的接纳。拥有积极健康生活方式的人,比如社交活动丰富、积极与人沟通、参加社团等,受媒介影响比较小。生活经验少的人,因为缺乏资金、教育、意志力,可能更频繁地接触媒介,也容易受媒介影响。比如老人、穷人、社会经济地位低的人,在社会处于边缘状态,他们会花更多的时间在媒介上。媒介是他们了解和认知外部世界的主要渠道。

生活方式也包括媒介接触习惯。媒介接触习惯使人们关注某些媒介,获取某类信息,而忽略其他媒介或其他信息。也就是说,受众对媒介的接触是选择性接触,是基于个人喜好和需要,比如现在的年轻人更倾向于通过网络获取信息。

4. 接触媒介的动机

当人们主动到媒介中去寻找某种特定信息时,他们通过这一媒介进行学习的概率就会很高。当人们消极被动接受媒介内容时,学习行为仍然可以发生,但是可能性会较低。此外,那些高学历、高智商的人,从媒介寻找信息的积极主动性往往更高,他们选择的信息对他们的效用也更大。

(二)媒介内容的影响

1. 内容的类型

这主要指媒介内容是否符合人们的喜好和需要。一位时尚的年轻女郎会去阅读《时尚芭莎》,因为杂志刊登的当季将要流行的时装,正是她想看的。一个中学生买了一本青少年杂志,因为该杂志的封面是自己喜欢的偶像明星。因此,现代媒介往往有自己的目标受众,为特定的人群服务,通过定制的内容的强大效果,使这部分人群成为自己的忠实受众,以此保证媒介在传媒市场的竞争力。

2. 描述方式

信息的描述方式会影响传播的效果。如果信息被描述得具有吸引力,受众就比较容易接受。霍夫兰等进行了宣传和说服研究,对信息中材料的组织方式如何影响效果进行了深入探究,如一面提示,还是两面提示,把观点是寓于材料当中,还是直接明示,是诉诸感情,还是诉诸理性。

3. 内容认知的复杂性

信息对受众的认知要求越少,受众对信息内容的理解就会越容易。叙事对记忆的要求越多,信息中的内容就越难以被理解。比如,儿童对电视新闻的记忆要好过对印刷新闻的记忆。这是因为电视新闻可以通过图片、文字、声音等多渠道传输信息,信息之间可以互相补充,不断强化。

第二节 早期效果观念和研究

20世纪二三十年代,关于大众传媒效果的观念已经形成,并出现了对效果的研究。受大众传媒的影响,以及受大众社会理论的影响,人们对大众传媒的早期观念是媒介具有强大的力量,并可对人产生直接、即时、无差别的影响。

(一)大众社会和大众

正如有的传播学者所认为,对大众传播过程和效果研究的认识,要从理解大众社会这个概念开始。因为他们认为大众社会理论与人类天性观点的结合,催生了"魔弹论"。

大众社会是和"传统社会"相对而存在的一个概念。社会学家按照社会组织方式,把18世纪晚期以前的西方社会称为"传统社会"。务农是传统社会人们的主要职业。人与人之间的关系是被家庭、血缘,以及乡规民约所规范和联系的。在传统社会,人们尊崇习俗,由于彼此之间存在着千丝万缕的人际纽带,要么是亲朋,要么是邻里,所以大家相互关照,社会关系有浓郁的人情味。

随着工业革命的兴起,传统社会开始发生结构性变化,逐渐向工业化、城市化和现代化方向转变。工业化的直接后果是机器代替了人力生产,工厂代替了手工作坊。在工业化社会,人成为机器的附庸,要按照机器的节奏工作。社会秩序也因为工业化而发生了变化。社会开始依存于新的社会组织方式——科层制。科层制要求有书面的规章制度,精心设计组织内的个人分工,明确界定的权力和责任等。由科层制扩张而形成的人际关系和传统社会大不相同。人际关系无法再靠传统、血缘、亲情来支撑,而是通过契约以明确个体的社会角色及其职责。以感情为基础的人际联系越来越少,因此,看似汇聚的人群关系却日益疏离。

城市化就是"某一地区城镇人口比例不断增长的过程"。城市化将大量来自不同地区的人们集中在了一起。这些人的社会属性和文化背景有很大差异。这种差异造成了奥古斯特·孔德所说的"分离与合作的复合"。他们同居一城,却分隔在不同的街区,彼此之间充满警惕和不信任。城市化过程中阶层的流动也形成了巨大的社会差异。因此,在传统社会作为社会控制手段的乡规民约已经不能调解城市中人们的生活了。乡规民约让位于具有法律效力的契约。城市中人们的友情基础较差,法律和契约关系较强。因此,人们看似群居,却都是孤身。

随着工业化和城市化的发展,人们的生活方式也发生着巨大的变化。各种新的产品层出不穷,深刻改变着人们的生活方式,人们的生活节奏和意义也随之改变。而且,这种生活方式的现代化也加深着社会的区隔。富人、贫民和中间阶层因为消费方式的不同而分化出来。

社会学家把上述在工业化、城市化、现代化进程中形成的社会称为大众社会。大众不仅仅指人口的数量,它更指的是一种关系、一种形态。社会学家布鲁默把大众描述为分布广泛的不知名群体,他们互不往来,并且独断专行,很难采取一致的行动。在大众社会,人们主要依靠媒介获取信息。

(二)魔弹论

19世纪末,受遗传学的影响,行为科学家认为人类的行为受生物本能控制,而这种本能会使人们对刺激产生大致相同的反应。人类对刺激的反应被认为是由缺乏理性控制的本能决定的。这种观点和大众社会理论结合,形成了"魔弹论"。

魔弹论在它流行的年代并没有得到系统阐释，更像是人们对媒介效果的一种臆想和印象。传播学者洛厄里和德弗勒把魔弹论的主要命题梳理如下。

①因为拥有不同的背景，没有共同的规范、价值观和信仰，所以生活在大众社会中的人们过着一种相互隔绝的生活，彼此之间的社会控制极其有限。

②像所有动物一样，人生下来就具有一系列共同的本能，这决定他对周遭世界做出何种反应。

③因为人们的活动不受社会关系的影响，而受共同本能的牵引，所以个人对事件（如媒介信息）的参与方式是相似的。

④人类的遗传天性和相互隔绝的社会状况使人们以相同的方式接受和理解媒介信息。

⑤媒介信息就像符号"子弹"一样，击中每只眼睛和耳朵，对人类的思想和行为产生直接、迅速、一致、巨大的影响。

这种理论把受众看作是一群无理性的生物，彼此之间无联系，如散沙般存在，因而十分依赖大众传媒的信息，且对信息无抵御能力。在这种理论的影响下，人们认为宣传是弹无虚发的，媒介可以操纵大众。

(三) 佩恩基金调查

早期比较有影响力的涉及大众媒体的效果研究有20世纪20年代的佩恩基金调查。

在19世纪和20世纪之交起步的电影发展迅速。到20世纪20年代，电影已成为美国城市居民生活中的一部分。在没有广播和电视的年代里，电影是非常有吸引力的廉价的娱乐方式。在迅速发展的形势下，其可能产生的负面影响也受到关注。在20世纪20年代中期，大量的社论、宗教言论和报刊文章开始指责电影对儿童产生的负面影响。1928年，电影调查委员会组织了一批学者，研究电影对儿童的影响。这项研究受到了佩恩基金会的赞助，因而被称为佩恩基金调查。

佩恩基金调查共包括12项，分为两大类：一类是评估影片的内容并确定观众的数量和构成；另一类是评估电影主题对观众的影响。对观众的影响的评估主要从信息获取、态度改变、感情刺激、健康损害程度、道德水平的侵蚀程度以及行为等方面进行。虽然研究结果不似魔弹论那样神奇，但研究最后得出的结论还是倾向于认为电影的确能够影响儿童的态度，刺激他们的感情，影响他们对世界的理解和日常行为。

(四)《火星人入侵地球》广播影响的调查

时值1983年10月30日，哥伦比亚广播公司播出广播剧《火星人入侵地球》，广播剧采用了新闻播报风格，没想到使很多听众误以为剧中的故事是正在发生的真实事件,而造成了一场大恐慌。普林斯顿大学的广播研究室事后对这一恐慌事件进行了跟踪调查。虽然当时调查的重点是广播剧造成恐慌行为的主要原因,以及为什么听众的反应存在差异,但最后的研究结论对传播学理论有重要贡献。

研究显示,具有批判能力的人更有可能辨识出这是一个广播剧;另外,宗教信仰、教育程度、人格因素、收听情境的不同使人们产生面对广播剧时的不同反应。具有批判能力的人会通过内外部检查来确定这是一部广播剧,而非一则新闻。这也是较早涉及媒介素养内容的研究。今天看来,这个研究实际揭示了由个体差异引起的选择性影响的存在。而且,社会关系也影响了人们面对该事件时的行为选择。传播学者洛厄里和德弗勒认为,虽然当时人们没有意识到,但是对恐慌的研究是对魔弹论最早的挑战之一。因为魔弹论认为人们对信息的接受大致是相同的,但恐慌研究则显示了人们实际在接受信息时的行为有很大差异。

第三节 有限效果论

20世纪40年代,传播流研究、宣传说服研究,应用了社会调查法和心理实验法等实证研究方法,这些研究被归为有限效果论范式。

一、人际关系视野中的效果研究——伊里调查与迪凯特研究

(一)伊里调查

伊里调查是拉扎斯菲尔德和他的研究团队在1940年美国总统竞选期间进行的研究。研究者选择了俄亥俄州的伊里县作为调查地点。该县文化比较单一,居民基本都是白人,大致可平均分为农业人口和工业人口两部分。研究人员选择它的原因是:它很小,便于有效监督;该县附近没有影响力很大的中心城市;城乡差别明显,可以进行对比。

该研究选择了3000人作为调查样本,又从3000人中抽出4个各600人的组作为固定样本。每一组样本都可以代表整个县。这一设计的目的是为了对重复访问的效果进行评估和控制,因为调查团队要研究投票决定随时间推移的形成过程。该调查的研究设计是其中一个样本组作为中心组,从5月到11月期间每个月访问一次。其他三个组作为对照组,各在7月、8月和10月对其中的一组进行访问。最后的调查结果显示,对照组的访问结果与中心组的结果几乎没有差别,说明反复的访问似乎没有对中心组的选民行为产生明显的影响。

研究者总结了选民的社会属性和投票的既有倾向,并提出假设:通过这些变量,可以预测投票结果。调查者建立了一个政治既有倾向指数,包含了社会经济地位、

宗教信仰和城乡差别等因素。也就是说，社会经济地位、宗教信仰和城乡差别这三个因素决定政治既有倾向指数。比如，社会经济地位高的人更有可能投共和党的票，农民更有可能投民主党的票，天主教徒多倾向于民主党，而新教徒则偏向共和党。事实证明，政治既有倾向指数与投票意向有很大的相关性。最后大多数人的投票结果与政治既有倾向指数的预测一致。选民们的社会属性也会影响他们选择性地接受媒体的宣传，并选择性地接受其他人的影响。

在整个访问过程中，调查者一直在系统地搜集数据，以便找出能最好地表示人们竞选兴趣指标的变量——个人的社会属性或者特征。结果发现，那些自称对竞选兴趣高的人要比兴趣低的人更熟悉各种问题，而且也有更明确的意见。最有兴趣的人对竞选事务的参与度更高一些，也更有可能接触政治宣传。而对竞选的感兴趣程度和社会属性有一定的联系，一般社会经济地位较高和学历较高的人兴趣度也高，而比较贫困、受教育较少的人则不大感兴趣。兴趣度高的人更早做出投票决定，那些兴趣度低的人决定得较晚些。研究者认为，较早做决定也是一个重要的因素，因为它将影响人们对大众传播媒介政治宣传的选择性行为。

影响选民最后决策时的另一个重要因素是个人所受的交叉压力的大小。所谓交叉压力，就是影响投票决定变量间的冲突和不一致。什么是变量间的冲突和不一致呢？就是决定政治既有倾向指数的三个因素，即社会经济地位、宗教信仰、城乡差别。如果一个人是农民，又是新教徒，那么就可能产生交叉压力。除了上述的三个变量，一个人处于交叉压力之中的情况还有很多种，比如个人的偏好与家庭一贯支持的党派不一致，还有来自朋友和同事的交叉压力。

关于大众媒体在竞选活动中的影响，研究发现，大众媒体可激活、加强、改变这三种影响模式。激活是指大众媒体的政治传播可以激活选民的既有倾向。在接收大众媒体的信息时，因为受既有倾向的影响，选民会选择性地接收那些与既有倾向一致的内容。研究者认为，多数选民在5月份就已经做出决定，所以激活只发生在有限的选民身上。研究数据显示，它仅对14%的选民起作用。强化，就是大众媒体对受众的既有立场有加强的作用。研究者认为，强化效果是大众媒体最主要的影响模式。研究显示，超过半数的选民在研究之前已经选择了候选人。他们虽然不能确定自己支持的党派会推选谁作为候选人，但是他们最终都会投该党派候选人一票。对于这些人来说，宣传的作用就是不断提供论据和证明，以保持他们既有的立场。虽然强化效果不如说服选民改变立场那样富有戏剧性，但是由于其涉及选民中很大一部分人，因此更加重要。如果不能正确理解政治宣传的强化效果，很可能造成竞选失败。改变，就是受众完全改变既有立场。研究显示，改变的效果也有，但是涉及的人数很少。在伊里调查中，只有8%的人改投另一党。研究者认为，会出现这种情况的原因可能是：对于立场坚定的选民，很难被宣传改变；具有既有政治倾向的选民，经历激活过程，最后仍做出与他们既有倾向一致的决定，也很难被改变；只有那些对选举不感兴趣的选民或者处于很强的交叉压力之下的选民，才有被改变的机会。

在研究中，研究人员还发现人们从其他人那里获得大量信息并受其直接影响。人际影响是伊里调查的意外收获。研究者意识到这种人际交流对选民的选票起着关键的引导作用，并对人际传播的信息流及其影响也展开了调查与研究。

(二)迪凯特研究

作为伊里调查的继续和深入，迪凯特研究主要探索意见倡导者的特点及其影响。这个研究自1944年开始计划，1945年付诸实施，但最终报告《人际影响：个人在大众传播中的作用》则是在10年后完成的。

迪凯特研究主要聚焦于人际影响，重点考察意见影响者，即意见领袖对他人的影响，分为四个方面：①市场营销方面，体现在购买何种商品、日用品和小件消费品的决定上；②流行时尚方面，体现在购买服装和化妆品的决定上；③公共事件方面，涉及新闻中的政治、社会问题，市民活动，国家和本地事务等；④选择看什么电影。

研究者确定了伊利诺伊州的迪凯特作为研究地点，抽取样本进行访问，确定意见影响者和追随者，并对各自的特点进行研究。他们使用了4种不同的策略去确定和探寻意见影响者的存在和影响。第一种策略是找出那些在各种问题上对其他人的意见具有综合影响的人，但收获不大。第二种策略是确定具有单一影响的人。第三种策略只是确定受访者的"日常接触情况"，也收效不大，因为很多受访者不能够确定自己常和谁讨论问题。第四种策略是自我指定，就是直接询问受访者，最近是否影响过其他人，再追踪到被影响者予以验证。用这种方法颇有收获，使用该方法获得的数据成为调查报告的主要部分。

通过这些研究，研究者们确定了与意见影响者相关的三个维度：所处的年龄段；在该地区的社会经济地位；个人接触的社会范围。研究者把这三个维度的各个方面结合起来进行综合分析。

在市场消费方面，个人在消费领域的影响一般是沿水平方向流动，即在相同社会地位的人中间产生。个人所处的年龄段会对其在消费方面所产生的影响起着重要的作用。家庭责任较大，而且拥有日常购物经验的人是家庭主妇。在所有社会阶层和所有年龄段的人当中，社会联系越多的妇女就越可能影响别人的消费。

在流行时尚方面，对时尚影响最大的因素是年龄。在时尚领域，产生影响最大的是35岁以下的单身女性。与其他年龄段的人相比，年轻的单身女性在化妆品、发型和时装方面都引领了风尚。她们的购买力最强,也最容易跟上变化,因此她们是时尚方面最权威的"专家"。社会联系也对时尚领导有重要影响。社会活动越多的人,就越有可能向更多的人提供这方面的建议。

在公共事务方面,与消费和时尚不同,男性在影响观点和态度方面起到了重要的作用。在受到影响而改变观点的女性当中,大约有 2/3 的人是受到了男性的影响。这些男性一般都是她们的家庭成员。与不合群的妇女相比,与社会接触较多的妇女更有可能提供公共事务方面的建议。年龄在公共事务方面基本没起什么作用。

在选择电影方面,年龄是一个重要因素。年轻的单身女性中 58% 的人自称在选择电影上影响过他人。社会联系与个人对电影的选择之间没有明显的联系。研究者认为会出现这种情况,是因为看电影几乎总是有他人参加的活动,很少有人会单独去看电影。对电影的选择是在有其他人参与的复杂的社会过程中发生的。因此,社会联系对如何选择电影没有什么影响。社会地位对别人选择电影也几乎没有影响。

迪凯特的研究为后来进行的创新采用的研究、新事物普及的研究和人际传播的信息失真研究都起到了重要的定向作用。另外,该研究所得出的结论与人们的强效果印象相反,它认为媒介的影响是微小且难以确定的,为有限效果论的提出奠定了基础。

二、聚焦个体态度的效果研究——说服研究

说服是有意图的传播,是由某种信源所作出的单向尝试,以便在接收者方面造成效果。说服理论的根源广泛,一方面来源于罗杰斯关于"客户得出的结论"和传播者的"可信度"在态度变化方面的重要性,另一方面来源于霍夫兰通过实验对大众传播效果的研究。

(一) 研究概况

在霍夫兰战时研究中,概念变量的核心是态度。在霍夫兰之前,相当多的学者都已致力于测量态度,探讨涉及态度变化的因素。比如 20 世纪 20 年代后期的瑟斯顿、蔡夫,以及 30 年代初的利克特,他们都进行了方法论方面的工作,也对态度进行了测量,但他们没有研究态度变化的过程。直到第二次世界大战时,这种说服研究才在霍夫兰的主持下得以进行。

麦奎尔认为,态度研究经历了三个时代:第一个时代是 20 世纪 20 年代和 30 年代的态度测量时代;第二个时代是 20 世纪 50 年代和 60 年代,重点在于研究态度的变化;第三个时代是 20 世纪 80 年代和 90 年代,对于态度和态度体系的研究兴趣被重新燃起。

与拉扎斯菲尔德的媒体受众调查情况类似,霍夫兰的说服实验也使传播研究朝着效果问题的方向发展。第二次世界大战期间,霍夫兰被任命为美国陆军部信息和教育局研究处的首席心理学家。他领导着一个实验小组,他们的主要任务是对信息和教育局的各种计划效用做出实验性的评估。起初,实验部门关注的是纪录片和美国陆军部制作的电影,后来实验部门的研究也涉及其他媒介。

霍夫兰领导的研究开始于对《我们为何而战》系列电影能否达到其宣传目的的评估。和以前对于电影效果的研究不同,实验小组的研究旨在检验这样的理论假设,即为什么在某些条件下会产生更大的效果。为了评估这些影片的效果,研究小组设计了一面说理信息与两面说理信息、诉诸恐惧的影响、信源可信度的效果等实地实验。研究的因变量是美国陆军部的训练题材影片的各种目的,通过实验以测定受控变量的作用,例如:具有比较高的可信度的信源对于个人的态度变化有哪些效果;当有关一个问题的一面说理信息被呈现时,相对于两面说理的信息,它是否会产生更大的效果。

《我们为何而战》是由多部时长为50分钟左右的纪录片组成。实验小组将实验对象分为实验组和控制组,实验组观看影片,控制组不观看影片。在实验组看电影前和看电影后都对两个组进行匿名的问卷调查。实验对测量工具也进行了精心的设计,问卷的每一个问题都加以仔细的预先试验,以确定它能被实验对象所理解,并能准确地收集需要的信息。军营里的士兵是受控制的受众,因此他们对于影片的注意是能够得到保证的。问卷是匿名的,所以不必担心因为答案不当而受到责罚。霍夫兰还与士兵的小型抽样组进行焦点访谈。焦点访谈的数据有助于研究者们解释实验结果,并为进一步的研究提出新的假设。

1945年,霍夫兰返回了耶鲁大学,他继续进行说服研究,继续探索他在军队研究中已经发现的线索,并出版了一系列的研究成果。这些研究被称为"耶鲁项目"。但是耶鲁项目的研究和战时研究有一个重大区别:耶鲁项目是更加基础性的研究,旨在系统阐述和检验有关传播效果的科学假设,而不是应用性的研究。然而事实上,这些研究结果如今已被广泛用于广告和其他宣传活动中。

(二)研究的内容与结论

耶鲁项目重点关注的是说服对态度的影响。霍夫兰的研究核心是关于态度改变的几个最根本的变量:传播者、传播内容和受众。

1. 传播者

通过考察传播者,霍夫兰及其团队研究了信源可信性的影响力。他们把传播者与说服相关的特征分为两个方面:可信性(trustworthiness)和专业性(expertness)。

霍夫兰对传播者的可信性与说服效果的关系进行了实证考察。他们先后进行了多次实验,包括对抗组胺药品无医生处方能否销售、美国近期建造实战型核动力潜艇的可能性、钢铁供应不足的责任、电视的普及是否会导致电影院的减少、如何对待失足少年等选题的研究。除了"电视的普及是否会导致电影院的减少"外,其他都明确显示信源可信性与说服效果密切相关。

根据这些实证研究,霍夫兰等人提出"可信性效果"的概念,指信源的可信度越高,说服效果越大,即导致更多的态度改变;可信度越低,说服效果越小,即导致较少的态度改变。但是,这是信源实验结束之后,也就是实验对象观看了实验材料或收听演讲后立刻进行的效果评估。四周之后,研究者对意见改变进行了调查回访,却发现了一个有趣的现象:对高可信度的信源所持观点的接受程度降低,对低可信度的信源所持观点的接受度上升。

霍夫兰把低可信度信源在持续一段时间后传播效果反而提升的现象称为休眠效果。他认为这种效果的产生可归因于人们大脑的遗忘机制。随着时间的推移,信源的特点首先被人们忘记,这使得之前因信源可信性而造成的差异逐渐消失,而传播内容本身的说服力逐渐显现。对于低可信度信源来说,信息本身的影响暂时休眠,等到一段时间后苏醒,就显现出了休眠效果。

近年来关于传播者有关说服的特征研究又加入了一些新因素,比如传播者的表达方式、性别,以及传受双方的相似性。根据研究发现,如果传播者表达流利,老练而外向,说服效果会比较大。相反,如若传播者说话磕磕绊绊,或表现内向,说服效果会降低。性别影响说服效果表现在,当其他传播条件相同时,异性间传播效果较好,而同性间传播效果较差。另外相似性方面的研究则显示,信源表面上看起来与受众相似性越大,说服效果越好。

2. 传播内容

通过考察传播内容,霍夫兰的团队研究了内容的两个基本方面:诉求的本来状态、诉求的组织方式。

在诉求的本来状态方面,他们集中关注了恐惧唤起的诉求。他们重点检验这样一个假设:更强的恐惧诉求将导致更大的态度改变。这种关系被发现在某种程度上属实,但对威胁描述的生动程度、受众的惊慌状态、对传播者的评价,以及对话题的已有知识等变量,也都能够减轻或加强态度改变。

在"预防性牙齿保健"的实验中,研究结果却有些不同。这个研究的目的是说服个人定期刷牙,并安排牙齿检查。他们发现,较之强烈的恐惧诉求,温和程度的恐惧诉求更有说服力。而之所以会出现这样的结果,研究者认为是因为"当恐惧被强烈地唤起而不能完全由包含在大众传播中的安慰所消除时,受众将受到激发而忽略这种危险的重要性,或使其重要性减到最小"。

虽然关于恐惧诉求的研究还存在很多分歧,但这些研究的成果在大量的广告中依然被使用。事实上,究竟能否使用恐惧诉求,恐惧的程度应该控制在什么水平等问题背后涉及复杂的传播伦理争论。在这样的情景中,不仅传播者要思考传播伦理的问题,作为信息的接收者,也应该积极培养媒介素养,提高对于信息的辨别力和批判能力。

在对观点的组织方式的研究上,研究者主要集中在两个方面:传播者是应该明确陈述一个观点,还是含蓄和暗示?是一面提示,还是两面提示?

对第一个问题的研究结果显示,通常对结论明确陈述更加奏效。但是,传播者的可信性、受众智力水平、话题的本来特性及其对受众的重要性、受众与传播者之间本来的一致程度,都改变着信息的说服能力。比如,对智商较高的受众来说,寓结论于材料之中的含蓄表达更有效。

对某些存在对立因素的问题进行说服传播时,会采用"一面提示"或"两面提示"的方法。所谓一面提示,是指仅向受众提示自己一方的观点或于己有利的材料;两面提示是指在提示己方观点或于己有利材料的同时,也以某种方式提示对立一方的观点或不利于自己的材料。从实验结果的单纯比较而言,无论是"一面提示",还是"两面提示"都能产生说服的效果。但进一步的数据分析却表明,两种方法的有效性依传播对象的属性不同而有明显的差别。比如,对本来持反对意见的受众来说,两面提示的效果比一面提示的效果好得多;而对本来就持支持意见的人来说,一面提示的效果更好。智商越高,两面提示的效果较好;智商越低,一面提示的效果较好。这个研究结果说明,无论是"一面提示",还是"两面提示",产生效果的强弱很大程度上取决于受众的特质,离开具体对象泛论两者孰优孰劣是没有太大意义的。

3. 受众

受众的特性也会影响说服的效果。受众研究集中在作为群体成员的受众和受众个体差异方面。

研究发现,组织规范会影响说服性效果的有效性。如果说服性传播与组织规范一致,会取得较好的效果;如果相反,组织规范会使个体拒绝改变。霍夫兰的研究小组还论证了人们对他们的群体成员身份评价越高,被评价者的态度也将和所在群体越一致。因此,他们也就越难被改变。

个体差异是指那些可能使得某人总体上更易被影响的性格因素。研究小组检验了智力、自尊、进取心和社会退缩等几个特点。虽然,智商高的人不易受劝服的影响,但事实上,如果说服的信息是基于可靠的、有逻辑的论证的话,越聪明的人越可能被说服。研究认为,易受传播影响的人大多比较害羞,缺乏自信。而那些比较难被说服的人,也有三个明显的个性特征:对他人富于攻击性;不喜社交,具有离群索居的倾向;有严重的精神性疾病。

三、创新与扩散研究

20世纪60年代的创新与扩散研究延续了拉扎斯菲尔德传播流的研究方法。1962年,埃弗雷特·罗杰斯综合了传播流研究的成果,以及包括人类学、社会学和乡村农业推广工作等若干领域的传播流研究,发展出扩散理论。

罗杰斯汇集了大量经验主义研究的数据来说明,当一项新技术问世后,在被广泛采纳前要经历几个过程。创新的扩散,就是指创新经由特定渠道,在某一社会群体中传播的过程。首先,大多数人会通过大众媒介了解这些新技术。其次,新技术会率先被少数革新派采纳。再次,舆论倡导者从革新派那里了解到新技术并开始使用。之后,如果舆论倡导者发现这项新技术确实有用,就会鼓励自己的朋友去使用。跟随他使用新技术的人被称为舆论跟随者。最后,在大多数人都采用了该项技术之后,后期采用者和滞后者也开始改变态度而使用新技术。

在新技术的扩散过程中,采用者可以被分为五类:

①创新者,是从系统外引入新观念的人。
②早期采用者,是既成功又谨慎的创新采纳者,在系统中扮演倡导者的角色。
③早期的大多数,他们在扩散中起到承上启下的作用,相互影响,谨慎跟随创新潮流。
④晚期的大多数,他们对创新持怀疑态度,往往是在大多数成员采用后才跟随。
⑤滞后者,是最后采纳新技术的人群。

创新扩散理论也认为大众传媒的影响力有限。媒介主要在认知创新阶段起作用。只有革新派会直接接受媒介的影响,其他人都是被别人影响后才去接受创新的。

四、克拉珀的现象主义理论

1960年,约瑟夫·克拉珀出版了他的著作《大众传播的效果》。该书的结论主要建立在拉扎斯菲尔德、霍夫兰等人的研究基础之上,可以说是20世纪50年代中期所有重要媒介效果研究成果的编辑和综合[①]。克拉珀称他的理论为现象主义理论。他书中的观点并非原创,但克拉珀表述得颇具说服力,而且引用了数百个调查结果来

---

① 巴兰,戴维斯.大众传播理论:基础、争鸣与未来[M].曹书乐,译.北京:清华大学出版社,2004:169.

支持这些观点。

现象主义理论主要观点如下。

①大众传播通常不作为受众的效果的必要且充分的原因发挥作用,而是在中介性的因素和影响力的紧密联系中,并通过此联系而实现功能。

②由于存在着这些中介性的因素,大众传播在强化现存条件的过程中,往往是构成促进作用的介质之一,而不是唯一的介质。

③大众传播确实发挥作用导致变化时,很可能符合以下两种情况:中介性因素被发现是无效的,并且媒介的效果被发现是直接的;通常起强化作用的中介性因素被发现自身在变化。

④在剩下的其他情况下,大众传播看上去产生了直接的效果,或自己直接地服务于特定的心理学功能。

⑤作为一个起促进作用的介质或直接产生效果的介质,大众传播的功效受到来自媒介和传播本身,以及传播状况的不同层面的影响[①]。

从上述论述可以看出,有限效果理论认为媒介的首要影响力是强化人们既有态度和行为。作为有限效果理论范式的总结性成果,其有力反驳了大众社会观念。但是,它夸大了中介性因素的影响,也忽视了"强化"其实是一个重要的媒介传播效果。

五、有限效果范式的评价

有限效果范式取代了大众社会理论成为关于媒介的主导性视角,把经验主义研究方法引入传播研究,为传播研究提供了一个框架,这些都是它的贡献和积极意义。

但同时,有限效果范式运用的调查研究和实验法在方法论上存在局限性,而这种方法论的局限性,导致研究结果完全低估了大众媒介对社会和对个体的影响。这种经验主义研究主要关注媒介是否具有即时的、强大的、直接的效果,而忽略了其他类型的影响。

第四节 社会宏观效果研究的代表性理论

20世纪六七十年代,效果研究视角有了新的转向,并出现了一批新的理论模式。它们研究的焦点集中于大众传播长期、宏观的社会效果,并都认为大众传播对社会有比较强的影响力。

---

① 巴兰,戴维斯.大众传播理论:基础、争鸣与未来[M].曹书乐,译.北京:清华大学出版社,2004:171.

一、议程设置理论

1. 研究的缘起和理论的提出

尽管 20 世纪 40 年代以来的许多传播研究都显示大众传媒在改变人们的态度和行为方面只具有有限的效果,但是大众媒介真的如有限效果论所描述的,对社会和个体只具有弱效果吗?当电子媒介,特别是电视高速发展以来,媒介细致地、戏剧化地又现实地描绘着社会情境。这种虚拟又真实的情境对人们真的没有太大影响吗?

很早就有先贤哲人意识到传播决定人们的观念,认为媒介建构了现实,而人们从媒介建构的现实中获取意义。对于现代媒介,李普曼曾在 20 世纪 20 年代早期就提到过媒介所建构的虚拟环境可能成为人们头脑中关于世界的景象。1963 年,伯纳德·科恩也表达过类似的观点。他说:"新闻媒体远远不仅是信息和观点的传播者。也许在多数时候,它在使受众怎么想方面难以奏效,但在使受众想什么方面却十分有效。由此可见,不同的人看到的世界是不同的,不仅因为他们的个人兴趣,还因为他们所读的报纸的作者、编辑和出版人为他们描绘的蓝图不同。"

20 世纪 60 年代中期,加州大学洛杉矶分校的一个新闻学研究小组注意到:淡化处理一件本可以作为重大新闻的事件,它对于公众的冲击力会大大消减,反之亦然。马克斯维尔·麦库姆斯是小组成员之一。从 20 世纪 60 年代后期开始,他和唐纳德·肖共同设计,用实证研究对之前观察到的现象进行持续验证。

在 1968 年的美国总统选举期间,他们做了一个尝试性的研究,是为了考察自己之前观察的现象是否值得继续研究下去。研究者采访了 100 位尚未决定投票给哪位候选人的选民。这些选民被要求解释,他们个人认为竞选中什么问题是关键问题。他们的回答被作为主要数据,与新闻媒介所赋予问题的相对重要性作比较。比较发现,选民对于新闻议题的相对重要性的研判,与媒介对这些议题的强调有高度的相关性。

1972 年的美国总统选举,唐纳德·肖和麦库姆斯选择在北卡罗来纳继续他们的研究,即著名的教堂山镇研究。他们设计和完成了一个固定样本研究,将媒介提出的政治议题与选民对这些议题重要性的感知进行对比。这次的研究比 1968 年的实验规模更大,而中心研究课题仍然是新闻媒体在总统竞选中的议程设置功能。

研究的主要问题(目标)包括:了解人们从何处获得信息,这些信息是否影响人们对竞选议题显著性的排序;新闻媒介所暗示的议题的重要性顺序,是否会保持一种持续的影响;在议程设置过程中易受影响的人的特征;议程设置在政治方面的作用。

研究者共研究了三个信息来源,一个是新闻媒介的竞选议题,一个是候选人的政治广告,一个是其他人。最后研究发现,个人议程设置的主要信息源是电视网以及报纸报道的竞选新闻。电视上的政治广告可能有助于加深对候选人的印象,但是对个人的议程设置没有太大影响。其他人也会对个人议程有影响。但是,肖和麦库姆斯认为:"新闻媒介与其他人帮助我们形成自己的观点。仅仅在某些时间,传媒的声音似乎更大一些,或者,它只是重复得更多一些。"

议程设置被定义为一个随着时间推移而发生的过程。研究者假设,当选民注意到传媒对于议题强调的序列时,选民个人的议程也会逐渐与该序列接近。研究发现,报纸的议程与选民的议程高度相关,但电视却没有相似的模式。这说明,每一种媒介具有不同的效果。

研究者在试图解释议程设置的心理学机制时,提出了"导向需求"的概念。为什么一些选民比别人更关注媒介的内容?研究者认为,影响不同媒介接触模式的主要因素有选民对内容感兴趣的程度、选民对于议题内容不确定的程度、确定信源可信性的费力程度。麦库姆斯和肖把前两个因素合并称为导向需要。考虑到因为大众传媒的无处不在,使得"费力程度"这个因素变成对每个人都相同的常量,其影响可以被排除。因此,导向需求就成为影响选民去接触媒介内容的个性因素。研究假设,需求越强,注意越多。研究发现,在绝大多数情况下,有高导向需要的选民同时也是媒介使用量最大的,有中等导向需要的人次之,低导向需要的人又次之。虽然也有数据不那么明显的案例,但是总的结果是支持研究的假设,即导向需求会导致媒介接触,并对议程设置产生影响。

研究还探讨了大众媒介在政治方面的意义。肖和麦库姆斯认为,大众媒介对政治活动有重要作用。大众媒介是流行政治文化的缔造者,也是精英政治文化的主要制造者。

议程设置研究已经成为传播学研究领域中颇受关注的一个问题。它代表了大众传播效果研究的一次转向。该理论一改关注态度和行为的研究传统,将注意力放在了大众媒体对受众认知的影响上,而且它关注整个信息环境对公众的影响。议程设置成为现代社会中媒介参与受众对现实的社会性建构的过程之一。它提出的大众传播对于公众的环境认知产生强大影响的观点,对有限效果论是一个重要的修正。

2. 研究的发展

议程设置的一个重要发展就是提出了议程设置的第二层。议程设置最初的研究中,媒体向公众传递的议程往往是一个宏观议题。但是对于一个议题,又具有多个属性。比如一个事件,可能包含多个小的事件或细节,而对于同一个细节,也可以从不同角度来表现,这就使其具有不同的特征。对于一个人而言,外表、性格、道德水平等都是属性。因而,在同一则新闻中,不同的属性又构成重要性不同的序列。具体表现为重要内容被突出,次要的被弱化处理或者删掉。这些属性的重要性排序也通过媒体传递给受众,也会影响受众对该事件特征的认知。这种属性的传递和影响就是议程设置的第二层,叫作属性议程设置。

属性议程不仅可以影响受众对议题某一特征重要性的认知,还会影响议程设置的第一层。一项关于得克萨斯公众对犯罪问题关注的研究显示,当新闻在报道犯罪问题时,突出它对普通人的影响及本地的犯罪报道,比那些涉及名人犯罪或发生在遥远地方的犯罪报道更容易引起人们对犯罪问题本身的关注。因此,对于新闻记者来说,在做新闻报道时,不仅选择事件很重要,用什么样的框架报道这个事件也很重要,因为这影响该事件能否获得来自受众更多的关注。

近年来,议程设置的研究也拓展到了网络议程设置层面,这被认为是议程设置研究的第三层。议程设置理论的核心是议程显著性的转移,如果第一层议程设置是议题显著性的转移,第二层是属性显著性的转移,那么第三层则是客体或属性相互关系从媒体议程向公共议程的转移。

网络议程设置研究运用社会网络分析方法,把媒介议程和公共议程都看作由不同信息元素彼此关联所构成的网络。每个信息元素都是网络中的"点",而元素之间的关系可以被看作是"边"。一个网络就是由多个点及各点间的边组成的集合[①]。按照网络议程理论,当新闻媒体传播一个新闻事件时,不仅仅是属性显著性的转移,还是新闻媒体把新闻事件及属性的信息元素构成的网络结构传递给公众。有研究者把传统议程设置和网络议程设置做了形象的比较,如图 4-1 所示。

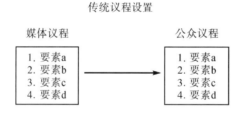

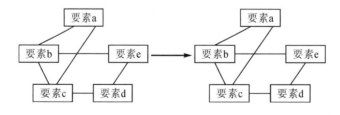

图 4-1 传统议程设置和网络议程设置示意图

---

① 曾振华,曾林浩.网络议程设置:理论、方法与展望[J].江西师范大学学报(哲学社会科学版),2019(6):91-99.

网络议程设置研究提出的一个数据方法是程度中心性(degree centrality)方法,即研究每个事件都能够成为关注中心并被赋值。在构建议程网络时,每一个信息元素都被赋予程度中心值。同时计算每一个元素关联值,即每一个元素在网络中与其他元素有多少关联。程度中心值是测量显著性的工具。一个程度中心值高的事件意味着它与其他许多事件和元素有多种联系。麦库姆斯认为,结合李普曼在《舆论学》中关于"外部世界与脑中影像"的论述,会发现议程设置的三个层面回应了三个问题:第一层回应的是图画是关于什么的,第二层回应的是图画的主导特征是什么,第三层则试图解决图画是什么。

议程设置实证研究在中国

议程设置理论在20世纪80年代被引介到中国,受到广泛关注则是在90年代后期了。但是大量关于议程设置理论的论文,或者是把该理论作为自己的研究依据,或者对理论做点评性介绍,或者讨论议程设置效果发生的机制以及条件,或者讨论应如何更好地发挥媒体的议程设置功能,关于该理论的实证研究比较少。

较早进行量化研究的是2000年前后,柯惠新关于奥运会的研究以及张国良在上海进行的研究。柯惠新教授在1999—2001年对北京市民进行了两波调查,报纸内容分析选择的是《北京晚报》《北京青年报》《北京日报》三家北京市民接触较多的报纸。通过对研究数据的统计分析,在北京申奥过程中,大众媒介具有为公众设置议题的功能,公众所关注的事件议题受到媒介议程的影响。这可能是国内学者首次验证议程设置效果的存在[①]。

张国良教授的团队采用了抽样调查法和内容分析法。他们通过电话号码随机抽样选取上海市民作为样本,媒体则选取了《人民日报》《解放日报》《新民晚报》三家报纸。研究发现上海市民对重要议题的排序依次为经济、治安、环保、腐败、就业等;媒介对重要议题的排序依次为经济、治安、精神文明、环保、交通等。最后研究得出的结论认为,议程设置理论的主要观点"传媒的主要功能不在于告诉人们怎么想,而在于告诉人们想什么",从宏观上看,基本得到了证实。但是,中观和微观地看,理论的具体化含义,即"传媒安排公众议程的先后次序,规定(影响)人们议题的轻重缓急"只获得了部分支持。

2002—2003年,这个团队还进行了持续性的研究。他们比较上海和昆明两地的

---

① 陈阳.议程设置理论在北京的一次检验:基于CGSS(2013)数据的研究[J].国际新闻界,2017(10):77-90.

媒介议程与受众议程，发现两者并无显著的相关关系。他们还比较了媒介议程、受众议程与"社会真实"的关系，发现受众议程与"社会真实"之间存在着统计意义上的相关关系，媒介议程与其他两者没有显著相关关系。

与前面两次采用问卷调查的方法不同，陈阳在2017年使用CGSS的数据进行了一次实证研究。其研究问题是北京地区的媒介议程是否影响了受众议程。受众研究使用的是CGSS(2013)的数据，媒介研究使用的是慧科搜索数据库中北京地区出版的重要报纸。结果显示，21个媒介议题里受关注的大多数，如经济发展、文化、民生、政府工作等，都不在受众议程的11个议题列表内。受众议程里的一些议题，如贫富分化问题、腐败问题、失业问题等也并未在媒介议程里得到明确呈现。媒介议程和受众议程不存在统计学意义上的相关性，即受众议程并不会影响媒介议程。研究者认为，研究结果不支持议程设置理论，除了研究本身存在的不足之处，其主要原因是媒介议程和受众议程二者不相关。受众关心的议题以冲突性话题为主，而媒体以正面报道为主，因而受众关心的议题不能进入媒体报道的视野。

二、涵化（培养）理论

涵化理论，也被称为培养理论，是针对电视中的暴力内容而提出的。其研究的历史源自传媒暴力研究计划——文化引导工程。该计划于19世纪60年代由宾夕法尼亚大学的传播学者乔治·格伯纳（George Gerbner）领导。培养分析是文化引导工程的组成部分之一。另外两个研究部分是制度过程分析（研究传媒信息产品的管理和分布）和信息系统分析（研究传媒信息的画面图像，如对少数民族及某些职业的描写）。文化引导工程最初涉及众多与暴力相关的话题，包括对于暴力产生的原因和预防的研究，开发和研究测量人们对暴力和侵犯理解力的工具，以及对每年的电视暴力内容进行分析。后来，该工程也致力于研究观众长期观看电视节目与思想意识、价值观念和信仰之间的关系。

电视在19世纪50年代飞速发展，并成为美国人生活中不可或缺的部分。电视画面虽然逼真，但实际上却与现实世界大相径庭。这种差异是涵化理论研究者的关注点，也是研究的切入点。格伯纳致力于建立一种客观的测量方法来说明电视媒体的影响。他主持文化指标研究计划长达20多年。该计划主要用来监控电视节目的暴力水平，根据人们看电视的时间长短对其分类，并搜集有关观众对潜在风险的感知度，以及其他社会文化态度的数据。

培养分析被认为是一种假设而不是正式的传媒效果理论，这是因为缺乏解释培养过程如何发生的充分证据，特别是未能揭示培养核心要素的心理过程。

为什么单单选择研究电视？格伯纳认为电视是形塑现代社会的主导力量，因为和其他媒体相比，电视更易获得，受众往往在接触其他媒介之前就开始接触电视，而且受众接触电视的时间较之其他媒体更长。同时，因为电视节目生产是集中化大规模生产，所以受众是在长期的接触中重复地使用具有内在一致性的形象和信息。正是基于对电视的这种认知，格伯纳宣称过度依赖电视的人沉浸在一种世界危机四伏的认知里。因为人们在荧幕上看到的暴力行径会培养出社会化的偏执。格伯纳把电视暴力定义为："成为剧情的一部分的身体力量的公开表现（无论是否持有武器，施于自己或他人），以伤害和（或）谋杀的痛苦或与之类似的威胁迫使个体做出违反其意志的行为。"

格伯纳把那些声称每天看 4 个小时或更多时间电视的人称为重度观众。每天看电视少于 2 小时的人称为轻度观众。这两个群体大约各占总人口的四分之一。剩下的二分之一人口每天收看 2 小时至 4 小时电视。格伯纳之所以要区分受众，是为了测试重度观众是否比轻度观众认为这个世界更加危险。

具体的研究方法是用抽样调查的方法，对比看电视时间不同的人对于不同问题的看法。一般会给被调查者两个选项，分别是"电视答案"与"现实答案"（比如问警察和警探在美国人口中的比例）。研究发现，在特定的人群中，经常观看电视的人倾向认同电视节目中对现实世界的不真实的展现。在电视的长期培养下，重度观众与轻度观众的现实感知会存在差异。这种差异被称为"培养差异"。比如，在美国，警察和警探在人口中的实际比例是 1%，但是 59% 的重度观众认为警察和警探在人口中的比例是 5%，而有 50% 的轻度观众有相同看法。另外，在美国三大电视网黄金时间和周末播出的电视剧的角色中，64.4% 的角色会卷入暴力。调查结果显示，52% 的重度观众和 39% 的轻度观众认为自己在现实中卷入暴力的可能性接近 10%。而实际上根据 1970 年美国联邦调查局的数据显示，这种可能性低于 1%。而且，重度观众总是怀疑他人的动机，对他人普遍不信任。格伯纳把这种偏激心态称为危机世界综合征。

电视不仅仅形成了不同观众群间的培养差异，它也使重度观众的政治态度和价值观倾向趋同。因为无论是娱乐节目，还是新闻节目，所有的电视节目都有相似、重复的特征。格伯纳认为，由于持续暴露在相同的画面与标识符号里，重度观众可能会形成一致的主流倾向。换句话说，电视使观众同质化，重度观众共享相同的观点与意义，形成相似的主流观点。

"主流化"是培养分析的基本概念之一，指经常观看电视会减少和消除观众在判断方法上的差异或缘于其他因素的行为差异。主流化被格伯纳用来形容重度观众模糊、混合及转向的过程。比如，电视节目中颂扬中产阶级生活，重度观众会无视自己的收入而把自己看作中产阶级的一员，而轻度观众中从事蓝领工作的人则仍将自已定位为工人阶层。存在于富人和穷人、黑人和白人、天主教和新教、城市居民和农民之间的政治差异,在重度观众群里中也被弱化了,而在那些偶尔看电视的人中,这种差异仍然存在。

当重度观众直接的经历与电视信息一致时,培养作用会被放大。这种现象被称为"共鸣"。那些在现实生活中经历过暴力伤害的重度观众会在共鸣的过程中更加忧虑。电视屏幕不断重复的符号化,会一再提醒观众他曾经历的真实经验,这些画面会在他的脑海中一再重复展现。电视节目和现实生活的重叠可能引起"共鸣"并导致涵化模式的显著增强。那些经历过人身伤害的重度观众会感到双倍的痛苦。

培养分析的研究者强调,培养是指电视和观众之间的相互作用。虽然观众的性别、年龄、阶层导致其在判断方法上存在差异,但通过观看电视节目可以使判断方法趋于相似。也就是说,观看电视节目可以帮助观众形成一致的定义。这种相互作用是一个持续的过程,因为培养对观众来说是从幼年一直持续至生命终结的过程。

总而言之,培养分析理论主要关注商业体制下电视对观众的影响,关注电视造成的长期的、相对稳定的、一致的、广泛共享的后果,而不是效果研究所追求的变化。培养意味着系统的文化形象、实践、生活方式和信仰结构潜移默化地改变。就像议程设置一样,大规模生产的电视信息不会告诉我们怎么想和怎么做,但是会告诉我们想什么和做什么。培养分析着重关注的就是电视对人们关于现实的共同观念所产生的累积的影响。

三、沉默的螺旋理论

1. 理论概述

沉默的螺旋理论是由德国学者伊丽莎白·诺埃尔-诺伊曼提出。她是德国的民意调查专家。她发现德国1965年的选举有这样一个现象,虽然两大党派的选举意愿相同,但最后结果却出现反差。1964年12月开始时,基督教民主联盟和基督教社会联盟与社会民主党这两个党派所争取到的支持者在数量上大致相当,而且社会民主党还有微弱的领先优势。一直到1965年9月,两党的支持人数还是齐头并进的。但是最后投票时刻,出现了骤然分化的剪刀差,基督教民主联盟和基督教社会联盟胜出。

诺埃尔-诺伊曼研究发现,除了选举意愿的统计数据,还有获胜预测的统计数据在起作用。随着选举活动的深入,对基督教民主联盟和基督教社会联盟的获胜预测不可遏制地不断升高,而社会民主党却在持续下滑。这种对获胜一方的预期引起了最后选举的变化,在选举最后一刻表现出随大流效果,很多选民选择了在预测中占优势的一方。那些在最后时刻选择随大流,转向预期胜利方的人被诺埃尔-诺伊曼称为"最后一刻的跟风者"。诺埃尔-诺伊曼认为,那些自我意识弱以及对政治缺乏兴趣的人最容易在最后几分钟发生突变。这些最后一刻的跟风者能够使预期胜利的一方增加3%~4%的支持率。

在选举意愿几乎相同的情况下,获胜预期是如何发生了翻天覆地的变化,使诺埃尔-诺伊曼深感迷惑。她又关注和研究了1972年的联邦大选。结果这次竞选活动与1965年如出一辙。在选举意愿上,两大党派同样势均力敌。不同的是,对于社会民主党会获胜的预期不断提高。最后的选举日也是打破了开始的格局,跟随者效果再次使获胜预期一方逐渐占优势,社会民主党最终获胜。

而就这个现象研究得出的假设"沉默的螺旋",据诺埃尔-诺伊曼本人讲是受到一个学生的启发。某天,诺埃尔-诺伊曼见到一个学生外套领子别着一枚基督教民主联盟的徽章,她和学生交谈,了解到学生并非基督教民主联盟成员,她别上徽章,只是看看有什么感觉。中午时,她又遇到了学生,发现那枚徽章没有了,就问原因。学生说摘下来是因为别那枚徽章看起来太傻了。诺埃尔-诺伊曼意识到,是周围人无形的压力使她摘下了徽章。那些支持基督教民主联盟和基督教社会联盟的人错误地以为他们的支持者少,因而退缩,陷入沉默;而社会民主党的支持者认为自己的支持者多,所以会大声且自信地表达自己的观点。这样的现象不断自我循环,一方大声地表明自己的观点,而另一方可能"吞"下自己的观点,保持沉默,从而进入螺旋循环——优势意见占明显的主导地位,其他意见从公共图景中完全消失,并且"缄口不言"。这就是"沉默的螺旋"过程。

为了验证这个假设,诺埃尔-诺伊曼在搜集心理学理论证据的同时,运用民意调查研究的工具进行研究。

2. 主要观点

沉默的螺旋可以被表述为:意见的公开表达是一个螺旋式的社会传播过程,而选择公开表达还是沉默取决于人们对社会意见气候的感知。人们是通过准感觉统计感官去估计社会意见气候,而大众媒体是人们估计意见气候的主要依据。促使人们去积极评估意见气候的核心动力是对孤立的恐惧。因此,可以说人们对于被孤立的恐惧表现为一种驱动力,促使沉默的螺旋启动起来。

诺埃尔-诺伊曼认为普通人的孤立恐惧是沉默的螺旋形成的原因。她引用了心理学家所罗门·阿什的实验来说明人们对被孤立的恐惧是很显著的。美国社会心理学家阿什在20世纪50年代进行了50多次心理实验。在实验中,受试者的任务是从不同线段中找出与模本线等长的线段。在每次被给出的三条线段中,有一条线段的长度与模本线段相等。每次都有8~9人参加实验,在模本线旁边挂出三条对比线后,让每个受试者指出那条和模本线等长的线段。在前两次的比较过程中,所有的参加者都一致准确识别出等长的线段。之后,实验者改变情境,让研究助手扮演成受试者参加实验。每一组参与实验的人中,只有一个是毫不知情的受试者,他被安排坐在一排受试者中的最后一个。知情的那些受试者被授意一致指出其中一条较短线段与模本线等长。通过这种安排,实验者可以观察到,这个真正的受试者会如何对待一种占上风的意见带来的压力。结果显示,每10位受试者中有2位没有对自己的判断表示怀疑,有2位受试者只是在10次测试中有1~2次同意多数人的意见,有6位受试者同意多数意见多过支持自己意见的次数。这个实验说明,即便是无关紧要的问题,大部分人还是会赞同占主导地位的意见,哪怕他们深信不疑这样的意见是错的。

1976年,诺埃尔-诺伊曼还用实地实验法对孤立恐惧做了验证。实验的题目是"在不吸烟者在场时吸烟"。对参加测试的人先进行态度摸底,弄清受试者自己对于"在不吸烟者在场时吸烟"这一问题的观点。为了模拟被孤立的威胁,将2000名受访者分为两个代表性群体,每组1000人。对其中的实验组施加实验要素——被孤立的威胁。向他们展示一张两个人在交谈的图片,其中一个说:"总觉得,当吸烟者强迫其他人一同吸二手烟时,是非常自私的。"另一个人说:"哦,我……""我"后面省略的内容是要求被试者去填充完整的。第二组作为控制组也是由1000人组成,但是没有填充空白这一项。两相对比,就是想找出语言上的威胁是否影响吸烟者的交谈意图或沉默倾向。实验证明了,在受到语言上的威胁后,原本支持与不吸烟人在一起时仍拥有吸烟权利的吸烟者,对于参与有关这个话题的交谈意愿大大减弱。本来不吸烟者自我意识较弱,较少表明他们的立场,但当他们看到句子空白填充测试中,自己的观点受到支持时,他们谈话的意愿就大大增强了。

正是由于这种对孤立的恐惧,人们会不停估计大多数人的意见,然后决定自己是否表达意见。诺埃尔-诺伊曼认为,每个人都拥有一种准感觉统计感官,能够判断什么是主流意见,尽管这个准感觉统计感官并不准确,但人们却非常依赖且相信它。普通个体感受社会意见气候的方式主要有三种:直接经验、人际传播和大众传播。直接经验和人际传播虽然对我们的判断产生较大影响,但是在现代社会,大众传播极大地影响了人们对意见气候的感知。

把沉默的螺旋理论归为强大效果理论的缘由就在于大众传媒在人们估计意见气候时的重要作用。诺埃尔-诺伊曼认为,新闻媒介有遍在性、累积性和共鸣性的特点。遍在性是指作为信息来源的媒介无处不在;累积性是指不同的媒介倾向于在不同的时间段,通过不同的节目或版本重复相同的事件和观点;共鸣性是指新闻工作人员价值观的一致性或相似性会对他们制作的内容产生影响。因为大众传媒具有共鸣性、累积性和遍在性,易使人产生大众媒体的意见是多数人意见的错觉。那些没有被大众媒体充分表达的意见会被认知为"少数意见"。这个错觉被当作人们选择表达或沉默的主要依据。在意见气候的压力下,与多数意见一致的人,就敢于在公开场合表达自己的意见,而那些与少数意见一致的人就会因为害怕被孤立而保持沉默。这两个趋势在社会中不断扩散,沉默的螺旋就会形成。由此也可看出,意见气候并不一定是多数人的意见,它实质是人们对社会上多数意见的感知。

3. 后续的研究

后来不少学者都进行了扩展性的研究,引进参考群体意见气候是后续研究的一个重要方面。沉默的螺旋理论忽略了参考群体,这激发了不少关于参考群体的研究。国外不少研究表明沉默的螺旋效应确实依赖于参考群体,尽管这一关系相当复杂[①]。理论拓展的另一个方面是确认那些在遭遇不同意见时仍能公开表达自己意见的中坚分子的特征。

随着互联网的兴起,在新媒体情境下对沉默的螺旋理论是否适用的研究也成为近年来研究的新方向。研究主要还是着眼于在网络情境下,沉默的螺旋是否仍然成立。国外有研究发现,对孤立的恐惧、未来意见的一致性等仍能在网络情境下有效预测表达意愿[②]。但是,害怕孤立对表达意愿的负向效果在电脑中介环境下要弱于线下面对面的情境。国内学者宋红岩和曾静平对长三角地区农民工的QQ表达进行研究,检视新媒体视域下沉默的螺旋理论。研究结果显示,沉默的螺旋在长三角农民工QQ社交平台中仍然存在。研究也发现,在意见气候情境下,坚持自己的观点(中坚分子)与沉默的螺旋的力量对比出现背离,沉默的螺旋中迎合式沉默的螺旋与回避式沉默的螺旋并存,同时,不同的QQ群以及QQ群中不同话题的沉默的螺旋的形态与程度存在着差异。

 **知识扩展**

反沉默的螺旋现象

在众声喧哗的网络时代,网络舆情与主流媒体主导的舆论势均力敌,甚至出现背离的现象,这种现象被称之为"反沉默的螺旋"或"沉默的螺旋的倒置"。这种现象并不鲜见,PX项目事件比较典型。

PX项目事件始于2007年的厦门,之后反对PX项目建设的事件在其他地区也有发生。厦门市PX项目,是厦门市引进的一项对二甲苯(PX)化工项目。项目在建

---

① 熊壮."沉默的螺旋"理论的四个前沿[J].国际新闻界,2011(11):43-48.
② 熊壮."沉默的螺旋"理论的四个前沿[J].国际新闻界,2011(11):43-48.

设过程中遭到了市民的反对和抵制。2007年5月,厦门市相关部门通过主流媒体《厦门日报》对项目的环保问题予以解答。同年6月,厦门市还出版印刷了科普读本《PX知多少》免费分发给市民,以解释疑惑。但这些举措都没有发挥什么作用,市民依然抵制,网络舆论都是持"PX对环境和生命有致命的危害"。

厦门之后,其他城市也有对PX项目的抵制行动。PX真的危害那么大吗?传统主流媒体及知识精英试图进行解释。2011年9月,周瑞金发表评论《被妖魔化的PX项目》,分析了该项目的必要性、可能存在的危害性,用国外对PX危险性的界定和PX选址的数据,质疑了"PX项目魔咒"的科学性。与此同时,《人民日报》也发表了报道《PX项目风险有多大》,用事实和数据否定了支撑"PX项目魔咒"的流行言论。但是,大众媒体针对项目传播的信息几乎无法进入自媒体舆论场发挥引领作用。所以,大众媒体试图主导民众舆论的努力没有取得预期的效果①。

四、知识沟理论

(一)经典的知识沟理论

大众传媒被视为教育工具,有启蒙和教化的功能。但是,现实的经验数据显示,大众媒体所传递的信息,并不像想象的那样会被不同社会层次的人同时接受,也就是说它的教育功能可能并不对所有的社会群体发挥同等作用。例如1950年的一篇研究宣传联合国的文章提出,在辛辛那提的成年人中,达到理想宣传效果的受众是文化程度较高、较年轻的男性,而文化程度较低的老年人对这个宣传则毫不知晓。明尼苏达州的一个研究小组对这类现象进行了多年的研究,提出了一个有关大众传播和社会结构功能的理论——知识沟理论。

他们研究提出的假设是随着大众传媒向社会传播的信息日益增多,社会经济地位高的人将比社会经济地位低的人以更快的速度获得信息。因此,这两类人之间的"知识沟"就会越来越大。

他们进行了一系列的研究去验证这个假设。政治新闻扩散情况和科技新闻知晓程度调查都显示,随着信息的传播,所有人群对信息的知晓度都有提高,但是文化程度高的受访者对信息的知晓速度比文化程度低的人更快,确实存在知识沟扩大的趋势。研究者认为,对公共事务和科技新闻的掌握对于社会变迁和个体发展至关重要,这些信息常常与社会权力相连。所以,研究选取的报道样本也集中在这两个领域。因此,知识沟理论可能更适用于公共事务和科技新闻的话题。

---

① 龙小农. I-crowd 时代"沉默的螺旋"倒置的成因及影响:以"PX项目事件"的舆论引导为例[J]. 新闻与传播研究,2014(2):70-79.

研究组还通过研究社区遭遇社会冲突时新闻媒介所扮演的角色,探索了知识沟的形成,以及知识沟对当地社区活动的长期影响。研究人员对19个城市中有争议的问题进行了研究。研究组发现,当议题被社区广泛关注且进入剧烈冲突时,社区内的所有人都被卷进逐渐升级的冲突中。人们会积极地相互交流,这会抵消社会经济地位带来的差异,知识沟将会变窄。另外,社区的结构也会影响知识沟的差距。在小型社区内,成员互相比较熟悉,人际交流多,会抵消大众媒体造成的知识沟。但在大的社区,人际交往少,大众媒体的知识沟不容易被抵消。从这个研究中,可以看到人际传播对于知识沟形成的影响。

关于为什么会出现知识沟现象,明尼苏达州的研究小组认为,以下几个因素可以解释。

(1)传播技能的差异。受教育程度不同的人群传播技能存在差异,也就是媒介素养的高低不同。受教育程度高的人在阅读量和理解能力方面具有优势,这有助于他们获取知识。

(2)信息储备。信息储备包括所受过的正规教育和以往对媒介接触获得的信息的积累。不同人群的知识储备不同,受教育程度较高的人所受过的教育和信息积累,使他们更容易注意公共事务和科学信息。

(3)相关的社会交往。人们交往的圈子不同,这会影响人们对信息的接收。受教育程度较高的人朋友圈相对较大,而且与之交往的人关注点也相似,即也会更关注公共事务和科学信息。所以,他们也可以通过人际传播的方式获得这方面的信息。

(4)对信息的选择性接收。这包括了对信息的选择性接触、选择性接受和选择性记忆。受教育程度高的人群更关注公共事务和科学信息,对这些信息的态度也更为积极,会主动接触并记忆。

(5)大众媒介系统的性质。大众媒介系统的性质也会影响知识沟的形成。在研究进行的20世纪六七十年代,印刷媒介是公共事务和科学信息传播的主渠道。印刷媒介的主要受众受教育程度较高,因此内容更适合这部分人。这样不利于其他人群通过印刷媒介了解信息。

仔细分析上述因素,就能看出这些因素背后的根本原因是社会经济地位。后来的研究中,有一些学者并没有从社会经济地位等结构性因素去研究知识沟的形成原因,而是从个人选择的角度进行解释。他们认为,知识沟现象是个人信息的需求差异导致的。社会经济地位较低者不关注公共事务和科学信息,不是他们不理解这些信息,而是他们对这些信息不感兴趣,这些信息对他们的工作和生活不重要。

研究者德温则对知识沟理论中"知识"的定义提出质疑,认为单独把公共事务和科学信息作为"知识"是不合适的。这种定义方法是从传者出发的,而非从使用者角度对信息做出的界定,因为并不是所有人都认为公共事务和科学信息有价值,且对他们的生活产生影响。

这些从个人层面出发的研究避免了对知识沟这一现象做出单因素解释的趋势。但是,简单地把个人的需求和社会结构割裂开也是不可取的。另外,究竟哪一种信息会影响社会权力的获得,也是值得研究和探讨的。不同类型信息知识沟所形成的社会影响是不同的。比如,对于像动漫或音乐那样的娱乐信息的接收上出现知识沟,并不会影响社会的发展,但是像公共事务、经济、科技信息上的知识沟就会造成社会的进一步分化。因为公共事务和科学信息的知识沟,导致普通民众在很多公共事务上丧失发言权,沉迷于更为轻松的信息和娱乐之中,放弃了对公共事务的关心。从长期看,这会造成社会资源和权力的分配越来越不平等[①]。

(二)数字鸿沟研究

20世纪90年代,随着计算机、互联网等数字技术的发展,"数字鸿沟"的概念被提了出来。数字鸿沟研究是在互联网背景下知识沟研究的延续。

何谓数字鸿沟?它描述的是这样一种现象:信息技术把人们分成了"拥有者"和"匮乏者"。较早拥有计算机、网络接入、电信设备的"拥有者"比那些缺乏这些先进信息技术设备的"匮乏者"更有机会获得信息,能够享受到信息技术带来的便利和个人发展的机会。这种差距会随着技术的发展越来越大。

随着技术的发展和研究的深入,人们对"数字鸿沟"的认识越来越全面深入。美国学者皮帕·诺里斯认为数字鸿沟包含全球鸿沟、社会鸿沟和民主鸿沟三个层面特点。全球鸿沟就是网络发达国家和网络不发达国家之间在网络接入方面的差距;社会鸿沟是指一个国家中信息富有者和信息贫困者的差距;民主鸿沟是指使用数字资源和不使用数字资源的人群在公共生活中的差异。中国学者曹荣湘梳理了学界对于数字鸿沟的划分,认为有五种数字鸿沟:国际鸿沟、种族鸿沟、语言鸿沟、性别鸿沟、代际鸿沟。近年来,代际鸿沟表现越来越明显,引起了学者的关注。代际鸿沟表现特别突出的是老年人数字鸿沟,国内有的学者称之为"银发鸿沟"。在众声喧哗的自媒体时代,老年人数字鸿沟不仅是技术鸿沟,也是文化鸿沟。

---

① 刘海龙.大众传播理论:范式与流派[M].北京:中国人民大学出版社,2008:164.

知识扩展

新冠疫情与老年人数字鸿沟

2020年新冠疫情突然来袭，肆虐全球。毋庸置疑，疫情带给世界的影响是巨大的，是方方面面的。从数字信息技术发展的方面来看，疫情加速了各行各业的数字化转型，交通、卫生防疫、教育等社会生活的各个领域似乎一夜之间都上线了。然而，在这种特殊情境下的急速转型也使老年人数字鸿沟现象愈加凸显，这些落后于技术的人群好像被隔离在了正常的社会生活之外，他们的出行都变得举步维艰。可以说，新冠疫情加剧了老年人等"数字弱势群体"面临的数字鸿沟问题，使得代际鸿沟成为现阶段数字鸿沟的主要表现之一。

老年人数字鸿沟表现在接入、使用和素养这三个维度上。智能手机的普及对于老人接入互联网有很大的促进作用。受到数字技能不足的限制，接入互联网的老年人对于互联网的使用范围比较狭窄。与青年人相比，老年人在搜索引擎、App安装、微信使用等方面的比例明显低于年轻人。因为媒介素养的原因，他们从互联网获取以及甄别信息的能力比较低，围绕他们的很多是谣言、伪科学等内容。他们也更易成为网络诈骗的对象。

造成老年人数字鸿沟的原因比较多，有成本和经济的原因，有因年龄造成的衰老和认知障碍的原因，也有数字技能缺乏和动机不足的原因。媒体开发的内容产品并不利于老年人接入和使用也是其中重要的原因。

如何有效地弥合数字鸿沟也受到越来越多学者的关注。不少学者都认为家庭内年轻成员的数字反哺是很重要的方法。也有学者认为仅仅提升老年人的数字技能并不能从根本上解决数字鸿沟，要从老年人的现实需求入手，为他们创造"适老化"媒介样态。除了这些举措，也有学者更进一步提出，理想的数字素养教育不是单向地"跨越"数字鸿沟，而是应该在社会包容的基础上努力消除这些鸿沟给处境不利的人群带来的消极影响。

和上述以数字鸿沟的主体作为分类方法的研究相比，美国传播学者托比·詹姆斯·阿奎特（Toby James Arquette）则从不同的层次性对数字鸿沟进行了分类。他认为数字鸿沟包括三方面的内容：信息传播技术设施建设的差距、信息传播技术拥有上的差距、信息传播技术使用上的差距。这个研究给媒介素养教育的启示是，从个人层面去提升人们使用信息传播技术的能力（包括消费信息和生产信息的能力）是消弭数字鸿沟的可行性途径之一。

第五节　一种特殊的效果理论——第三人效果

2020年初新冠疫情期间,笔者问一个跟风囤米面油的朋友,屯货是否担心断货?他说,之所以会屯货,是因为他觉得其他人肯定都会受"可能会断货,不囤就没得吃"的消息影响而去囤货,自己虽然不信这个信息,可是大家都去囤货了,他担心最后可能真会引起涨价或是脱销,所以保险起见,还是囤上好。这种现象在生活中是其实并不鲜见。这种因为认为他人易受传播效果影响的现象,也被认为是传播的一种效果,即第三人效果。

一、第三人效果的主要内容

在第二次世界大战当中,有一支由白人军官率领的黑人部队要和日军作战。日军在开战前用飞机向这支部队撒传单。传单上表达着这样一个观点:这场战争是对白人的,日本人和有色人种没有冲突,让这些黑人战士不要再给白人效力了。接到传单的美国军队还未等开战,就主动撤离了。原来是白人军官担心黑人士兵会受到传单的蛊惑,失去斗志,所以就主动撤离,采取了避战的策略。这个颇耐人寻味的事件给菲利普·戴维森留下了深刻印象。戴维森是一个民意研究专家,第三人效果是由他提出的。这个发生于二战的事件是他听一位历史学家讲的,正是这个事件让他关注到了一个现象:人们通常认为自己不受媒介的影响,而别人会深受影响。

1983年,戴维森将自己多年观察到的这个现象称为第三人效果。所谓的第三人效果,其实就是认为大众媒体对"我(们)""你(们)"不能产生影响,但会对"他(们)"产生影响,也可以被看作是大众媒体的一种影响。这里的"第三人",可以指和我(们)、你(们)相对的第三人称的他(们),也可以指从传播者的角度,作为信息传递过程的旁观者。

之所以说它特殊,是因为这是一个从社会心理学角度提出的微观效果,并不能说明大众传播对整个社会的影响。但是在很多信息传播中又都发现了第三人效果,这说明它具有普遍性。另外,第三人效果被认为有两层含义:在认知层面上,人们对自己设想中的受众的态度和行为的评估;在行为层面上,人们根据这一设想而采取实际行动。因此,这种效果有时引发行为方面的后果。

知识扩展

第三人效果相关研究

1996年,我国台湾地区学者调查了台北市部分高中和职业高中的学生,调查主题是他们认为色情媒体对于自己或他人的影响。调查结果显示,无论把全体受访者合并分析或者把男女受访者分开分析,均显示出受访者认为色情媒体对自己的负面影响小,对别人的负面影响大。而且这次调查也证明了第三人效果的认知与行为间有显著的关联性。越认为色情媒体对他人或自己有较大的负面影响的受访者,越赞成对色情媒体进行严格的限制。

二、产生第三人效果的原因

关于产生第三人效果的原因,学界没有统一的认识。理查德·M.珀洛夫将学者们莫衷一是的原因归纳如下。

①高估自己、低估他人是一种普遍的人性,他人比自己更轻信大众媒体使人们感觉比较好。

②人们希望自己能够控制身边的一切事物,虽然这些事物可能不可预知,但是人们认为自己不会受媒介的影响,可以控制和使用媒体,更坦然地生活在一个媒体占主导地位的世界中。

③人们实际上认为自己受到了媒体的影响,但是为了让自己更独立,自我评价更高,更能够控制一切,人们把自己的感觉投射到他人身上。

④认知心理学中的归因理论认为,人们倾向于把自己的失误归结于外界环境,而把别人的失误归结于他们自身。因此人们认为自己能够识别信息中的意图,而他人无法做到这一点。

⑤人们的媒体基模认为大众媒体具有强大的效果,这是一种天真的魔弹论心理,正如前面提到的一直以来人们对媒体的指责一样,这种心理一直存在。

⑥人们之所以不承认媒体对自己产生了影响,是因为他们无法认识自己的思考过程,或者无法对之前的行为做出准确的回忆,所以在对比自己和他人受到的影响时出现偏差[①]。

上述因素都是从心理机制进行解释的。其实,也有研究显示,对信息是积极或消极的判断也会影响第三人效果。德国学者培瑟在1997年进行了关于电视观看行为的第三人效果研究。他在德国西南部的成年人中进行了一次抽样调查,主要是为了了解第三人效果和电视观看行为之间的关系。研究发现:第三人效果不仅适用于媒介的效果分析,也可以扩展到媒介的使用,如电视观看方面;消极的或令人不快的媒介效果几乎总是导致第三人效果,而令人愉悦的媒介效果一般会导致"相反的第三人效果",也被称为"第一人效果",即人们会认为自己比其他人受媒介影响大。

---

① 刘海龙.大众传播理论:范式与流派[M].北京:中国人民大学出版社,2008:241.

三、第三人效果的影响及启示

如前所述,第三人效果包含两个部分,即感知部分和行为部分。行为部分是指这种媒体对他人影响较大的估计将导致他们采取某些行动。比如,人们认为网络上的有害信息影响未成年人的健康成长,而呼吁有关部门对网络信息内容进行管制。这种因为第三人效果导致的信息审查和限制,会对表达自由产生消极影响。

对于社会精英和作为"把关人"的新闻工作者,要提防第三人效果。在缺乏深入的调查和科学的分析之前,不能贸然对信息进行审查和限制。因为有时媒体工作者和研究人员对于媒体效果的判断会影响到公共政策,也会给公众错误的印象和压力。

另外,第三人效果虽然是微观效果,但它涉及人们对他人意见和行为的判断,所以会对议程设置、沉默的螺旋等过程产生影响,进而产生更大的社会后果。比如,第三人效果会影响媒介工作者、广告公关从业人员、政府官员、执法者对于传播效果的判断和决策。与媒体相关的从业人员经常夸大新闻报道等的影响,这种夸大很可能使人们错误认为信息传播、危机管理是可以解决一切问题的灵丹妙药。

当然,对于第三人效果也存在争论和疑问。由于第三人效果比较微妙和复杂,在调查时可能会造成心理暗示,影响研究结果的可信性。虽然有些研究证明第三人效果不是由调查引起的,但是仍存在不少疑问,还需要通过更多深入的研究去进一步验证。

 课后题

1. 议程设置研究对传播效果研究的贡献有哪些?
2. 结合自己的上网经验,谈一谈网络社区是否会出现沉默的螺旋。
3. 影视剧中的故事会影响我们对真实环境的认知吗?为什么?
4. 请用一个案例说明第三人效果的表现与成因。
5. 什么是数字鸿沟?谈谈你对老年人数字鸿沟的看法。你认为如何有效消弭数字鸿沟?

第五章

认知媒介文化

在媒介素养的认知、理解、判断的框架里,正确认识媒介文化,尤其是大众传媒文化是提升媒介素养、建构理性精神的重要一环。认识媒介文化重点在于解读媒介与文化之间的关系,尤其是媒介更新时,重点在于解读相应产生的文化形态的变化,以及由此带来的文化接受者审美感知、审美情趣的更迭。在媒介批判理论发展的长河中,可以从不同的视角切入媒介文化研究,从而更深入地理解媒介文化,寻找媒介文化与20世纪以来重要的思想流派之间的支点。我们可以看到,在媒介文化中可能存在一些陷阱,使人迷失于大众文化光怪陆离的漩涡中,那么,在这一章中,深入解析媒介与文化的关系成为重点。

第一节 文化、大众文化与媒介文化

在明晰媒介文化的概念之前,首先要厘清文化及大众文化的概念。

一、文化的三重内涵

文化(culture)是在日常生活中常用的一个词,看起来简单,但内涵非常丰富。戴维·钱尼指出:"文化这个概念很吸引人,但也常常令人迷惑,因为它被以不同的方式使用着。在不同的语言、不同的学术传统中,它的侧重点也不同。"[①]文化是一个相对性概念,不同族群、时代和环境都能够给出不同的文化界定。第一,文化作为一个集体概念,与文明的意义等同。在这里,人类文明是人类所创造的物质、精神领域中的最具代表性的部分,如"四大发明"是中国文化的代表,也是东方文明的代表。第二,文化作为一个个体概念,常常与知识水平相关。通常所说的一个有文化的人,即指称学历水平、文化程度、知识层次较高的人群。第三,文化是普通的,是一整套人类的生活方式。日常生活中的各种人类语言、行为、习俗、景观等都是文化,这样就自然破除了高雅文化的面纱,为日常文化、大众文化正名。英国文化研究学派理论家雷蒙德·威廉斯将文化分为三种类型:理想型、文献型和社会型。理想型将文化视为精神产品与社会价值,"用来描述18世纪以来思想、精神与美学发展的一般过程";文献型指知识型的作品与活动,尤其是文学艺术方面的音乐、绘画、雕塑等;社会型是文化的第三个概念,文化与社会生活及实践性密切相关。

二、大众文化的两张面孔

大众文化在英文中有两种翻译方式。一种是 mass culture,这种界定本身就包

---

① 钱尼.文化转向:当代文化史概览[M].戴从容,译.南京:江苏人民出版社,2004:2.

含贬义与批判性。mass 意指乌合之众，或者一团乱麻的状态，因此 mass culture 是指平面化、肤浅化、单向度的文化类型。当大众文化一词进入到中国后，部分研究者从大众文化的词义出发，认为大众文化就是面向大众的、传播范围较广的一种文化类型。事实上，大众文化原初的意义并不是指面向大众，而是制造大众。大众文化致力于制造一群拥有相似的价值观念与审美理念的人群，这样的群体被称为大众，也可以将之理解为马尔库塞所指的"单向度的人"。这类制造大量面孔模糊的大众的文化，一般具有同质化、浅层化、娱乐化的特征。大众文化之所以在西方媒介批判学派那里屡受诟病，是因为心灵鸡汤式的快餐文化起到了安抚奶嘴的效应，表面上有进食的动作，但事实上身体并没有吸收到有益的养分。另一种是 popular culture，本意指流行的文化，即面向大众的、通俗娱乐的文化类型，这种界定也充分肯定了受众接受大众文化时的能动性与创造性。大众文化概念于 20 世纪 90 年代进入中国之后，逐渐脱离了西方批判理论的语境，从而形成中国特色的大众文化。部分中国学者更多地使用大众文化的另一种翻译形式 popular culture，更多指向流行文化。概念界定的转变有两个成因：其一，中国不同于西方国家的社会结构，因此，西方国家大众文化主要用于麻痹和愚弄无产阶级这一论断在中国缺乏相应的理论语境。其二，大众文化在中国确实起到了文化启蒙的作用，差不多在西方大众文化概念传入中国的时候，区别于束之高阁的精英文化的民间文化正在生成。20 世纪 90 年代，包括言情小说、日本动画片、通俗音乐在内的流行文化成为社会公众所喜闻乐见的文化类型。popular culture 可以直译为流行文化，是一种带有生命力与创造力的文化空间。因此，中国所特有的大众文化概念纠正了西方批判学派过于精英主义、被阶级对立所制约的立场，而赋予大众文化新的内涵。

金元浦给我们提供了这样一个说法，"我们今天所说的大众文化是一个特定范畴，它主要是指兴起于当代都市的，与当代大工业密切相关的，以全球化的现代传媒（特别是电子传媒）为介质大批量生产的当代文化形态，是处于消费时代或准消费时代的，由消费意识形态来筹划、引导大众的，采取时尚化运作方式的当代文化消费形态。它是现代工业和市场经济充分发展后的产物，是当代大众大规模地共同参与的当代社会文化公共空间或公共领域，是有史以来人类广泛参与的，历史上规模最大的文化事件"[①]。

"大众文化"的一个主要特征，是它的消费内涵，甚至可以这样说，"大众文化"的生产就是以刺激大众消费为目的的。没有进行消费的"大众文化"产品，要么内容不够适销对路，要么根本就不属于"大众文化"产品。法兰克福学派对"大众文化"的消

---

① 金元浦.电影、电视和通俗文学[N].中华读书报，2001-07-26(5).

费内涵抱着明显的批判态度。阿多诺认为,大众文化呈现商品化趋势,具有商品拜物教特性;大众文化生产的标准化、齐一化,导致个性被扼杀;大众文化是一种支配力量,具有强制性;大众文化剥夺了个人的自由选择。总之,大众文化的消费属性、商品属性决定了它与消费主义意识形态之间不可分割的关系。电视媒介是大众文化生产的主力军,所以电视媒介既是消费主义意识形态的产物,也是推动消费主义意识形态生产的主要力量。

三、媒介文化及其理论生产

在文化与大众文化概念的基础上,媒介文化及其相关理论应运而生。媒介(media)原指中介物,在传播学中指传播者与受众之间的介质。随着以纸媒、广播、影视、互联网为代表的大众媒介日益改变着文化传播与接受的格局,以某种特定媒介为平台的媒介文化研究应运而生。英国的尼克·史蒂文森,美国的道格拉斯·凯尔纳、戴安娜·克兰纷纷在自己的著作中提出"媒介文化"的概念,或者可以这么理解,当代社会流行的大众文化就是媒介文化,两者的概念在某种程度上而言是等同的。媒介文化的概念是包罗万象的,美国马克思主义学者凯尔纳在《媒体文化:介于现代与后现代之间的文化研究、认同性与政治的新描述》中给出了这样的界定。一种媒介文化已然出现,而其中的图像、音响和宏大的场面通过主宰休闲时间、塑造政治观念和社会行为,同时给人们提供用以铸造自身身份的材料,促进了日常生活结构的形成。电台、电视、电影和文化产业的其他产品提供了关于男性和女性、成功或失败、有权有势或人微言轻等意味着什么的诸种样本。媒体文化也为许多人提供了材料,使其确立对阶级、族群和种族、民族、性,以及"我们"和"他们"等的理解。媒体文化有助于塑造有关世界和最为深刻的价值的流行观念:它对什么是好或不好、积极或消极、道德或邪恶等作出了界定。媒体的故事和图像提供了象征、神话和资源等,它们参与形成了某种今天世界上许多地方的多数人所共享的文化,媒体文化也为创造性认同提供了种种材料,由此,个人得以跻身当代的技术-资本主义社会,而这又产生了一种全球文化的新形式[①]。

由此可见,媒介文化中囊括多个层面,同时也有多个视角可以对其进行解读。对于新兴的媒介文化,英美理论家的态度较为客观,既关注其中对文明的推动型力量,也重视其中可能存在的混杂因素。在这一背景之下,文化研究学派、传播政治经济学派、批判学派推崇的"媒介教育学"呼之欲出。学界迫切需要各种理论帮助社会大众去辨

---

① 凯尔纳.媒体文化:介于现代与后现代之间的文化研究、认同性与政治的新描述[M].丁宁,译.北京:商务印书馆,2004:9.

别真与伪、好与坏,因此,在媒介素养教育中开辟出媒介文化版块的意义正在于此。

第二节 媒介批判与文化工业

广义的文化是与生活方式相关的物质与精神产品,狭义的文化专指与文明、文化、思想、学术、教育等相关的范畴。

20世纪以来,媒介文化成为整个媒介研究中的重要一环。由于媒介技术的发展,20世纪陆续出现了广播、电影、电视、互联网,每一种媒介样态的变化,都引发无数的探讨与争议。电子媒介文化的出现,对于人类而言,究竟是圣杯还是魔盒,在不同的理论视域下存在不同的解读。道格拉斯·凯尔纳在《媒体文化:介于现代与后现代之间的文化研究、认同性与政治的新描述》一书中宣称当下文化某种意义上就是"媒体文化",媒体文化成为主导的文化代表,"它代替了精英文化的诸种形式,成为文化注意力的中心,并对很多人产生影响。同时,媒体文化的视觉和口头形式正在排挤书籍文化。更有甚者,媒体文化已经成了社会化的主导力量,它以图像和名流代替了家庭、学校和教堂作为趣味、价值和思维仲裁者的地位,制造新的认同榜样以及引人共鸣的风格、时尚和行为的形象等"[①]。

雷蒙德·威廉斯这样定义文化,认为文化是人类的一整套生活方式。文化从文明或者精英文化中分离出来,更多地与日常生活相联系。从20世纪媒介技术的变迁可以看出,技术的更新对文化接受的影响是巨大的,最终作用于人与媒介的关系,乃至人与世界的关系的变化。

论及媒介文化,首当其冲的是法兰克福学派的理论。法兰克福学派是1923年由德国法兰克福大学的社会研究所构成的学术团体。作为批判学派的代表,法兰克福学派创造性地将马克思主义政治经济学理论与20世纪初的媒介文化现象相结合,从精英主义的视角贡献了大众文化、文化工业、机械复制主义、单向度的人等经典论断,给出对大众文化(mass culture)的独特解读,对后世影响深远。

法兰克福学派认为,战争对个体的戕害宣告个人主体性的终结与文化启蒙的失败。在这一历史阶段,流行文化逐渐成为民众心灵的慰藉,开始在社会生活中发挥愈来愈重要的作用。自20世纪30年代到70年代,法兰克福学派成员逐步发展和建立起自己的社会批判理论,对资本主义社会进行全方位的文化批判,深刻揭示了现代人的异化和现代社会的物化结构,特别是意识形态、技术理性、大众文化等异化的

---

① 凯尔纳.媒体文化:介于现代与后现代之间的文化研究、认同性与政治的新描述[M].丁宁,译.北京:商务印书馆,2004:9.

力量对人的束缚和统治。从70年代起,学派开始走向衰落,第三代掌门人哈贝马斯则强调法兰克福学派的传统批判理论同现代社会条件的不适应性,他开始致力于探讨如何构建公共领域来方便各类文化发声与展示,以及强调知识分子在文化中的引领作用。由此理论上的分歧使学派逐渐走向解体。

一、文化工业

文化工业(culture industry)是法兰克福学派的关键词,也是其给予如何思考与解析媒介文化的一条重要的思路。理解法兰克福学派的文化工业理论,可以极大地提升对媒介文化的理性思辨能力。

文化工业是指凭借现代科学技术大规模复制、传播文化产品的娱乐工业体系,包括商业性的广播、电影、电视、报纸、杂志、流行音乐等各种大众文化和大众媒介。1947年霍克海默和阿多诺在《文化工业:作为大众欺骗的启蒙》一文中提出,文化工业以其独特的方式渗透到了生活的方方面面,它以商品拜物教作为其意识形态,穿着满足消费者需要的假外衣,以一种温情脉脉的形式对大众的思想进行管制,只不过这种管制用娱乐和享受性取代了以前的强制性。对比以往的强制管制,文化工业的控制更能取消大众思考的独立性,抹平大众思想的差异性,使所有的一切都服从于资本主义的绝对权力。

文化工业的内涵在于,马克思对商品生产的批判理论能够被运用于符号产品的生产,应用于具有审美的、娱乐的、意识形态的使用价值产品的生产之上。精神文化产品像任何其他资本主义工业一样具有以下特征:使用异化劳动,追求利润,依靠技术、机器提供的优势,主要致力于生产"消费者"等。文化工业的产品,是一种适合于大众口味的、方便面式的精神文化消费品。今天流行于我们日常生活中的畅销小说、商业电影、通俗电视剧、流行歌曲、休闲报刊等,都是这种文化工业的产物。法兰克福学派从艺术和哲学价值评判的双重角度,对文化工业予以否定。他们认为文化工业被满足大众需要的商业力量所操纵,以娱乐消遣为目的,它所制造出来的精神文化消费品丧失了艺术作品作为艺术本质的否定与超越精神。同时,这种艺术创造的方式依赖于机械技术,作品内容和风格千篇一律,缺少艺术价值。文化产品"趋于一律",相互之间只有细小差异,不追求艺术完美,只热衷投资效果。文化工业控制和规范着文化消费者的需要,束缚人的意识,剥夺人的情感,阻碍人的自主性发展,它是操纵和欺骗的一种手段,是稳定现行秩序的"社会水泥"。文化工业实际上是社会统治的"帮凶"。另一方面,凭借对媒体的垄断,文化工业控制了大众日常生活直至内心欲望,取消了个体的批判精神和否定意识,使之成为"单向度的人"。而现代资本主义国家则通过文化工业对广大民众进行意识形态控制,巩固自身的统治。

文化工业的特点包括以下方面。

第一，先进的传播技术带来先进的文化生产和传播手段。霍克海默、阿多诺认为电影、电视、广播、无线电是"特别为文化工业打磨出来的"，"它既不存在首先关心大众的问题，也不是一个传播技术的问题，而是使大众具有自我膨胀的精神的问题，是他们的主人的声音的问题"[①]。也就是说，文化工业并非是大众启蒙的文化类型，更多是为其生产者而服务的。

第二，文化工业消弭了高雅艺术和低俗艺术的界限。"它把分隔了数千年的高雅艺术与低俗艺术的领域强行聚合在一起，结果双方都深受其害"，"世上传言愤世嫉俗的美国导演说，他们的影片必须把11岁儿童的智力水平考虑进去。在这样做的时候，他们极其容易把成年人变得像是11岁儿童。"[②]文化工业也混淆了经典艺术与现实之间的距离，使大众的欣赏品位降低，对现实的感知越来越迟钝。本来，在古典文化与现实生活之间是保持了一定的距离和张力的，而大众传播媒介无所不在的渗透，使这种距离消失了。大众传播媒介使文化与日常生活联结在一起，而这带来的结果是艺术的堕落和人的麻木。

第三，文化工业的本质是赚取利润。阿多诺说："文化工业的全部实践就在于把赤裸裸的赢利动机投放到各种文化形式上。"[③]文化产品的生产与物质产品的生产并无差异，其本质都是为了赢利，但从政治经济学的角度，文化产品的生产过程比物质产品的生产过程还要复杂一些。

第四，文化工业产品构成一种具有欺骗性的意识形态，扼杀人们的独立思考精神。大众沉浸于光怪陆离的文化产品中，逐渐成为面孔模糊的"群氓"。

值得注意的是，在当下中国传媒文化业态中，法兰克福学派语义中的具有贬义色彩的"文化工业"转变为新兴的朝阳型创意产业——"文化产业"。如果说文化工业更多地指同质化的、批量生产的、降低受众文化品位的工业流水线再造物的话，文化产业则更多地是以多种产业形态，尤其是以数字时代的文化创意产业为代表，为了满足社会公众对于精神文化的需要，源于对美好生活的追索而具备积极意义。因此，源于西方媒介批判理论的"大众文化"与"文化工业"在中国的土壤中生根发芽，呈现出更复杂的语境，由此可以窥视西方媒介理论与中国文化现实对接时的启示与差异性。

---

① 阿多诺.文化工业再思考[M]//陶东风.文化研究：第一辑.天津：天津社会科学院出版社，2000：198－206.

② 阿多诺.文化工业再思考[M]//陶东风.文化研究：第一辑.天津：天津社会科学院出版社，2000：198－206.

③ 阿多诺.文化工业再思考[M]//陶东风.文化研究：第一辑.天津：天津社会科学院出版社，2000：198－206.

文化工业即用生产工业品的方式生产文化产品,以标准化抹杀个性化;文化产业则是中性的,说明了当前各个文化行业与市场经济日益紧密的联系。

文化产业已经成为国际组织和各国政府都使用的文化政策关键词。由于不同国家和地区有不同的发展目标,作为一个政策性用语的文化产业又衍生出各种不同的概念表述,如"创意产业""内容产业""娱乐产业",甚至"文化经济""创意经济"等。但是,如果把本轮全球化大潮中文化产业的发展看作一个历史性的现象,所有这些概念与20世纪中期法兰克福学派所批判的文化产业有一个本质的不同:前者应该被称为"文化产业",后者可以称为"文化工业"。

二者的区别首先可从英文的单复数上看出来:前者是复数cultural industries,后者是单数cultural industry。单数的文化产业起源于法兰克福学派对美国大众文化的批判,更确切地说应该被翻译为"文化工业"。很显然,单数的文化产业,即文化工业充分表现出法兰克福学派的批判倾向——用生产工业品的方式生产文化产品,以标准化抹杀个性化。而复数的文化产业则是中性的,与文化行业同义,扬弃了法兰克福学派的批判意味,仅仅是经济学描述,说明了当前各个文化行业与市场经济日益紧密的联系。

最根本的区别是技术基础,即从模拟技术走向数字技术。文化产业的发展历史可以根据如何对符号和文本进行工业化复制的技术变化进行分期。从法兰克福学派对文化工业的批判到20世纪80年代欧洲人对文化产业概念的重新使用,观念嬗变的基本原因是数字化信息技术革命。文化工业依赖的是19世纪末出现的现代电信和广播技术,或者说是"模拟信号技术";而文化产业依赖的是网络技术,或者说是"数字化信息技术"。模拟信号技术对文化内容的生产在一定程度上以牺牲文化创作的个性化原则为条件,数字化信息技术则可以实现个性化基础上的生产。前一种叫作"大规模复制",后一种可以叫作"大规模定制"。数字化信息技术革命克服了法兰克福学派所批判的文化工业的弊病,将文化产业推进到新的阶段。

因数字化信息技术革命而产生的变革仍然在持续发酵,其影响既深且广。比如,在企业微观层面,发生了生产组织形式的变化。从文化工业时期"福特式"大规模生产模式,转变为网络化的知识型企业,并从大规模工厂化生产模式转变为地域性创意企业和创意人才的集聚发展。又如,在产业链层面出现了"上游化"和"下游化"的变化。传统文化资源和文化遗产大规模的数字化成为世界各国文化产业竞争的基础性工程,而生产性文化服务业的发展则成为推动文化产业与国民经济融合发展最重要的力量,"文化经济""创意经济"等概念皆因此而生。作为一种"数字文化",文化产业正在引领人类文明走向明天[1]。

---

[1] 中国社会科学院文化研究中心.从"文化工业"到"文化产业"[EB/OL].[2020-11-10]. http://opinion.people.com.cn/n/2013/0801/c159301-22401300.html.

从中国语境中对文化工业概念的阐释与创新可以看出,法兰克福学派站在精英文化立场之上,对大众文化的批判性解读虽然有深刻的理论价值,但也存在着和市民社会的疏离,从而具备相应的历史局限性。对于在现代市民社会中占大多数的普通消费群体而言,大众文化是他们最有经济条件和文化条件消费的文化内容。我们不能以大众文化的商业属性、平面化内涵、维持现存体制的保守性、遏制人的精神解放等名义剥夺普通民众消费大众文化的快感和幸福。比如在爱尔兰国宝级歌舞剧《大河之舞》中,可以看出以音乐舞蹈的形式表现出精英舞蹈与街头舞蹈的对立、冲突与和解,踢踏舞这一产生于民间的舞蹈形式,现在风靡全球甚至成为爱尔兰国民精神的象征。由此可见,文化从精英转向大众,既值得理性审视,也需要温和引导。

二、单向度的人

谈及媒介批判理论,法兰克福学派理论家马尔库塞贡献了"单向度的人"(one-dimensional man)这一内涵丰富的概念,这一概念源于《单向度的人:发达工业社会意识形态研究》一书。one-dimensional,就是平面化的、千篇一律的、整齐划一的、只有共性没有个性的。单向度的人丧失了合理地批判社会现实的能力,不去把现存制度同应该存在的真实世界相对照,也就丧失了理性、自由、美和生活的欢乐。人变成"单向度的人"是对人的本性的摧残。

马尔库塞认为,发达工业社会成功地压制了人们心中的否定性、批判性、超越性的向度,使社会变得高度趋同。因而生活在其中的人就变成了单向度的人,个体自由、创造力和想象力受限,久而久之沉浸在现有的生活中不能自拔,缺乏突破自我、不断创新的能力。"单向度的人"现象的产生,与大众文化与文化工业制造大量同质化的文化娱乐产品有关。

最近上映的陈伟霆主演的电视剧《橙红时代》,主角从小区保安开始,数年之间,靠着一双铁拳、一腔热血,成为江北市的风云人物。还有游戏《斗破苍穹》中的世界观,也是契合了年轻人喜欢打怪、闯关、升级、称霸一路开挂的模式。这和前段时间大火的《延禧攻略》有差不多的"爽套路"。《延禧攻略》中,女主角一出场就"战斗力爆表",怼天怼地怼空气。在每一集精心安排的冲突中,她都能成为最后的赢家。

那些带着主角光环的人设背后,多少隐含着观众自我投射的期许。能够二倍速看片,也不影响剧情的流量爽剧,更是满足了现代年轻人碎片、速成、快餐化的心理。本来,人人都需要一针麻醉剂,让人在工作生活的喘息下,通过想象获得短暂的幸福感。所以爽剧也好,游戏也罢,它们的存在也无可厚非。可是当现代文化工业批量化地生产爽剧,甚至引导大众沉浸其中以获得巨额收入时,使用这种"麻醉剂"就有了上瘾的可能。

经济学里有个概念叫作"劣币驱逐良币",翻译过来就是:当市场里全都是那些刷快感的流量爽剧时,我们的欣赏口味和认知层次就被潜移默化地拉低了。久而久之,也就失去了深度思考的能力。

弗洛伊德说过,文学创作的动机是艺术家的白日梦,艺术家在创作过程中创造出一个梦境,这个梦满足了他精神深处压抑着的欲望,也满足了读者的幻想,进入一种想象性的生活,并在这些幻想的经历里获得相应"快感""成就感"或者"优越感"。

在"爽文化"的沼泽中,风险最大的,当属现代年轻人。尚未成熟的价值观,极容易就被带偏,沉浸在各种幻想的兴奋中。却不知他们的笑点、泪点、痛点、爽点,都被另外一群人拿去变了现。要知道,爽剧里主角的人生,在现实生活中是不存在的。

正如一切娱乐产品——影视剧、综艺、游戏,它们背后都有着庞大的团队,这些团队的唯一目的,就是用尽各种手段,刺激你的愉悦感,让人欲罢不能。一旦习惯了这种低成本、高回报的刺激,就很难去做那些高投入的事情,比如学习、阅读、思考。因为人接受刺激的阈值不断升高,当大脑被塑造成了"高阈值刺激"对象后,视觉画面再切换到平面的书本上,就会觉得枯燥又无趣。最可怕的是当人习惯了这种快速易得的方式去获得"快乐",就会逐渐失去探索未知的好奇,失去学习的耐心,失去独立思考的能力,更会对快乐麻木,最终变成一个觉得什么都没劲的人[①]。

以"爽剧"为代表的流量文化产品,不需要动用大量的智能即可以维持观看,观看时常常有大快人心的感觉,从而有大量受众追捧,一般节奏较慢,人物设置脸谱化,缺乏深度意义和现实指向。从文化工业制造"单向度的人"这一层面,从感知趋同、观念趋同最终指向身体趋同,表现在当下时代美容整形业的发达,整容流水线打造的异化身体也是高度同质化的。双眼皮、高鼻梁、白皮肤几乎成了美的代名词,事实上是审美观念趋同带来的身体异化。

在文化工业生产中,安抚奶嘴效应正在造就面孔空洞的"单向度的人"。信息社会对人的要求,需要在"后学校时代"依然具有不断学习和自我成就的能力,能够实现独立思考、理性思辨、具备执行力与创造力,而不是被信息技术所控制,人体仿佛成为手机的延伸,不停地被流行趋势、热议话题、热播网剧等信息资源"带节奏",最终失去了对现实世界真实感知的能力,从而被困在信息海洋中千人一面、无法自拔。

---

① 韩老白.被流量爽剧毁掉的中国年轻人[EB/OL].[2021-10-16].https://m.sohu.com/a/259405370_486995.

第三节 伯明翰学派与文化研究

伯明翰学派也被称为被文化研究学派,该学派通常也被视为批判学派的一个延伸,对流行文化,尤其是美国的流行文化持批判的态度。但是,文化研究学派纠正了法兰克福学派过于精英的文化观念,肯定了英国新兴工人阶级文化的合理性,强调传播不仅仅是"传递信息",而是传播者与受众之间的双向互动,并且将媒介文化研究的视野转向边缘群体,确立了阶级、种族、性别的研究进路,形成了蔚为大观的学术思潮。

1964年,理查德·霍加特(Richard Hoggart)在英国伯明翰大学(Birmingham University)创立了当代文化研究中心(The Centre for Contemporary Cultural Studies, CCCS)。1968年,斯图亚特·霍尔(Stuart Hall)接任主任。该中心第三任主任是1979年接任的理查德·约翰逊(Richard Johnson),第四任主任是乔治·洛伦(Jorge Lorrain)。20世纪80年代末,当代文化研究中心扩展为文化研究系,担负了向本科生讲授文化研究课程的任务。

伯明翰大学当代文化研究中心宣称其成立宗旨是研究文化形式、文化实践和文化机构及其与社会和社会变迁的关系。其研究内容主要涉及大众文化及与大众文化密切相关的大众日常生活,分析和批评的对象广泛涉及电视、电影、广播、报刊、广告、畅销书、儿童漫画、流行歌曲,乃至室内装修、休闲方式等。在这些众多而分散的研究内容中,大众媒介始终是其研究焦点,尤其是对电视的研究极为关注。其研究方法最初受美国传播学研究影响,但在霍尔领导时期,吸收了阿尔都塞和葛兰西的观点,转向媒介的意识形态功能分析。

文化研究自二战后在英国逐步兴起后,渐渐扩展到美国及其他国家。在追溯文化研究的根源时,尽管霍尔认为并没有一个绝对的开端,但大多数学者认为,20世纪五六十年代出版的几部著作堪称文化研究的奠基之作。这些著作是霍加特的《识字的用途:工人阶级生活面貌》,威廉斯的《文化与社会:1780—1950》《漫长的革命》,汤普森的《英国工人阶级的形成》。

作为批判学派之一的文化研究学派的崛起给英国的大众传播理论产生了深刻的影响,并很快成为能够与美国主流传播学相对抗的一种替代性范式。这主要归功于文化研究学派几位重要的学者,如理查德·霍加特、雷蒙德·威廉斯、斯图亚特·霍尔、大卫·莫利、约翰·费斯克等。他们为英国文化研究的发展做出了突出的贡献。霍加特和威廉斯致力于救赎工人阶级文化,将文化的内涵做了极大的延展;而霍尔对美国主流传播学一直忽视的意识形态问题做出了研究,创新化地提出

"编码/解码"理论,并将视野投射入青年亚文化领域,极大拓展了原本属于边缘位置的青年亚文化的影响力;莫利和费斯克致力于在"霍尔模式"的基础上提出了不同的受众观,开创了接受分析的全新范式。

一、救赎工人阶级文化

工人出身的霍加特一直对于本身的阶级充满了感情。他对工人阶级文化的论述集中体现在其代表作《识字的用途:工人阶级生活面貌》中,这部作品随即成为文化研究学派的奠基之作。这部书分为两个部分。第一部分霍加特着重描写了工人阶级的日常生活,对他早年生活的20世纪30年代英国北部工业区的工人生活进行了人类学式的考察,展现了一种城市工人阶级和谐的公共文化。这种公共文化体现在酒吧、工人俱乐部、体育活动和所有私人的日常生活中,而家庭角色、性别关系和语言特色都能透露出社区的共同意识。在该书的第二部分中,霍加特着重描写的是美国式的大众文化的生活方式对工人阶级文化造成的冲击和影响。霍加特对许多美国式的娱乐方式进行了批评,认为如果工人阶级过多地接受这些东西就会失去之前形成的有机的、和谐的文化,从而导致道德的沦丧,有可能就真的成为利维斯所说的边缘的文化。从这部书中我们可以看出霍加特对待大众文化的态度是矛盾的:一方面,他大力赞扬出现的工人阶级的"活"的文化,认为工人阶级文化的出现是与传统的所谓"精英文化"完全相反的一个概念,这种大众文化并不是像利维斯所说的那样是一种低级的、危险的边缘文化,他坚持工人阶级文化的合法性和有机性;另一方面,他又对20世纪50年代出现的娱乐性的大众文化感到担忧和困扰,担心会出现一系列的不良的社会问题,导致道德和伦理的沦陷,从而陷入一个不可挽救的地步。

被称为"英国文化研究之父"的雷蒙德·威廉斯在他的第一部作品《文化与社会:1780—1950》中,重新阐释了文化的概念,扩大了文化的内涵。他摒弃了狭义的文化概念,认为文化不应该是一个时代高级的精神和艺术产品,从根本上来说它是"一种生活方式"(a way of life),从而在理论上确立了"文化是普通的"(culture is ordinary)这一典型的威廉斯式的理论。这个立论从此成为威廉斯和左派文化阵营与文化精英主义对峙和斗争的理论武器。他还无情批判那种传统文化观念中存在的"精英意识",威廉斯指出,无论是少数文化、高级文化,还是大众文化、工人阶级的文化,都是创造文化共同体的来源,都应一视同仁。

威廉斯在《文化与社会:1780—1950》后面的篇章中具体研究了"大众""大众传播"等概念的意义和使用,他指出,在英国社会,"大众"是一种"暴民的"文明外衣,是一个反民主色彩的概念,而"大众传播"一词明显地反映出英国"精英文化"对大众媒介的歧视和偏见。大众文化常被用来指代工人阶级消费的低层次文化产品,或者等同于工人阶级文化,这是完全没有道理的。基于以上认识,威廉斯终其一生都拒绝使用"大众"(mass)一词,而代之以"共同文化""共同利益""多元社群""多元利益"等概念。他对英国的阶级社会以及维护阶级特权的精英文化保持清醒的、毫不妥协的批判态度。他往往站在民众的立场,身体力行,积极主张接受并扩大文化的内涵,解构精英文化与大众文化、高雅文化与通俗文化间的二元对立,提升大众文化的地位,倡导建立一种"民主的共同文化"(democratic common culture)。他认为大众化、民主化的工人阶级文化会发展为所有人的共同文化,并以文化领域作为突破点,打破英国社会中固有的阶级分化,为大多数人提供一种想象空间和精神家园,从而让社会文化在雅俗共赏中提高整体水平。由此可见,威廉斯开创了日常生活审美化概念,也被视为工人阶级文化的救赎者。

日常生活审美化的观念与中国城市公共空间的打造紧密联系,在现代都市的购物区、咖啡街区、实体书店中都广泛将生活与美学联系起来,在符号化消费主义、场景化传播等方面贡献了理论资源。

上海"新天地"位于上海的闹市中心,坐落在卢湾区淮海中路东段的南侧,总占地约三万平方米,改建前是成片有近百年历史的旧式里弄住宅。"新天地"以东西向的兴业路为界分为北里和南里。北里保持了原有石库门建筑的外观风貌,而南里则几乎全是现代建筑。北里由多幢石库门老房子所组成,传统建筑的外表下是现代化的装潢和设施,化身为多家高级消费场所及餐厅、酒吧、咖啡厅,菜式来自法国、美国、德国、英国、巴西、意大利、日本,空间里充溢着来自世界各地的音乐,如古典的、爵士的、摇滚的。此外,这里还聚集了画廊、艺术品展馆,精致的生活器具店,充分展现了"新天地"的国际元素。随着几年来的不断发展,"新天地"已从最初单纯的以餐饮为主,发展到增加了大量的服装店、生活艺术品展示店,成为一个完善的综合性高档消费区域,并为追逐生活高品质的人群及外籍人士所欢迎。

"新天地"的成功离不开消费,消费主义即要将一切都纳入商品的行列之中,如衣食住行档次的不断升级,饱暖之余对身体美化的重新审视和关注,休闲娱乐范围日益广泛、内容愈加丰富,城市环境进一步美化,主题公园相继建立……甚至是高居精神殿堂的艺术也不能"幸免",乖乖地向大众物质生活靠拢,并与消费建立了合谋关系,统治整个现实社会。审美和艺术走入了生活,生活被美化成艺术的影像,人们在现实中对梦境的追逐变成了在梦境里现实地居住。美化一切,以艺术的精神对生活进行一场革命,这就是日常生活审美主义者的口号。

审美的参与,让"新天地"为代表的新型都市消费空间充满了艺术的空气,在这里不仅有专门的艺术展览馆、艺术画廊,所有的酒吧、餐饮店、服装店、家居用品店也都浸润在艺术美的氛围里,无论是店内小环境的陈设布置、服务人员的着装、美味佳肴,还是在细节上小物品的摆放,首先考虑的就是能否产生绝妙的视觉效果。石库门还是那个石库门,但给人的感觉则是现代的,"新天地"的石库门老房子转换了原有的角色,成为消费的道具或是背景,当然,这道具或背景也是经过艺术加工的审美作品。因此它不必是一个纯粹的消费空间,同时也是一个游玩场所,艺术审美所需的静穆、购物获得的实际愉悦、集市的热闹喧嚣都消解重构,混杂在一起,这即是在消费主义背景下所提倡的界限模糊和功能混合。审美的不断渗透催生了更多都市消费空间的诞生①。

当文化工业使艺术的神圣性不复存在时,艺术开始与大众的日常生活频频对接。在对文化研究学派"日常生活审美化"理论的接受过程中,对城市公共空间的审美化打造成为热点。从"文化是普通的"到"审美是通俗的",艺术的审美性与消费紧密相连,作用于后工业社会中人群的精神生活,促进了日常生活中美学元素的呈现,构建了新兴中产阶级的主流审美价值观念。

二、接受分析理论

受众研究一直都是媒介研究的焦点。英国的文化研究学派的学者也根据自身的理论根基对这个问题做出了突出性的研究。首先是霍尔在《电视话语中的编码和解码》一书中提出了"霍尔模式";继而是大卫·莫利通过对电视的研究证实了"霍尔模式"的科学性,并提出了民族志的研究方法;最后是约翰·费斯克将受众研究放到了后现代语境下,为受众的研究做出了全新的阐释。

1. 斯图亚特·霍尔:编码/解码

霍尔是英国文化研究学派的主要代表人物,他的理论著述是与文化、意识形态和同一性等主题紧密联系在一起的。他最突出的贡献就是把法国的结构主义引入英国的文化研究中,为英国的传播理论的发展做出了突出的贡献。从他开始,英国的文化研究的核心概念从"文化"转向了"意识形态"。霍尔的一生学术思想丰富,著述颇多,主要代表作有《电视话语中的编码和解码》《文化研究:两种范式》《"意识形态"的再发现:在媒介研究中受抑制后的重返》《文化身份与族裔散居》《文化、传媒与意识形态效果》《解构"大众"笔记》等。

霍尔以后的英国文化研究,意识形态代替文化成为一个核心的范畴。无论是接受分析,还是文本分析,对于意识形态的研究都是重点。由此可见,霍尔确实是为英

---

① 赵盈.日常生活审美化与都市消费空间:以上海"新天地"为例[D].上海:上海师范大学,2006.

国的文化研究做出了突出的贡献。但是,霍尔的研究并不是没有缺陷。他过分注重意识形态这一主题,这意味着其他的诸种决定性层面,例如所有制问题等,均无法进入分析的视野。

霍尔在大众传播领域最大的贡献,就是将经过意识形态编码的文化诸形式与受众的解码策略联系起来,事实上是实现了从文本研究到受众研究的转向。在《电视话语中的编码和解码》一书中,霍尔指出电视话语的流通可以分为三个阶段。在第一阶段,是电视的专业工作者对原材料进行加工,也就是"编码"阶段。在这个阶段中起主导作用的是加工者的世界观、知识结构、技术条件等因素。第二阶段叫作"成品"阶段。电视作品一旦完成,电视话语被赋予"意义"之后,占主导地位的便是赋予电视作品意义的语言和话语规则。这时,电视作品成为一个开放的、多元的话语系统。第三阶段被称为"解码"阶段,这也是最重要的阶段。在这个阶段中,观众自身的"前理解",及其已经形成的世界观、知识背景和生活阅历起着主要作用。每一个观众都可以根据自身的情况对电视话语的意义进行解读。

据此,霍尔提出传播不仅仅是一个从传播者到接受者的线性过程。他认为,在传播过程中,从"编码"到"解码",每一个过程都有其自身的决定因素与存在条件。由此,霍尔指出一个已经过符号编码的文本可以通过三种方式来解读。首先,是以霸权为主导的阐述方式,这是以信息所提示的预想性意义来阐释文本的。这一解读模式和权力密切相关,它的前提假设是受众和编码者的政治文化立场完全一致。其次,霍尔认为一个媒介的文本意义也可以通过一种协商性意义的代码来解读。在此,阐释者和经过编码的信息之间是一种微妙的竞争关系,既肯定又否定,既相信又质疑。这种模式也常常建立于理性审视与思辨之上。最后,霍尔还指出媒介文本的意义可以是对抗性的解读。这种解读与文本的愿望格格不入,不太会接受文本中所提出的观点。这三种解读方法就是"霍尔模式"。

"霍尔模式"在中国也产生了影响,尤其为网络环境中的新闻传播、影视剧用户反馈等现象提供了思路,比如在对电视剧《延禧攻略》的解读中呈现出不同的路径,也如同在电视剧《甄嬛传》中一样,富察·容音和沈眉庄深受喜爱,文本中编码的内涵基本被接受;而对纯贵妃与甄嬛的理解则褒贬不一,这两位人物内涵比较复杂,观众对其理解的差异性也较大;对高贵妃和安陵容的定位则与编码者的原意出现很大的偏差,文本编码者将这两个人物都定义为"反面人物",但事实上,观众则认为高贵妃"坏得可爱",安陵容"坏得可怜",在解读的过程中基本是反其意为之。

主导式解读

主导式解读的含义和"皮下注射论"有相似之处，认为观众是全然接受编码者想要传达的所有意义，编码的目标和解码的结果一致对等，不存在曲解与误会。观众在《延禧攻略》中对皇后富察·容音的怜惜与理解便达到了这种主导式解读的效果，编码者痛惜爱怜这个人物，观众也在解码过程中深深爱上这个人物，感同身受地理解她所有的善良美好、委曲求全以及孤独绝望，还为了这个人物而责怪男主人公，甚至发起了"男人都是大猪蹄子"的热门话题。观众对人物尔晴的憎恨也充分体现了这种主导式解读，编码者塑造的负面人物尔晴受到了观众一致的深恶痛绝，这个人物甚至成为继容嬷嬷后的一代反派人物标杆，观众改编歌词来骂她，拍视频来消遣她，甚至广告都蹭其热度一同讨伐她，可见编码者在此人物的塑造上深入解码者的内心。

协调式解读

协调式解读介于主导式解读与对抗式解读这两个极端之间，是一种比较"佛系"的存在，是解码者对编码者的意图进行不完全的接纳，但也不会表现出明显的抗拒。这种现象在《延禧攻略》中表现在纯贵妃感情线的塑造上，编码者将该人物的黑化理由设定为钟爱富察·傅恒，因爱而不得而与主线人物建立对立关系，但前期该人物与富察·容音关系密切、感情深厚，与富察·傅恒这个人物并无过多接触，因富察·傅恒而迁怒于富察·容音似乎有些牵强。但除此外，也并无其他更能站得住脚的逻辑，因此观众对这个设定并不接受，但也不表示抗拒，视为协调式解读的表现。

对抗式解读

对抗式解读是相对于主导式解读的另一个极端，是指观众完全不接受编码者想要传达的所有意义，编码的目标和解码的结果不一致，存在曲解与误会，并表现出明显的抗拒。这是编码者与解码者之间沟通不到位、编码者传播目的没有达到的一种表现。这种现象在《延禧攻略》中集中表现在高贵妃这个角色上，一方面，编码者将该人物设定为乾隆皇帝曾极度宠爱的妃嫔之一，因此才会恃宠而骄、任性妄为，但在剧中，高贵妃这个人物妆容老气、嚣张跋扈，观众认为皇帝不可能会宠爱这样一个女子，人设上似乎站不住脚，并不太接受编码者的设定；另一方面，编码者将高贵妃设定为一大反派人物，多次将其与一干主线人物建立对立关系，但观众不但没有将其当成反面人物，其在后期反而因"坏得可爱"而广受喜爱，因此是一种全然相反的对抗式解读[①]。

---

① 王妍力.用霍尔"编码解码"理论解读《延禧攻略》[J].新闻研究导刊,2018(15):130-131.

主导式解读常常出现在编码者充分了解受众的心理,对信息进行有序编排的情况下,也会出现在重大灾害事件的舆论引导中,可收获良好的传播效果;协商式解读是受众基于信息的选择性接受与理解,既承认其合理化的一部分,也保留质疑的态度;对抗式解读是相对于主导式解读的另一个极端,信息不但没有对等传播,反而呈现出相反效果。总而言之,"霍尔模式"的提出打破了美国受众研究的传统模式,它表明意义不是由传播者传送的,而是由接收者生产出来的。然而,霍尔虽然提出了这个模式,但并未通过实例来验证理论,理论联系实际的工作是由文化研究学派的另一个学者大卫·莫利来完成的。

2. 莫利:民族志的研究方法

在 1988 年,莫利出版了《电视、受众与文化研究》一书。在调查中,莫利考察了 18 户白人家庭收看电视的状况,电视收视和性别的关系是他这次调查的新的焦点。关于电视收视这一社会活动的性别特征,明显地表现于跨社会阶级的所有家庭和社会等级。

大卫·莫利使用了民族志研究方法。民族志,又称人种志,或者田野调查法,原指人类学家在对特殊文化族群进行实地观察、记录、体验的一种研究方式,后被文化研究学派广泛使用。民族志的方法试图进入一个特定群体的文化内部,"自内而外"地来展示意义。伯明翰学派的文化研究创立了关注边缘群体文化的先河,自此阶级、种族、性别维度中处于弱势地位的如女性文化等成为研究中的显学,影响了整个 20 世纪末以降的媒介文化研究,开创了全球影响力较大的研究视域。

莫利在研究中选取性别作为考察维度,在《电视、受众与文化研究》一书中使用民族志的研究方法对 18 户白人家庭的电视节目收看中所反映出的性别差异与权力意志进行评判,从而极大丰富了文化研究的视野。莫利从八个方面考察了性别因素的影响。①对节目选择上的权力和控制。很多家庭的例子表明,在出现节目选择的冲突时,男性权力是最终的仲裁力量,但丈夫失业而妻子外出工作的情形例外。②看电视的风格。男性和女性在描述收视行为时方式迥异。男性都希望专心致志地看电视,不被打扰。女性则是边看边聊,或边看边做家务。③有计划和无计划地收看电视。整体而言,男性通过查看节目播出时间表来安排晚上的收视,女性基本是可看可不看的态度,她们不在乎漏掉节目(除了她们喜欢的电视剧)。④涉及电视的谈话。女性更愿意承认和朋友、同事一起谈论电视节目,很少有男性愿意承认这一点,他们只承认谈论体育节目。⑤录像机的使用。录像机和电视遥控器一样,经常是父亲和儿子持有,主妇很少自己使用录像机,一般都是丈夫和儿子帮忙操作。⑥独自观看和负罪的快乐。很多女性认为她们最快乐的时光就是其他家庭成员不在的时候,可以享受最喜欢的电视剧。男性霸权把女性喜欢的肥皂剧视为品位低俗,她们很难在丈夫面前争取到自己喜欢的节目,而且她们认为如果看了那样的节目,她得到了快乐而家人不喜欢,她会有一种罪恶感。⑦节目类型偏好。男性主要认同"事实性节目",如新闻、时事、纪录片,女性则喜好虚构性节目。⑧全国性和地方性新闻节目。男性比女性对新闻节目更感兴趣,但很多女性喜欢看地方新闻节目,因为有些地方新闻节目内容对她们的家庭责任有实际价值。相反,她们经常觉得全国新闻和国际新闻与她们无关,因此不看[①]。

对于这些经验性差异,莫利认为不是由男女生物性特征造成的,而是因为男女在家庭中的社会角色不同。在"男主外、女主内"的传统家庭格局下,家庭对于男性来说是"休闲场所",对于女性来说则是"工作场所"。性别视角在家庭关系之中起到了结构化的作用,因此基于不同的心理动因与权力关系,形成了不同类型的观看体验。基于此,莫利在霍尔模式的基础上,有效增强了文化研究的实践性,并强化了受众中心指向。

3. 约翰·费斯克:生产型受众观

20世纪80年代之后,后现代主义开始在全球范围内产生深远的影响。后现代主义致力于让在逻各斯中心主义中处于劣势的群体发声,由此传统的传/受观念也随之变迁。文本的意义如果缺少了受众的读解,则意义无法生成。约翰·费斯克的生产型受众研究也在这一时代背景中应运而生。

作为英国文化研究学派20世纪80年代以后的代表之一,费斯克以其提出的两种经济理论闻名于世。费斯克认为媒介产品流通于两种同时存在但并不相同的经济(金融经济和文化经济)中。在电视传播的金融经济之中,注重的是电视节目的交换价值,产品只要被电视台所购买,其生产流通的阶段就结束了。第一阶段比较容易被量化,随即电视生产的消费流通阶段开启。在第二阶段中,作为商品的节目改变了角色,成为生产者,这里产生了一种虚拟的商品——受众的注意力,受众的注意力被视为商品售卖给广告商。到此,金融经济的流通即告完成,而它的文化流通才刚刚开始。从文化产品的消费中,受众获取了精神上的享受,同时也成为广告商视野中的潜在客户。在文化产品创造经济效益的阶段,实体交换更迭为虚拟交换,也即"交换和流通不是财富,而是意义、快感和社会身份"[②]。在这里,受众的支配力是很强的,虽然有可能被广告商所俘获,但是商品必须对受众有意义,或者是物质上的满足,或者是精神上的快乐。尤其是意义/快感的生产,本身在现代传媒社会就是至

[①] 莫利.电视、受众与文化研究[M].史安斌,译.北京:新华出版社,2005:166.
[②] 陆扬,王毅.大众文化研究[M].上海:上海三联书店,2001:134.

关重要的,且不易受到真实经济实力的制约。因为"意义/快感的生产最终由消费者负责"①。

费斯克的两种经济理论开创了与法兰克福学派受众被动论完全不同的理论视域,虽然受众无法决定媒介产品的生产,但其具备相应对产品消费的选择权。不被受众认可的文化产品,是缺乏生命力的,甚至是岌岌可危的。受众对媒介的接触并非全盘接受,而是充满了主动选择的过程,这是一个可能充满认同、质疑甚至消解的过程。如果信息传播在传播技术、内容、平台上没有与时俱进,传播者的本意很难传递到受众之中。每位独立的受众都具备相应的文化素养,甚至可以进阶为媒介素养。过去我们通常说"眼见为实",现在初步具备媒介素养的受众都知道,照片可以精修,视频可以剪辑,"眼见也未必为实",这一现象正说明了受众在信息接收中天然具有阅读和理解信息的能力,同时通过训练媒介素养,这一能力还可以逐步提升。简单来说,初级的媒介素养是能够接触信息、认知信息,中级的媒介素养是能够理解信息、判断信息,高级的媒介素养是可以针对信息生产出自己所需要的意义,充分地言说与表达。在费斯克的理论里,受众就被充分地认同与信任,个体拥有主体性,从而可以能动地运用媒介生产出自身所需要的新场域与新意义。

第四节　青年亚文化理论

虽然美国芝加哥学派是青年亚文化(youth subculture)的鼻祖,移民和种族研究中对问题青年行为的研究揭开了青年亚文化研究的序幕,但文化研究学派无疑将青年亚文化理论由幕后推向前台,使之成为文化研究中的重要组成部分。

一、青年亚文化的内涵

20世纪30年代,美国芝加哥学派开始关注芝加哥城市内的移民与种族引发的亚文化,这种文化常常与异常行为以及犯罪相关。但是这一学派并未使用"亚文化"一词,而是着力发掘移民文化中的敌对、冲突、适应和同化,以及有关小偷、舞女等特殊群体的社会组织建构。

青年亚文化理论的集大成者是文化研究学派。这一学派特别关注边缘群体的文化实践,在边缘群体中划分出青年一代,重点关注其文化心理及行为。在20世纪六七十年代的英国工人阶级家庭中,很多青少年没有接触到高雅或者精英文化的机会,但是这一群体不愿意失去自身的文化阵地,因此自创了诸多在主流文化之外门

---

① 陆扬,王毅.大众文化研究[M].上海:上海三联书店,2001:137.

槛较低的文化类型,即亚文化。"亚"的英文翻译为 sub,表示次生。青年亚文化由处于边缘地位的青少年群体所创建,用以颠覆、反抗、批判成年人的社会秩序,以及主流文化的规则。

在文化研究学派的青年亚文化研究中有两个关键词。其一为"仪式抵抗"。英国伯明翰大学的学者集体撰写了一部叫《通过仪式抵抗:战后英国的青年亚文化》的著作,对英国工人阶级青少年的亚文化给予了广泛的关注。青年亚文化群体必须创造出一种特殊的表达方式,通常以仪式化的表演来呈现。其二为"风格"。关于风格的论证在美国理论家迪克·赫伯迪格的《亚文化:风格的意义》一书中得以强化。亚文化的风格通过拼贴、反叛、同构、表意实践等方式来实现,在仪式抵抗的表演中表现出不羁的风格,这种风格中的另类和时尚元素可能成为备受关注的文化类型,如音乐体系中的朋克、雷鬼等。朋克音乐带有强烈的重金属风格,表现了极度的自恋、虚无与性别倒错;而雷鬼音乐则是牙买加黑人的自我言说,包含着故意的吐字不清、愤怒的情绪以及极强的节奏感,其中的异国情调与危险的氛围具有吸引力。在中国青年亚文化的发展历程中,外形离经叛道的"非主流""杀马特"以明显的另类风格特色引发关注。

各种青少年亚文化群体所持风格的意义,以及亚文化成员表现这些风格的技术,正是文化研究学派在亚文化研究中一直关注的重点问题。某种程度上,受到欧美及日本各种亚文化影响的"非主流"或"杀马特"风格与文化研究学派以前着重关注的英国朋克风格也有相似之处。他们都运用了拼贴的技术,将各种先前的亚文化元素和生活物件打破常规地结合在一起。其结果是,它们在视觉效果上充斥了各种引人注目的元素,也都激起了部分人的谴责。文化研究学派的其中一位代表人物赫伯迪格因此将英国的朋克风格视为一种为了表现混乱而存在的风格,是一种无产阶级青年的越轨,是以工人阶级青年为主的年轻人对主流价值和制度的反抗。这种亚文化风格对于某种支配文化持有反抗性的强调,也很明显影响了中国学者们对"非主流"和"杀马特"的分析[1]。

青年亚文化也常常与后现代主义联系在一起,其中的批判、解构与戏仿如出一辙。后现代主义在现代主义之后,事实上呈现出反现代、批判现代的特征。后现代主义文学常常以戏仿、拼贴的方式来反抗权威。戏仿多被定义为一种后现代式的修辞格,指游戏式、调侃式地模仿读者和听众所熟悉的作者与作品中的词句、态度、语气和思想等,构造一种表面类似,但是内涵指向大相径庭,甚至背道而驰的语义空

---

[1] 张少君.对于中国青年亚文化中风格之争的社会学分析:再议"非主流"文化及"杀马特"文化[J].中国青年研究,2017(11):29-34.

间,常常以幽默和戏谑的方式出现,是一种滑稽性、戏剧性的表演方式,如周星驰的《大话西游》对四大名著之一《西游记》的戏仿。拼贴则是后现代主义使用的另一种手法,将各类风格杂糅的元素拼凑、对接在一起,形成"陌生化"的表达方式。

"鬼畜"是指通过调音、剪辑等制作技术,将大众所熟知的影音文本、广告以及网络热点事件以循环、反复、具有节奏感的方式表达出来,以此构建出新的文本。"鬼畜视频是对传统视频的颠覆,体现了对主流文化的反叛,属于网络青年亚文化。"鬼畜视频的特点为画面和声音重复率极高,且富有强烈的节奏感,主要包含音乐重复和内容重复两个要素。从内容的剪辑策略来看,挪用、拼贴、戏仿等手法是鬼畜视频主要的文本策略。鬼畜视频时常对经典或者严肃文化进行解构,以此来宣泄焦虑情绪或者形成集体归属感。此外,这些鬼畜视频内容大多呈现出怀旧特质,其所涉文本包括曾流行一时的"金曲"、经典电视剧或动漫作品,如鬼畜视频《童年收》分别截取自《美少女战士》《葫芦兄弟》《哆啦A梦》等动画片,《诸葛亮大战王司徒》的文本则来自1994年版《三国演义》[①]。

鬼畜视频的制播具有极强的后现代风格,使用戏仿和拼贴的手法实现语言狂欢与风格呈现,使用插科打诨、调侃经典等方式,利用语境落差来造成极强的反差,从而实现仪式化表演。

二、青年亚文化的变迁

从问题青年的行为,到"披头士""牙买加小混混"的愤怒反抗,再到网络世界中另类的狂欢化生存,青年亚文化的表现形式逐渐温和和多元,其意识形态的诉求相对淡化,玩耍、游戏的需求提升。中国青年亚文化更多地表现为代际的矛盾,如与父母文化之间的反叛与疏离。在网络空间中,青年亚文化更多以表演、玩耍、狂欢的形式来表现,并不一定是对某种文化类型的抵制,更多是建构自身的文化实践空间。具体的表现方式如陈龙的文章所示。

第一,以反抗成年人文化即英国学者克拉克所说的"父母文化"为特征。例如,追星族与追星文化被约翰·费斯克看作是抵抗主流文化意义的一部分。费斯克在他的《"粉丝"的文化经济学》一文中说,追星文化即是对主流文化意义的抵抗,追星族典型地与主流价值系统所轻视的文化形式有着密切的联系。我们可以找到偶像崇拜的心理学依据,但现实却远没有那么简单。近几年出现的"哈韩""哈日"现象,是偶像亚文化的典型。这表明偶像亚文化在青春期是不可避免的,我们的社会并没

---

① 陈维超.青年亚文化视域下"鬼畜"视频研究[J].常州大学学报,2019(3):110-116.

有为心理断乳期的青少年准备好合适的文化形式,因此,他们对成年人强加的文化产生抵触在所难免。

第二,突出了游戏、发泄特性,青少年对网络游戏的沉迷,就有类似的特点。"玩耍"成为接触媒介的一个主要特征。当下青少年使用的媒介主要是网络、电视、时尚杂志、卡通读物、言情类的图书,以及一些信息技术衍生媒体如手机等,而新兴媒介的使用主要表现在网络游戏、网络聊天、手机短信等,这些都带有玩耍的特性。

第三,表现为旷日持久的狂欢活动,而这主要表现在媒介使用领域,尤其是对新兴媒介的使用上。青少年把接触媒介看作是一种"狂欢仪式",与以往不同的是,网络媒体的出现为青少年创造了自己的独立社区,进入这一社区意味着仪式的开始[①]。

新媒介激发了青年亚文化的发展,使父母和主流文化主导者对新媒介充满警惕,甚至会认为新媒介加深了青年亚文化的离经叛道,使青少年更加背离和叛逆。事实上,新媒介提供了青年亚文化发展的技术平台,媒介本身并无对错,如何正确使用媒介来表达才是应当着重关注的症结所在。在和谐社会文化的构建中,可尝试为青年亚文化提供相应的生存空间,引导其与主流文化形成对话而并非对立,温和引导其反叛的一面,积极鼓励其创新因素的形成。

正如大卫·博金翰(David Buckingham)在其媒介教育著作《童年之死:在电子媒介时代成长的儿童》中所说:"对于成长于电视时代的人们来说,新兴的电子媒介越来越难以理解和控制。"尼尔·波兹曼在《童年的消逝》一书中提出,在口语时代,儿童和成人都用语言来交流,这一时期童年没有明显地从成人世界里区分出来;印刷时代用文字交流,而文字阅读的能力掌握在成年人手中,儿童尚未进入以文字为主的知识世界,由此在鸿沟中产生了"童年"的界限;在电视时代,以视觉符号为主的信息实现了成人与儿童的共享,儿童与成人之间的界限模糊了,成人世界里的暴力、色情及斗争过早地进入了儿童世界,从而带来"童年的消逝"。这本著作写作于1982年,彼时尚未进入互联网时代,如今在新媒介赋权下,青少年与成人世界的边界进一步消逝,同时青少年自主文化实践的领域也进一步扩张,亚文化的媒介化生存成为重要的领域。

三、青年亚文化的媒介化生存

中国青年亚文化理论与实践和网络媒介蓬勃发展密切相关。新媒介平台为青年亚文化族群提供了聚合群体、言说自身、身份认同与商业消费的场域,从而推动各类亚文化现象发展。苏州大学的马中红教授在"新媒介与青年亚文化丛书"中提到了七种

---

① 陈龙.青年亚文化与当代媒介素养教育[J].国际新闻界,2005(2):17-22.

亚文化类型,分别为Cosplay(角色扮演)、黑客文化、御宅族、恶搞文化、迷族文化、网游文化、拍客文化。除此之外,中国青年亚文化还包括很多网络流行文化现象,诸如耽美、鬼畜、丧文化、佛系人生、锦鲤许愿、盲盒潮玩等或者诉诸语言的狂欢,或者以夸张变形的外观夺人眼球,或者创造出独特的文化景观,或者以超前消费的形式来实现自我认可。

网络媒体事实上为青年亚文化制造了社区,当青年一代进入社区后,集结为网络趣缘群体,其极具风格的仪式抵抗就开始了。比如网络自拍现象,在自我凝视与他者审视之间确认自身。法国精神分析学家拉康在"镜像理论"中提出,人类的成长是不断地在镜像中寻求自我印证,镜像可以是真正的镜子,更多是"他人目光交织之网",幼年时期来自父母,成长期来自师长和同辈,进入网络化社会则来源于更多强关系和弱关系中的模糊面孔。自拍现象一方面来源于自我对形象的整饰,另一方面来源于在网络社区中渴望得到他人的关注和认同。

无论是自我粉饰的美颜式自拍,还是自我矮化的恶搞式自拍,抑或反视觉奇观的纪实类自拍,不管其彰显的是"颜值即正义"的美学风格,还是"无厘头"的恶搞风格,抑或"无技巧""无意义"的纪实风格,自拍所呈现的多样化的风格,都只是传达意义的一种象征或符号,其背后还潜藏着"特殊时代的文化"。从这一层面上看,自拍一方面是一种有关自我形象的身体表演与美学实践,它不仅以"年轻""性感""苗条""时尚"等为核心语汇,引领了一股"身体符号崇拜"的潮流,还推进了"日常生活审美化"的趋势,使"生活转换成艺术"和"艺术转换成生活"这两个过程同步进行;另一方面,自拍在自我经验的言说和建构中,还讽刺、颠覆了现实社会的体制神话。首先,风格化的自拍解构了主流的精英文化,使草根阶层在视觉文化中逐渐占有一席之地。其次,风格化的自拍颠覆了传统的社会审美,性感、成熟、健美等新"美学"不仅打破了柔弱、端庄、文静等角色固化的社会评判标准,还跨越了性别、年龄甚至阶层所带来的传统区隔[①]。

自拍文化借助新媒介场域,以身体来彰显风格,从而实现了对主流文化的区隔与反叛。事实上,在新媒介赋权之下,青年亚文化爆发出极强的创造性,网生代已经不只是文化的接受者,更多是文化的实践者和创造者。

青年亚文化群体创造了自己的传播制作体系,独立于大众传播媒介体系之外,不但与文化工业文本并行不悖,更赋予了该文化参与者更多的权力。他们借用各种小众乃至微型媒体捍卫自己的利益,个体在加入亚文化群体之后,利用一系列媒介

---

① 蔡骐,文芊芊.风格表意与认同建构:青少年网络自拍亚文化[J].现代传播,2020,42(12):142-146.

参与文化产品的制造,比如电子杂志、小专栏,建构出一个完整的亚文化的发展进程,传递出该亚文化的意义与价值。这些年轻人并非是简单地受制于或不加批判地接收、消费商业产品与媒介文本,而是将他们所获得的产品进行改造——这其中必然蕴含着进步的活力。这些年轻人用自身行为影响着社会生活,也丰富着社会文化,他们通过自己的文化实践实现了文化自足,不断为这个世界注入新鲜血液[1]。

青年亚文化经由网络传播,其中包含创造性和生命力的部分进入大众视野,甚至被主流文化所吸纳。

青年亚文化的文化创造和表意策略也因为网络环境的开放性、流动性和全民性,或快或慢地渗透到日常生活的各个领域。仅以语言为例,我们就可以看到,本属于动漫亚文化专有词汇的"给力"上了《人民日报》的版面,各式各样、五花八门的语体进入机关的公文,大学校长的演说吸纳了年轻人网上交流的用语……都体现了亚文化与主流文化之间抵抗而依存、区隔又融合的状态[2]。

四、青年亚文化素养

在青年亚文化与主流文化的关系中,中外学界都经历了从反叛对抗,到客观审视,再到对话引导的历程。在新媒体时代,当青年亚文化以聚沙成塔的效应日益进入公众视野时,正确应对、温和引导、合理培育亚文化素养就成为重中之重。如果以传统视野将青年亚文化视为离经叛道或洪水猛兽,势必激发亚文化因子中愤怒和叛逆的一面;但如果放任青年亚文化发展,不对其中的异质因素加以引导,青年亚文化中不良的一面会影响青年一代价值观的树立。因此,在网络生活中要增强数字媒介素养,以学习和交流的方式正确使用媒介,学会表达,合理判断,创新文化实践。

新加坡学者伊安·韦伯(Ian Weber)认为21世纪数字化生活以4个关键性目标为中心,即使文化产品通俗易懂,使批判性思考看得见,通过相互合作进行学习,培养自我管理、自我决断的能力。这也是他所谓"数字素养"的核心。他指出:"青少年的革命性体现在他们维权的过程中——他们质疑传统,再创造实用文化的新形式,并适应这一新形式。"当然,数字媒介素养也可以通过教育不断强化。伊安·韦伯提出的方法是"学习"(通过调查、讨论等进行)、"提倡"(营造培养数字素养的紧迫感)、"关注"(使社区、教师、家长都来关注)、"激活"(形式、方法的灵活运用)。

---

[1] 孙黎.中国网络青年亚文化群体新媒介赋权行为及影响[M].武汉:华中科技大学出版社,2020:19.

[2] 孙黎.中国网络青年亚文化群体新媒介赋权行为及影响[M].武汉:华中科技大学出版社,2020:19.

在青年亚文化媒介素养的养成中,需要同时具备批判性和建构性的思维。批判性思维用以保持和主流文化的区隔,创造自身的言说和行为阵地;建构性思维立足于汲取亚文化中的创新元素,实现知识传播与文化实践。青年一代需要真正掌握新媒介的使用方法,能够区分虚拟与真实,能够明确新媒介如何激发亚文化的生成与传播,又可能对自身的日常生活产生何种影响,能够合理安排使用媒介终端的时间,实现建设性地使用媒介发展青年亚文化的目标,并最终实现自我的成长。

第五节 媒介文化与消费社会

自16世纪开始,在欧洲的历史上,从贵族社会中涌现出消费的理念,用以确立自身的地位,甚至取悦君主。随后,贵族中流传的消费之风进入社会公众视野,很多中产阶级开始模仿贵族的生活模式,或者由新兴的资产阶级自创文化趣味。消费由此不仅代表身份地位,还承担着风格的表意作用。20世纪以降,广播、电视、电影、广告等大众传媒的飞速发展,推动了消费以及超前消费观念的发展。

一、符号学与消费社会

在马克思主义政治经济学理论中,马克思将商品的价值分为使用价值和交换价值。其中使用价值是针对商品购买者而言的,即自己购买这个商品能够起到何种作用;交换价值是针对商品生产者而言的,即出售了商品,能够获取多少流通中的价值。之后,法国理论家让·鲍德里亚将马克思主义理论与结构主义符号学理论相结合,提出了消费主义文化研究中的重要理论资源。

鲍德里亚在《消费社会》一书中提出,20世纪是物质生产极大丰富的时代,人类不可避免地被物质所裹挟。鲍德里亚承继了马克思主义理论中关于商品使用价值和交换价值的用法,并提出了符号价值的说法。在符号学中,符号都带有某种特定的意义。比如,西方文化中,玫瑰花代表爱情;中国文化中,赏月常指思乡之情。在消费社会中,符号价值指在物质需要之外,商品所带来的一些隐性指标,如风格、地位、权力、圈层等。鲍德里亚认为,现代社会是生产型社会,机器生产出大量商品以满足人类物质生活的需求;而后现代社会是消费型社会,物质生产在满足基本的需要之外,更多地作用于消费欲望。

随着消费社会的来临,现代资本主义社会已经被符号所控制。消费社会中,符号统治一切。消费社会并不是传统的物质产品占主导地位的时代,而是符号编码占主导地位的时代。在消费社会中,无论是房子、汽车,还是服装、家庭陈设,都带有极强的符号意义,是一个阶级用以确立自身,或者区别于其他阶级的外在表现。在消费主导的历程中,广告及大众传媒无疑极大地推动了消费观念与社会文化的形成。因此,当下社会中才有"我消费,我存在"的口号,也有《天生购物狂》等电影来反馈这一现象,信用卡、消费贷也是消费社会景观的一种表现。在中国,"双11""618"等电商购物节很好地诠释了消费社会与消费主义。

物质富余刺激"消费升级"。随着网络购物的不断盛行,各种电商平台逐渐兴起,其中的商品种类大到房屋、豪车,小到纽扣、针线,惊人的物质与服务数量填充着这个"无限大"的虚拟空间,"只有你想不到的,没有你买不到的"成为现实,物质的增多导致人的欲望不断升级,对于符号消费的需求更加强烈。

电商平台精心打造"消费场景"。网络购物的消费者被置于一个个理想的消费场景中:各个维度的精美实物照、标榜身份的暗示性文字、新颖有趣的视频展示、成千上万的销量与评价,甚至还有别具一格的商品标题、页面风格、编排设计和热情回复的客服对话等。这些信息都成为一个个符号,对消费者的购买决策起到干扰作用,它们组合起来成为一个巨型的网络符号诱惑链,并营造出时尚、独特的购物氛围,网络成为符号视觉盛宴的场所。

互联网环境下"消费边界"被拓宽。网络的出现不仅使得商品的交换方式出现了新变革,连商品本身的定义在虚拟的网络空间中也扩大了范围,不再局限于以往具体的一件实物,各种虚拟物品和虚拟服务层出不穷,一次点击、关注或收藏都可能引发直接的符号消费。除此之外,网络的虚拟化与碎片化也使得符号消费的形式不断增加,消费的边界不断被拓宽,任何事物都有作为商品用于消费的可能。

在"注意力经济"时代,符号编码工程不断循环升级。在网络空间中,也存在着物质极大丰盛、各种信息被网络过度制造与呈现的问题。加上现代网络中虚拟物品的存在,生活在互联网时代的人们每天被各种新事物与新时尚的符号包围着,在产生满足感的同时也会落入由信息匮乏引发的"焦虑陷阱"中。真实有用的信息到底是哪一个?为了在海量的信息中成功让消费者注意到自己,信息编码者开始了一轮更为浩大的符号编码工程,再一次将受众卷入一场网络制造的符号消费系统之中,符号的"编码-解码"方式得到不断循环与升级,"拨开云雾见天日"变得越来越难。

从上述电商造势、全民买单的购物景象可以看出,在互联网为主导的线上消费时代,拥有相应的媒介素养是至关重要的。信息生产极大丰盛,如何从大量冗余的信息流中寻找到自身真正需要的信息是非常困难的。在大数据时代,信息茧房效应加剧了用户接受的不平衡。信息茧房指用户关注的信息领域具有相应的一致性,正如蚕将自己包裹在蚕茧中一样,尤其在信息依赖算法分发的时代,信息茧房效应愈发明显。由此,根据用户的购买信息,购物网站会不断推送相关的产品,诱发再次消费;各类购物类微信公众号、短视频网站、网络直播间、电商捡漏群不断制造消费狂欢的场景,只需要轻轻一点,就可以拥有物质极大丰富的世界。

在消费时代,消费者需极大提升媒介素养,方能理性区分真实消费与虚假消费。真实消费是用以提升自身知识、素养、能力,以及维持生活的需要;而虚假消费更多在商品的符号意义之上,是寄托于通过消费获取一定的声誉、身份,以期得到某种认同。

二、媒介景观与消费社会

消费社会所产生的各种各样的符号,尤其是大众传媒所生产的大量"仿真"(simulation)符号,形成了传媒符号所制造的"媒介景观"。仿真社会比真实社会还要真实,人类置身于虚拟的幻象中不能自拔。媒介通过符号的复制制造出一个超真实的世界。美国传播学家李普曼在此基础上,提出拟态环境理论。拟态环境指大众传媒所制造的世界,并非是真实世界的客观映像,而是大众传媒对真实世界进行加工、排序、重组后所形成的媒介世界。传播学者郭庆光认为,"所谓拟态环境,也就是我们所说的信息环境,它并不是对现实环境的'镜子'式的再现,而是传播媒介通过对象征性事件或信息进行选择和加工,重新加以结构化之后向人们提示的环境"[①]。通常所言的"眼见为实",在这个意义上并不存在,许多电视新闻,包括纪录片都为了某些特定目的来制造真实,与客观现实还存在差异。从媒介素养的角度,我们需辩证地看待这一现象:一方面人类不可能通过行万里路达到对信息、知识全知全能的了解,各类信息依然是人类了解世界的窗口;另一方面,需要极大地提升信息辨识能力,才能够在拟态环境中去芜取精,真正获取自身需要的信息。

大众媒介所构筑的拟态环境的母本来源于日常生活,是从日常生活中发现、选择、加工、压缩、歪曲与结构化的结果。所以说拟态环境与日常生活是似是而非的近亲关系,它保持了对日常生活的似真性。随着科技文明的发展与大众媒介的发展,当下大众媒介充斥了我们的日常生活,媒介化社会得以构建。在媒介化社会里,我们被媒介产品包围,一时一刻都难以离开大众媒介。大众媒介参与了我们的日常生活,并塑造了我们的日常生活。由于我们日常生活空间的有限,我们获取信息的来源绝大部分是大众媒介赋予的,特别是在网络化社会日益成熟之后,大众媒介所提供的海量信息把我们的日常生活淹没了,阻断了我们亲自参与日常生活意义的建

---

① 郭庆光.传播学教程[M].北京:中国人民大学出版社,2005:127.

构,对日常生活世界切身感受少之又少,特别是在我们陷入对媒介产品的沉浸式体验以后,我们会错把媒介产品构建的拟态环境当作日常生活本身,使我们丧失了对日常生活的真切把握,我们毫无选择地成了媒介中人,生活在拟态环境中而不自知,削弱了我们认识世界、改造世界的能力。正如李普曼所认识到的:拟态环境具有消极性,它告知我们要批判地认知拟态环境的意义,分清日常生活与拟态环境的差异,从拟态环境中走出来,全面掌控我们自己的日常生活①。

拟态环境使媒介使用者生活在"幻象"和"镜像"之中,久而久之,失去了对真实世界的辨识能力,将媒介真实等同于生活真实。英国学者迈克·费瑟斯通致力于将后现代理论运用于消费主义的研究中,他认为消费社会通过大量符号、影响和虚拟空间的制造,对个体提供了快乐、欲望和梦想,人们身处的环境已经变成无限的消费空间和场所,大众身处于各种各样的消费幻象中。

20世纪七八十年代的城市发展趋势就变成了对购物中心的重新设计和扩张。在商场内部空间的建筑设计、仿真环境方面,它们融合了许多后现代特征,梦境幻觉的运用、蔚为壮观的场面、折中混合的符码,都引导着大众浮掠于大量的文化词汇,鼓励他们享受眼前的即时感受,并杜绝任何远距离观赏的可能:对情感的控制解除了,人们如同儿童般在那里漫游、溜达②。

法国思想家居伊·德波(Guy Debord)发展了马克思主义学者葛兰西的文化霸权理论,认为当代社会控制不是通过硬性手段来达到的,而是建立在对文化领导权的认同之上。德波将马克思主义的商品经济理论进一步深化,提出"景观"这一概念。景观是对现实的遮蔽,真实的世界变成影像,而影像升级为比真实更真实的存在。尤其在电子媒介时代,景观并不仅仅是影像的堆积,更建构了以影像符号为中心的社会关系。从深层意义而言,媒介不但点燃了受众的消费欲望,更在不知不觉中编织出普通并被认可的世界观。

在电子媒介的消费引导中,真实的物及其使用价值不再重要,重要的是被电子符号建构出来的物的意象,消费的过程首先是对意象的消费。当物的消费以意象为中介时,物就必须将自己表现出来,这种表现不只是直接表现自己的使用价值,更是表现自己的意象价值。真实存在的首先是物的虚像。商品的丰裕和意象的中介作用使得消费本身不再是基本需要的满足,而是被意象激发的需要的满足,真实的消费变成了消费的幻觉,即德波所说的伪需要的满足。于是影像制造欲望,欲望决定

---

① 杨旦修.日常生活、电视剧与拟态环境[J].文艺争鸣,2010(8):44-46.
② 费瑟斯通.消费文化与后现代主义[M].刘精明,译.南京:译林出版社,2000:151.

生产,消费资本主义的生产方式开始转向以影像方式为主导的景观生产方式,由此揭示了一个意义和价值通过商品本身消耗的世界①。

在德波生活的时代,电子媒介时代尚未全面来临。美国学者道格拉斯·凯尔纳在此基础上提出了"媒体奇观"的概念,认为企业、政府、媒体在一定利益的驱使下,制造了各个领域内的媒介事件,形成了美国社会光怪陆离的媒介奇观。凯尔纳选取了麦当劳商业、乔丹体育、辛普森犯罪、《X档案》与电视文化、好莱坞电影中的政治隐喻五个方面全面解读大众传媒所制造的媒体奇观。比如在辛普森案件中,辛普森是美国家喻户晓的美式橄榄球运动员,也是一位备受关注的黑人明星,其成名之路非常励志,他娶了一位白人太太。在这一案件中,辛普森涉嫌杀死妻子与一位白人男性。本来案情并不复杂,在美国大众传媒的裹挟之下,其明星丑闻、种族冲突等元素吸引了大量社会公众的关注,警方对辛普森的直升机空中抓捕都以现场直播的形式呈现,极具戏剧性,在审判日甚至带来美国总统的演讲推迟、华尔街股票交易停滞的万人空巷的效应,被称为"世纪审判"。CNN统计数字表明,大约有1.4亿美国人收看或收听了这场被誉为"世纪审判"的最后裁决。从辛普森犯罪事件可以看到,美国传媒对于公众热点事件的操纵,甚至影响了最终的裁决。案件本身孰是孰非已经并不重要,重要的是公众如何在这一包含暴力、色情、种族的案件中达到狂欢。

媒体奇观并非只在暴力犯罪事件中呈现,体育竞技也构建了媒体奇观。奥运会、世界杯足球赛等全球体育盛会,在现场直播的热闹场景中,也构建了轰轰烈烈的媒体奇观。在体育赛事的转播中,即使赛事再精彩,如果不被关注,没有相应的电视台转播,则无法产生任何轰动的效应。媒体渲染下的体育赛事与其说是竞技赛事,不如说是一类特殊的表演,充斥着各类场外造势与花边新闻。媒体在导演体育事件,政治经济中的各方力量在编制表演的程序,运动员甚至观众都是作为演员而存在。

"狂欢化"是巴赫金提出的一个文学理论,认为狂欢是一种感受世界的方式。"狂欢"也是体育文化奇观的一个重要特征,每一次重大赛事甚至非重大的民间赛事本身都带有狂欢特征。而媒体则进一步引诱和制造着这种狂欢节式的氛围,从而带领受众进入集体无意识状态,轻易地左右和影响受众。

世界杯足球赛正契合了人们的这种需要,成为全世界共同关注的热点事件和全球共同狂欢的舞台。以2010年世界杯足球赛为例,全世界共有215个国家和地区转播了比赛盛况,约300亿人次观看了现场直播。数据显示,中国有48.7%的4岁以

---

① 许玲.景观世界的商品化现实与迷幻的主体:德波"景观社会"中的影像、消费与媒介[J].江汉论坛,2007(9):65-67.

上观众通过中央电视台的三个频道观看世界杯赛事,也就是说,6.1亿中国人在同一个时间注视着央视的屏幕。在媒体的簇拥下,足球这项仅有着一个半世纪历史的体育运动发展到今天已经成为全世界最具号召力、开展最广泛的运动,世界杯足球赛经由媒体的"奇观化"包装已经不仅仅是单纯意义的体育比赛,而是衍生为全球关注的媒介奇观。这种通过媒体所形成的全球狂欢,构建出了一种全球共同记忆和全球共享的"拟态空间",给人们提供的是短暂的心理满足与逃离现实的"拟态"世界①。

三、粉丝文化与消费社会

fans直译为粉丝,本身是"狂热者"的意思。粉丝的内涵是对特定事物保持较为稳定的情感性关系,对所喜爱事物特别着迷、崇拜。在消费社会中,明星光环所带来的粉丝效应非常显著。法国媒介研究者列斐伏尔曾将偶像分为两种类型,一种是生产型偶像,一种是消费型偶像。前者大多在前现代社会,偶像具备自身的励志特质,其呈现出的状态大多有激励人心、催人奋进的特征,这些偶像古今中外均有涉及,比如国人常常提及的司马迁"发愤著书"、张海迪"身残志坚",贝多芬虽然耳聋,但依然是伟大的作曲家等;后者则出现在现代或后现代社会,是典型的消费文化的产物,更多以时尚的外形、夸张的人设来吸引注意,大多是知名的歌星、影视明星、体育明星,也包括当下我们通常所言的网红。现代传媒的强大力量,不断推动偶像产业的日新月异,全方位的时尚包装与无孔不入的广告效应,极大地刺激了饭圈的形成以及粉丝经济的兴起。

在消费社会的符号性消费中,以情感支撑和归属为导向的粉丝经济是符号消费文化的重要组成部分。粉丝被视为商业社会中的重要目标,传统的粉丝代言商品,从而刺激粉丝的购买欲;当下的明星在直播间带货,在场景化的营销中,瞬间制造了令人瞩目的消费奇观。依据消费社会的符号消费理论可以得知,很多商品售卖的是符号价值,即商品使用价值之外的隐形价值,这类商品通常被称为"高溢价"商品。粉丝群体正是高溢价商品的有力购买者,小到明星代言,大到明显签售,粉丝群体乐于为自己的偶像买单。

作为狂热消费者的粉丝,其消费行为有以下两个主要特征:第一,消费热情高。粉丝对与偶像相关的信息和产品以充分占有为荣,因而粉丝在消费产品时倾向于有更多的包容性而不是排除性,重心不在于获取少量优质但很昂贵的产品,而在于尽可能积累更多的物品。为此,他们甘愿为符号价值远胜于使用价值的产品掏钱,甚

---

① 董青,洪艳."体育媒体奇观"研究:以世界杯足球赛为例[J].北京体育大学学报,2010(12):23-26.

至保持重复而持续的消费。第二，消费可预测。由于粉丝倾向于购买和收藏偶像的所有相关物品，因此他们的消费习惯能被文化工业大致预估，而且保持稳定，在某种意义上是"理想的消费者"①。

在对粉丝文化的研究中，除了对偶像狂热的消费和追捧之外，粉丝通过特定消费来生产意义也是值得关注的现象。作为消费者的粉丝形象有两种：一种是与经济挂钩的，另一种是与创造性挂钩的。前者展示出强大的购买力，因而在商业经营活动中被视为目标市场；后者则借由对文本资源的创造性使用，通过体验、创造、分享、表达、交流的过程，获得了快感。这里，粉丝通过对特定商品的购买，表达了某些特殊的意义。比如，一些青年消费者购买"中国李宁"品牌，不仅是对老运动品牌"李宁"的潮牌"中国李宁"的喜爱，更表达了一种支持中国制造、国货当自强的态度。又如一些青年消费者购买小米品牌，这里不仅表达了对小米品牌的认可，同时也是用"米粉"的身份与"果粉"对抗，产生出优选性价比、支持国货、科技自信、文化自强的多重意义。

许多青年成为一名铁杆"米粉"，在消费价值观上多表现为追求高性价比的消费原则、"抢"来的成就感以及支持国货的内在动力。2013年底，小米超越苹果和三星成为中国销量最高的智能手机品牌。"米粉"的集体荣誉感再次爆发。一般来说，苹果追求的是极致的设计、质量和做工，而小米追求的是极致的性能和亲民的价格。特别是其手机的高配置和低价格，满足了那些追求高性价比的青年消费者的需求。当代青年基本秉持适度消费，更加注重即时消费。青年在进行消费时，品牌、质量与个人风格发挥着越来越重要的作用。当然，想拥有一款官方定价的小米手机需要粉丝在网络和社交平台中"抢"得。这种饥饿营销方式非但没有影响销量，反而在国内青年群体中掀起前所未有的抢购热潮，小米获得大量青年消费者的青睐。"米粉"还有一项优越感，即对国货的支持。这是许多青年成为"米粉"的内在驱动，一定意义上也是爱国主义在青年消费行为和消费文化中的体现，是一种由青年消费主导的新兴文化活动。由于消费本身已经渗透了大量的文化因素，在消费中生活或在生活中消费也成为一种新兴的文化活动。支持国货，从我做起，开始成为影响青年消费选择的一个重要因素②。

由此可见，在对消费社会的粉丝文化进行解读时，不仅要关注粉丝对偶像的狂

---

① 胡岑岑.网络社区、狂热消费与免费劳动：近期粉丝文化研究的趋势[J].中国青年研究，2018(6)：10.

② 梁维科.粉丝亚文化对青年消费价值观的影响：以"果粉"VS"米粉"为例[J].中国青年研究，2015(1)：29-32.

热追捧,以及可能带来的非理性消费,更重要的是,粉丝消费不仅在实体商品的消费之上,还表现在意义的消费之上。这种意义可能表现为通过对某位偶像代言产品的购买,从而在饭圈中获取心灵归属与身份认同;也可以表现为通过对某类产品的购买,表达某种特定的态度,生产出特定的意义。

在新媒介构成的光怪陆离的消费场景中,谈及媒介素养的提升,并非不让媒介接触者去购买商品,而是需要三思而后行,这个商品对我而言究竟可以满足何种需要,商品包括真实商品与虚拟商品,购买也可以分为真实购买与虚拟购买。在詹姆斯·波特的《媒介素养》一书中,从三个维度来谈及广告素养,即广告到底卖什么?广告到底有什么作用?你有什么需求?在书中作者提到可以通过记录自己的需求,排序其轻重缓急来对抗广告对消费者的影响。在场景化营销的新媒介空间中,能够分清真实需求和虚假需求,提升媒介素养用以理性消费是关键所在。

课后题

1. 请根据下列两个主题思考:

(1)请将自己近期的需求列一个清单,看哪些属于真实的需求,哪些属于虚假的需求?比如社交需求、学业需求、生存需求等,你对这些需求是如何排序的?

(2)想一想自己是如何支配一天的时间的?吃饭和休息的时间有多少?梳洗打扮的时间有多少?休闲娱乐的时间有多少?自我提升的时间有多少?

从上述罗列中,是否可以发现大众文化对自身的影响?你认为在娱乐文化盛行的时代,应该如何看待传媒文化对人的影响?

2. 请根据下列两个主题思考:

(1)你是否特别钟爱某类小众文化呢?你自己是否是某类青年亚文化的实践者?

(2)你是否特别关注某位偶像?又是基于何种心理进入饭圈的呢?

从上述问题中,尝试去思考,新媒介是如何推动青年亚文化或饭圈现象生成的?如何利用媒介工具,更好地参与各类文化实践?

3. 你是如何理解文化概念的?请举例说明一个"日常生活审美化"的案例。

第六章

媒介与人

人与媒介的关系是非常复杂的,谈论这个问题,几乎可以说是一种新的人与人类史的叙事。

传播学者吴予敏在《无形的网络:从传播学的角度看中国的传统文化》一书中给我们描绘了这样一个图景:远古时代,我们的祖先为了谋求生存,聚族而居,依靠群体的力量来征服自然界,抵御异族的劫掠。在莽原上、丛林间围猎野兽,在河道沟汊里捕捞鱼鳖,在居住地四周挖下数丈深的界沟,或者举行种种宗教祭祀仪式,都需要个体之间的沟通和协作。当一个新的生命来到世上,他必须学习长辈为他创造和积累的一切生活技能:狩猎、采集、制陶、烹饪;他可能特别被告诫,要学会识别氏族图腾、领地界标和报警信号,这关系到他的生命安全。无论是群体协作,还是文化传承,都需借助某种传播信息的媒介来实现。创造并运用多种传播媒介,可以说是人类睿智灵秀的本性。人类正是借此才把自己的社会组织发展到今天这样庞大和复杂的程度,才把自己的思想和实践技能变得无比的强大和丰富①。

对于媒介与人的关系,可以有着这样一个概括:人最先是媒介,人创造了媒介,然后媒介又回过头来形塑了人。"人与媒介,注定永远处在一种作用与反作用的'交互生成'的关系之中:人通过使用媒介而使媒介成为'媒介',媒介则通过被人使用而使人成为'人'——人与媒介各自本质的获取,是双方彼此赋予的结果。"②

第一节 传播活动是人之所以成为人的重要基础

一、精神交往是人的本质属性

人是什么,这是一个看似简单却又相当复杂的问题。在人类历史上,诸多伟大的思想家对此有过各种不同的阐述。其间流传着一个有趣的故事。

有一天,柏拉图与学生们在园林中散步。学生边走边向老师请教人是什么?柏拉图思考了半响,对学生说:"人依靠两条腿走路,依我之见,人是两腿直立的动物。"学生们听了感到很不满足。用两条腿走路的动物多着呢!难道都是人?有一个调皮的学生不知从哪里抓来一只鸡,问柏拉图:"请问老师,这是人吗?"鸡长有两条腿,但鸡显然不是人。柏拉图觉得自己的说法有漏洞,连忙修正自己刚才的说法:"人是没有羽毛的两腿直立的动物。"柏拉图心想:人与鸡的区别只不过在于人没有羽毛而鸡有羽毛。这样回答,学生们该满意了吧!正当柏拉图自以为得意的时候,又有一

---

① 吴予敏.无形的网络:从传播学的角度看中国的传统文化[M].北京:国际文化出版公司,1988:1.
② 范龙."主体间性"视域中的人媒交互与共生:麦克卢汉"冷热媒介"学说新解[J].国际新闻界,2011(7):19-22.

个学生,找来了一只拔光了羽毛的鸡,在柏拉图面前高高举起,问:"这只没有羽毛的鸡,难道是您说的人吗?""哈哈哈!"学生们大笑了起来。

在哲学领域,关于人的本质的问题一直争论不已。在苏格拉底看来,人的本质是理性,人是有理性的动物。这一思想对西方人生理论的发展产生了重大影响,成为把理性视为人的本质特征观念的源头。柏拉图则认为人的本质是灵魂,亚里士多德由此引申出人的本质是由灵魂和肉体所构成的。尼采、黑格尔等则认为人是自己的创造者。

"动物和它的生命活动是直接同一的。动物不把自己同自己的生命活动区别开来。它就是这种生命活动。人则使自己的活动本身变成了自己的意志和意识的对象。他的生命活动是有意识的。"①我国学者陈力丹就此指出,马克思和恩格斯关于人与动物本质区别的描述"昭示了精神活动和交往对人的本体论意义。如果没有精美无比、复杂难言而又奥妙无穷的精神活动和交往(均是意识表现),人也就不再是人,只能与动物为伍了"②。

"交往"一词源于拉丁文 communis,本意指人与人之间相互联系与沟通。英语中的 communication、德语中的 kommunikation 都是从拉丁文派生而来的。它除了指人的交往外,还有信息、传播、交流、交通、通信、联络的含义。"交往"概念最宽泛的含义是指实物、信息或意义的传递和共享。关于 communication 的理论既可指交往的理论,也可指信息理论、传播理论等。因此在传播学中,一定程度上"传播"与"交往"是通用的。

二、传播在人的个体生成与类的生成中扮演着重要的角色

传播活动是人之所以成为人的重要基础。美国传播学者施拉姆就曾说:"我们是传播的动物,传播渗透到我们所做的一切事情中。它是形成人类关系的材料。"③斯蒂文·小约翰也指出:"传播是人类生活中最普遍、最重要和最复杂的活动。在高层次上进行交际传播的能力把人类与其他动物区分开来。"④

人不同于动物,不是一出生就成为一个完整性的人,完整的人是身心统一的人。人的生成是生物生成与精神生成的融合与统一。同时,人既是作为个体的人,也是作为类的人。这样,人的生成就有个体的生成与类的生成两个方面,考察人的生成就有观照个体与类的两种生成历史的必要。

---

① 马克思恩格斯全集:第42卷[M].北京:人民出版社,1979:196.
② 陈力丹.精神交往论:马克思恩格斯的传播观[M].北京:中国人民大学出版社,2008:39.
③ 施拉姆,波特.传播学概论[M].何道宽,译.2版.北京:北京大学出版社,2007:17.
④ 小约翰.传播理论[M].陈德民,叶晓辉,译.北京:中国社会科学出版社,1999:4.

根据生物进化论的进化谱系："动物界→脊索动物门→哺乳纲→灵长目→人科→人属→人种"，人类是动物进化树上的一个很小的枝杈。人类的最大特点是直立行走。直立行走造成了人类身体的两个最重要的变化，即大脑增大和骨盆形态改变。

在大约20万年前智人出现的时候，其脑容量就达到了大约1400毫升，而且从那时起就一直保持到现在。现代人的脑重量大多在1100～1550克。人的脑重量与体重之比约为1/60～1/34，这个比例超出大猩猩约6倍，超出黑猩猩约4倍，可见人的脑重量与体重之比在动物中属于很大的。

由于直立行走，人类的骨盆发生了显著变化。骨盆为顺应直立姿势而出现了一系列改变，特别是其上下径的缩小及韧带的强固，使得其前壁和后壁在垂直方向上相互趋近，对分娩胎儿产生了困难。动物的骨盆像一个进出口都与筒轴斜交的圆筒，背侧壁较近颅侧，腹侧壁较近尾端，二者不是全面相对，入口和出口也不会全面相对，所以分娩时胎儿在经过骨盆时有回旋的余地，困难不大。人类骨盆像是一个进出口都几乎与筒轴垂直的圆筒，胎儿经过这个圆筒时回旋的余地较小，而胎儿的头又特别大，所以难产的可能性也较大。人类面对这种窘境所采取的适应性改变，便是提前分娩胎儿。然而，提前分娩这一纯生物行为变化，却决定了人类独特的社会和文化特征，也就是说决定了"人的本质"。

人类在脑容量仅达到成年人的四分之一时便出生了，出生时大脑远未达到其他动物出生时那种成熟程度，而且出生后很长时间内不能自主存活，在摄食、行动、识别环境等方面都比其他灵长类要晚得多。由于人类胎儿被迫提前出生，于是出现了人类特有的孕育方式——在社会环境这个"子宫"里孕育。在"社会子宫"里，儿童的大脑发育与社会规范的养成这两个过程重合在一起。在"社会子宫"中，儿童逐步获得了直立行走、语言表达、角色扮演等人类的"天然能力"。这个过程，我们可以视为个体生物生成与精神生成的融合与统一。

与此同时，人的类的生成也开始了。由于人类婴儿出生时无法借助自己的四肢主动接触母亲身体，所以转而利用声音和表情作为传达愿望的信号。婴儿什么时候发出信号？信号发出后的效果如何？怎样调整下一步对策？婴儿要做出这些判断，就需要随时掌握自己的处境，而母婴之间的视觉交流便是婴儿搜集这方面信息的手段。从这时起，传播就开始扮演起了重要的角色。其后，一个人就不断地与自己、与他人、与社会进行各种传播的进程。人最终经过这样的社会化过程获得了其主体性[①]。

可以说，人的个体生成与类的生成具有内在的一致性。它既表现为个体与类生物生成的一致，也表现为个体与类精神生成的一致。前者是人类与动物界所共有

---

① 冯雷.理解空间：20世纪空间观念的激变[M].北京：中央编译出版社，2017：106-124.

的,后者因精神的属人特征而为人所专有。二者又因人之生物性与精神性的融合而融合、统一而统一,而这均需要传播的介入。所以说,传播行为是人的一种基本行为。只要有人存在,就有传播行为和传播活动存在。

三、传播在人的自我意识的形成中扮演着重要的角色

自我意识是人对自己身心状态及对自己同客观世界关系的意识。自我意识是人类特有的意识,标志着一个人的个性成熟水平。一个自我意识成熟的人,通过自我意识认识自己,并认识自己与周围事物、人的关系。它不是与生俱来的,而是个体社会化的结果。"我"是谁?"我"能做什么?"我"有什么价值?以上三点是自我意识的核心部分。

自我意识不是与生俱来的,而是个体社会化的结果。根据奥尔波特的观点,人的自我意识发展经历三个阶段,依次是生理自我阶段、社会自我阶段、心理自我阶段。在这三个阶段里,传播都扮演着重要的角色[①]。

(一)生理自我阶段

生理自我是个体对自己生理属性的认识,包括对自己身体、外貌、行为、体能、存在等方面的认识与了解,是自我理解最原始的形态。社会自我阶段一般在0~3岁。

婴儿出生时并不能区分自己的与不是自己的东西,他们对自己的身躯和周围的环境事物不加以区分,最终通过多次摸、抓、咬、啃等认知活动后,才逐渐区分开来。从生理学角度来看,人体内部生理器官对外界刺激进行生物本能的反应的过程是这样的。脑神经通过电的和化学的信号系统进行信息传输。外界的信息经过脑神经的传递,首先到达丘脑,然后到达大脑皮层的各个专门区域(如视觉区、听觉区、触觉区、记忆区等),对来自各皮层区域的信息进行全面的综合,形成整体印象和判断,并通过神经通道发出指令信息,引起肌肉的收缩和舒张,控制人的行动。研究者认为,7~8个月的婴儿能意识到自己的身体,把自身和外界事物区别开来。1岁以后,幼儿开始能将自己同表示自己的语词联系起来。例如,大人叫他"宝宝",他能知道这是叫自己。2岁左右的儿童随着语言的发展掌握了第一人称"我"的使用,并能用自己的名字表达自己的要求。到了3岁,儿童表现出一些新的特点,如出现羞耻心、嫉妒心、垄断心,能更多地使用第一人称。

(二)社会自我阶段

社会自我是个体对自己社会属性的认识。社会自我阶段大约在3岁至青春期

---

① 刘淑娟.社会心理学[M].延吉:延边大学出版社,2017:83-85.

早期,即13~14岁。这个阶段个体的眼光是向外的,兴趣的中心是自身以外的外部世界,对自身内在的世界并未关注。在这个阶段,个体通过参与社会化的活动,逐渐习得社会规范,形成各种角色观念。这是一个个体在不断地与外界接触,与他人交往的过程中,进一步确定自己,逐渐明确自己与他人、与世界的关系,以及自己的作用与地位。这一时期受外界社会文化的影响最深,对自己的认识则服从于权威或同伴的评价。通过他人的评价,个体会从周围的世界中寻找榜样,模仿、认同、内化为自身的行为方式、评价标准,或者从自身的奖惩经历中总结一定的经验教训,加以调整或改正,这些使个体逐渐形成了各种社会角色,对自己的社会层面有了更清晰的认识。

(三) 心理自我阶段

心理自我是自我意识发展的最后阶段,这一阶段自我意识趋于成熟。个体从13~15岁进入青春期,在这个时期,伴随着生理、认知、情绪等方面的急剧变化,如性的成熟与觉醒、想象力的丰富、逻辑思维能力的发展等,个体把关注的重点转向内部,开始去发现、体验自己的内部世界,关心自己的形象,不再简单地认同别人的观点,而是有了自己独特的理解。这些都促使其自我意识趋向主观性。

众多研究者认为,自我的形成离不开传播。心理学家库利和米德都把自我看作是一个主要依赖社会互动的社会建构。库利提出"镜中我"概念,他认为,自我是与别人面对面互动的产物。别人对儿童的反映(表情、评价与对待)就像是一面镜子,儿童通过它们来了解和界定自我,并形成相应的自我意识。他说:"正像我们从镜中观察自己的脸、手指和衣着,因它们属于我们自己而感兴趣一样……我们也从他人的思想中认识我们的面貌、风格、目标、行动、特征、朋友等,而且从多方面受其影响。"[1]米德进一步发展了库利的思想。他指出自我意识是在社会互动中通过扮演他人的角色,把自己置于互动对方的位置上而逐步形成的。通过角色扮演,个体在社会互动中将自己视为一个被评价的客体。这不仅有助于对人际的适应,更重要的是在与具体的他人的互动中,个体产生了暂时的自我形象。这种自我形象逐渐定型,就形成了一种稳定的将自己确定为某一类客体的"自我观念",即形成把自己确定为某一类人的自我意识。

第二节 人以自身为媒介并创造了媒介

人的存在依赖于传播,而起到把某些信息从一方传送到另一方的"通道"的作用就是媒介。根据泛媒介论的观点,媒介就是介质,即使人自身、人与人、人与事物、事物与

---

[1] 全国13所高等院校《社会心理学》编写组.社会心理学[M].3版.天津:南开大学出版社,2003:97.

事物产生联系和发生关系的一切东西。很多研究者认为,媒介是人的一切外化、延伸、产出。传播学者麦克卢汉就持此论。在《理解媒介:论人的延伸》一书中,他列举了26种媒介,其中包括"服装——延伸的皮肤""住宅——新的外貌和新的观念""货币——穷人的信用卡""数字——集群的侧面像""时钟——时间的气味""广告——使消费者神魂颠倒"等。可以说媒介是人的一切文化。应该说,这种泛媒介的认知极大地扩展了我们的认知对象,让我们对人类社会有了更多深入的体察。但是这种现代媒介认知论有一个缺陷,就是它忽略了"人身为媒介"这一重要传播现象。无论是久远的人类历史长河,还是在现代不断扩大的人的传播渗透中,"人身为媒介"都是不容忽视的。

一、人以自身作为媒介

最早的媒介,也是迄今依然非常重要的媒介是人的身体。身体是人的自然工具,也是人的第一技术手段。萨特指出:"身体是我不能以别的工具为中介而使用的工具。"① 梅洛-庞蒂曾提出"我的身体是所有物体的共通结构,至少对被感知的世界而言,我的身体是我的'理解力'的一般工具"②。约翰·奥尼尔更是提出:"我们所拥有的并正在加以思考的身体是我们的世界、历史、文化和政治经济的总的媒介。"③

我国传播学者郭庆光阐述过身体作为媒介的重要生理因素:"人的身体具有一般信息传播系统的特点:人体既有信息接收装置(感官系统),又有信息传输装置(神经系统);既有记忆和处理装置(人的大脑),又有输出装置(发声等表达器官及控制这些器官的肌肉神经);人的身体既是一个独立的有机体,又与自然和社会外部环境保持着普遍联系。"④ 可以说,身体是信息来源之一,身体是传播发起者,身体是传播媒介,身体是传播接受者、分析者和反馈者,身体是传播产生效果的场所。人是通过身体感觉到世界的存在并认识世界,身体与媒介同一。

在文字产生前,人的传播主要是靠自身作为媒介。即便是多种媒介被创生之后,身体仍旧是最为重要的传播媒介。因为交往、交流和传播绝不仅仅是文字、图像,动作、表情、触摸等都是交往、交流、传播。"所有媒体传播都是为身体传播服务的,没有身体,媒体传播就失去了意义。"⑤

---

① 萨特.存在与虚无[M].陈宣良,译.北京:生活·读书·新知三联书店,1987:429.
② 梅洛-庞蒂.知觉现象学[M].姜志辉,译.北京:商务印书馆,2001:300.
③ 奥尼尔.身体形态:现代社会的五种身体[M].张旭春,译.沈阳:春风文艺出版社,1999:3.
④ 郭庆光.传播学教程[M].北京:中国人民大学出版社,2011:62.
⑤ 赵建国,池笑琳.身体传播论纲:华夏与全球的视角[M]//谢清果.华夏传播研究:第1辑.北京:中国传媒大学出版社,2018:181.

（一）身体的交流系统是人类传播的物质基础

人的身体是一个完整的系统，有分泌系统、消化系统、循环系统、呼吸系统、泌尿系统、生殖系统、神经系统、免疫系统。其中与传播密切相关的是神经系统。神经系统由中枢神经系统和外周神经系统组成。中枢神经系统包括脑和脊髓，外周神经系统包括12对脑神经和31对脊神经。外周神经分布于全身，把脑和脊髓与全身其他器官联系起来，通过传入神经传输感觉信息，使中枢神经系统能感受内、外环境的变化，通过传出神经传达调节指令，调节体内各种功能，从而保证人体的完整统一和对环境的适应。信息在神经系统中的传输表现为特定的生物电变化及其传播。神经系统与人体构成的眼、耳、鼻、舌、口的五官系统，大脑以及躯体、四肢构成了一个身体的交流系统。这套交流系统依托看、听、嗅、触等方式，与外部世界交换能量和信息，形成对世界的感知[1]。所以萨特曾说："我不可能实现一个我不在其中并轻掠而过的凝视的纯粹对象的世界。与此相反，我应该投身于世界中以便使世界存在并且使我能超越它。于是，说我进入了世界，'来到世界'或者说有一个世界或我有一个身体，那都是同一回事。"[2]可以说，只有身体进入这个世界，才开始拥有这个世界。

（二）人内传播是一切传播活动的基础

人内传播又叫内向传播、自我传播，是个人接受外部信息并在人体内部进行信息处理的活动。这一传播过程中，传播信息的主体和接受信息的客体是同一个人，可以说是个体内部的传播。

人有大量的内部传播，比如感知、同自己谈话、思索、回忆、内省、臆想等。这些传播行为使得人与社会环境相互认识和适应，也使得人有能力驾驭自然、改造自然，保证个人全面发展。

任何一种其他类型的传播，如人际传播、群体传播、大众传播等，都必然伴随着人内传播，因此说人内传播是其他传播活动的基础。

（三）身体语言是人对外传播的原初语言

身体语言是由身体的各种动作代替语言本身来表情达意的一种特殊语言。狭义的身体语言是指人们借助于身体不同器官和四肢间的相互配合和协调，达到传递信息和交流的目的；广义的身体语言还包括了眼、眉、嘴等面部表情所表达的隐性言语。

虽然一些动物也能够用身体的姿势来表达一些生理和情绪的反应，达到某种沟

---

[1] 赵建国，池笑琳.身体传播论纲：华夏与全球的视角[M]//谢清果.华夏传播研究：第1辑.北京：中国传媒大学出版社，2018：183.

[2] 萨特.存在与虚无[M].陈宣良，译.北京：生活·读书·新知三联书店，1987：415.

通的目的。例如黑猩猩,用彼此拥抱来打招呼,彼此触摸表示抚慰和鼓励,吻对方的手表示臣服,以尖声大叫来报警或报告发现食物。不过,非人灵长目动物的沟通只是对某些具体存在的现象产生的生理本能的反应,它们不会传达不存在的东西或想象的东西。人类的沟通行为包括对某些具体存在的现象的直接反应,例如狩猎、劳动或逃避危险时身体各器官自然发出的信息;可是人类的沟通行为,并不依赖具体存在的东西。凡是人所感知或想象的东西,都被赋予一个名称。这个名称的赋予是武断的,而恰恰正是这种加之于环境之上的武断的象征形式,成为人类了解和描述世界的工具,成为人类组织整理其经验和思维的工具,成为人类相互沟通、代代传承的媒介[①]。

身体语言和我们人类这个物种一样源远流长,在口语产生之前的人类对外交流中起到举足轻重的作用。有研究表明,语言是近期才成为人类的沟通方式(在200万年至50万年前),在此之前,在人类口语尚未进化完成之前,肢体语言和咽喉发出声音一直是人类传递感情和信息的主要方式。

身体语言也是一个孩子出生后最先学到的语言。研究表明,婴儿自呱呱坠地起到1岁半左右,为前语言期,这个阶段是婴儿的语言学习阶段。在这个阶段,婴儿主要是通过各种声音、面部表情、手势以及肢体语言等非语言方式与他人进行沟通交流的。

即使在口语诞生后,身体语言依旧在生活中扮演着重要角色。美国心理学家、传播学家阿尔伯特·梅拉宾研究发现,人们在沟通和交流过程中所表达的全部信息由7%的语言信息、38%的声音信息、55%的肢体语言信息共同组成。

(四)口语传播给人类文明带来爆炸式发展

尽管人以自身为媒介进行了诸多的传播活动,但不可否认的是这种具有物质外壳的媒介并不是完全意义上的"手段和工具"。身体符合媒介的"手段和工具"的属性,但却无法与人所传达的信息分离开来,身体和所要传达的信息实际上同处一体。有些信息是与媒介身体共存的,媒介身体一旦失去生命力,信息便随之消失。同时,以身为媒,信息没有加以抽象出来,而是与身体结合在一起,用"约定俗成"的信息表达方式来传达信息。这使得它们的表达是有限的,具有不准确性和不规范性。

与身体语言相比较,声音具有比较大的抽象空间。由于声音不仅仅有音质、音色、音量等的区别,它和它所包含的信息往往有若即若离的特征,这奠定了今后它成为复杂媒介的基础,这种可分离性也为它以后的发展提供了有利的条件。可以说,声音敲响了外在于人的媒介产生与发展的晨钟。

---

① 吴予敏.无形的网络:从传播学的角度看中国的传统文化[M].北京:国际文化出版公司,1988:2.

美国学者迈克尔·S.马龙在其著的《万物守护者：记忆的历史》一书中就此有着这样的评价："人们在运用语言的同时，也为自己塑造了更加丰富的内心世界，他们由此能够在生与死、地球与宇宙、上帝与人之间构建起令人惊叹的关系，并在此基础上讲述故事，进行同样令人惊叹的思考——而此前，从来未有生物对这些问题进行过思考。正是因为拥有了这样的思想，这些早期智人才能发展成为真正意义上的现代人。"①

美国媒介学家梅尔文·德弗勒认为，语言与思维不可分割地联系在一起，思维的规则与说话的规则相同，思维也就是内向操作语言。思维，特别是抽象思维，是人类与动物最本质的区别。语言使这一本质区别得以彰显，使人类有了作为高级生物的独立的意义，象征性地传达信息。"它们还可以用来表达实际上并不存在的事物——过去和将来的事件、抽象的量和严格的精神现象。""道德、宗教、哲学、文学、科学、经济、技术和许多其他的文化方面——与学习它们的能力一起，都依赖这种较高层次的传播。"②

语言的抽象性和与所指的事物的分离使得语言具有了无限的丰富性和创新性，使它当仁不让地承担起了交流传播的主要任务。

1. 语言的产生使得传播的内容前所未有地扩大

研究表明，动物没有时间概念，没有历史和未来的概念，它们只是自在地生活。甚至在尼安德特人时期，也是被困在"当下"的。虽然他们能够快速地感受到周围的世界，但这种体验很难与他人分享，也很难被自身把握。那些通过观察和模仿他人而学到的知识成为死记硬背的知识，同时由于缺乏类比能力，所学到的知识也无法适应变化了的环境，不能憧憬未来，也不能表达梦想。语言可以使人将声音与它所指的事物分离开来。这种分离，使得它所表述的内容能够超越时空限制。语言不仅能表述现在，还能表述过去和未来；不仅能表述此地现存的事物，还能表述彼地可能存在或者根本不会存在的事物。

2. 语言的产生使得传播的准确性大大提升

前语言时代，人类赖以交流和传播的各种方式都存在信息表述的不准确性、不清晰性。彼此的表述和理解经常发生偏差与错位。语言的抽象性，使它具有了意指的准确性、清晰性和表达的一致性，从而使得传播变得顺畅，节奏加快，效率提高，更为准确。

---

① 马龙.万物守护者：记忆的历史[M].程微，译.重庆：重庆出版社，2017：12.
② 普洛格，贝茨.文化演进与人类行为[M].吴爱明，邓勇，译.沈阳：辽宁人民出版社，1988：24.

3. 语言的产生极大地扩展了人类发展的步伐

语言属于第二信号系统，属于对实际事物的符号化。对信号和符号的自由运用，使人们可以对客观事物进行替代和表征，这样就节省了大量的精力，克服了现实场景的局限，提高了人类的概括能力。人类学的研究表明，在口语发明之前，从非洲发源的那群古人类用了150万年才缓慢扩展到南欧，与之相比，他们会说话的后代只用了5000年就扩展到整个欧洲，并在15000年之后到达亚洲。其扩展速度达到每年1英里（约1.61公里），历经不到1500代，就成为这一星球上分布最广泛的动物种群[①]。

口语传播，尤其是语言的出现，无疑是人类传播史上第一具有革命性的直接推力，它带来了人类文明爆炸式的发展。沙莲香主编的《传播学：以人为主体的图象世界之谜》指出，"人类文化得以承传、传播，得益于语言媒介，语言传播是文字、书刊等媒介诞生之前最为便捷、最为普遍、覆盖面最宽的传播方式。在社会政治生活中，口语传播是社会舆论的主要表达途径。现代社会中，人类仍然少不了对语言的依赖"[②]。

《传播革命》一书的作者弗里德里克·威廉斯绘制了一个传播史表盘：如果用24小时代表从西方晚期智人克罗马农人到现在的360个世纪，即36000年，那么在这一天中，从零点到20点都属于口语传播阶段，占六分之五；余下的4小时中有2.5小时多，即从20点到22:38分算手写传播阶段；印刷传播阶段不足1.5小时；而电子传播阶段仅占少得可怜的3分钟。口语传播阶段的时间优势在这个表盘上一目了然地显示出来。

因为口语传播的重要，无论是在古代的欧洲，还是在中国，对口语传播的研究都很重视。古希腊时代（约公元前5世纪到公元4世纪），人们主要使用口语进行传播。文字虽然已经出现，但大多数人是不识字的。另外，即使在大多数人都识字的学院中，辩论也是学习和研究的重要途径之一，是必须掌握甚至精通的学科。所以修辞学对于古希腊学者来说非常重要。这一时期柏拉图、亚里士多德、西塞罗等思想家都是修辞学领域的重要人物，也出现了很多学术书籍。中国先秦时期就已是口语传播异常发达的阶段。先秦是中国社会大动荡的时期，诸侯国之间合纵连横，战乱不断，口语传播活动通常发生于君臣之间，这种不平等的上下关系必然会影响他们的说辞方式和风格。因此这一时期政治生活中的劝谏、论辩活动十分活跃，甚至可以说口语传播是这一时期外交活动中最重要的形式。后来虽有文字、竹简、图书等新的媒介，但直到今天，口语传播依然大量活跃于人际传播、群体传播、组织传播、公众传播和跨文化传播的语境里。

---

① 崔林.媒介史[M].北京：中国传媒大学出版社，2017：13.
② 吴兆路，甲斐胜二，林俊相.中国学研究：第10辑[M].济南：济南出版社，2007：338.

二、人创造了媒介

以人自身为媒介有一个巨大局限,就是必须屈从于肉身桎梏,即无法突破时间和空间的限制,这无法跟上人类无限积极的大脑,也在很大程度上限制了人类掌控更宽广的地理空间和各类经验与信息在世代间的准确传递。要克服肉身桎梏,人类就必须创造自身以外的媒介。

研究认为,从人类诞生的那天起,人类的交流和传播活动就向着三个维度进行本质的、规律的发展。首先是各种信息概念的形成;然后是概念体系和思维方式的发展,这是交流和传播赖以发展的基本内容;再然后是信息交流和传播在空间里拓展,在时间上加速[①]。

于是人类开始了对身外媒介更多的探索,其间比较早使用的就有借助标识、声、光的传播。比如结绳记事、通过鼓声传递信息、利用烽火传递信息,还有利用图形表达信息……但遗憾的是,借助于标识、声或者光来进行传播,让信息在空间的扩展或时间的存续上还是有着诸多的局限,而且大多数只能用来传递简单信息。比如结绳确实比单凭记忆方便可靠,但是时间越长,绳结越多,哪个结子表示什么意思就很难弄清楚。而且,简单的绳结只是一种记事的方式,不能用来记录语言的意和声,难以表达复杂的事情,更不用说是复杂的思想。人类对身外媒介的探索显然还不能停下脚步。

(一)文字媒介的创造使得传播突破肉身桎梏,走入视觉时代

文字,被认为是语言的一种书写符号。它的产生被认为是继语言之后人类传播史上的一个新里程碑,是惊天地、泣鬼神的大事。埃及人把文字的产生归功于智慧之神,巴比伦人将其归功于命运之神,希腊人则归功于奥林匹斯的传令官和使者赫耳墨斯。在中国古籍的《淮南子·本经训》中有:"昔者仓颉作书,而天雨粟,鬼夜哭。"德国历史哲学家奥斯瓦尔德·斯宾格勒在《西方的没落》里说:"书写是有关远方的重大象征,所谓远方不仅指扩张距离,而首先是指持续、未来和追求永恒的意志。"[②]

多数研究认为,文字源于结绳符号、原始图画和有象征表意的图形符号。《周易·系辞》云:"上古结绳而治,后世圣人易之以书契。"《尚书·序》云:"古者伏羲氏之王天下也,始画八卦,造书契,以代结绳之政,由是文籍生焉。"

---

① 安思国.媒介交流研究[M].北京:中国传媒大学出版社,2005:5.
② 张冠文.人与互联网的同构:媒介环境学视阈下互联网交往形态的演化[M].北京:中国广播影视出版社,2015:43.

文字媒介是人类突破传播的"肉身桎梏"的革命性成果。用麦克卢汉的观点来看,文字媒介的出现使得人类走出了以听觉为主的部落时代,进入了视觉时代。在这个时代,声音信息转换为可视物,从根本上改变了符号环境。眼睛成了耳朵的继承者,听觉的价值和作用日渐衰减。

文字突破了口语传播的自然屏障,让异时、异地传播成为可能,扩大了人类语言在时间和空间上的使用范围。施拉姆谈及文字的发明时就曾说:"文字的发明在当时也许认为是理所当然的事,但回想起来则似乎是历史上震撼地球的大事之一。这一发明使得有可能携带信息越过地球的曲线,带到比讲话的人的声音能传到的,或烽火信号、旗帜或标志能被看到的,或鼓声能被听到的更远的地方。"①

而且,在这个时代,固着在一张纸上的文字将语义(意义)从即时语境中剥离开来。作者和读者都是与文本相分离的。语言不再是即时的,也不再具有现场感。它们既可以被反复阅读,也能够得到透彻的分析,由此改变了口耳相传、脱离语境谈论某事某物几乎是不可能的状况,也改变了口耳相传容易被扭曲变形、重组和丢失的情况,使人类创造的精神财富和文化遗产得以记录和保存。当后人通过学习掌握了文字时,就能够了解前人的知识和经验,从而继续研究和实践,改进前人的知识、经验,添加智慧,为继续创新、发明提供了条件。许慎在《说文解字·序》中就曾说:"盖文字者经艺之本,王政之始,前人所以垂后,后人所以识古。"这样,人类思维能力得以提高。这也是人类在蒙昧时代和野蛮时代度过了约百万年的漫长岁月,有文字的历史不过几千年,但在这几千年中,人类的思维能力、生产能力、生活能力的发展速度都远远超过了人类史前时代的原因。

读写能力使人类可以脱离集体主义的部落生活,迈向个人独立。阅读文字,而不是倾听讲话,将社群成员转化为互相独立的个体。尽管讲话和文本使用的单词有可能是一样的,但阅读文本的行为与讲话全然不同。前者需要的只是单一焦点,部落成员不再需要聚集到一起以获取信息,距离问题变得不再那么重要。

麦克卢汉就认为,音标字母表把线性方式确立为人类生活的组织原则。在写作时,字母与字母以相互关联、有秩序的方式排列。逻辑在一步步的线性进程中形成。在麦克卢汉看来,当具有读写能力的人说"我不赞同你",他的意思其实是"我认为你的逻辑不合理"。他断言,字母的发明是数学、科学和哲学在古希腊突然出现的一大原因②。

---

① 施拉姆,波特.传播学概论[M].陈亮,等译.北京:新华出版社,1984:14.
② 格里芬.初识传播学:在信息社会正确认知自我、他人及世界[M].展江,译.北京:北京联合出版公司,2016:339.

(二)印刷媒介的创造带来了大众媒介时代

文字媒介时代可以划分为手抄和印刷两个阶段。文字初创时期,传播活动是以泥板、刻刀、莎草纸、毛笔、甲骨、木头、竹简、石板、墨等为介质展开的,以手抄文本为主体的样式。这个时期贯穿了奴隶社会和封建社会初中期这一漫长时代。中国最早的报纸——唐朝的《邸报》就是用手抄方式来进行传播的。

手抄文本的创造与感知模式并未与口语完全决裂,此时的传播方式依旧靠朗读、口耳相传和深度参与来完成。视觉并未完全从听-触觉当中分离出来。陈力丹教授曾将这样的传播形象地比作"有限大的碗",他说,"文字的发明使历史得以记载下来,人类的精神交往取得了一次巨大的飞跃……精神的丰富性就像无边的大海,而装载它的手抄文字只是一只有限大的碗。条件的限制使得精神在历史继承性上总是笼罩着忘却的阴影"①。

打破这一桎梏的是印刷术的发明。印刷术是中国贡献给人类文明最伟大的发明之一。公元 600 年左右的隋唐时期,以雕版印刷为代表的印刷技术就出现了。北宋时期,毕昇又将其推进到了活字印刷的阶段。在西方社会,1450 年前后,由古腾堡推动的金属活字印刷术使得手抄媒介走向了衰落,它宣告了一个具有造价低廉、能够大规模复制和高效率传播的大众传播媒介时代的真正开始。因此在麦克卢汉的笔下出现了"印刷术创造历史"这一令人振聋发聩的论断。恩格斯把印刷术比作新的文化神,在他翻译的西班牙启蒙学者金塔纳的诗《咏印刷术的发明》中,对印刷术发明的意义做了生动的比喻。

"你不也是神吗?你在数百年前给予思想和言语以躯体,你用印刷符号锁住了言语的生命,要不它会逃得无影无踪。如果没有你哟,时间也会吞噬自身,永远葬身于忘却之坟。""禁锢在独卷手抄书内的思想,无法传扬到四面八方!"②

美国传播学家德弗勒等人曾评价说:"古腾堡的发明激发了西方世界一场名副其实的传播革命,在印刷术发明之前,垄断着书本知识的人寥寥无几,大多数书籍都是拉丁文(宗教当局的语言)的,随着印刷术运用的推广,越来越多的书籍以普遍语言的形式出现。这样,随着印刷术的推广,科学、哲学和宗教缓慢地传向几乎所有能读书识字并能买得起书籍的人们。尽管当时读书识字尚未得到普及,而且书籍仍然价格昂贵,但是在哥伦布从事他那具有历史意义的航行前,西方大约已经印刷了 2000 万册书籍。"③

---

① 陈力丹.精神交往论:马克思恩格斯的传播观[M].北京:开明出版社,1993:95.
② 陈力丹.精神交往论:马克思恩格斯的传播观[M].北京:开明出版社,1993:95.
③ 宋林飞.社会传播学[M].上海:上海人民出版社,1994:37.

麦克卢汉将印刷术的发明视作一场哥白尼式的"媒介革命"。他认为,印刷术的出现强化了由表音文字所发端的视觉偏向,印刷术具有线性、统一、重复等视觉方面的特征,它把由表音文字所开启的对眼睛和视觉的强调推向极致,并由此衍生出同质化、分割化、可视化、数量化和集中化等具体表征。印刷术接替手抄本这种"教学工具"而跃升为一种全新的视觉"教学机器"。当这种视觉"教学机器"扩散至整个社会时,社会生活的方方面面就会染上浓重的"视觉"色彩。麦克卢汉将印刷媒介在社会上的这种视觉拓展称作"视觉的腾飞"[①]。

在麦克卢汉那里,印刷术有着如下的视觉效应。其一,视觉效应的可视化表现,即印刷将触觉事物转译为视觉语词,使视觉在语言、艺术乃至社会以及政治的一切层面中扮演重要角色。在麦克卢汉看来,现代绘画中的透视观念、视觉上的仿古主义、美学上的中世纪遗风、文学中的固定视点、应用知识的发展,乃至无意识世界的形成等,均与印刷术的可视化表现有关。其二,视觉效应的集中化表现,即印刷术以其在视觉方面强调统一和重复的特性,造成人们心灵的一致化,进而培育出同质化的个体。同质化的个体,又是现代个体主义和现代民族主义形成的前提条件。在印刷媒介的统治下,广袤的范围均能屈从于同质性实践(如民族主义、标准法、定价系统、统一的智商测试标准等)的控制。其三,视觉效应的数量化表现。麦克卢汉认为,印刷提供数量化的方式,创造出"政治算术学"和"幸福微积分"。印刷哲学将"确定性"作为知识的主要目的,也与印刷术的数量化表现密切相关。其四,视觉效应的分离化表现。麦克卢汉认为,现代社会的专业分工、地理大发现与新航路的开辟、波兰尼的"大转型"、诺夫乔伊的"存在巨链"、作为社会基准的"变迁"、进步观念以及莱布尼茨所谓的"我们的世界是众多可能的世界之中最好的一个"等均与印刷术的分离化表现有关。另外,麦克卢汉还提出了许许多多关于印刷媒介令人耳目一新的洞见,比如,印刷术使贵族阶层近乎绝迹,印刷术是终结拉丁文统治的主要原因,印刷术的发明打破了中古时代极少数人对信息传播的垄断,第一次造就了信息传播向社会下层转移的契机,印刷术的兴起与世俗世界的形成关系密切等。麦克卢汉提出,印刷书籍造就了孤独的学生,建立了个人解释的规则,导致了文学与生活的分离,确立了一种全新而高度抽象的文化;印刷书籍降低了口头对话学习的重要性,拓展了

---

① 李昕揆.印刷术与西方现代性的形成:麦克卢汉印刷媒介思想研究[M].北京:商务印书馆,2018:113.

书籍的阅读范围,推动了文化知识的普及①。

(三)电子媒介打开跨时空、多感官的共时性传播之门

"上帝啊,你创造了何等的奇迹!"1844 年 5 月 24 日,美国工程师塞缪尔·莫尔斯通过架设在华盛顿特区和巴尔的摩之间的世界上第一条有线电报通信线路,发出了人类历史上第一份电报。人类终于实现了几千年的梦想——"顺风耳"。

第二天,华盛顿的记者就通过该线路,给《巴尔的摩爱国者》(*The Baltimore Patriot*)主编打电报,传递众议院对俄勒冈事件所采取行动的报道。

一点钟,参议院关于俄勒冈事件刚刚作出一项提议,已提交委员会审查。赞成票 79,否决票 86。

这是世界上最早用于报道的电报。纽约《太阳报》对此评论说,这是"消灭了距离的新闻"。的确如此,15 世纪末之前,人类一直各据地球一隅,并无有效接触,电子媒介的出现将世界置入人类的日常事务中。

电子媒介的出现,打破了人类历史上传播与交通之间的依赖关系。在电子媒介之前,"通信"问题基本上被等同于交通问题,电子媒介传播学者詹姆斯·凯瑞就曾说:"在电报之前,communication 被用来描写运输,还用于为简单的原因而进行的信息传送,当时信息的运动依仗双足、马背或铁轨。电报终结了这种同一性,它使符号独立于运输工具而运动,而且比运输的速度还要快。"②

电子媒介使信息从时空中脱离出来,远远超过了书写和印刷文字的传播能力,它通过压缩时间和空间两个维度,使得人类中枢神经系统得以延伸。人类先前对印刷媒介的视觉感,扩展为视、听兼备的感知体验,这是对人的更为全面的延伸。

麦克卢汉认为电子传媒使人类社会重回部落时代。即时通信重拾了前文字时代的对话传统。我们"重返未来",建立了一个与从前村落全然不同的村落。在这个时代,保持与世界的持续联系成为常态。即时性是我们的现状,紧密的人类组织不复存在。地球像是一家百货商店,爱管闲事的人关注着其他所有人的事务。"新部落主义就是指每个人的事务都是其他所有人的事务,人人都变得有些急不可耐。"线

---

① 李昕揆.印刷术与西方现代性的形成:麦克卢汉印刷媒介思想研究[M].北京:商务印书馆,2018:45.
② 凯瑞.作为文化的传播:"媒介与社会"论文集[M].丁未,译.北京:华夏出版社,2005:162.

性逻辑不再重要。依赖听觉的人不再追问:"你明白我说的这一点了吗?"现在我们会追问:"怎样才能引起你的注意?"人们的感受比他们的思想更为重要[①]。

(四)数字媒介推开传播新疆域

没有人否认,此刻我们正处在一场新的媒介革命中。互联网和因其而兴起的难以计数的数字媒介设备和基础设施,将我们带入了新的时代——数字媒介时代。

这个开启于1946年的时代被称为新媒体时代。这是一个以数字化作为最根本特征的时代。正如尼古拉斯·尼葛洛庞帝(Nicholas Negroponte)所言,数字语言成为所有媒介语言沟通和交流的世界语言,而比特正是构成数字语言的基础。它引领人类从"原子"时代进入了以"比特"为特征的数字化时代。在这个时代,所有的文本,包括图形图像、声音、视频等都能够转换成二进制编码,并采用同样的方式进行生产、分配、储存和交换,从而实现所有既有媒介之间的整合。

数字媒介是一个开放的、瞬时的、多媒体的、进程性的、漫散的媒介。其互动性、远程控制性和基因特性的数字化处理不仅鼓励跨领域间的合作,更倾向于用不断挑战人类整个感知系统来解构参与者的感知,通过介入虚拟艺术的沉浸式体验,给予人们一种全部身心感官共同参与的身体临场感。这种身体的临场感不是来自视、听的片面感官体验,而是视、听、味、嗅、触全部感官共同参与的产物。一个多维度的世界在人们面前打开了。

个人电脑、数码摄像机和录音机、网络摄像机、智能手机以及智能手表一类的可穿戴设备有了广泛的使用人群,使全球各地网络世界里的消费者都能够创造并分享内容。

信息的传播已经不再是自上而下从大公司或者政府部门得来的模式了。如今,每个人只要在键盘上敲几下就可以和多人同时交流,所以信息是在人群之间多方向交叉传播的(想想你有多少微信或微博好友)[②]。

与以前相比较,数字媒介时代的传播是改天换地的,在这个时代,人人都是传播者,人人也都是接收者。这是一个所有人对所有人的传播时代。

---

① 格里芬.初识传播学:在信息社会正确认知自我、他人及世界[M].展江,译.北京:北京联合出版公司,2016:340-341.
② 塔腾,所罗门,北京大学新媒体研究院社会化媒体研究中心.社交媒体营销[M].上海:格致出版社,2017:4.

第三节 媒介塑造了人和人类社会

从表征上看,作为通信和交流工具,媒介始终是人们生活中不可或缺的,但媒介只单单是一个工具那样简单吗?

马克思、恩格斯曾指出:"全部人类历史的第一个前提无疑是有生命的个人的存在。因此,第一个需要确认的事实就是这些个人的肉体组织以及受由此产生的个人对其他自然的关系。"①

美国社会学家彼得·伯格和托马斯·卢克曼在其社会建构论的扛鼎之作《现实的社会建构:知识社会学论纲》一书中提出,社会是由外化、客体化、内化三个步骤所组成的辩证过程。外化即主观意义在互动模式的逐渐稳定中,不断创造符号与制度,并传递给后人的过程。客体化则是通过传递给后人的习俗或传统,使得符号、制度具有客观性,就是人类活动的外化产品获得客观性的过程(客体化的社会世界在社会化的进程中被回掷到人们意识之中)。内化是这一过程之起点,它对传达意义的客观事件进行了直接的理解或解释。在内化中,个体和他人之间建立起联动机制和持久的相互认同。简而言之,即社会是人的产物,社会是客观现实,人也是社会的产物。

美国传播学者韦尔伯·施拉姆曾说过:"媒介一经出现,就参与了一切意义重大的社会变革。"②

审思这些观点,我们可以发现,媒介这一工具是同时作用于现实和心灵的。换言之,媒介这一工具的形态和功能无论发生何种变化,都有可能会直接影响到我们的精神世界和物质世界。所以说,人与媒介的关系并不是简单的创造者与工具的关系。正如学者夏德元所说:"在历史上,人与媒介的关系从来都不是一成不变的。最初,人与人的交流可能无法借助任何媒介,人只能作为媒介本身来进行彼此之间的联系和沟通。那是人类史前的自媒体时代。随着人类文明的进化和人类社会的进步,人的依赖关系发生了变化,人们通过媒介进行交往,人类交往的范围也逐渐扩大。社会分化为阶层,人与媒介的关系也发生分离。部分人垄断了媒介,垄断了传播权。传播的权利和义务开始失衡。大众传媒的出现与社会分工的细化同步发生,媒介的社会作用日益明显。随着电子媒介的产生,媒介化社会雏形初具。电报、电话、广播、电视等电子媒介彻底改变了人们关于世界的观念,也对人类的行为方式、

---

① 马克思恩格斯选集:第1卷[M].北京:人民出版社,1972:24.
② 施拉姆.大众传播媒介与社会发展[M].金燕宁,等译.北京:华夏出版社,1990:3.

交往方式产生了巨大影响。"①

一、媒介塑造、展现和发展了人

1. 人的身体被媒介塑造

人的身体是很奇妙的。在没有任何装饰的情况下,作为肉体的身体是没什么区别的,都是有机体,都在进行着亘古不变的化学反应。但是,当传播让人类从普遍的动物界脱离出来后,人的肉身就成了原罪的肉身、欲望的肉身、世俗的肉身、工具的肉身这一个多样体。肉身既隶属于人,又是人与世界的媒介物。依托肉身,人成为人,并且人与人的精神才得以相互了解、相互碰撞,进而得到升华。同时,从人类开始用树叶遮羞那一刻开始,肉身又成了媒介的产物。正如梅洛-庞蒂所言:"拥有一个身体,对一个生物来说就是介入一个确定的环境,参与某些计划和继续置身于其中。"②

可以说,每一个身体都被各种影响因素包围着、管理着、制服着,同时也因其负载和传递的政治的、经济的、文化的内容,而发生着改变。由此人的行为形式从冲动的、本能的、情绪化的行动逐步被经过调控的、自我强制的行为所代替。其中一个典型的表征就是,一种社会制度通过建立与推广主流的身体文化,使这一文化在人们中间形成集体的无意识,巩固与加强自身的统治地位。像在中国的唐代,女性身体是以胖为美的。可是到了现代,纤细的腰肢与凸显的锁骨才是美女的特征。

同时,不同社会制度以及同一社会制度中不同的族群,也产生出了不同的身体文化。对身体不同的符号化方式反映出不同文化的主体性特征,也是身处这一文化范式中的人们寻求文化身份、文化归属的方式。

人类也会通过对自己身体进行标新立异的改造,达到与主流文化相对垒、反抗主流文化乃至突破主流文化的目的。

也正是因为如此,福柯才作出了"身体"是一种社会权力关系与知识构建过程的产物的论断。

2. 人的身体是媒介的重要内容

人的力量来自身体,人对外界的感知和交往要通过身体。人的身体是人类最"信赖"的依存。尽管人们也以各种方式期待和设想肉体之外的其他存续方式,但是人类明白,那不可靠,充其量只是精神依托和心理慰藉。因此身体崇拜成为人类文

---

① 夏德元.电子媒介人的崛起:社会的媒介化及人与媒介关系的嬗变[M].上海:复旦大学出版社,2011:2.
② 梅洛-庞蒂.知觉现象学[M].姜志辉,译.北京:商务印书馆,2001:116.

化建构中很重要的一种现象。罗素在《西方哲学史》中就提出,古希腊民族存在着两种非常明显的倾向:一种是热情的、宗教的、神秘的、出世的;另一种则是欢愉的、经验的、理性的①。前者的代表是酒神狄奥尼索斯,后者的代表是太阳神阿波罗。前者是性力、迷狂、激情之神,是早期希腊宗教狂乱行为背后的驱动力;后者则是秩序、理性和一致性之神。尼采认为:"我完完全全是肉体,此外什么也不是;而且,灵魂只不过是表示身体上某个东西的词语。身体是一种伟大的理性,一种具有单一意义的杂多,一种战争和一种和平,一个牧群和一个牧人。我的兄弟啊,甚至你的小小理性,你所谓的'精神',也是你的身体的工具,你的伟大理性的一个小小工具和玩具。"②费尔巴哈也认为人是属肉体的感性存在。

身体崇拜使得身体也成为传播内容中重要的一极。古往今来,各类身体艺术和以身体为对象的创作和传播汗牛充栋。在绘画、雕塑、戏剧、摄影和影视艺术中,身体都是重要的表现内容。特别在西方的绘画雕塑艺术中,身体,特别是裸身,一直是不断被重复的对象。在后起的摄影和影视艺术中,对身体的展现更成为一种追求。

肌肉健硕的史泰龙和施瓦辛格是20世纪80年代男性青少年向往的终极形象。这些具有男子汉气概的男人,展现他们的身体奇观,给观众带来视觉快感。兰博把我们带回到近乎原始的状态:他的穿着像是原住民,主要武器是一把大刀,他用这些简单的装备同使用高科技武装的敌人进行战斗;而洛奇则仅仅凭借自己的拳头。施瓦辛格在《野蛮人柯南》和《破坏者柯南》中的成功一定程度上依靠的是他的剑术。在扮演终结者时,尽管终结者是一个高科技机器人,但在返回现代世界时却是赤身裸体、赤手空拳。特效提高了《终结者》的精彩程度,但同样不能忽视的是,施瓦辛格在《终结者2》中所扮演的机器人的科技水平,远没有其对手先进,却因此更具人性。最原始的个人崇拜是对男性身体的崇拜,20世纪80年代的新保守主义将男性身体提升到主宰命运的地位,无论是成功,还是生存,都更依赖身体的力量,而不是政治、社会或经济的权力,坚定的个人主义主宰着一切③。

我国从20世纪七八十年代以来,也出现了"身体转向"。不仅哲学、社会学、人类学、宗教学、精神分析学、女性主义等诸多学科的研究者竞相涉足身体研究这一领域,而且身体在文学、摄影、影视艺术中更是得到了勃兴。

随着后现代社会的到来,消费主义、享乐主义在全球开始盛行,即对形体美的追求、对衰老身体的否定、对死亡的摒弃、对健身运动以及保持身体健康的重视。随之

---

① 马家忠.仁术、中和与天道:中华文化身体学与生命伦理思想的多元历史建构[M].南京:东南大学出版社,2013:3.
② 尼采.查拉图斯特拉如是说[M].孙周兴,译.上海:上海人民出版社,2016:42.
③ 贝尔顿.美国电影美国文化[M].米静,马梦妮,王琼,译.4版.成都:四川人民出版社,2018:348.

而来,身体在全球多种文化中正以全新的姿态凸现出来。

3. 媒介使人的在场方式成为信息化在场

千百年来,"人是自然的产物"一直是关于"人是什么"这个问题的一个重要表述。但媒介技术的发展,使得人在肉身之上,又有了新的表征。

麦克卢汉就曾有这样的描述:"我们此刻正在上电视,我们进入电波之后,就没有了肉体。你打电话、上广播、上电视都不再有肉体。你只剩下一个形象。没有肉身时,你就成为无形无象的人。""你打电话或者播音时……你这个发送信息的人也被发送出去了……空壳化的使用者被送到了电力信息接收者的跟前。""在电速条件下,发送信息的人被发送出去了。信息发送人上广播电视时,他立即被送往世界各地,以没有肉身的形象出现。你打电话时,你和对方同时在两个地方出现,只是肉身不必在场。"①

麦克卢汉所说的,就是失去血肉之躯的人的媒介信息存在形态,肖峰把这种状态称为"信息化在场"。他认为,"自从有了信息技术后,人的在场方式中就出现了信息化在场。人可以以符号、影像等信息方式展现出来,某种意义上就是一种虚拟在场,也可视为人的'化身''影子''投影'或'延伸'"②。这种人的"信息化在场"在文字时代是以文字在场的形式出现,在电子媒介和数字媒介时代,是以虚拟在场的方式出现。

人的信息化在场的主要意义在于可以延伸、替代人的实体性在场,如果这种替代可以得到信息接受者的认可,就起到了实体性在场的相似效果,于是两种在场方式从功能上似乎就没有根本性的区别。所以从功能的角度看,信息化在场是等价于实体性在场的。

同时,信息化在场可以使人塑造出一种新的"自我"。在虚拟的环境下,人感觉到自己与一个超越时空的存在物融为一体,在其中,人会敢于超越平时的自我,会提升自尊心,获得较高的自我认同,新的自我认同反过来加强了人们对自己的信心,从而产生一个"新"的个体。可以说,信息化在场使得人可以成为任何自己想成为的人。

媒介还可以使人的存在方式从"信息化在场"过渡到"意义在场"。比如通过影视多媒体技术可以留下本人照片或生前活动影像,这样就开辟了人的存在的新方式:人在实际不在场时可以以在场的方式表现出来,并取得在场的效应。

可以肯定的是,随着媒介的发展,人的信息化在场方式会以更高级形态呈现,信

---

① 肖峰.信息技术哲学[M].广州:华南理工大学出版社,2016:226.
② 肖峰.信息技术哲学[M].广州:华南理工大学出版社,2016:226.

息化的人越来越接近其"母体",而且人可以借助媒介在记忆能力、计算速度和反应能力等方面成为"超人",甚至当人的意识可以在不计其数的软件复制件上传播时,人的身体将成为过去时,人可以实现某种意义上的"永生"。

4. 媒介扩大或者制约着人的意识

人的意识的形成离不开传播活动。同时,媒介也不断对人的意识产生持久的影响。传播媒介通常会通过提升人的感官系统,增加思维模式,从而扩大人的意识,或者通过限制人的感官系统,限制人可利用的思维形式,从而对意识进行制约。

媒介环境学者沃尔特·翁认为,在口语传播时代,人的思维和表达是基于记忆的。人思考的是可以记住的东西。为了有效地保存和再现仔细说出来的思想,人必须要用有助于记忆的模式来思考问题,而且这种思维模式必须有利于迅速用口语再现。在思想形成的过程中,使用的语言要有很强的节奏感和平衡的模式,有重复和对仗的形式,有头韵和准押韵的特征;必然用许多别称或其他的套语,必然用标准的主题环境(议事会、餐饮、决斗、有神助的英雄等);必然用大量的箴言,这些箴言必然是人们经常听见的,因而能够立刻唤起记忆,它们以重复的模式引人注意、便于回忆;必须用其他辅助记忆的形式。严肃的思想和记忆的系统紧紧地纠缠在一起。对记忆的需求甚至能够决定人使用的句法。长时期基于口语的思想表达,即使并非诗歌,往往也极富节奏。

原生口语文化中思维和表达的特征如下：
①附加的而不是附属的；
②聚合的而不是分析的；
③冗余的或"丰裕"的；
④保守的或传统的；
⑤贴近人生世界的；
⑥带有对抗色彩的；
⑦移情的和参与式的,而不是与认知对象疏离的；
⑧衡稳状态的；
⑨情景式的而不是抽象的①。

文字产生后,人的意识被进行了重构。

在文字发明之前,人类通过语言、手势和表情来传递信息,这是一种"看的精神"。当文字发明后,特别是印刷术发明和普及后,以印刷的文字为媒介,用记号来

---

① 沃尔特·翁.口语文化与书面文化:语词的技术化[M].何道宽,译.北京:北京大学出版社,2008:27-37.

表现并传播各种经验,进而加以阅读并需要追加体验的文字发展起来。这样一来,通过手势和表情来传达意义的方法,其比重在人类文化中降低了。"看的精神"转变为"读的精神",人的意识被局限在视觉和线性思维模式之内,并偏向于线性思维,由此产生了概念性的文化,而且,文字与口语不同。口语的本质是为了通过交流以强化社群协同,服务于社会的、公共的生活。文字确立了"脱离语境"的语言,这样的话语不能像口语那样接受人们的诘问或辩驳,因而脱离了原来的作者。读书写字行为经常是某人独自进行的,因而可以说它是一种孤独的行为,它有助于形成私人性的、内向性的自我。也就是说,言语行为和阅读行为塑造了不同的主体意识。因此,沃尔特·翁认为,文字确立了独立话语的新世界。"文字已有几分预言的性质,印刷技术有过之而无不及……书本像预言。"[1]

电子媒介时代的到来,再次把人类引导至视觉文化的方向,使人的感官系统和非线性思维重获丰富性,促进非线性思维发展,从而扩大了意识。研究表明,人的逻辑思维基本上是依靠大脑左半球进行的,大脑左半球根据命题性的思维而管理逻辑性、分析性的工作,大脑右半球则起到对空间形象的知觉、表象的管理功能。电子媒介传播的信息主要是由负责非逻辑性思维的大脑右半球来接收的,因此,在电子媒介持续影响下,人大脑左半球的功能将被削弱。而且,由于视觉和声音对人的感觉器官产生各种影响所引起的冲击,非线性逻辑必将占据优势。同时因为在电子媒介中并不存在印刷媒介那样对信息进行编码和解读的过程,语调、姿势、表情、运动、颜色等传播的非语言形式均发生作用。这样,从感知觉到整个思维方式和过程都将发生某种程度的变化。

5. 媒介构建着人的价值观

某种行为是对的还是错的?这个人是好人还是坏人?生活中人们经常会面临这样的提问。大家回答的依据是什么?就是价值观。价值观被认为是"一种外显或内隐,有关什么是'值得的'的看法",或者"是人们关于什么是最好的行为的一套持久的信念,或是依重要性程度而排列的一种信念体系"[2],或者"是人们区分好坏、美丑、益损、对错、符合或违背自己意愿的观念系统,它通常是充满情感的,并为人的正当行为提供充分理由"[3]。通俗地讲,价值观是关于什么是重要的,什么是不重要的,什么是值得做的,什么是不值得做的的一套信念。

人的价值观的形成受到家庭、学校、社会、媒介等多种因素影响。随着媒介渗入到人类生活的方方面面,其对人的价值判断与选择的影响越来越深入。

---

[1] 沃尔特·翁.口语文化与书面文化:语词的技术化[M].何道宽,译.北京:北京大学出版社,2008:59.
[2] 钟正武.中国城市广告的文化意识研究[M].北京:北京理工大学出版社,2018:152.
[3] 刘绍怀.论价值观研究[M].昆明:云南大学出版社,2017:80.

媒介对人价值观的影响主要表现在,媒体报道内容(议题设置)不同,相应地,人们认识世界的角度、方法、观点就存在差异。同时,媒介通过提供的价值观选择框架对个人施加影响。

在当代社会,媒介,尤其是大众传媒成为人与社会、人与人之间重要的联络工具和沟通平台,虽然这个工具和平台为人类提供的只是一个拟态环境,但它却越来越成为人类认知、认同的公共领域。人们习惯在这样的环境里生存,并感到舒适和安全。这就造成了人们对传播媒介的深度依赖或崇拜。人们把媒介作为必不可少的日常习惯和日常仪式,心理上将媒介作为极其可靠的经验代理,几乎完全依靠传播媒介建立与外部世界的联系,把媒介内容看作毋庸置疑的现实再现、权威发言和真理表达,进而将媒介的价值观内化为自身的价值观[①]。

二、媒介促成了社会全方位的发展与变迁

传播对任何社会来说都至关重要,传播技术的发展及传媒性质的革新在一定程度上都会对社会的形塑产生重大影响。

芝加哥学派的学者们就坚信没有传播就没有人与社会,传播技术在促进人类心智进化与社会发展上有着极其重要的地位。伊尼斯和麦克卢汉更是将媒体的历史当作整个文明史的中心。他们将媒体看作社会结构的至关重要的决定因素,提出"一切媒介都要重新塑造它们所触及的一切生活形态"[②]。

在伊尼斯的笔下,传播被视为促进历史发展的核心力量。伊尼斯把媒介分为时间偏向和空间偏向的媒介。他认为,时间偏向的媒介是某种意义上的个人的、宗教的特权媒介,它不利于权力中心对边陲的控制。空间偏向的媒介是一种大众的、政治的普通媒介,强调传播的世俗化、现代化和公平化,它有利于帝国扩张,强化政治统治,增强权力中心对边陲的控制,也有利于传播科学文化知识。

麦克卢汉从媒介演化史的角度概括人类社会发展,提出了"部落化→非部落化→重新部落化"三分法。他认为,在部落时代,只有口语,没有文字,文化只能靠口耳相传,人们只能面对面交流。部落人口头交流时,感官是平衡的,眼耳口鼻舌身全部调动,全身投入,感官没有分割。此时的口语具有至高无上的权威和魔力,它不仅用来传递信息,而且用来支配世界,如祈祷、诅咒、施行巫术。部落人的感情世界和心理活动是非常丰富的,他们和部落融为一体,和外部世界融为一体。

拼音文字发明之前,人生活在感官平衡和同步的世界之中,这是一个具有部落

---

① 樊葵.媒介崇拜论:现代人与大众媒介的异态关系[M].北京:中国传媒大学出版社,2008:10.
② 麦克卢汉.理解媒介:论人的延伸[M].何道宽,译.南京:译林出版社,2011:71.

深度和共鸣的封闭社会。这是一个受听觉生活支配，由听觉生活决定结构的口头文化的社会。耳朵与冷静而中性的眼睛相对，它的官能是强烈而深刻的，审美力强，无所不包。它给部落亲属的相互依存编织了一张天衣无缝的网络。全体部落人和谐相处。首要的交流手段是言语。看不出有谁比其他人知道得多一些或少一些。这就是说，几乎没有什么个人主义或专门分工。个人主义和专门分工是西方"文明人"的标记。直到今天，部落文化仍然根本无法理解个体的观念或独立公民的观念。

  听觉空间是没有中心，也没有边缘的空间。它不像严格意义上的视觉空间，视觉空间是目光的延伸和强化。听觉空间是有机的，不可分割的，是通过各种感官的同步互动而感觉到的空间。与此相反，"理性的"或图形的空间是一致的、有序列的、连续的。西方世界的时空观念是从拼音文字的环境中派生出来的。西方文明的整个观念也是从拼音文字中派生出来的。部落世界的人过的是一种复杂的、万花筒式的生活，因为耳朵和眼睛不同，它无法聚焦，它只能是通感的，而不能是分析的、线性的。言语是要发出声音的，更准确地说，它是我们一切感官的同步外化……无文字的民族的生活方式是隐而不显、同步和连续的，而且也比有文字的民族的生活方式要丰富得多。由于要依靠口语词获取信息，人们被拉进一张部落网。因为口语词比书面词承载着更丰富的情感——用语调传达喜怒哀乐等丰富的感情，所以部落人更加自然，更富于激情的起伏。依靠听觉、触觉的部落人参与集体是无意识的，生活在魔幻的、不可分割的世界之中。这是由神话、仪式模式化了的世界，其价值是神圣的、没有受到任何挑战的。与此相反，文字或视觉创造的环境是强烈分割的、个人主义的、显豁的、逻辑的、专门化的、疏离的。

  拼音文字像炸弹一样降落到部落社会中，把视觉放到感官系统最高的等级。文字把人推出部落社会，让他用眼睛代替耳朵，用线性的视觉价值和分割意识取代整体、深刻、公共的互动。拼音文字是视觉功能的强化和放大，它削弱听觉、触觉、味觉和嗅觉，渗透到部落人连续的文化中，把其有机和谐、复杂通感的感知方式转换成一致、连续和视觉的感知方式。直到今天，我们仍然把这种感知方式当作"理性"生活的标准。整合的人变成了分割的人。在西方，拼音字母粉碎了令人着迷的圈子和部落世界共鸣的魔力，它好像使人发生爆炸，变成专门化的、心灵贫乏的"个体"或单位，在一个线性时间和欧几里得空间的世界里运转的单位①。

  麦克卢汉之后，尼尔·波兹曼在《娱乐至死》一书中提出了"媒介即隐喻"的观点，他认为媒体能够以一种隐蔽却又强大的暗示力量来"定义现实世界"，其中媒介的形式极为重要，特定的媒介形式会偏好某种特殊的内容，最终会塑造社会的整个文化体系。

---

① 邹玉,邹俊巍.新形态广播[M].北京:中国广播影视出版社,2014:289-290.

约书亚·梅洛维茨在其《消失的地域：电子媒介对社会行为的影响》一书中提出，群体身份、社会化的程度和等级制度的级别之间的传统区别是建立在印刷媒介所形成的孤立情境基础上的，从这种程度上看，电子媒介的广泛使用模糊了这些区别。

尽管上述技术决定论的观点受到了很多批评，但不可否认，社会是在人与媒介技术的相互修改中得以发展的，任何社会的文化类型和社会结构变迁都会受到技术的制约或促进。

1. 媒介发展推动着政治的进步

托马斯·阿奎那曾提出，人天然是社会的和政治的动物。政治和人类之间有着不可分离的关系。而人的产生又离不开媒介。由此，媒介与政治天生就结缘了。

从历史发展来看，媒介与政治是相互影响的。政治建设为媒介发展提供了政治生态环境和制度性保障，媒介的发展推动着政治的进步。

在实践中，大众传媒之于政治，不仅是构筑政治想象的共同体，还是实现民主必不可少的工具，目前尚不能完全明确。由于多种影响因素的存在，媒介对政治的推动作用呈现出复杂状态。但总体而言，在政治建设进程中，媒介，尤其是大众传播媒介承担着政治主张的宣传者、民主改革的鼓动者与民主政治建设的展示者角色，同时还是各类政治信息交流沟通的平台。

媒介能够对政治行为过程发表评论。在西方，媒介有助于设定公众讨论和政治决策的议程，也有助于促成整个意识形态环境朝着"使媒介片面的世界报道赢得普遍性的认同并树立其合法性，同时为媒介想当然地构建'现实'奠定理论基础"①的方向发展。与此同时，媒介规范了弱势群体的观念和欲望，使他们无法超越历史和政治，对现存的社会关系习以为常，而从没想到对现有的关系提出挑战。统治阶级也由此得到了弱势群体对其社会、文化领袖地位的认同，并通过这些手段（而不是直接的高压政治）来维持其对国家经济、政治和文化发展方向上的统治地位。

2. 媒介影响着经济发展并成为经济的重要组成

媒介与经济的关系问题是一个很宏大的研究命题。正如有研究者所指出的那样："在媒介系统内，人是媒介传播的对象，是受传者，是受众……在经济系统内，人既是生产者，也是消费者……多种角色统一于人，通过人及其活动的角色转换……媒介系统与经济系统发生着相互作用。"②

媒介首先影响受众及其社会活动，而受众同时是经济活动中的生产者和消费

---

① 海科特,凯俉尔.媒介重构：公共传播的民主化运动[M].李昇平,李波,译.广州：暨南大学出版社,2011：20.
② 郑维东.媒介化社会与经济增长理论及实证研究[M].北京：中国传媒大学出版社,2013：1.

者,媒介对受众的影响因此也传递到经济活动领域,并对经济活动(如经济增长)发生作用。

同时,在信息社会和知识经济时代,信息和知识成为影响经济发展的重要因素。作为信息和知识的主要传播载体,传播媒介在经济发展中的作用越来越重要。研究者甚至认为,媒介是经济形态发展的预言家。经济增长就在报纸或电视上,经济的无情衰退也在报纸或电视上。如果精心设计一种概率函数,大众媒体甚至能为人们描绘出经济变动的曲线。每篇经济报道都是对单一经济现象的披露和说明,各种媒体无数篇经济报道能显示经济发展的前景,从而揭示经济发展的方向[①]。

今天,媒介已经不再只简单地作为经济系统的外部环境变量,它已经成长为知识经济或者信息经济的重要组成部分。

3. 媒介促成了文化发展并使自身成为目前最重要的文化现象

文化是人类精神的生产活动。美国文化人类学家克罗伯和科拉克洪在《文化:一个概念定义的考评》一书中对文化进行了如下的定义:文化是构成人类群体独特成就的模式,包括外显的和潜隐的模式,也包括属于行为(of behavior)或指引行为(for behavior)的模式,它是借着象征来获得并传递的[②]。显然他们认为文化与媒介是密切相关的。美国人类学家爱德华·霍尔在《无声的语言》一书中就提出"文化即传播,传播即文化"的观点。

南长森等研究者认为,"任何文化都只能借助媒介才能进行生产和传播。同时,传播媒介本身的技术形态决定了文化的形态。在口语传播时代,流传的文化信息主要是歌谣,比如《诗经》最开始就是以传唱的方式存在的。在印刷时代,文化信息以书写的方式传播,文化传播空间范围更广,流传时间变长。在电子媒介时代,文化信息传递以数字化的方式传播,文化信息具有可视可感性,在时间、空间等各个领域大大扩展"[③]。

在传统文化格局中,主流文化、精英文化、民间文化三者共筑整个文化结构,各自的文化旨归,分界鲜明。在传统文化语境下,主流文化居于绝对主导地位,表达国家正统意识形态。精英文化是在精神上有优越感的知识分子文化,它是社会价值的权威阐释者,理性、真理、正义、价值、尊严是其赖以存在的条件及基础,它与主流文化交错融合,共同占据文化的中心,是社会文化的立法者之一。民间文化

---

① 刘建明,等. 新闻学概论[M]. 北京:中国传媒大学出版社,2017:271-273.
② 袁同凯. 文化人类学简论[M]. 天津:南开大学出版社,2017:87.
③ 南长森,屈雅利. 媒介素养教程[M]. 西安:陕西师范大学出版社,2017:132.

发端于社会底层,是民众自然而然的经验表达,通俗性、娱乐性、草根性是其典型特征。相对于前两者,民间文化处于较边缘化的位置。人类进入大众传播时代后,大众媒介成为聚合、播散与传承文化的主要渠道。正如美国学者塞伦·麦克莱所言:"大众媒介已经成为当今世界的'文化中心'。"由此,产生了"媒介文化""媒介化的文化"这些概念。它代替了以往精英文化的诸种形式,成为文化注意力的中心,并深刻地变革了当代世界的文化格局,重新塑造着我们对这个世界及自我的认知。

4. 性别的建构离不开媒介

性别本是一种自然状态,但在实际社会中,人们谈及性别问题,更多地用来指由社会文化形成的对男女差异的理解,以及社会文化中形成的属于女性或男性的群体特征和行为方式,这就是社会性别。美籍意大利学者劳瑞迪斯在她的著作《社会性别机制》中对社会性别做了如下的阐释:"社会性别事实上是对一种关系,一种隶属于一个阶级、一个团体、一种类别的关系的再表现。社会性别并非指代一个个人,而是指代一种关系,一种社会关系。"社会性别就是基于可见的性别差异之上的社会关系,是被建构而成的。波伏娃曾经指出,"一个人不是天生为女人,而毋宁说是变成女人的"。

可以说,社会性别的建构离不开媒介。

女权主义传播理论家朱莉娅·彭尼洛普曾提出"男权的全域"理论。她认为语言赋予了阳性和阴性不同的地位。"全域",是一整套反映现实的特定定义的语言规范。那些接受某个语言的人也就基本上接受了该语言关于真理的范畴。根植于男权的全域之中的定义、意义和解释宣扬了男性的利益而压制了女性的利益,大多数女性没有对她们的语言范畴发出疑问,所以她们已被同化入男性统治的系统内了。

也因为如此,延伸出更为深层次的媒介与性别之间的关系——媒介建构了性别。研究者认为人的生理性别从一开始就成为社会化性别的产物,所有的身体一出生就被语言命名、区分,落入了语言的象征之网中。性别观念的建构过程也是个体被社会性别文化"询唤"("询唤"是意识形态"表演"或"起作用"的方式,即通过某个权威人物,把个体"召唤"进其社会或意识形态的位置)的过程,甚至在出生前"询唤"就开始了——胎儿的性别一旦确定,它就被定义为"男孩"或"女孩"。这种命名不仅是一种描述,更是一种把婴儿"询唤"为"女孩"或"男孩"的表演性/行事性陈述,而个体从此就会引用这个性别规范,否则就不能被社会主流性别观念接纳。就这样,从一降生开始,人就注定要依照文化所规定的"性别角色"进行性别扮演。

同时，媒介形成了社会的男性偏向。研究者发现，由于社会分工，男女各有不同的经历，造成了他们对这个世界的感受不同。男性在比较长的时期内占据支配地位，因此，他们的感受系统也居于支配地位，这就不能使妇女的感受得到公开的接受。表现在语言方面，就是一种文化群落的实际语言有一种内在的男性偏见，也就是男性为一个群体创立了意义，而女性的声音受到压制或"销声匿迹"了。特别是当男性和女性的意义与表达方式发生矛盾时，男性的意义与表达方式往往会占上风[①]。

当这种偏向固化后，在媒介传播中，尤其在视觉化媒介中，隐含的父权制快感更为明显，呈现出一种男性是观看者，女性是观看对象的表达。西方研究者对影视媒介的研究发现，在这些媒介中，女性成为男性欲望的客体，女性存在的一切意义就在于展示自身的可观赏性。由此，男性观众通过男主角的目光凝视女主角，以满足欲望，获取性满足的快感。

当然，这样的表达也造成了受众对媒介上的形象产生身份认同。这种身份认同对于男性观众而言，主要是通过对男主角的着迷，使他们将银幕上那些与自己相似的客体认同为另一理想化的自我。这一身份认同的过程使其充满快感，同时也引发了对其他人产生认同感的行为。对于女性受众而言，这一身份认同既有消极的意义，也有积极的意义。在女性受众眼中，女性明星是权力的象征，她们不但总是洋溢着自信，更操纵着男性凝视的目光，从而使得女性受众在消费媒介的过程中，开始与主流社会所期许的女性应该为"婚姻和子女而自我牺牲"的理念展开抗争，并能坚守自我。

当女性媒介崛起后，鼓励女性受众以快感为武器反抗父权制更为鲜明。大量女性媒介采用"我们"这一第一人称行文，而不是常用的"你"这一第二人称。"我们"的呼语消弭了群体之间的差异，将女性受众召唤为一个虚拟的集体，一个具有反抗能力的主体。

课后题

1. 有研究者提出，从历史上看，人与媒介的关系从来都不是一成不变的。谈谈你对这句话的理解。

2. 媒介使人的存在方式变成了"信息化在场"，这对人类社会发展有什么积极作用和消极影响？

3. 政治的媒介化对社会治理提出了什么样的挑战？

---

① 刘利群.社会性别视野下的媒介研究[M].北京：中国传媒大学出版社，2013：22.

第七章

媒介与法

美国法理学家博登海默曾说:"法律是人类最伟大的发明,别的发明使人类学会了如何驾驭自然,而法律让人类学会了如何驾驭自己。"

从泛媒介角度来看,人是最基本的媒介,媒介又构成了人所面对的这个世界,万物皆媒介,所以媒介与法的关系,可以说是人与法的关系,是人怎样驾驭自己的传播行为,以及人与肉身之外的媒介之间如何遵循在长期共存中所形成的规则,同时也包括国家、社会与媒介之间如何遵循公平规则的问题。这些问题,我们可以简要地将其概括为传播法律关系问题。一般认为,传播法主要是用来调整新闻媒体、新闻记者、政府、公民、法人等传播法律关系主体在传播活动过程中形成的权利和义务关系。

第一节　传播与公民权利

研究者认为,从身体参与传播活动的完整度来划分媒介形态,可以将媒介概括为身体媒介、无身体媒介、身体化媒介、类身体媒介四个阶段。

在文字等表意符号出现之前,人们主要是通过动作、表情、口语等身体语言传递信息,传受双方处于相同的时空之中,以相似的文化背景、生活经历为基础,接收、处理对方传递的信息。信息意义与身体语言及传播场景有着紧密的联系。在这种传播生态中,媒介以生物学意义上的身体即肉体的形式存在,每个个体都是一个独立的媒介,自行筛选、接收信息,理解信息意义并进行反馈,这种媒介形态被称为"身体媒介"。媒介技术进入传播实践中,成为直接与人建立联系的传播参与者。这些媒介以视觉、听觉符号代替了身体语言,传受双方的身体无需在场便可以实现信息传播,这类媒介可以归为"无身体媒介"的范畴。以互联网和数字技术为基础,信息传播活动的主要阵地,已经转移到了微博、微信、手机新闻客户端等整合媒体平台,这些平台涵盖文字、声音、影像、3D动画等多种传播形式,在保留了各类传播介质原有特性的同时,也生成了独属整合平台的新特性。此类传播活动,包括人和机器两类参与者,它们都以节点的形式存在,传播关系主要在"人与人"和"人与机器"之间形成,但占主导地位的为"人与人"之间的传播关系。在这一时期,人与人之间的传播活动呈现出更多"身体媒介"时代的属性。以节点形式存在的人虽未重归"肉体在场",但已经找回了身体系统所具有的互动反馈能力,能够根据信息及时调节、平衡自身行为。肉体虽依旧隐退,但已经在传播活动中发挥了其作为完整的动态平衡系统的作用。我们可以将这一阶段的身体看作是"数字身体",不具备实体形态,但发挥身体作为完整系统的功能,这一时期的媒介形态被定义为"身体化媒介"。未来的生物量子芯片、VR/AR、人工智能等技术的发展成熟,又将重构现有的传播方式和媒介形态。脑机接口、生物量子芯片等,将媒介技术物对人肢体功能的延伸扩展到神经系统的延伸,人的"技术身体"成为独立而又功能强大的媒介,它将集信息收集器、存储器、处理器、播放器于一身,可以实现信息的直接收集、储存、回放、传递、分析,无需借助外在设备。而且,全息技术、触觉反馈技术等将会把身体在场感进一步真实化,使人类既能突破时空限制,又能重获"身体媒介"时代的传播体验。这是一种崭新的传播场景,可以定义为"类身体媒介"时代[1]。

从这一视角出发,我们可以发现,媒介与法的关系,主要是公民(自然人)在传播活动中的权利义务关系。一贯被学界热议的大众传播机构与法律的关系,只是媒介与法的关系的一个组成部分。大众传播机构只是漫长传播史中的一个插入语,但其出现后以其专业性展露出巨大的影响力,因此谈及媒介与法时,人们往往更多谈的是新闻媒体在传播活动中形成的权利义务关系。不过,随着身体化媒介和类身体媒介的到来,自然人传播又重回主场。同时,正如童兵教授所言,新闻权利"从广义上说,是公民和法人依法享有的言论、出版和新闻自由,即公民权之一"[2]。世界上有些国家制定了专门的新闻法或新闻出版法、广播法、电视法,有些国家没有制定专门的新闻法,但在宪法和其他法律中有规范新闻活动的条款。由此来看,把握传播活动中的公民权利,就基本掌握了媒介与法的关系。

根据《现代汉语词典》第7版的解释,权利是指公民或法人依法行使的权力或享受的利益。现代各国普遍以法律的形式规定公民的权利与义务,以此作为调整公民与国家、公民与公民之间关系的法律依据。公民权利主要包括有宪法权利、社会权利、自然权利、道德权利和习惯权利等。其法律渊源有制定法、判例法、习惯法、学说和法理、宗教法等。一般来说,与传播相关的公民权利主要包括知情权、表达自由权、隐私权、肖像权、名誉权、姓名权、著作权等。

一、知情权

知情权(the right to know)又叫了解权、知悉权,一般是指寻求、接收和传递信息而不受任意干涉或限制的自由状态。知情权一方面是指知晓报道活动的权利,这是为了保障信息传递的自由,与"采访自由"几乎具有同等的含义;另一方面是指信息接收者的自由,即收集、选择信息的自由。该权利主张的重点是从官方获悉有关的情况,官方应履行公开有关的文件和信息的义务。

知情权是在新闻自由的基础上发展起来的一项权利。瑞典1766年的《关于著

---

[1] 刘明洋,王鸿坤.从"身体媒介"到"类身体媒介"的媒介伦理变迁[J].新闻记者,2019(5):75-85.
[2] 童兵.比较新闻传播学[M].北京:中国人民大学出版社,2002:126.

述与出版自由的1766年12月2日之宪法法律》废除了以往对出版物的事前审查,允许自由印刷并传播政府文件,其后进一步修改并确认任何人均有权查阅政府文件,这开了信息公开之先河,是较早对知情权加以保障的立法。1945年,曾任美联社总经理25年之久的肯特·库珀首次提出了"知情权"的主张。他主张新闻媒体的功能应该是报道真相,人民应该有可以更广泛地获取国家机关所掌握的信息的权利。他建议人民知情的权利应该被认定为一项宪法权利。1948年联合国发表的《世界人权宣言》第19条规定:"人人有权享有主张和发表意见的自由;此项权利包括持有主张而不受干涉的自由;通过任何媒介或不论国界,寻求、接受和传递信息与思想的自由。"1966年通过的《公民权利和政治权利国际公约》也规定:"人人有权享受思想、良心和宗教自由。""人人有权持有主张,不受干涉。""人人有自由发表意见的权利;此项权利包括寻求、接受和传递各种信息和思想的自由,而不论国界,也不论口头的、书写的、印刷的、采取艺术形式的,或通过他所选择的任何其他媒介。"

知情权产生之初,主要指向公民获取政府信息的权利,有研究者认为这是狭义上的知情权,可以称为"行政知情权"或者是"知政权"。从狭义上看,知情权的主体是非公权力行使者,既包括单个的人,也包括多数公民的集合。知情权的客体就是"情"(information),即所有公权力的行使者通过运用公权力和公共资源收集、处理、保有的信息,这些信息本质上属于"公共财产",是公权力机关为了公众的利益而代管的公物,每位公民都有获取这种信息而受益的权利。从法律关系上看,知情权还是公民请求政府满足其知情要求的权利,具有请求权的属性。公权力机关有积极作为的义务,不仅有公开信息保障公民知情的义务,还有义务提供公开的条件,并采取必要的保障知情权的措施。可见,知情权具有受益权和请求权的双重属性[①]。

广义的知情权不仅仅限于公法,还指人们有了解其应该知道的事情的权利。研究者认为应当包括政治知情权、司法知情权、社会知情权、个人信息知情权、法人信息知情权等。

有学者认为,知情权同环境权、发展权一起成为第三代人权。知情权作为具有自由权和社会权属性的宪法权利,强调以全体公民的公共利益为归宿。当发生信息公开纠纷时,知情权的权利属性更是司法介入和判决的主要依据。

我国法律虽然没有明确规定对知情权的保护,但不排除其作为一项法定权利而存在。从我国宪法的有关规定中,可以找到知情权存在的根据。《中华人民共和国宪法》规定"中华人民共和国的一切权力属于人民""人民行使国家权力的机关是全国人民代表大会和地方各级人民代表大会""全国人民代表大会和地方各级人民代

---

① 李勤印.汉官风范[M].北京:首都师范大学出版社,2019:72.

表大会都由民主选举产生,对人民负责,受人民监督"。依据宪法确定的原则,人民依照法律规定,通过各种途径和形式,管理国家事务,管理经济和文化事业,管理社会事务。一切国家机关和国家工作人员必须依靠人民的支持,经常保持同人民的密切联系,倾听人民的意见和建议,接受人民的监督,努力为人民服务。中华人民共和国公民有言论、出版、集会、结社、游行、示威的自由。由以上内容可以很自然地推导出知情权是公民的一项宪法性权利。此外,我国还是《国际人权宣言》《公民权利和政治权利国际公约》的缔约国,这就使保护包括知情权在内的各项基本人权成为我国承担的国际条约义务的一部分。

同时,我国通过党的文件推动政府信息公开制度建设,加强对公众知情权的保障。党的十三大提出:"要提高领导机关活动的开放程度,重大情况让人民知道,重大问题经人民讨论。"党的十五大报告提出直接涉及群众切身利益的部门要实行公开办事制度,之后,检务公开、警务公开、审判公开等行政公开措施相继实施。2007年知情权被写入党的十七大报告。2012年,党的十八大报告中又再次强调:"保障人民知情权、参与权、表达权、监督权,是权力正确运行的重要保证。推进权力运行公开化、规范化,完善党务公开、政务公开、司法公开和各领域办事公开制度,让人民监督权力,让权力在阳光下运行。"另一方面,不断加强政府信息公开及保护公众知情权法律制度建设。2008年,我国颁布并施行《中华人民共和国政府信息公开条例》,以行政法规的形式建立了我国政府信息公开制度,标志着我国政府信息公开制度建设步入法制化轨道。目前,我国还通过《中华人民共和国行政处罚法》《中华人民共和国行政许可法》《中华人民共和国行政复议法》等一批专门法律确立了我国政府信息公开的基本原则。

二、表达自由权

表达自由权是指公民享有宪法和法律规定或认可的,使用各种方式和媒介表明、显示和公开传播自己的思想、观点、意见、主张、信息、知识、情感等内容,而不受他人干涉、约束或惩罚的自由。表达自由权是一项重要的公民基本权利,它是公民行使其他权利的重要前提和保障。各国宪法都对公民的表达自由权做出了规定。

"自由"这一观念在西方出现较早,英国的约翰·洛克被称为政治哲学史上第一位"自由主义者"。约翰·斯图亚特·密尔从功利主义的角度出发对自由提出了发人深省的探讨。他认为,个体在不妨碍其他人的前提下有表达自由的权利,最好的社会也就是其中最大多数人可以享受最大快乐的社会。关于表达自由权,密尔认为,如果不让某种观点发声,那就是不让真理发声。对于社会整体健康发展而言,个体的表达自由是十分重要的。他在《论自由》一书中讲了一段广为传播的话:"如果全人类对某一问题意见一致,即使只有区区一人持相反意见,人类要这个人沉默并不比这个人要全人类沉默做法更为正当。"1644年,英国资产阶级思想家弥尔顿向英国国会所做的《论出版自由》的演说,提出了出版自由的论点。《论出版自由》被后世誉为"世界上第一本提出出版自由,反对封建传统书刊检查制度的著作",也是关于思想自由、传播自由的重要文献。

资产阶级革命胜利后,出版自由作为资产阶级革命胜利的成果而载入资产阶级的宪法性文献中。这些规定,一是对公民授权性的,如1789年法国《人权宣言》明确规定:"自由交流思想与意见乃是人类最为宝贵的权利之一。因此,每一个公民都可以自由地言论、著述与出版,但应在法律规定的情况下对此项自由的滥用承担责任。"二是对政府禁止性的,如1791年美国宪法修正案规定:"国会不得制定关于剥夺公民的言论、出版、和平集会和请愿等自由的法律。"三是赋予政府义务的,如日本宪法规定,政府保障言论、出版以及其他一切表现的自由①。

表达自由权对人类的生存和发展具有极其重要的意义,人类社会前进的每一步都与表达自由密不可分。我国法律关于表达自由的规定,目前已经初步形成了以《中华人民共和国宪法》为总领,以《中华人民共和国国家安全法》《中华人民共和国保守国家秘密法》《中华人民共和国集会游行示威法》《中华人民共和国著作权法》《中华人民共和国刑法》等部门法为依托,包含《信访条例》《出版管理条例》《计算机信息系统安全保护条例》《电子出版物管理规定》《音像制品内容审查办法》等各种单独行政法规,甚至是部门规章的保护表达自由的法律法规体系。

当然,表达自由也存在着其自身内在的界限。因为"表达自由属于外部性精神自由,其所伴随的表达行为往往超越了思想和良心的范畴,是一种将内心的精神作用或其结果公诸外部的活动,所以存在着与他人的自由权利或社会公众利益发生冲突的可能性,为此必然有一定的界限"②。

传统宪法学认为,表达自由典型的方式主要有言论、出版、集会、结社、游行和示威等。其中言论和出版的自由,是表达自由的最基本的、最典型的类型。

(一)言论自由

言论自由有广义与狭义之分,广义的言论自由就是表达自由,狭义的言论自由仅指口头表达意见的自由。具体地说,它是指在法律规定的范围内通过口头语言自由地表达自己的思想、观点和看法的权利。保障言论自由权有助于公民通过自由地表达自己的思想、观点和意见,参与社会政治、经济和文化活动,促进社会发展和进步。

---

① 杨海坤.宪法学基本论[M].北京:中国人事出版社,2002:132.
② 吉敏丽.宪法事例研析[M].北京:中国政法大学出版社,2013:78.

言论自由主要包括如下内容:①人人都有自由地发表言论的平等机会,不因其身份、职业、民族、信仰和文化程度的不同而异;②对各个领域的问题,人人都可以自由地发表意见、参加讨论;③允许持不同观点的人之间以平等的地位进行辩论和争鸣,允许持相反观点的人相互反驳,每个人既有批评的自由,也有辩护、反批评、能动的自我批评的自由;④对于不同的言论形式,人人都有选择的自由。

言论自由本身意味着政府对于言论不加干涉,但这并非绝对的。在下列情况下,必须对言论自由作最小的限制:①保护个人不受诽谤或对权利的其他分割;②维护社会的道德水准;③当国内发生暴力或骚乱行为时维护社会治安的需要;④当外敌入侵时为捍卫安全的需要。

根据我国有关法律规定,下列言论是必须禁止的:①有害于国家的言论,即不得利用言论自由泄露国家秘密,危害国家安全,不得煽动他人背叛祖国,散布流言蜚语,制造民族对立情绪,破坏民族的团结和祖国的统一。②有害于社会的言论,即不得利用言论自由教唆盗窃、淫秽、凶杀、纵火等犯罪行为,危害人民身心健康,破坏社会公德,破坏社会秩序。③侮辱他人的言论,即不得利用言论自由捏造或夸大事实、陷害他人,也不得用污秽语言侮辱他人[①]。

(二)出版自由

出版自由是指公民有在宪法和法律规定的范围内,通过公开发行的出版物表达自己意见和思想的自由。

身体媒介之后,文字、印刷等体外媒介迅速成长起来,尤其是现代印刷术诞生后,印刷出版物能使个人的思想意见迅速地传播给社会大众并对他们产生影响。因此,出版自由在当时事实上已经成为表达自由的主要内容。表达自由思想出现早期,争取的也是出版自由。

当然,出版自由亦受到一定的限制,其限制的内容就是言论自由所受到的限制,必须依法进行。各国对出版自由限制的方式也与言论自由一样,分为事前审查制度与事后追惩制度两种。

事前审查制度是一种预防机制,是为防止公民滥用出版自由,而采取事前干预的办法。一般有如下几种做法:一是检查制,即出版物在出版以前须经主管机关审查批准,方能出版;二是特许制,即领到特许证后,才能出版刊物;三是保证金制,即出版不仅事先须经主管机关的特许,并且须预缴一定的保证金,以担保出版物合法出版,不涉及非法内容,如发现非法出版,就没收保证金,或以保证金赔偿损害,或作为罚款;四是报告制,即凡创办和发行出版物,不用事先经过政府主管机关的特许,

---

① 杨海坤.宪法学基本论[M].北京:中国人事出版社,2002:132.

只需在出版时向政府主管机关呈交报告,以备案考查。

事后追惩制度,亦称事后检查制度。出版物在出版发行前不受限制,政府管理机构不作任何检查;出版物在出版发行后,通过有关机构审读样书或进行社会舆论监督,发现违法行为时,政府有关机构依照新闻出版法或其他法律予以惩处[①]。

(三)表达自由的法治保障原则

世界各国在长期的行宪、司法实践中总结出了许多颇有价值的保障表达自由的原则[②]。

1. 明显而即刻的危险原则

该原则最早由美国联邦最高法院大法官霍尔姆斯在1919年"申克诉合众国案"的判决书中提出。霍尔姆斯认为,"所使用的言辞在特定情形下,其性质足以产生明显而即刻的危险,将带来国会有权阻止的极大恶果时",可以惩罚此种言论。霍尔姆斯的观点得到了布兰代斯大法官的进一步发展,在1927年的"惠特尼诉加利福尼亚州案"中,布兰代斯指出:"除非坏事的发生迫在眉睫,根本无机会充分讨论就可能来临,否则不得认为由言论而引起的危险是明显而即刻的。"由此,该原则得以确立。

明显而即刻的危险原则对于美国及其他国家保护表达自由的司法实践产生了深远影响。实施这一原则意味着:如果公民的表达不具有明显而即刻的危险,政府就应予以保护;如果相反,政府就应给予表达者以制裁。但是由于该原则对"明显"和"即刻"的程度不好把握,标准不够明确和具体,而无法对表达自由给予充分的保障,美国联邦最高法院于20世纪60年代末不再适用该原则。

2. 最少限制手段原则

这一原则要求在限制表达自由时,在多种限制手段中,必须选择限制最少、最轻或最小的手段,尽量减少对表达自由的限制。该原则通过对政府限制表达自由手段的规制来实现对表达自由的保障。

表达自由是宪法规定的基本权利,限制的目的应是为了更好地保障其实现,所以法律在对表达自由进行限制时,必须以保障为主、限制为辅。因此,按照这一原则,政府限制公民的表达自由,如果可以选择较为温和的方式来达到一个合理的限制目的,政府却使用了较严厉的或过当的手段,就是违反宪法的。

3. 优先地位原则

该原则又称为自由优先原则,主张表达自由是最重要的人权,居于优先的地位。

---

① 杨海坤.宪法学基本论[M].北京:中国人事出版社,2002:133.
② 牛静.新闻传播伦理与法规:理论及案例评析[M].上海:复旦大学出版社,2015:138.

这一原则认为,表达自由"在美国的宪法层次结构中占有最高的优先地位。法官们有保护这些权利的特殊职责,因而应当对侵犯这些自由的法律抱极其怀疑的态度"。

根据这一原则,只有在政府能够证明其限制表达自由是为了避免迫在眉睫的严重的真正危险所必需时,限制才是合法的,否则就会被推断为违宪。

4. 内容中立原则

这一原则要求,政府不得不对表达进行限制时,应当尽量从时间、地点和方式等方面对表达进行限制,而不应当对表达的内容(当然是宪法、法律保护的内容)进行直接干预。该原则还要求,政府不能因为担心民众会对某个观点、信息、意见产生不良反应就对其进行限制,政府也不能因为某种观点或理论特别适合自己的政策就利用自己所掌握的各种资源,包括从立法上对其进行资助。

按照这一原则,政府应当对观念市场上的各种观点、想法、意见保持中立,并且在制定与言论有关的法律时,应当尽量避开对言论内容(当然是宪法、法律保护的内容)的限制。如果政府的法律或行政措施涉及言论的内容,就应当接受更为严格的司法审查。

这一原则对于控制行政权力肆意干涉公民的表达自由以束缚或压制其厌恶或恐惧的表达内容,具有一定的现实意义。

5. 禁止法律模糊和限制过宽原则

该原则也称作明确性和准确性原则。它要求法律必须具有足够的清晰度,即法律必须明确地规定公民应当遵守的行为规范,使其可以依规范而行动,避免受到法律的制裁;并且有关表达自由的法律规定不得过于宽泛,避免将受保护的表达和不受保护的表达都纳入禁止之列。

如果法律规定模糊、限制宽泛,依照拥有普通判断能力的人的理解,无法判定某种表达行为是否可以适用该法律,那么就会造成人们因恐惧犯法而连受保护的表达自由都不敢运用,这就使得人们行使表达自由的范围被迫缩小,等于侵犯了或剥夺了公民的表达权。也就是说,这一原则是在保障人们的表达自由不因涉及表达自由的法律语义模糊、限制的范围漫无边际而受到威胁。

三、隐私权

隐私是自然人的私人生活安宁和不愿为他人知晓的私密空间、私密活动、私密信息。隐私权是指自然人享有的私人生活安宁与私人信息秘密依法受到保护,不被他人非法侵扰、知悉、收集、利用和公开的一种人格权,而且权利主体对他人在何种程度上可以介入自己的私生活,对自己的隐私是否向他人公开以及公开的人群范围和程度等具有决定权。隐私权是一种基本人格权利。

1890年,塞缪尔·沃伦和路易斯·布兰代斯在《哈佛法律评论》上发表的具有里程碑式意义的文章中使用了隐私概念。那之后"隐私"被不断引申,其范围逐步拓展,渐渐成为一个含义广阔的概念。隐私权包括四项权利。①隐私隐瞒权。隐私隐瞒权是指权利主体对于自己的隐私进行隐瞒,不为人所知的权利。②隐私利用权。隐私利用权是指自然人对于自己的隐私权积极利用,以满足自己精神、物质等方面需要的权利。③隐私维护权。隐私维护权是指隐私权主体对于自己的隐私权所享有的维护其不可侵犯的权利,在受到非法侵犯时可以寻求公力与私力救济。④隐私支配权。隐私支配权是指公民对自己的隐私有权按照自己的意愿进行支配。

根据我国国情及国外有关资料,下列行为可归入侵犯隐私权范畴:①未经公民许可,公开其姓名、肖像、出生日期、住址、身份证号码、生物识别信息、电话号码、电子邮箱、健康信息、行踪信息;②非法侵入、搜查他人住宅,或以其他方式破坏他人居住安宁;③非法跟踪他人,监视他人住所,安装窃听设备,私拍他人私生活镜头,窥探他人室内情况;④非法刺探他人财产状况或未经本人允许公布其财产状况;⑤私拆他人信件,偷看他人日记,刺探他人私人文件内容,以及将它们公开;⑥调查、刺探他人社会关系并非法公之于众;⑦干扰他人夫妻性生活或对其进行调查、公布;⑧将他人婚外性生活向社会公布;⑨泄露公民的个人材料或公之于众或扩大公开范围;⑩收集公民不愿向社会公开的纯属个人的情况;⑪未经他人许可,私自公开他人的秘密①。

当然,对隐私权的保护也有例外。《中华人民共和国民法典》规定,处理个人信息,有下列情形之一的,行为人不承担民事责任:(一)在该自然人或者其监护人同意的范围内合理实施的行为;(二)合理处理该自然人自行公开的或者其他已经合法公开的信息,但是该自然人明确拒绝或者处理该信息侵害其重大利益的除外;(三)为维护公共利益或者该自然人合法权益,合理实施的其他行为。

案例

刘甲等诉某电视台转播含有隐私内容的新闻侵犯名誉权案②

刘甲与刘乙(未成年人)系姐妹关系。2005年5月,刘甲的丈夫因犯强奸罪被判刑,刘乙是该强奸案的受害人。刘甲的丈夫被判刑后,刘甲、刘乙及其母亲王某就此

---

① 广播影视业务教育培训丛书编写组.广播电视综合知识[M].北京:中国国际广播出版社,2016:168.
② 李智,吴国喆.新编民法总论案例教程[M].北京:中国民主法制出版社,2008:108.

事接受了其他电视台的有关采访,但未接受被告电视台采访。有关采访的内容于同年7月下旬播出。其后,被告电视台就两原告的上述家庭隐私进行了专题报道,并在不同时间数次播出。刘甲与刘乙提供的证人证明数次在被告电视台播放的节目里看到刘甲、刘乙及其母王某坐在客厅里讲述有关女婿强奸的事情。刘甲及其母亲均有正面镜头,刘乙也在片中出现。被告电视台对刘甲与刘乙的画面未作技术处理。为此刘甲与刘乙将该电视台起诉至××市××区人民法院。

原告诉称,原告方同意了有关电视台采访及对相关画面进行技术处理后播放,但未同意被告电视台播放。被告电视台未经原告同意,未做任何技术处理,毫不掩饰地将强奸犯罪的受害者刘乙的形象和原告刘甲及其母亲的形象多次公之于电视屏幕上,向社会公众披露两原告的家庭和个人隐私,致原告方的身心遭受极大伤害。要求被告承担消除影响、赔礼道歉的民事责任,并赔偿两原告精神损害抚慰金20000元及经济损失366.3元。

被告电视台辩称,原告是在自愿的情况下接受了有关电视台的采访,有关内容已在全国范围里被多次播报。被告电视台报道的内容来源于之前电视台的播放,都是已公开的并且系原告自己陈述的内容,镜头是其自曝的。被告电视台在报道中对原告用了化名,播放的内容也没有超出之前电视台的新闻内容、传播范围,全部为之前电视台所播放的原来影像,没有侵犯原告的隐私,要求驳回原告的诉讼请求。

××市××区人民法院经审理认为,未经他人同意,擅自公布他人的隐私,致使他人人格权益受到损害的行为,构成侵权。被告电视台播放的内容涉及原告的隐私,而披露隐私未取得当事人的同意;并且在播放过程中未对人物面部作任何有效的技术处理。被告对涉及两原告隐私的内容再次进行编辑后播出的行为侵害了原告的人格权益,构成侵权,应承担民事责任。对原告主张的医疗费等经济损失计366.3元予以支持。法院根据被告的过错程度、侵权手段、后果等酌情确定原告的精神损害抚慰金。根据《中华人民共和国民法通则》(2021年1月1日废止)第一百二十条、第一百三十四条第(七)项,《最高人民法院关于确定民事侵权精神损害赔偿责任若干问题的解释》第一条第二款、第十条及《最高人民法院关于民事诉讼证据的若干规定》第二条的规定判决,被告电视台于判决生效之日起七日内赔偿原告刘甲、刘乙医疗费人民币366.3元及精神损害抚慰金人民币10000元。

四、肖像权

肖像是通过影像、雕塑、绘画等方式在一定载体上所反映的特定自然人可以被识别的外部形象。肖像是一种人格利益。

肖像权是法律赋予自然人享有的以其肖像所体现的人格利益为内容的具体人

格权。肖像权所体现的基本利益,是精神利益,保护的是人格尊严。同时肖像权具有财产利益。自然人的形象经过再现,往往具有美学价值,甚至成为艺术品。在市场经济条件下,其可以转化为财产利益。肖像权是自然人专属的民事权利。法人等社会组织不享有肖像权。

肖像权包含以下三种权利。①肖像制作权。肖像制作权,也称形象再现权,是指自然人享有的通过一定的造型手段将自己的外貌形象表现出来并固定在特定物质载体上的专有权利。这是自然人专有的权利,且只能由特定自然人专有。该权利实际上又包含自然人决定是否制作自己的肖像、由谁来制作、以何种方式制作三个方面的权利。未经肖像权人同意而制作其肖像是非法行为。②肖像使用权。肖像使用权,是指自然人享有利用自己肖像的专有权利。肖像权人可以以任何合法方式使用自己的肖像,以获得精神的满足和财产收益,也可以根据自己的意志允许他人使用自己的肖像。他人未经肖像权人同意而使用其肖像是非法行为。③肖像利益维护权。肖像利益维护权,是指自然人享有的维护自己肖像的完整性并禁止他人恶意修改、毁坏、毁损、扭曲、玷污、丑化的权利[①]。

侵害肖像权的行为是具有主观过错的一般侵权行为,以作为侵权为主。行为人承担侵害肖像权的民事责任须具备四个要件,即侵权行为、损害事实、侵权行为与损害事实之间的因果关系,以及行为人的主观过错。

《中华人民共和国民法典》规定,下列使用他人肖像的行为为合理使用,可以不经肖像权人同意:

第一,为个人学习、艺术欣赏、课堂教学或者科学研究,在必要范围内使用肖像权人已经公开的肖像;

第二,为实施新闻报道,不可避免地制作、使用、公开肖像权人的肖像;

第三,为依法履行职责,国家机关在必要范围内制作、使用、公开肖像权人的肖像;

第四,为展示特定公共环境,不可避免地制作、使用、公开肖像权人的肖像;

第五,为维护公共利益或者肖像权人合法权益,制作、使用、公开肖像权人的肖像的其他行为。

五、姓名权

姓名权是自然人享有的一种冠名性质的具体人格权,即自然人享有的决定、使用、变更或者许可他人使用自己姓名,并禁止他人侵犯自己姓名的一种人格权。

---

① 刘金霞,温慧卿.新编民法原理与实务[M].北京:北京理工大学出版社,2017:148.

姓名包括姓氏和名字两部分,因此姓名权就包括享有决定、使用、改变姓氏的权利,即有权随父姓、母姓,或者采用其他姓氏,也包括决定、使用、改变名字的权利。

姓名权具有以下特征:其主体是自然人,因为自然人人格的文字标识正是其姓名;其客体是自然人对自己人格的文字标识,包括主体正式登记的姓名,也包括主体的笔名、艺名、别名等;其权利是一种绝对权,或曰对世权,即权利效力及于所有人,所有人都不能侵犯他人的姓名权;它不可转让,任何转让姓名的行为均属无效[①]。

姓名权主要包括以下几种权利。①姓名的决定权,即公民有权决定自己的姓名。公民可以决定随父姓,可以随母姓,也可以决定姓其他的姓。除了决定自己的正式姓名,还有权决定自己的艺名、笔名、化名、别名等。②姓名的使用权,指公民依法使用自己姓名的权利。公民可以使用自己的姓名,也可以不使用自己的姓名,可以依法允许他人使用自己的姓名,公民还可以要求他人正确使用自己的姓名。③姓名的变更权,指公民依照规定改变自己姓名的权利。这一权利是公民姓名决定权的自然延伸[②]。

六、著作权

著作权,又称版权,是指著作权人对文学、艺术和科学作品依法享有的各项专有权利。其核心是复制权。

著作权的对象是作品。只要是合法的作品,只要是属于受著作权法保护的作品,则依法产生著作权,受著作权法的保护。《中华人民共和国著作权法》第三条规定,本法所称的作品,是指文学、艺术、科学领域内具有独创性并能以某种有形形式复制的智力成果,包括:(一)文字作品;(二)口述作品;(三)音乐、戏剧、曲艺、舞蹈、杂技艺术作品;(四)美术、建筑作品;(五)摄影作品;(六)视听作品;(七)工程设计图、产品设计图、地图、示意图等图形作品和模型作品;(八)计算机软件;(九)符合作品特征的其他智力成果。

著作权因作品的创作完成而自动产生,包括人身权和财产权两个方面的内容。

著作权与作品的创作者密切相关,因此,在著作权构成中,突出对人身权的确认与保护,包括发表权、署名权、修改权、保护作品完整权在内的各项权利具有人身依附性,只能由作者享有,并予特别保护。《中华人民共和国著作权法》第二十二条规

---

① 郑文辉.中国法律和法律体系[M].广州:中山大学出版社,2017:184.
② 李于.青年必知法律知识手册[M].北京:华文出版社,2006:140-141.

定:作者的署名权、修改权、保护作品完整权的保护期不受限制。第二十三条规定:自然人的作品,其发表权、本法第十条第一款第五项至第十七项规定的权利的保护期为作者终生及其死亡后五十年,截止于作者死亡后第五十年的12月31日;如果是合作作品,截止于最后死亡的作者死亡后第五十年的12月31日。法人或者非法人组织的作品、著作权(署名权除外)由法人或者非法人组织享有的职务作品,其发表权的保护期为五十年,截止于作品创作完成后第五十年的12月31日……但作品自创作完成后五十年未发表的,本法不再保护。

著作财产权是指作者使用作品而获得经济利益的权利,一般认为包括复制权、发行权、出租权、展览权、表演权、放映权、广播权、信息网络传播权、摄制权、改编权、翻译权、汇编权等。著作财产权受到合理使用、法定许可使用的限制。

当然,作品作为一种智慧的结晶,其价值在于全人类共享。对作者所享有的权利既要保护,也不能把权利绝对化、无限期化。我国新修订的《中华人民共和国著作权法》第二十四条规定,在下列情况下使用作品,可以不经著作权人许可,不向其支付报酬,但应当指明作者姓名或者名称、作品名称,并且不得影响该作品的正常使用,也不得不合理地损害著作权人的合法权益:(一)为个人学习、研究或者欣赏,使用他人已经发表的作品;(二)为介绍、评论某一作品或者说明某一问题,在作品中适当引用他人已经发表的作品;(三)为报道新闻,在报纸、期刊、广播电台、电视台等媒体中不可避免地再现或者引用已经发表的作品;(四)报纸、期刊、广播电台、电视台等媒体刊登或者播放其他报纸、期刊、广播电台、电视台等媒体已经发表的关于政治、经济、宗教问题的时事性文章,但著作权人声明不许刊登、播放的除外;(五)报纸、期刊、广播电台、电视台等媒体刊登或者播放在公众集会上发表的讲话,但作者声明不许刊登、播放的除外;(六)为学校课堂教学或者科学研究,翻译、改编、汇编、播放或者少量复制已经发表的作品,供教学或者科研人员使用,但不得出版发行;(七)国家机关为执行公务在合理范围内使用已经发表的作品;(八)图书馆、档案馆、纪念馆、博物馆、美术馆、文化馆等为陈列或者保存版本的需要,复制本馆收藏的作品;(九)免费表演已经发表的作品,该表演未向公众收取费用,也未向表演者支付报酬,且不以营利为目的;(十)对设置或者陈列在公共场所的艺术作品进行临摹、绘画、摄影、录像;(十一)将中国公民、法人或者非法人组织已经发表的以国家通用语言文字创作的作品翻译成少数民族语言文字作品在国内出版发行;(十二)以阅读障碍者能够感知的无障碍方式向其提供已经发表的作品;(十三)法律、行政法规规定的其他情形。

案例

刘某、孙某、张某诉上海某公司侵犯著作权案①

2006年5月。刘某、孙某、张某三人合写的A文,在××期刊×期第×版上发表。在该文的标题旁列有副标题"收获季节仅劳务收入一项,人均增收一百二十元",文章开头署有"本报平邑讯(通讯员刘某、孙某、张某)"字样,全文近400字,无著作权人"不得转载"的有关声明。嗣后,上海某公司在其Y网站首页本站动态栏上全文刊载了该文章,但在文章标题上增加了"平邑"二字,为《平邑A》,未出现"收获季节仅劳务收入一项,人均增收一百二十元"的副标题;并注有发布时间2006-5-29 8∶40∶24,来源:Y网站,在文章开头属有"(通讯员刘某、孙某、张某)"字样。

2009年2月11日,经原告刘某申请,××市××公证处对被告在Y网刊载上述文章的事实进行了保全公证。庭审中,原告明确被告擅自使用原告的作品,未支付报酬。

三原告诉称,被告未经授权,私自将原告作品转载至其网站上进行广告宣传,并且在转载的文章标题上增加了"平邑"二字,又删除了文章的"收获季节仅劳务收入一项,人均增收一百二十元"的副标题,侵犯了原告对作品所享有的修改权和获得报酬权,遂请求法院判令被告停止侵权,支付三原告稿酬1000元及合理费用8515元。

被告辩称,原告方撰写的A文,是对平邑县村民挖蒜、分拣蒜头、装运蒜头等时事消息进行平白描叙,属时事新闻。时事新闻是不受著作权法保护的,网站等媒体均可以自由转载,只要注明出处即可。被告网站的确登载了该文章,但被告是转载于其他网站,被告的行为符合法律规定,未侵犯原告的合法权利,故不应承担法律责任。

法院审理认为,根据法律规定,时事新闻是指通过报纸、期刊、广播电台、电视台等媒体报道的单纯事实消息。这种"单纯事实消息"只是反映一种客观事实的存在,应当是全部由信息,包括时间、地点、人物、事件等客观现象或事实所组成。它没有对新闻事实的细节描述,不反映作者的思想内容,不带有作者的主观色彩,因此不具有著作权法意义上的作品所应当具备的独创性特点。本案系争文章具备了作品的独创性特点,与时事新闻只是单纯反映客观事实存在的特征不符,应受著作权法的保护。被告辩称系争文章为时事新闻,缺乏事实和法律依据,本院不予采纳。被告未经著作权人许可,擅自在其网站上刊载涉案文章,且未在合理时间内向原告支付报酬,构成侵权。法院遂判决被告立即停止侵权,赔偿三原告包括稿酬及合理费用在内的经济损失共计2500元。

---

① 叶青.法学名家评案说法[M].上海:复旦大学出版社,2017:12-17.

七、名誉权

名誉是对民事主体的品德、声望、才能、信用等的社会评价。名誉权是由民事法律规定的民事主体所享有的获得和维持对其名誉进行客观公正评价的一种人格权。

自然人的名誉权涉及以下方面：任何新闻媒体在报道、评论真人真事时不得与事实相违，影响自然人原有的社会评价；任何主体不得以侮辱、诽谤或捏造事实等方式损害、败坏他人名誉。法人和非法人组织的名誉权涉及以下方面：任何新闻媒体在报道、评论有关法人和非法人组织时不得与事实相违，影响该组织原有的社会评价；任何主体不得捏造事实，散布虚假信息，损害、败坏组织的名誉。

名誉权包括以下内容：自然人、法人和非法人组织有权保持自己的名誉，维持自身已获得社会客观、公正评价的社会价值，使其不会消失或减弱，及要求他人对其进行客观、公正的评价，从而获得应有的社会尊重；自然人、法人和非法人组织有权享有名誉体现的人格利益，以及因其社会客观、公正评价所带来的受社会大众尊重、敬仰的人格利益；自然人、法人和非法人组织有权维护自己的名誉不受非法侵害，当其名誉受到侵犯时，有权通过有关途径维护自己的名誉不受非法侵害，要求侵权人承担侵权责任。

侵犯名誉权的方式主要包括侮辱、诽谤、失实而造成极坏影响的新闻报道等。名誉权受法律保护，禁止任何人故意以书面、口头等不同方式宣扬他人的隐私，捏造事实，以侮辱他人，损害他人名誉；禁止利用严重失实的新闻报道损害他人名誉；禁止利用内容不当的文学作品损害他人的名誉；禁止借检举、控告之名，侮辱、诽谤他人[①]。

《中华人民共和国民法典》第一千零二十五条规定，行为人为公共利益实施新闻报道、舆论监督等行为，影响他人名誉的，不承担民事责任，但是有下列情形之一的除外：（一）捏造、歪曲事实；（二）对他人提供的严重失实内容未尽到合理核实义务；（三）使用侮辱性言辞等贬损他人名誉。第一千零二十六条规定，认定行为人是否尽到前条第二项规定的合理核实义务，应当考虑下列因素：（一）内容来源的可信度；（二）对明显可能引发争议的内容是否进行了必要的调查；（三）内容的时限性；（四）内容与公序良俗的关联性；（五）受害人名誉受贬损的可能性；（六）核实能力和核实成本。

---

① 郑文辉.中国法律和法律体系[M].广州：中山大学出版社，2017：186.

案例

杨某娟诉某报纸侵害名誉权案①

2007年3月26日,甘肃女子杨某娟的父亲为圆女儿追星梦,在香港跳海自尽。同年4月12日,某报纸刊登了《你不会懂得我伤悲——杨某娟事件观察》一文,对"杨某娟事件"进行深度报道。该文开头的导读提示了文章的要旨:"3月26日,杨某娟的父亲因女儿没能单独见上明星,跳海自尽。"全文分为"死在香港,活在香港""阿干镇,寂静岭""女儿心,海底针""伟大的母亲,穿梭的妻子""世界越来越小,爸爸越来越亲""一家三口? 一家四口?""三箱宝贝,七页遗书"七部分。该报道基于与"杨某娟事件"形成相关联的杨某娟家庭的外部环境、人格特征的观察视角,描写了如下内容:杨某娟及父母杨某冀、陶某英各自的家庭背景;杨某娟及母亲的出生地、父亲工作地的人文社会环境;杨某娟与父母,父母之间的关系;杨某娟父母的婚恋;杨某冀弟弟杀母的精神病史;杨某娟辍学的可能原因,杨某娟辍学后的生活;陶某英与杨某冀离婚及原因,陶某英离婚后的情感生活,一家三口人的关系;媒体介入杨家追星的过程,杨家与媒体之间的纠葛;杨某娟追星动因源于梦;杨家的经济状况,杨某冀举债支持杨某娟追星,杨某娟赴港后仍未如愿;杨某娟在丧父后仍执着要见明星。

2008年3月10日,杨某娟和母亲一起状告该报纸,认为该篇报道侵犯了杨父、杨母以及杨某娟的名誉权,共要求索赔30万元精神损失费,并要求该报纸恢复名誉、消除影响、赔礼道歉。一审法院认为,该报社发表涉及杨某冀及家人的涉案文章,既没有主观上的过错,也没有行为的违法性,杨某娟也没有证据证明杨某冀及家人的名誉因该报社发表涉案文章受到损害的事实,故不构成侵害名誉权。一审败诉后,杨某娟母女上诉,二审判决:维持原判,杨某娟败诉。

八、荣誉权

荣誉是特定民事主体在社会生产和生活中,有突出表现或突出贡献,政府、单位或社会团体所给予的积极的正式评价。荣誉权是公民、法人和其他组织对于自己的荣誉称号获得利益而不受他人非法剥夺的一种民事权利。

侵犯荣誉权的主要表现:①非法剥夺荣誉称号。一般而言,对已获得的荣誉称号,其他自然人、法人和其他组织非依法律规定不得剥夺、取消。②非法诋毁自然人、法人和其他组织的荣誉权。对已获得的荣誉称号,侵权人无根据地诬陷荣誉权人是用弄虚作假、谎报成绩骗取的,这种诽谤和诋毁行为不仅是对荣誉称号的损害,

---

① 牛静.新闻传播伦理与法规:理论及案例评析[M].2版.上海:复旦大学出版社,2018:255-256.

也是对名誉、信誉的损毁。

侵犯荣誉权的法律救济如下:自然人、法人和其他组织可以请求侵权人公开赔礼道歉和消除因侵权造成的不良影响,也可以请求侵权人赔偿损失;如果侵权人对请求置之不理,自然人、法人和其他组织还可以向人民法院起诉,要求人民法院强制侵权人立即停止侵权行为,消除影响、恢复名誉、赔礼道歉,并可以要求经济赔偿①。

案例

陈某雅诉媒体侵权案②

陈某雅是电视剧《乌龙山剿匪记》某角色的扮演者,她是群众演员,没有接受过专门的表演训练,也没获得过表演方面的奖项。某记者未采访陈某雅本人,就在一篇报道中编造陈某雅"获得最佳女配角奖"的光环以及"考入某名牌大学新闻系"的不实履历,致使陈某雅身边"熟知的亲朋好友纷纷来电来信或当面指责其为自己编造历史,为自己涂脂抹粉,从而造成其极大的精神压力,影响工作、事业及身心健康"。于是,陈某雅诉该记者及相关媒体,要求维护其荣誉权。陈某雅称文中虚构、捏造的表扬事实对当事人而言不但没有抬高其声誉,反倒引起了社会的非议,造成其精神痛苦。最后,该记者和相关媒体承担了相应的民事责任。

第二节 新闻媒体的法律规制

毋庸讳言,肉身之外媒介的发展对人类超越部落化存在是有很大帮助的。当读写能力和机械技术被引入社会与文化之后,人得以在更大的空间和时间维度中交往。但超越肉身与血缘纽带的交往,关系传播与情感传播显然是减少了,以事件为中心的交往成为主要的交往模式,因此有关新近变动的事实的社会传播行为迅速增多。新闻媒体就是在这样的背景下产生的。

作为专门用于交流、传播新闻信息的工具,新闻媒体产生后俨然是一切传播中最核心的部分。18世纪末,一篇以《报刊的优点》为标题的文章更是直言不讳道:"报刊为实现议会各机构进行决断的目标集中议题并动员民众;这样的报刊,不仅能够

---

① 广播影视业务教育培训丛书编写组.广播电视综合知识[M].北京:中国国际广播出版社,2016:166.

② 王军.传媒法规与伦理[M].北京:中国传媒大学出版社,2009:98.

影响政治生活,并且还能在其中占有重要的地位,尽管这样的判断现在还显得有些为时过早。但事实上,报刊的影响已完全取代了政治布道,它甚至使议会议员与内阁阁员这样的人感到敬畏。"①

英国历史学家、政治家托马斯·麦考莱在1828年确切地将英国议会中的记者席称为"第四等级",1834年新建的议会大厅中专门设有记者席供记者旁听。"社会公器"、社会文明"看门人"、"社会公平正义的捍卫者"等的赞誉更是接踵而来。迅速崛起的新闻媒体引发了巨大的社会关注,并成了社会生活中一支重要的力量。那么究竟怎样调整它与人以及社会其他力量之间的关系,应该有着怎样的规则?自新闻媒体崛起后,这个问题一直困扰着人们。

一、新闻媒体权利属性的复合态

新闻媒体权利的核心问题是新闻自由权的问题。"新闻自由是从言论、出版自由中延伸出来的。在逐步演化过程中,派生出了一些新的价值、功能与内容,其性质亦随之发展变化。目前学术界对新闻自由的法理属性认识不尽一致,在新闻自由是'权力'还是'权利'这一问题上没有形成一致意见。厘清其法理属性,是新闻工作走向法治化的前提。"②

(一)权利与权力

"权利和权力是法学和政治学中的两个最基本的概念,也是社会的法律生活和政治生活运转所围绕的两个轴心。民主和法制的关系问题深入探索下去,就是权力和权利的关系问题。"③

《现代汉语词典》(第7版)对"权力"的解释是:①政治上的强制力量;②职责范围内的支配力量。《不列颠百科全书》认为,权力是一个人或许多人的行为使另一个人或者其他许多人的行为发生改变的一种关系。权力的概念中,意志和行为是必要要素,这种意志具有支配性或强迫性,即可以支配他人改变其行为,或使他人的行为服从于自己。因此,在权力的支配下,被支配者是没有自由的(当然也没有意志自由),而行为自由和意志自由只属于支配者自己。

权利被认为是"站在一定的立场上,一个人对于他所应得应享有东西的要求"④。

---

① 张好玫.英国"第四等级"报刊观念的兴起[M].上海:复旦大学出版社,2018:131.
② 牛静.媒体权利的保障与约束研究[M].武汉:华中科技大学出版社,2014:39.
③ 吕世伦,文正邦.法哲学论[M].哈尔滨:黑龙江美术出版社,2018:358.
④ 彼彻姆.哲学的伦理学[M].雷克勤,郭夏娟,李兰芬,等译.北京:中国社会科学出版社,1990:291.

在现代社会,"权利的重要属性是其作为法律权利的属性。因为一旦需要用某种制度来明确、保障和救济一个人'所应得应享有东西'的时候,就没有任何一种制度能够像法律那样具有如此稳定的可预期的功能,从而满足这种需要"①。

研究者认为,在历史上权利和权力是同时产生和存在的。在原始社会,权利与权力的界限是模糊不清的,或者说两者是合为一体的。原始社会的权力是社会赋予成员处理部落内外事务的权利,这种赋予是为了公众目的的实现和利益最大化。原始社会的权力是自然形成的极小权力,成员之间不存在强制性,他们是一种平等的关系。社会分工使得权利与权力走向分化。恩格斯认为,社会分工促使社会结构发生了平面型分化,产生了新的社会关系,即分工协作关系,使社会成员有了朦胧的权利意识。社会分工也产生了职业的雏形,公共事务管理应运而生,管理即指要求服从的权力,权力聚集为公共权力并被一个新的组织——国家所掌握。按照社会契约论,权力来源于人们让渡部分自然权利、建立国家。权力的目标就在于维护公共秩序和公共利益,促进个人权利的实现。马克思把剥削阶级的国家形式称作"虚幻的共同体",认为国家如果离开了它的实体——人们的社会存在、社会活动和社会关系,那是不可想象的。国家权力绝不会凭空产生,它是以公民的权利为中介对社会经济关系的集中反映。经济关系的人格化就是人们的利益和需要,利益和需要的意志化就是权利。权利要得到确认和保障就要靠权威和强制力,这种权威和强制力的最高形态就是国家权力。

不过由于人类社会形态的更替一般是由革命的阶级打碎了旧的国家机器,用暴力夺取了政权之后,再制定新的法律来重新确认和分配人们的权利,因此容易形成一种错觉,似乎夺取国家权力在先,获得权利在后,因而权力是权利的渊源。

在现代法治国家,权力的获得应当有宪法、法律的授权。权力的社会功能在于实现公共利益。权利的社会功能在于实现私人利益。

(二)权利与权力的交融

新闻媒体的监督权是权利还是权力?这是个聚诉不已的问题。

有的学者认为,鉴于新闻没有国家权力的强制力,认定它的监督权只是属于公民权利范畴,而非权力。任何新闻媒体本身都不具备与拥有行使强制力的能力,从而何谈其权力呢?因此正确的说法应当是新闻媒体乃是一种"公共权利"的代表,也就是这种"公共权利"必须与其承担的"公共义务"对等,由"公共义务"制约着"公共权利"②。

从这一认知出发可见,新闻媒体是由社会成员组成的一种社会事业机构,属于非政府组织,不享有政府所拥有的国家权力及其强制力,而是基于其公民和社团的身份,

---

① 鲍嵘.共和国高等教育系统与法权观念变迁[M].北京:九州出版社,2016:14.
② 周劭林.新闻媒体的权利与权力[J].青年记者,2006(14):32.

享有公民权,主要是公民和社会组织的政治权利与自由,包括言论自由、结社自由、出版自由、知情权、信息传播权,特别是对政府的监督权等。这些都属于权利范畴。

由于权利本身不具有直接的国家强制力,这些权利的行使须依仗国家权力的支持,诸如:其新闻自由、批评自由能得到法律保障;其基于知情权而衍生的采访权、调查权等能得到政府的合作;特别是有司法机关作为其后盾,媒体披露的违法犯罪事实能得到司法机关的及时介入,立案处理;媒体的正当活动受到非法干预时能获得有效的司法救济;等等。

但有研究者认为,媒体权力是区别于国家权力的"第二类权力"——社会权力。新闻媒体作为社会组织,反映了社会主体的意志,集中地代表广大公民行使公民权,这相当于将无数公民的权利集于媒体一身,集体化行使,并以媒体特有的公开性、广泛而迅速的传播性、社会动员性以及形象性、生动性等优势,发挥作用,比之公民单个地行使权利,其影响力、支配力和社会强制力要大得多。有时通过媒体还可以形成一个声势浩大的社会运动。这时,集体权利就转化为集体权力,即舆论的压力、威力,所向披靡,国家权力有时也不得不甘拜下风。因此,新闻媒体拥有的公民权(权利),也可转化为社会权力。媒体成为公民权利和社会权力的"合金"。

社会权力是指在国家与社会二元化格局下,社会主体拥有自己的社会资源和独立的经济、社会地位而形成对国家和社会的影响力、支配力[①]。

总体来说,新闻机构及其职业行为所涉及的法律关系复杂性,决定了媒体权利属性及权利形态的复合性。当媒体机构的生产过程、新闻作品内容不涉及公共事务或公共权力主体时,媒体权利属私法范畴;如果涉及公共事务或公共权力主体,媒体权利则部分地具备了公法属性。私法属性的媒体权利属于普通权利,新闻活动相对人同媒体机构在新闻生产过程中所产生的关系是平等主体之间的法律关系。公法属性的媒体权利则属于宪法权利。公法属性的媒体权利强调新闻活动所涉及的利益关涉国家利益与公共利益,相对人为公共权力行使主体,媒体机构因其职业行为正当性而部分获得公共权力角色,并依据宪法授权而拥有特定范围的权力主体身份。媒体机构在新闻活动中具备强令相对人服从的权力特质,行使舆论批评权能,新闻活动关系中的主体间是不完全平等的法律关系,即与公共利益或公共权力发生关系的相关主体更多地承受媒体机构出于正当目的所施加的合理义务——提供优质公务信息与接受批评监督[②]。

---

① 郭道晖.新闻媒体的公权利与社会权力[J].河北法学,2012,30(1):9.
② 陈堂发.论私法范畴的媒体权利:基于《民法典·人格权编》相关条款[J].新闻与传播研究,2020,27(8):66-74.

二、新闻媒体权利的法律保障

(一)创办媒体的权利

创办媒体进行言论表达,是公民的重要权利。很多国家的宪法中,均对此进行了明确保护。

世界各国社会制度和国情不同,创办报刊的制度也各不相同,大致有以下几种情况。第一,保证金制,即向政府交纳一定数额的保证金以备犯法时受罚所用。第二,审查批准制(许可证制),即向政府提出申请,经批准登记,取得许可证(执照)后方可创办,未经许可,不得擅自创办。第三,注册登记制,即向政府注册即可创办而无须批准,但须在报刊上刊登发行人的姓名、地址等,以备审查。第四,追惩制,即对报纸、杂志的过失采取事后惩罚,既不要求出版物呈报登记,也无须求得批准,更不用接受印发前的检查[①]。但多数国家对广播电视的创办条件、内容管制等比较严格。设立广播电台、电视台普遍采取许可制。对其管制,主要是由于广播电视频率资源十分稀缺,同时越来越多的国家已经明确意识到广播电视所具有的强烈的文化属性和意识形态属性,将它作为一种特殊产业来对待。

(二)采访权和报道权

采访权是指依法设立的新闻媒体及依法获得新闻从业资格的新闻工作者在法律允许的范围内了解、获得消息,并不受他人非法干预的权利。采访权是保证公民知情权的基础。报道权是指除法律法规所规定或确认的禁止事项外,不得对新闻报道进行预先审查和批准。

采访权最先由英国报界人士于19世纪初提出,到今天,不仅被众多学者所使用,而且诸多国家都对其有相关法律规定和保障。在英文文献中,采访权有多种表达,如 the right to access(接近权),the journalist's privilege(记者特权),the right to gather news(新闻采集权), the freedom to gather news(新闻采集自由),the newsgatherer's privilege(信息采集人的特权)等。很多时候,人们往往将采访权等同于新闻采访权,有时也称为新闻收集权、新闻采集权、新闻接近权、新闻知情权和信息获知权。西方社会一般认为,记者的职业活动不具有特殊的法律地位,可以适用一般公民的法律来调整和规范。实际上,在许多西方国家的新闻法中(德国除外),都没有关于新闻记者采访权的专门规定[②]。

---

① 孙旭培.新闻传播法学[M].上海:复旦大学出版社,2008:70.
② 李迎春.司法与传媒关系临界点:采访权的法理与实践[M].北京:中国民主法制出版社,2017:12.

(三)批评建议权

新闻舆论监督是新闻媒体的代表性功能,而舆论监督的实现,不仅要靠客观公正的报道以保证公民的知情权,更需要保障媒体批评建议权的有效行使。权力应受到合理有效的监督以避免绝对的权力导致绝对的腐败,这一点已经成为常识。

三、我国新闻媒体的法律规制

目前我国包括传统媒体、互联网媒体在内的媒体行为规范的立法已经比较完善,多位阶的法律规范构成了严密的媒介法体系。

《中华人民共和国宪法》第三十五条规定:"中华人民共和国公民有言论、出版、集会、结社、游行、示威的自由。"

《中华人民共和国宪法》第四十一条规定:"中华人民共和国公民对于任何国家机关和国家工作人员,有提出批评和建议的权利;对于任何国家机关和国家工作人员的违法失职行为,有向有关国家机关提出申诉、控告或者检举的权利,但是不得捏造或者歪曲事实进行诬告陷害。"据此,公民有依据事实、通过新闻媒体进行批评和建议的权利,由此衍生出新闻媒体进行舆论监督和批评报道的权利。

《中华人民共和国宪法》第二十二条规定:"国家发展为人民服务、为社会主义服务的文学艺术事业、新闻广播电视事业、出版发行事业、图书馆博物馆文化馆和其他文化事业,开展群众性的文化活动。"第四十七条规定:"中华人民共和国公民有进行科学研究、文学艺术创作和其他文化活动的自由。国家对于从事教育、科学、技术、文学、艺术和其他文化事业的公民的有益于人民的创造性工作,给以鼓励和帮助。"结合第二十二条,新闻传播活动属于文化活动,同时,新闻工作者应当受到国家的支持和保护。

《中华人民共和国宪法》第五十一条规定:"中华人民共和国公民在行使自由和权利的时候,不得损害国家的、社会的、集体的利益和其他公民的合法的自由和权利。"就新闻自由而言,违反法律规定滥用自由,侵犯国家、社会和集体的利益以及他人的权益的行为,将构成违法、侵权乃至犯罪行为,要承担相应的法律责任。

综合宪法相关条款,可知我国的新闻自由,其享有主体是包括新闻从业者在内的全体公民。根据宪法精神,公民享有知情权、参与权、表达权、监督权等权利和自由。新闻自由不仅涉及表达权,同时也涉及知情权、参与权和监督权。可以理解为它既是受到保护的公民知情权、参与权、表达权、监督权在新闻媒介上的体现,也是通过新闻媒介帮助公民实现知情权、参与权、表达权、监督权的重要工具。从本质上说,新闻自由不是新闻媒体的专有权利,新闻自由属于全体公民。从内容上说,新闻自由既包括普通公民通过新闻媒体所享有的知情、参与、表达、监督的权利,又包括新闻工作者在新闻业务活动中所享有的各项职业权利,比如采访权、报道权、发布权、批评权等①。

(一)新闻媒体创办的法律规制

我国实行的是审批制新闻媒体经办制度。根据《出版管理条例》(2002年2月1日实施,2020年11月29日第五次修订)第十二条和《广播电视管理条例》(1997年9月1日实施,2020年11月29日第三次修订)第十一条规定:"设立出版单位,由其主办单位向所在地省、自治区、直辖市人民政府出版行政主管部门提出申请;省、自治区、直辖市人民政府出版行政主管部门审核同意后,报国务院出版行政主管部门审批。""中央的广播电台、电视台由国务院广播电视行政部门设立。地方设立广播电台、电视台的,由县、不设区的市以上地方人民政府广播电视行政部门提出申请,本级人民政府审查同意后,逐级上报,经国务院广播电视行政部门审查批准后,方可筹建。"

根据《互联网信息服务管理办法》第四条规定,国家对经营性互联网信息服务实行许可制度;对非经营性互联网信息服务实行备案制度。第七条规定,从事经营性互联网信息服务,应当向省、自治区、直辖市电信管理机构或者国务院信息产业主管部门申请办理互联网信息服务增值电信业务经营许可证。第八条规定,从事非经营性互联网信息服务,应当向省、自治区、直辖市电信管理机构或者国务院信息产业主管部门办理备案手续。

我国实行审批制这一新闻媒体经办制度主要基于两个方面的需要。

第一,实行审批制是确保国家舆论安全的政治需要。我国特殊的国体政体决定了要实施"党管媒体"的基本原则,实行审批制是确保党对新闻媒体绝对领导的有效途径。当今世界,还存在意识形态的斗争,还留有通过新闻媒体进行思想文化渗透,最终被和平演变的历史教训;同时,我国正处在社会主义初级阶段,还有不同声音、不同思想的碰撞、激荡和斗争。对新闻媒体的设立和经营实行审批制,按照"谁审批,谁负责"的原则,对新闻媒体进行事前、事中、事后的严格监管,可以对新闻媒体偏离党和国家发展道路、方针、政策的行为进行及时处理,确保新闻舆论导向正确,实现对新闻媒体的有效监管。

第二,实行审批制是确保新闻媒体健康发展的需要。实行审批制能够有效地控制新闻媒体单位(企业)总量和新闻媒体区域发展的平衡,使其在合理、可控、科学的框架内发展,确保其公益属性和经济属性得到更加合理的发挥。同时,也能够更加高效地整合媒体产业生产要素,从国家和民族利益出发,组建跨媒体产业集团,参与

---

① 童兵.马克思主义新闻观读本[M].上海:复旦大学出版社,2016:127.

国际竞争。特别是在传媒技术革命将人类社会推进到网络传播时代的背景下,数字技术、移动通信技术、人工智能技术的应用使网络新媒体逐渐成为新闻宣传新的重要场域。在传统新闻媒体转型和网络媒体自治水平不高的背景下,对新闻媒体经办实行审批制,可以从整体上有选择、有计划、有步骤、有效果、可控制地推进媒体融合发展,符合对新技术消化吸收,实现小步快走、经验成熟、全面铺开的改革发展。此外,对网络时代新闻媒体领域重大技术攻关或涉及国家主权、安全和重大利益关切的事项,也可通过审批制的调控,动员力量,精准发力,立见实效。

长期以来,我国实行审批制这一媒体经办制度,确保了我国新闻媒体坚持党性原则,不忘初心,牢记使命,发挥了新闻舆论宣传应有的影响和作用,新闻媒体因此没有辜负党和人民的重托①。

(二)新闻传播内容的法律规制

对新闻传播内容的监管是我国法律法规的一个重要方面。在《出版管理条例》《广播电视管理条例》等法规中,对于需要限制的新闻报道内容作出了实质性规定,包括如下几个方面:一是危害国家统一、主权和领土完整的;二是泄露国家秘密、危害国家安全或损害国家利益的;三是煽动民族分裂、破坏民族团结的;四是宣扬淫秽、色情、迷信、暴力等不良内容的;五是损害公民、法人的合法权益的;六是法律、行政法规和国家规定的其他禁止的内容,如关于特殊的新闻、关于境外媒体信息等。

对新闻媒体内容的管理通常有两种,即事前审查和事后追偿。在我国,这两种方式都有应用,对于报刊一般采取事后追偿制度,对于广播、电视、电影一般采取事前审查制度。《报纸出版管理规定》第四十七条规定:报纸出版管理实施报纸出版事后审读制度、报纸出版质量评估制度、报纸出版年度核验制度和报纸出版从业人员资格管理制度。第四十八条规定:新闻出版总署(现国家新闻出版署)负责全国报纸审读工作。地方各级新闻出版行政部门负责对本行政区域内出版的报纸进行审读。当今世界各国也都普遍实行事后追惩制,由国家事先公布限定媒体运作方式和媒体报道内容的法定限制范围,然后对出版后的违法行为依法定程序追究责任。《广播电视管理条例》第三十三条规定:广播电台、电视台对其播放的广播电视节目内容,应当依照本条例第三十二条的规定进行播前审查,重播重审。由广播电视行政部门对广播电视节目内容进行审查。此外,《电影审查规定》和《电视剧管理规定》也都规定了对播放的电影、电视剧进行事前审查的制度②。

对于重大政务新闻的发布与报道,自中华人民共和国成立以来,一直实行由新

---

① 张涛甫.马克思主义新闻观百问百答[M].上海:复旦大学出版社,2019:123-124.
② 胡建淼.政府法治建设[M].北京:国家行政学院出版社,2014:267-268.

华社统一发布的制度,以确保重大政务新闻的权威性、真实性与准确性。1950年,中央人民政府政务院颁布了《政务院关于中央人民政府所属各机关发表公报及公告性文件的办法》,明确指定:"凡属中央人民政府及其所属各机关的一切公告及公告性新闻,均应交由新华通讯社发布,并由《人民日报》负责刊载;如各种报刊所发表的文字有出入时,应以新华通讯社发布、《人民日报》刊载的文字为准。"1951年,中央人民政府政务院秘书厅根据各机关执行有关新闻发布法规的情况,发出《政务院秘书厅关于严格遵照统一发布新闻的通知》,重申上述法规确定的新闻发布的原则与办法,并进一步规定:"凡中央人民政府政务院的所属各机关的公告(如文告、法律、法令、决议、命令、训令、通令、计划、方针、外交条约、外交文书、判决、起诉书等)和一切公告性新闻(如重要会议、重要措施、政令解释、工作总结、外交事件、重要案件等),在送发之前,必须经由机关首长批准;尤其重要者,须由主管首长签送总理批准,始得发布。"这两项规定,至今仍具有法律效力,是有关重大政务新闻发布的基本法规。

对于有关地震、传染病等各类天灾人祸,以及气象预报和灾害性天气警报的新闻与信息的发布,根据有关法律、法规的规定,均由国家指定的部门统一发布,新闻传播媒介不得擅自报道,以保证新闻与信息的准确无误,避免不实传闻影响社会安定与秩序,给公众带来惊扰与损失。

对于司法新闻的发布与报道,因司法工作的特殊性而须遵循一些特殊的法律规范。新闻从业人员在采访与报道司法新闻时,报道什么、不报道什么、何时报道,必须尊重政法机关的正常工作秩序和信息发布程序,服从司法部门的指引。

对于证券类信息,为了在制度上保证证券信息统一披露和信息的真实、准确、完整,我国实行"指定披露报刊制度"。根据《关于证券市场信息披露媒体条件的规定》,由中国证监会、国家新闻出版署公布具备证券市场信息披露条件的媒体名单。

(三)新闻从业人员的法律规制

2005年,中共中央宣传部、国家广播电视总局、新闻出版总署发布的《关于新闻采编人员从业管理的规定(试行)》是一项规范新闻采编人员行为的重要制度。该规定从政治立场、思想观念、采编作风、工作要求、新闻纪律和职业道德等方面,对新闻从业人员提出了明确具体的要求,具有很强的针对性和适用性。该规定针对存在的不良现象,提出要严格规范编辑记者的采编行为,提高报纸质量,杜绝有偿新闻;强化实名制管理,报上发表的报道一律署本人真实姓名;严格执行任期轮岗制和任职回避制,为堵塞漏洞、防范新闻腐败打下了良好的制度基础。

2009年实施的《新闻记者证管理办法》第二条规定,在中华人民共和国境内从事新闻采编活动,须持有新闻出版总署核发的新闻记者证。第五条规定,新闻记者持新闻记者证依法从事新闻采访活动受法律保护。同时也特别指出,新闻记者证不得用于经营性活动、非职务行为以及违反法律规定的活动和违反新闻职业道德的活动。新闻记者证实行年度核验制度,未通过年度核验的新闻记者证,由发证机关注销,不得继续使用①。

总体来说,我国媒体权利的公法属性更多体现政府行政许可前提下的弱权特征,无论是传统的新闻媒体机构,还是从事登载新闻业务的互联网媒体平台,从事新闻业务必须取得相应的媒体监管机构的行政许可。媒体权利的行政许可制表明了媒体权利的公法背景。但在《中华人民共和国民法典》颁布之前,已成体系化的媒介法诸多条款,除了个别法条明文授予媒体权利外,民法、刑法及行政法的有关条款均为强调义务的禁止性规定,授权性条款明显缺乏。媒体权利是在其承担多种义务的前提下被认可的,义务本位的媒体权利观构成以往媒体立法的特征。

2021年正式实施的《中华人民共和国民法典》在"人格权编"有同媒体权利设定直接相关的条款,它以规范人格侵权责任的方式划定了长期以来被社会所关注的媒体权利属性问题,亦即以民事立法形式确立了媒体权利的私法归属。《中华人民共和国民法典》规定了十余种具体人格权,各种权利的保护位阶存在差异,侵权认定和免责事由等规范适用的个性远大于共性。肖像权、名誉权、隐私权等精神性人格权常常与新闻报道、舆论监督等利益存在冲突,保护范围应当具体衡量。《中华人民共和国民法典》第九百九十九条的规定具有统领作用,"为公共利益实施新闻报道、舆论监督等行为的,可以合理使用民事主体的姓名、名称、肖像、个人信息等"。在肖像权、名誉权、隐私权的分立条款中,"公共利益"法则分别被嵌入其中,使得媒体权利的补强意图在司法审理实践中具有可操作性②。

第三节 网络传播的法律问题

互联网技术的发明和应用使人类社会进入了现实空间与网络空间平行与交叉的双重时空之中。

所谓网络空间,是覆盖计算机、手机、通信设施、媒体等信息终端,由信息传输系统和数字信息内容之间连接交互而成的智能虚拟空间。从国家主权的角度来看,网

---

① 胡建淼.政府法治建设[M].北京:国家行政学院出版社,2014:267.
② 陈堂发.论私法范畴的媒体权利:基于《民法典·人格权编》相关条款[J].新闻与传播研究,2020(8):66-74.

络空间是继领土、领海、领空、太空之后的第五空间[①]。

网络空间赋予信息权力的属性,并对国家权力和国家治理产生重要影响。网络空间的分散与集聚功能使现实空间中的制度与组织很难应对在网络时空中动议并形成的集体行动。现实空间与网络空间的平行运行与交互作用使国家治理不得不关注网络空间的运行逻辑[②]。

这样独特的性质,将网络传播的立法和执法导入结构性困境。网络传播场域边际趋向模糊,传播渠道边际效应挑战既有法律法规的适用性,网络媒体意识形态属性和文化产业属性之间的冲突加剧,挑战基于"社会-媒体-法律"所形成的认知视野和法律框架。

由于网络传播涉及的法律问题颇多,这里我们围绕目前人们关注的网络传播中热点法律问题来展开。

一、域名法律问题

域名(domain name)是指对应于互联网数字地址(IP 地址)的层次结构式网络字符标识,是进行网络访问的重要基础。网络是基于 TCP/IP 协议进行通信和连接的,每一台主机都有一个唯一的标识固定的 IP 地址,以区别在网络上成千上万个用户和计算机。为了保证网络上每台计算机的 IP 地址的唯一性,用户必须向特定机构申请注册,分配 IP 地址。IP 地址用二进制数来表示。由于 IP 地址是数字标识,使用时难以记忆和书写,因此在 IP 地址的基础上又发展出一种符号化的地址方案,来代替数字型的 IP 地址。每一个符号化的地址都与特定的 IP 地址对应,这样网络上的资源访问起来就容易得多了。这个与网络上的数字型 IP 地址相对应的字符型地址,就被称为域名。

域名的识别性使其备受人们重视,很多人都希望在网络世界中将其传统社会中的标识作为域名,延续其在传统社会的声誉。而其唯一性则使传统社会中本能区分使用的各标识在网络域名中只有唯一的主体,传统社会中的各不同权利主体间冲突不断。域名注册的"先到先得"和"不审查"原则滋生了很多域名抢注行为,更加剧了域名纠纷不断[③]。

域名纠纷的解决可以寻求非诉的域名争议解决机制,也可寻求司法解决,不同的解决方式具有不同的优点和不足,当事人可以自主选择。域名争端解决机制是域

[①] 董国旺.网络强国负熵源:网络空间法治[M].北京:知识产权出版社,2017:4.
[②] 周蜀秦,宋道雷.现实空间与网络空间的政治生活与国家治理[J].南京师范大学学报(社会科学版),2015(6):50-57.
[③] 陈奎,刘宇晖.网络法十六讲[M].北京:对外经济贸易大学出版社,2014:16.

名纠纷的非诉解决机制,通常有 NSI 机制和 ICANN 机制。我国的域名管理与争端解决机制主要适用《中国互联网络域名注册暂行管理办法》《互联网域名管理办法》《中国互联网络信息中心域名注册实施细则》《中国互联网络信息中心域名争议解决办法》。我国域名纠纷的司法解决适用的法律主要有《中华人民共和国反不正当竞争法》《中华人民共和国商标法》等。

案例

美国某公司诉北京某信息有限责任公司网络域名侵权纠纷案①

原告:美国某公司　　住所地:美国特拉华州威尔明顿市

被告:北京某信息有限责任公司　　住所地:北京市东城区

原告公司因与被告北京某信息有限责任公司发生网络域名商标侵权及不正当竞争纠纷,向北京市第一中级人民法院提起诉讼。原告诉称:我公司是有 200 年历史的企业,目前是世界 500 强企业,与中国早有贸易往来。我公司注册使用的商标,虽未经行政程序认定为驰名商标,但由于我公司的优质产品和高质量服务,早已使该商标在事实上成为驰名商标,应获得全方位的、在不同商品和服务上的跨类保护,其中包括在计算机网络域名方面的保护。被告作为一家信息公司和域名服务商,明知使用他人企业名称或商标名称注册域名是不正当的,仍擅自使用我公司的商标名称注册域名,而且在我公司一再拒绝下还执意将该域名据为己有。我公司的客户是凭商标之名确认我公司和我公司的产品的。在互联网上,他们也会试图通过域名与我公司取得联络。但当中国的客户输入"×××.com.cn"之后,只能看到空白页面。被告的行为不仅使我公司不能将"×××.com.cn"注册成域名,还造成客户的混淆、误认,损害我公司的商誉和与客户的关系。根据《保护工业产权巴黎公约》(以下简称《巴黎公约》)、《中华人民共和国民法通则》(以下简称《民法通则》,2021 年废止)、《中华人民共和国商标法》(以下简称《商标法》)以及《中华人民共和国反不正当竞争法》(以下简称《反不正当竞争法》)的规定,被告的行为已构成商标侵权和不正当竞争。请求判令被告:①立即撤销其在中国互联网络信息中心注册的"×××.com.cn"域名,以停止对我公司商标专用权的侵犯和不正当竞争行为;②公开在报纸上向我公司赔礼道歉;③负担我公司为本案诉讼支出的调查取证费 2700 元。

被告辩称:①本案不属于民事诉讼的范畴。被告是因域名行政主管机关的具体行政许可行为而取得域名,如该行政许可行为不合法而侵害原告的合法权益,在经

---

① 罗胜华.网络法案例评析[M].北京:对外经济贸易大学出版社,2012:115-119.

行政异议程序不能解决的情况下,原告应以中国互联网络信息中心为被告提起行政诉讼。②原告的商标未经行政程序认定,不属驰名商标。③商标与域名是完全不同的概念。互联网络域名的注册及使用,均不在《商标法》调整的范围之内,《商标法》所列举的商标具体侵权行为,也没有注册与他人注册商标相同的域名的行为这一项。④被告注册域名"×××.com.cn",不可能导致人们对原告商品的误认,该行为不属于《巴黎公约》和《反不正当竞争法》中规定的不正当竞争。原告指控被告侵犯商标专用权及不正当竞争,没有事实根据和法律依据,法院应当驳回原告的起诉。

北京市第一中级人民法院经审理查明:原告公司于19世纪初在美国注册成立,现在其产品涉及电子、汽车、服装、建筑、交通、运输、通信、农业、家庭用品、化工等领域,行销150余个国家和地区。原告公司自设立以来,一直在其产品上使用椭圆字体商标作为产品制造者的识别标志。1921年,原告公司将椭圆字体商标作为商标首先在美国注册,使用商品为第1、2、3、5、9、13、17类;后又陆续在巴西、德国、丹麦、法国、印度、日本、非洲统一组织等94个国家、地区和组织注册,涉及第1、3、23、24等商品类别。从1986年11月至今,原告公司在国家工商行政管理总局商标局(现国家知识产权局商标局)(以下简称商标局)陆续通过办理受让和注册手续,取得了椭圆字体注册商标在第3、11、22、24、26、30、31类商品上的专用权。原告公司通过制作电视专题片、参加专题展览会、举办产品推介会、在媒体上发布广告等形式,在我国大陆地区持续宣传椭圆字体商标。1997年,原告公司为此投入的广告费用为148.2万美元,同年使用该商标在我国销售的商品价值为2.23亿美元。从1986年11月至今,原告公司在商标局陆续通过办理受让和注册手续,取得了中文注册商标在第23、26、30、31、46类商品上的专用权。1999年2月,原告公司又在商标局注册了文字商标,核定使用商品为第21类。4月1日,文字商标被列入我国商标局编制的《全国重点商标保护名录》。

原告公司在美国、德国、加拿大、俄罗斯等17个国家注册的三级域名,均为"×××.com.行政区缩写"或"×××.行政区缩写"或"×××.Co.行政区缩写"模式。

被告公司于1996年3月注册成立,经营范围为计算机网络信息咨询服务、计算机网络在线服务、电子计算机软硬件的技术开发等。1998年11月,该公司在中国互联网络信息中心注册了域名"×××.com.cn",至今一直没有实际使用。

1999年3月,原告公司在中国的子公司中国某有限公司致函被告公司称:"本公司注意到你方在中华人民共和国注册了域名'×××.com.cn'。本公司以×××商标注册并经营国际商业活动有近200年历史,同时是×××商标(包括椭圆标志)在世界各国的注册所有人。本公司在中国拥有10余家独资或合资公司,均以'×××'之名注册。本公司也在中国注册了×××商标。本公司在美国和其他国家的域名为×××.com。我们要求你方立即停止使用域名,并立即撤销对'×××.com.cn'域名之注册。"

1999年11月4日,受原告公司委托,中国香港某专利商标代理有限公司申请北京市公证处对被告公司在互联网上的网页进行公证。公证证明,被告公司的网页上有如下文字内容:域名是企业在互联网上的"商标",是其他企业用户识别和访问企业网站最为重要的线索。从商界看,域名已被誉为"企业的网上商标",没注册域名比商标被抢注更头痛。被告公司提供包括域名注册、虚拟主机等一整套企业信息化解决方案,协助企业实现电子商务。该网页上还载有注册域名的条件,其中就有"不得使用他人已在中国注册过的企业名称或商标名称"的内容。

原告公司为本案诉讼支出的调查取证费共计2700元。庭审中,被告公司不能说明该公司的名称、地址、简称、标志、业务或其他任何方面与"×××"一词有关。

北京市第一中级人民法院审理认为:原告公司指控被告公司侵犯商标专用权及不正当竞争,请求依照《巴黎公约》和中国法律追究被告公司的民事侵权责任,以保护原告公司的民事权利。因此,本案是民事权益纠纷,属于人民法院受理民事诉讼的范围。被告公司关于本案不属民事诉讼、原告公司应提起行政诉讼的辩解,没有法律依据,不予支持。

原告公司在美国注册设立,是美国法人。我国与美国均为《巴黎公约》的成员国,本案处理应适用我国法律和《巴黎公约》的规定。自1921年以来,原告公司的椭圆字体商标已经在94个国家、地区或组织注册。通过原告公司良好的商品质量和该公司多年的、持续的、大范围的广告宣传,该公司已在全球拥有庞大的用户群,使用椭圆字体商标销售的商品数量可观。椭圆字体商标已在我国注册,原告公司对该商标享有专用权。原告公司在我国也投入了巨额的广告宣传费用,使用椭圆字体商标的商品在我国也拥有大量的消费者,我国已成为原告公司商品的重要市场,椭圆字体商标在我国市场上也享有较高声誉,为我国相关公众所熟知。鉴于以上事实,原告公司提出椭圆字体商标事实上已属驰名商标,该主张应予支持。

文字标志是原告公司椭圆字体驰名商标中最重要的一部分。被告公司不能说明其名称、地址、简称、标志、业务或者其他任何方面与"×××"一词有关,也不能证明其在域名领域对×××一词享有在先使用的权利,却把原告公司驰名商标中的文字作为最具识别性的内容注册了"×××.com.cn"域名。被告公司注册的域名如果在互联网上投入使用,必然会混淆该域名与原告商标的区别,引起公众的误认。事实上,被告公司将"×××.com.cn"注册成域名后并未使用,只是起到了阻止原告公司将其注册成域名的作用,妨碍了原告公司在中国互联网上使用自己的商标进行商业活动。

因此,被告公司的行为已构成对原告公司驰名商标专用权的侵犯。被告公司恶意将原告公司的驰名商标注册为域名,无偿占有他人的商誉,为自己谋取不当利益,在收到原告公司的中国子公司发来的警告信后,仍不纠正这种不正当行为,已经违反了诚实信用的原则,其行为还构成不正当竞争。被告公司应承担侵权的民事责任,包括停止侵权、赔偿原告公司为本案诉讼而支出的调查取证费。

综上,北京市第一中级人民法院于2000年11月21日判决:①被告公司于本判决生效之日起10日内,撤销其注册的"×××.com.cn"域名;②被告公司于本判决生效之日起30日内,向原告公司赔偿为本案诉讼支出的调查取证费2700元;③驳回原告公司的其他诉讼请求。

一审宣判后,被告公司不服,向北京市高级人民法院提出上诉。理由是:一审认定域名属于知识产权范畴,商标权人有权以域名的方式使用自己的驰名商标,没有法律依据;上诉人注册的域名只在计算机网络中使用,不会引起公众对其出处的混淆;上诉人没有妨碍原告在计算机网络中使用自己的商标进行商业活动;不能因上诉人的名称、地址或者其他方面与×××无关就认定上诉人有恶意;上诉人没有利用原告的商誉为自己谋取不当利益;上诉人没有违反《民法通则》第四条、《商标法》第三十八条第(四)项、《反不正当竞争法》第二条第一款和《巴黎公约》第四条规定的行为,一审法院适用以上法律和国际公约作出判决,是错误的。原告公司服从一审判决。

北京市高级人民法院审理后认为:一审判决认定事实清楚,适用法律正确,依照《中华人民共和国民事诉讼法》第一百五十三条第一款第(一)项的规定,于2001年11月15日判决:驳回上诉,维持原判。

二、网络传播与著作权问题

著作权从现实空间延伸到了网络空间后,就产生了两个问题,一是对在网络中产生的作品的著作权保护问题,二是传统作品数字化后在网络传播中的著作权保护问题。

就网络传播的现实来看,首先存在着权利主体判定困难的问题。"对作者的判定,在网络环境下更加复杂。在传统的环境下,作者较易确定,因为作者多以真名或笔名发表作品,即使没有署名或发生争议,也容易通过三个方面来判断作品的作者:一是通过作品原稿的归属;二是通过发行商;三是通过传统作品发行时的载体。在网络环境下,对网络著作权主体的认定复杂得多:一是网络的特性使得信息资源更容易被共享;二是网络信息传播不易控制;三是网络作品作者多以网名或无名发表作品,即使署上真实姓名,也很难证明其就是署名人。因此,无名发表网络作品或作者身份发生争议时,要确定网络作品作者的身份,显然要比在传统环境下更加困难和复杂。"①

其次对于著作权的客体判定难。著作权的客体是作品,网络著作权具有无形性和多样性。只有通过一定的载体才可能被人感知和传播,因而承载作品的各种载体也就成为著作权的存在形式。网络作品既可能是单一的网上数字作品,也可能是多类型作品结合而成的多媒体作品,前者如文字、图片等,后者如网页等。其范围相当广泛,包括受著作权法保护的在网络上传播的一切作品:①用于网络传播的数字化的传统作品;②网络原创作品;③在网络环境下的某些智力创作成果,即属于能够复制且具有独创性的科学、艺术和文学作品,却又无法归于著作权法所列举的作品范围的作品②。

可以说,网络技术、数字技术的出现,打破了原有的著作权制度的平衡。目前比较典型的网络传播著作权问题集中在以下几个方面。

(一)超链接与聚合链接行为的法律适用问题

超链接是互联网的核心、灵魂。对用于访问他人网站的链接而言,有普通链接、深层链接、加框链接等类型。普通链接是指浏览器在用户点击标志链接后会与设链网站分离而后切换至首页,被链接网站的内容及网络地址会完全出现,以供用户访问。这种链接又被称为首页链接。深层链接,又被称为分页链接,是指一个网页直接链接目标网页,不通过被链接网站主页,直接从设链网站页面链接到目标网站的方式。加框链接是指利用链接技术,被链接网站的内容在设链者自己控制的部分被完整呈现。在此过程中页面不转变,用户获得与被链者自己直接提供作品内容大致相当的体验,相当于给用户提供了一种相对快速获得作品的"捷径"。当然,有些加框链接只显示被链接网页的一部分,访问者看不到被链接网页的网址和标识等信息,这样的链接又被称为埋置链接。

由于超链接的设置不需要取得著作权人的同意和许可,链接设置者可以在网络著作权人完全不知情的情况下设置链接,因而在超链接模式下很容易产生著作权侵权行为。

一般来说,首页链接是互联网技术中使用最普遍的一种超链接。它直接链接到目标信息的主页,出现的也是目标信息的网址,故而不会损害被链接网站的利益,一般不会引发著作权法律问题。分页链接显示的网址都是被链接网页的地址,被链接

---

① 杨加明.网络著作权刑法保护研究[M].北京:知识产权出版社,2019:25.
② 杨加明.网络著作权刑法保护研究[M].北京:知识产权出版社,2019:44.

网页的标识和声明完整存在,因而分页链接一般不会侵犯著作权人的信息网络传播权。

加框链接技术目前主要被使用在聚合平台。聚合平台凭借将分散在各网站的内容抓取、集中起来,应用加框链接技术优化,向用户提供有针对性的、一站式的个人定制服务,给用户带来了良好的使用体验,获得极高的流量和受益。从形式上看,聚合平台经营者提供的是链接这种网络渠道服务,但实质上其在对网页或客户端的操控下达到了内容提供的效果,并从中获得收益。这一行为改变了作品呈现的方式,超出了著作权人的控制范围,损害了被链方的利益,造成著作权人、被链网站、设链网站的利益分配极不平衡,因而聚合链接导致了大量纠纷产生。

根据新修订的著作权法,研究者认为,聚合平台利用爬虫技术或其他技术将分散在其他第三方网站内容聚合后提供给公众的行为构成"向公众提供,使公众可以在选定的时间和地点获得作品"的行为,构成著作权法中所规定的"信息网络传播权"直接侵权[1]。

(二)新闻作品的数字版权保护问题

新闻业界普遍将新闻作品理解为:新闻工作者通过采编等工作手段,将新闻事件汇总表达的作品。按照新闻业界的共识,新闻作品的体裁主要有消息、深度报道、评论、新闻专题、连续组合报道、新闻摄影、新闻漫画、副刊作品、网络专栏、新闻论文等。不难看出,新闻业界对于新闻作品的定义,涵盖事实消息本身。但在著作权领域,新闻作品的定义则不然。按照《伯尔尼公约》的定义,所谓作品,涵盖了科学研究、文学写作以及艺术创作等活动诞生出来的一切形式的作品,然而新闻事实本身并不属于《伯尔尼公约》定义下的作品。与此同时,依照《中华人民共和国著作权法》,作品需要具备独创性、可被复制性,而单纯事实消息并不属此列。对客观事实的简单描写不受保护,是法学界的共识。新闻工作者以客观事实作为基础,通过新闻采访与编辑撰写出来的具有独创性的作品,绝对是属于著作权法保护范畴的新闻作品。但是新闻作品是基于客观事实写就的,这一部分如果也属于知识产权保护范畴,那么除首发作者外,其他人根据客观事实创作的新闻作品都属于侵权,这显然违背了著作权法关于保护知识产权、鼓励他人创作的立法初衷。所以,不被著作权法保护的新闻应该被理解为新闻写作的基础,即客观存在的事实。新闻写作要获得著作法权保护,就需要去掉新闻报道中具有共性的、一般性的新闻事实描写[2]。

---

[1] 李艳.聚合链接行为的著作权法与反不正当竞争法适用的冲突与解决[J].西安电子科技大学学报(社会科学版),2020,30(3):55-60.

[2] 刘娟.新闻聚合平台引发的新闻作品著作权法哲学思考[J].广西社会科学,2021(3):89-95.

在司法实践中,要判断新闻报道是否具备独创性并不简单,这是因为新闻报道本身必须具备真实性,但在具备真实性的基础上撰写出具有独创性的新闻作品十分困难。如果新闻报道不能够坚持客观、真实与不干预事件发展的原则,便有悖于新闻伦理。因此,新闻媒体的版权意识并不是很强。进入网络传播时代,信息搜索技术以及新闻聚合平台彻底改变了新闻内容的传播方式。人们的新闻阅读习惯发生了翻天覆地的变化,用户越来越习惯通过新闻聚合平台而不是门户网站、传统新闻媒体来浏览新闻。新闻聚合平台以及搜索引擎对新闻作品的摘抄式使用、临时复制,对传统新闻媒体的商业模式、新闻采编的利益分配造成极大冲击。

 案例

浙江某电子商务有限公司诉北京某科技有限公司、某在线网络技术(北京)有限公司侵犯著作权纠纷案[①]

原告:浙江某电子商务有限公司

被告:北京某科技有限公司

被告:某在线网络技术(北京)有限公司

原告公司诉称:原告自2004年起通过从权利人处购买版权、聘请音乐人自行创作或委托他人创作的方式拥有了大量音乐作品的著作权,并高薪聘用和精心培养了一大批优秀的歌手,自行录制完成了千余首歌曲。原告系以上歌曲完整的著作权人及邻接权人。原告建设了网站,为广大网民提供数字音乐的试听、收费下载等娱乐服务。对原告拥有著作权的涉案歌曲,原告从未授权他人通过链接方式在被告公司网站传播、在线播放和下载。然而,原告发现被告经营的网站,自2002年起向互联网用户提供音乐作品的mp3搜索,用户只要输入歌曲名称或歌手名称,被告就能为用户从互联网信息中抓取该歌曲的歌词内容及音频文件的下载地址,用户可以直接打开此类音频文件,完成对歌曲的试听和下载。原告多次发函要求被告立即停止对原告作品的内容搜索及下载地址的链接,但被告拒不停止。被告的上述行为已构成侵权。原告请求法院依法判决被告:①立即停止在被告公司网站上提供原告歌曲的歌词内容及停止对原告歌曲下载地址的搜索和深层链接;②赔偿原告经济损失1亿元(包含原告为制止侵权行为所支付的合理开支);③本案诉讼费用由被告承担。

[①] 罗胜华.网络法案例评析[M].北京:对外经济贸易大学出版社,2012:270.

被告辩称：①原告提出的诉讼请求毫无法律和事实依据。a.原告不能证明享有所有涉案歌曲的完整权利。原告未能提供其享有涉案歌曲的录音制作者权的证明，未提交全部歌手协议，而且歌手协议未约定表演者权归原告所有。b.原告在2007年10月15日提交补充起诉状前从未要求删除歌词搜索链接，2007年11月20日前的所有证据也未证明被告提供了涉案歌曲的歌词搜索。c.原告从未向我方发送过符合法律规定的权利通知。原告所发通知中仅有歌曲名称，未包含有歌手信息或专辑信息，无法对应具体的搜索结果。d.原告早已授权北京某文化艺术有限责任公司在网络等方面进行开发运营，而且获得授权的并不止一家。②我方从事的是搜索引擎服务，未侵犯原告的任何权利，并且我方积极履行法律规定的义务，无主观过错。a.我方提供的只是搜索引擎服务，歌词搜索也是其中一种文件格式的搜索，搜索的目标是互联网上的LRC歌词文件。搜索结果显示的是LRC歌词文件的快照（即自动缓存）。b.尽管原告的权利通知不符合法律规定，我方还是善意并且积极地将原告提供的材料中显示的链接地址全部断开。c.我方提供的音乐盒服务是一种收藏夹功能，保存的是用户的搜索指令。通过音乐盒搜索歌曲音频文件时出现歌词，属于搜索引擎的智能搜索功能，对于歌词的搜索是基于用户对音频文件的搜索而自动完成的。③本案所涉网站的所有人为北京某科技有限公司，并由其管理和经营，某在线网络技术（北京）有限公司仅提供搜索引擎技术服务，请求法院依法驳回原告的全部诉讼请求。

北京市高级人民法院审理认为：原告对涉案351首歌曲享有词曲的著作财产权、表演者权中的财产权，以及录音制作者权。被告以在搜索框输入关键词的搜索方式向网络用户提供mp3搜索服务的行为，所提供的是定位和链接服务，并非信息网络传播行为，不构成对原告相关信息网络传播权的直接侵犯。被告向用户提供音乐盒服务以及利用音乐盒服务向用户提供歌词的行为不构成对原告相关信息网络传播权的侵犯。被告将歌词放置在其服务器上，由用户通过点击其网站mp3搜索框的"歌词"按钮的方式向用户提供歌词的行为属于"复制"和"上传"作品的行为，其提供的歌词"快照"服务并非仅仅是搜索引擎服务，已构成在网络上传播作品的行为，侵犯了原告对涉案歌词享有的信息网络传播权。被告对其侵犯原告涉案歌曲的歌词的信息网络传播权的行为应当承担相应的民事责任。对于本案的赔偿数额，法院将考虑被告使用原告涉案侵权歌词的数量、涉案侵权歌词的独创性程度和篇幅、互联网传播作品的特点、原告可能因此遭受的利益损失以及被告侵权行为的性质和情节等因素，酌情予以确定。对于原告为制止侵权行为所花费的合理诉讼支出，法院将根据本案侵权事实认定的情况酌情予以支持。

最后判决如下：①被告北京某科技有限公司、某在线网络技术（北京）有限公司立即停止对原告浙江某电子商务有限公司享有著作财产权的歌词作品的信息网络传播的侵权行为;②被告北京某科技有限公司、某在线网络技术(北京)有限公司共同赔偿原告浙江某电子商务有限公司经济损失人民币52000元以及合理诉讼支出18000元;③驳回原告浙江某电子商务有限公司对被告北京某科技有限公司、某在线网络技术(北京)有限公司的其他诉讼请求。

三、网络隐私权问题

网络隐私权是一般隐私权在网络环境下的延伸。网络经济活动中的隐私权不同于一般隐私权。第一,网络隐私权的暴露具有轻易性。互联网、电子商务和数据库软件的迅速发展,使得对隐私的搜集、收集和传播比以往任何时候都容易得多。互联网的最大特点在于其服务的个性化制定上,个性化制定的基础就是对其用户的各类信息进行收集、挖掘、分析和利用。在商业利益的推动下就为其侵犯用户隐私埋下伏笔。第二,网络隐私权比传统隐私权客体范围大。在网络空间,一切和网络用户有关的信息都是网络隐私权的客体,都可能成为网络隐私侵权的对象。第三,互联网的隐蔽化、即时化的特点决定了网络隐私侵权方式的隐蔽化。人们在网络上购物、聊天、传输文件、发送电子邮件、下载文件的时候,均有可能在毫不知情的情况下被监控和追踪,也有可能被侵权很长一段时间都不知情。互联网的即时化注定了网络上的内容每天都被更新,一些侵权内容很快被其他信息替换。另外,网络隐私侵权的证据都是以数据代码表现出来的,很容易被改动、删除①。第四,网络隐私权具有人格、财产的双重性。传统民法理论中,隐私权属于人格权,一般不涉及财产内容。在信息社会中,信息是重要的资源。计算机技术的发展,使个人信息的大量收集、存储和使用成为可能。同时,这些数量庞大的个人数据对网站和公司来说也是重要的资源。经营者为了利益,必须捕捉各种信息。单一的个人数据也许价值有限,但如果将若干具有某种共同特征的主体的个人数据按一定的方式组成数据库,并通过该数据库所反映的某种群体的共性来满足其自身或其他数据库使用者的需要,其价值就是不可估量的。这些庞大的数据构成的数据库在企业建立客户关系,为用户提供从"摇篮到坟墓"的服务中是不可少的。这也是网站和企业向用户提供免费服务和咨询的最大回报②。

网络隐私侵权主要是对个人网络数据、网络行为、网络领域的不当搜集、不当使用、不当传播所造成的对个人网络数据的侵害。

---

① 陈奎,刘宇晖.网络法十六讲[M].北京:对外经济贸易大学出版社,2014:127-128.
② 王沛莹.科技与法律的博弈:大数据时代的隐私保护与被遗忘权[M].成都:电子科技大学出版社,2019:40.

在网络空间存在的大量个人网络数据都可以通过一定途径和方式被网络服务商、个人、政府部门搜集、利用和传播。常见的搜集个人网络数据的方式主要有：①利用Cookies软件搜集个人网络数据。Cookies是指从网络服务器发送到用户的浏览器，并储存到电脑硬盘上的少量数据，用来记录网络用户在网站中输入的信息或访问站点时所做的操作。利用Cookies可以记载网络用户的在线信息，包括网络用户的登录时间、IP地址、使用浏览器的型号，甚至还能追踪到用户访问过哪些网站。②网络上的共享软件、免费软件可能有着网络用户所不知道的漏洞，通过这些漏洞，当用户下载这些软件时，软件的版权所有者可以搜集下载用户的个人网络资料。③网络服务商通过网络用户的注册信息搜集用户的个人网络资料。④网络服务商对个人网络行为进行记录。目前人们渐渐把现实世界的很多日常事务搬到网络世界。各大网站在为网民们提供服务的同时，也记录下网民的各种资料，他们熟知网民的生活习惯和个人喜好。网站对其掌握的网民的资料进行分析后，有针对性地向他们推销商品和服务。这些都是对网民个人网络行为的侵害。

同时，QQ空间、电子邮箱、个人博客、个人主页、社交媒体账号和各类平台号，以及个人拥有的链入网络的计算机终端等网络领域也时常受到侵害。

目前，我国还没有关于互联网隐私保护的专门立法，但有一些法律法规涉及网络隐私权的保护，如《中华人民共和国民法典》《中国公用计算机互联网国际联网管理办法》《中华人民共和国计算机信息网络国际联网管理暂行规定实施办法》《计算机信息网络国际联网安全保护管理办法》《互联网电子公告服务管理规定》《全国人民代表大会常务委员会关于维护互联网安全的决定》《最高人民法院关于确定民事侵权精神损害赔偿责任若干问题的解释》等都涉及了网络隐私权的保护。2021年6月10日，第十三届全国人民代表大会常务委员会第二十九次会议通过了《中华人民共和国数据安全法》，2021年8月20日，第十三届全国人民代表大会常务委员会第三十次会议通过了《中华人民共和国个人信息保护法》，由此我国数据安全、网络安全和个人信息保护的系统法律框架正在逐步形成，对我国数字经济、个人信息保护与企业数据合规亦将产生深刻影响。

四、被遗忘权问题

被遗忘权是一项侵权请求权，主要是指在数据无关、失效和过时的情况下，信息主体有权要求信息操作者消除内容和相关数据的痕迹。

被遗忘权有非常重要的社会价值。网络有着永久记忆以及无限延展的特性，这使很多网络的理性用户在应用网络的过程当中产生担忧，担心个人言论会在未来给自己带来不良影响,因而不敢在网络平台上大胆表达自己合理合法的看法。站在目标层面上进行分析,被遗忘权旨在构建一种和谐的网络关系,该权利的价值主要体现在以下方面。第一,赋予个人"第二次机会"。任何人都有个人不愿意面对的过往经历。在传统社会,个人的负面信息以及负面记忆会随着时间的推移逐步淡化直至消失,但网络社会却无法让这些信息自然消失,于是成为人们开启新生活的阻碍。因此,赋予个人"第二次机会"的理念就显得至关重要。第二,避免"寒蝉效应"。假如个人如今的言论会在未来的某个时间产生不利效应,抑或产生不确定性的危害,那么个人在网络平台上发表言论的过程中就会有意或者无意地自我审查评估可能会对自己未来带来的风险,由此引发"寒蝉效应"。但是,人们的状态是谨言慎行,这与言论自由的目标是完全相悖的。在被遗忘权的支持之下,"寒蝉效应"能够得到减轻,甚至是完全消除,也能够在互联网环境下保障个人信息安全,使人们能够在网络化的社会背景下保证个人隐私安全①。

被遗忘权反映的是个人在信息资料控制处理方面的自主性。这种自主性作为人权的基础条约不仅体现在《世界人权宣言》中,而且受到《公民权利和政治权利国际公约》的保护。

被遗忘权的义务主体一般被认为是存储大量数据的主体。

目前,我国并没有针对被遗忘权提出较为系统的理论,在基础法律建设方面还存在着不完善的地方,但伴随着互联网的兴起以及网络时代的到来,我国对被遗忘权的需求也在逐步提升。

 案例

欧盟"被遗忘权"第一案②

2011年,西班牙男子冈萨雷斯在谷歌上搜索自己的名字时,发现了早在1998年他因为财务问题而被法院强制拍卖物业的新闻报道。于是冈萨雷斯向西班牙数据保护局提交投诉,以媒体和搜索引擎侵害其隐私权为由要求《先锋报》删除数据信息,并要求谷歌西班牙分部或谷歌公司删除数据链接。西班牙数据保护局支持冈萨雷斯对谷歌西班牙分部和谷歌公司的诉求,要求删除链接并保证其他用户无法通过搜索引擎打开该信息,但驳回了当事人对《先锋报》的投诉。谷歌西班牙分部和谷歌公司分别向西班牙高等法院提起诉讼,西班牙国立高等法院将两案合并后,提

---

① 王沛莹.科技与法律的博弈:大数据时代的隐私保护与被遗忘权[M].成都:电子科技大学出版社,2019:114.

② 黄瑚.网络传播法规与伦理教程[M].上海:复旦大学出版社,2018:190.

交到欧盟法院。欧盟法院最终以新闻自由为由,判决《先锋报》不承担责任。不过,欧盟法院认为,谷歌作为搜索引擎运营商,应视为《数据保护指令》中的数据控制者,为保障公民的被遗忘权,不能以新闻自由为由予以豁免,认定谷歌应当承担删除责任。

在本案中,欧盟法院提出了适用被遗忘权的三个要件,揭示了哪些搜索结果能被删除。这三个要件分别为不必要的、不相关的、已经过时的,也就是说数据主体不必要的、不相关的和已经过时的信息都应从搜索结果中删除。

五、避风港规则的适用问题

近年来,论坛、博客、SNS、微博等社交媒体以及视频、照片分享网站纷纷开启以用户生成内容(user generated content, UGC)为主的运营模式,普通网民创造、上传内容变得轻而易举。UGC模式给普通网民提供了个性表达、张扬创意的机会,也给网站带来了用户和利润,但也催生了平台内大量网络版权侵权问题。同时,信息搜索技术以及新闻聚合平台彻底改变了新闻内容的传播方式。人们的新闻阅读习惯发生翻天覆地的变化,用户越来越习惯通过新闻聚合平台而不是门户网站、传统新闻媒体来浏览新闻。新闻聚合平台以及搜索引擎对新闻作品的摘抄式使用、临时复制,对传统新闻媒体的商业模式、新闻采编的利益分配造成极大冲击。

面对侵权诉讼,UGC模式运营者和网络聚合平台常常会强调其特性,从而利用避风港规则进行辩护。如面对侵权指控,"今日头条"强调自己只是一个搜索引擎,会对任何有异议的内容断开链接。聚合平台对自己进行辩护的逻辑是这样的:由于网络上的信息是海量的,因此在利用搜索引擎的爬虫技术进行抓取时,不可避免地会抓取到未经著作权人许可的内容,网络平台不可能对其所存储的每条信息都一一进行审查,这不仅存在技术上的操作困难,还阻碍了网络信息的传播与流通。如果著作权人发现自己的作品在聚合平台界面上,可以通过发通知的形式告知聚合平台运营商,运营商随即删除这一内容,即不用承担侵权责任。

避风港条款最早来自美国1998年制定的《数字千年版权法案》,最早适用于版权领域,后来被应用在搜索引擎、网络存储、在线图书馆等方面。避风港原则包括两部分,即通知和移除。在发生著作权侵权案件时,被侵权人在获知侵权事实后,可以向提供信息存储空间和信息定位服务的网络服务提供者发出符合《数字千年版权法案》的侵权通知,网络服务提供者在接到侵权通知后,应当迅速移除或屏蔽对侵权信息的访问,否则就被视为侵权。如果侵权内容既不在网络服务提供商的服务器上存储,又没有被告知哪些内容应该删除,则网络服务提供商不承担侵权责任。2000年6月欧盟通过的《电子商务指令》,将避风港原则扩大适用于商标权、隐私权等领域。

中国对于避风港原则的规范,主要是2006年7月1日实施的《信息网络传播权保护条例》针对网络自动接入或传输服务提供者、网络自动存储服务提供者、信息存储空间出租服务提供者、搜索引擎服务提供者等在什么条件下可以免责,能够享受避风港待遇作出了规定。

总体来说,避免让网络服务提供者承担过重的审查义务,有利于平台的进一步发展和信息的有效传播。但对该规则的滥用,反而加大了著作权人维权的难度。由此,避风港原则的例外适用——红旗原则应运而生。红旗原则是指如果侵犯信息网络传播权的事实是显而易见的,就像是红旗一样飘扬,网络服务提供商就不能装作看不见,或以不知道侵权的理由来推脱责任。如果在这样的情况下,不移除链接的话,就算权利人没有发出过通知,也应该认定这个设链者知道第三方是侵权的。《信息网络传播权保护条例》第二十三条就做出了相关规定:网络服务提供者为服务对象提供搜索或者链接服务,在接到权利人的通知书后,根据本条例规定断开与侵权的作品、表演、录音录像制品的链接的,不承担赔偿责任;但是,明知或者应知所链接的作品、表演、录音录像制品侵权的,应当承担共同侵权责任。

 课后题

1. 媒介权利的本源与限制是什么?
2. 网络与新媒体法规的特殊性在哪里?
3. 被遗忘权是否会影响网络用户的信息获取?

第八章

媒介伦理

"伦理"是一个老而弥新的词。在中国,"伦理"一词最早见于《礼记·乐记》:"乐者,通伦理者也",意思是,"音乐的作用可使社会生活和人际关系规范化和合理化"①。在英语中,"伦理"(ethics)一词起源于古希腊文的单词 ethos,有风俗、习俗、或本性、人格的含义。后来,在罗马文化中,人们用 moralis 指代 ethics,也表示风俗和习惯。因此,在英文中伦理与道德是同一个词。

李泽厚先生曾指出,"伦理是外在的制度、习俗、秩序、规范、准则,道德是遵循、履行这些制度、习俗、秩序、规范、准则的心理特征和行为"②。

因关注伦理问题而诞生的伦理学是关于优良道德的科学,因为"道德或道德规范都是人制定或约定的。但是,道德价值却不是人制定或约定的:一切价值——不论道德价值,还是非道德价值——显然都不是人制定或约定的。人们所制定或约定的道德规范与行为的道德价值也可能相符或不相符:与道德价值相符的道德规范,就是优良的、正确的道德规范;与道德价值不符的道德规范,就是恶劣的、错误的道德规范"③。所以,伦理学又被赞誉为是"一门使人类光荣的科学"④。

由此观之,我们可以简单地认为,让传播活动以优良道德为指向,符合一定的秩序和准则,就是媒介伦理所关注的,正如中国新闻活动先驱之一的郑观应所言"胸中不染一尘"。

第一节 真实——传播的基础

讲真话/诚实(truth-telling/honesty)是人道主义伦理学的基本原则之一。"一切道德都有赖于人们所达成的协议,如果不能确定人们会诚实地、真诚地对待协议,这些协议又怎能达成或维持下去呢?因此看起来讲真话与诚实是道德的重要而基本的柱石。"⑤

真实性是传播活动中的核心要义和本质要求。无论是个体与个体、个体与群体,还是群体与群体之间,交流的基础之一往往是要求真实。《庄子·渔父》中就有"孔子愀然曰:'请问何谓真?'客曰:'真者,精诚之至也。不精不诚,不能动人。'"

在新闻界,"真实性"命题被视为新闻区别于小说、戏剧等艺术作品的本质特征,往往被拿来作为自身合法性的护身符。卡斯珀·约斯特在其《新闻学原理》一书中

---

① 余仕麟.伦理学概论[M].北京:民族出版社,2004:4.
② 李泽厚.伦理学纲要续篇[M].北京:生活·读书·新知三联书店,2017:74.
③ 王海明.伦理学导论[M].上海:复旦大学出版社,2009:3.
④ 唐凯麟.伦理学[M].合肥:安徽文艺出版社,2017:2.
⑤ 展江,彭桂兵.媒体道德与伦理·案例教学[M].北京:中国传媒大学出版社,2014:49.

直言:"所有新闻的基本元素即真实性。假如新闻从根本上来讲都是虚假的,诽谤就会像谎言一样充斥在新闻报道中。"①展江教授等人也认为:"几乎所有的新闻伦理都是以新闻工作者在任何情况下都要揭示真相这一原则展开的。从历史上看,主流媒体都自认为秉承了客观的世界观,重视人类理性和科学方法,认为新闻中的事实要素正是现实的反映,专业主义与不偏不倚画上了等号。"②所以,新闻从业者常说,真实是新闻的生命。

一、真实与事实——千百年人类不懈的追问

我国社会关于"真"的讨论有着久远的历史。人们认为"真"最为宝贵,是人和事物的本质属性。《庄子·秋水》说:"无以人灭天,无以故灭命,无以得殉名,谨守而勿失,是谓反其真。"庄子将这些内容解释为"真",做这些都是为了"真"。周敦颐认为"诚""实"是人际传播的基本准则,而"诚"即"真"。他将"诚"视为圣人的根本,意味着绝对真实没有任何虚妄,在人际传播中充分强调了真实性。王夫之和周敦颐有相似的认识。他认为"诚"必然是实有、固有,即"真",是传播的核心要义。司马光将"真"视为"德、能、功、罪、行、言、物、事"的检验标准,他将衡量功过、待人接物、考察言行与"真"联系起来③。

西方哲学界也是比较重视"真实"的。柏拉图较早地对"真实"进行了论述。他将世界分为两部分,一部分是可见世界,另一部分是可知世界。继而他又将可见世界一分为二,一为实物,一为图像,图像是对实物的摹仿。可知世界也被再分为二,一为理念,一为上面提到的实物,实物是对理念的摹仿。实际上,柏拉图把世界分成了三部分:世界的本原是理念,对理念的摹仿构成实物,对实物的摹仿又构成图像。柏拉图借用"床"的例子解释了他的观点:"我们设有三种床,一种是自然的床(即本质的床、床的理念),我认为我们大概得说它是神造的,其次一种是木匠造的床,再一种是画家画的床。"按柏拉图的理解,木匠摹仿着床的理念(也就是床的本质)才能制造出实在的床,而画家则摹仿着实在的床才能画出床的图像。在这一系统中,真实性是建立在"摹仿关系"的基础之上的。所谓"真实",就是陈述与被陈述的对象相一致。也就是说,陈述与被陈述的对象之间有多大程度的符合,该陈述就有多大程度的"真实"。"真实"即为"像","不真实"即为"不像"④。

早期学术界倾向于从存在论或本体论意义上探讨"真实"是什么,我国学者提出

---

① 约斯特.新闻学原理[M].王海,译.北京:中国传媒大学出版社,2013:50.
② 展江,彭桂兵.媒体道德与伦理·案例教学[M].北京:中国传媒大学出版社,2013:50.
③ 付媛.传播真实性的历史沿革[J].新闻研究导刊,2019(10):141-142.
④ 王亦高."新闻本质真实"论与亚里士多德的"真实观"[J].国际新闻界,2007(10):34-38.

了诸如"现象真实"与"本质真实"、"本真真实"与"再现真实"、"具体真实"与"整体真实"、"瞬间真实"与"无限真实"、"真相真实"与"假象真实"、"客体之真"与"符号之真"等多组既相互关联,又相互矛盾、对立的概念范畴。

后来研究者从认识论出发,对"真实"进行了再认识。杨保军教授提出:"真实是一个认识论概念,是指认识结果与认识对象间的一种关系。如果作为结果的认识与认识的对象符合,就说认识是真实的,如果不符合,就说认识是不真实的。"①

在日常生活中,人们谈论新闻真实时经常运用"事实"这一概念,如"从事实出发""用事实说话""事实胜于雄辩"。但究竟什么是"事实"呢?

对于"事实"这一概念的理解是比较困难的。罗素就指出:"严格地说,事实是不能定义的。"笛卡尔也曾经说:"事实并不存在,它只是你的一种思维结果,甚至可能是你的梦境或者幻觉。"金岳霖曾给事实做过这样的界定:"事实是接受了的或安排了的所与。"后人在这一基础上对事实作出了这样的定义:"事实乃是对呈现于感官之前的事物或现象的某种实际情况的断定或陈述。"由此可知,事实不等同于事物。事物即我们习惯所称的东西,而事实却是对事物的实际情况的一种说明、判断。如人们不能称"太阳"这一事物为"事实",只能说"太阳从东方升起"这种事物状况是"事实"。这正像罗素所说:"当我谈到一个'事实'时,我不是指世界上的一个简单的事物,而是指某物有某种性质或某些事物有某种关系。因此,例如我不把拿破仑叫作事实,而把他有野心或他娶约瑟芬叫作事实。"②

把"事实"与"事物"区别开来,也就是把客观存在的事物同人们对事物状况的主观把握区别开来。事实其实是人们主观化了的客观存在。"事实"的含义至少应包括以下三层意思。其一,事物或现象的实际情况必须是呈现于人的感官之前,为人们所能直接或间接观察到的。这是一个基本前提,不是如此,人们就不可能感知它,也就无所谓事实了。其二,仅有呈现于感官之前的现象还不够,如果事物的情形未被主体觉察,未被概念接受,那也就不能说有了事实,它还必须被主体的概念所接受,用概念去摹写或规定,由主体作出判断,这才可能感知到一个事实。其三,人们在对事实进行概念规定和判断时,又不能不借助语言,用相应的命题来表述。事实是一种表达判断的命题的陈述,是对事实存在状况的一种感性表达。这种陈述当然是一种主体性活动,人们用什么词汇语言陈述、怎样陈述,不能不带有主体的主观色彩。

---

① 杨保军.事实·真相·真实:对新闻真实论中三个关键概念及其相互关系的理解[J].新闻记者,2008(6):61-65.
② 姚福申.新时期中国新闻传播评述[M].上海:复旦大学出版社,2002:69.

有关事实概念的三层含义表明,事实的发现与确立始终离不开主体,事实并不是独立于主体的认识和经验之外的自在之物或纯客观之物。纯粹的自在之物,即独立于人的知识、经验之外的事物。这样的事物,人们就不知道它是什么或不是什么,怎么样或不怎么样。正因为事实是为主体所发现和确立的,所以,人的主体因素导向事实生成,事实乃是一种客观性与主观性的统一体。正因为如此,当我们说到"事实"这一概念时,或当我们实指某一事物的状况时,我们就不应割裂它与主体的联系,不能剔除事实中所应有的主观因素。事实是相对于特定主体而存在的,是作为主体的对象性存在物而存在的①。

当然,日常人们用"事实"这个语词时,更倾向于表述为客观发生或实际存在的事件或状态。许多学者从新闻学科范围对"事实"进行了较为简洁的界定。刘建明教授提出:"当我们说'事实'的时候,绝不是指记者对事实的认识,而是客观世界发生的大大小小的事件,新闻只是对这些事件的反映。"②杨保军教授认为:"新闻学科所说的作为新闻报道对象的事实,就是指实际发生和实际存在的事物状态或状况。这里的'事物'概念是一个宽泛的概念,包括物质性的事物,也包括精神性的事物。就是说,我们把人们的思想活动、言说活动,也叫作事实,因为它们都是实际发生的情况。新闻报道的对象就包括这样的事实,某人说了某话,某人说他/她怎么想或怎么想过,在原则上都可以作为新闻报道的事实对象。因此,新闻学或新闻实践视野中的事实概念,是个内涵非常丰富、外延相当广泛的概念,和我们在唯物主义哲学意义上严格界定的客观事实,以及认识论意义上界定的作为真实判断的事实都有一定的差别,不能完全等同。"③

总体来说,在新闻认识论或新闻真实论的视野中,事实是存在论意义上的概念,真实是认识论意义上的概念。正如杨保军教授所说,事实针对的是新闻的本原,真实针对的是新闻的传播状态。新闻的真实与否,只能通过相应的事实去衡量,事实是检验新闻真实性唯一的和最终的标准。

二、新闻真实——一种有限度的真实

在厘清真实与事实的关系后,我们有必要了解一下新闻"真实性"问题。

新闻可以在何种层面上实现真实性,在我国学者的研究中,出现了"现象真实"与"本质真实"、"本真真实"与"再现真实"、"具体真实"与"整体真实"、"瞬间真实"与

---

① 姚福申.新时期中国新闻传播评述[M].上海:复旦大学出版社,2002:69.
② 张毓强.新闻学十年(1998—2008):多元与分化[M].北京:中国传媒大学出版社,2010:165.
③ 杨保军.事实·真相·真实:对新闻真实论中三个关键概念及其相互关系的理解[J].新闻记者,2008(6):61-65.

"无限真实"、"真相真实"与"假象真实"、"客体之真"与"符号之真"等多组既相互关联,又相互矛盾、对立的概念范畴。研究者发现,作为反映、报道现实世界最新变动状况的新闻活动,本质上属于认识活动,新闻报道与客观事实的完全符合,在理论上不完善,实践上也缺乏可操作性。

杨保军教授指出:"新闻的真实与否,在逻辑上受制于事实。因为,事实是源,新闻是流。超越事实的新闻,不再是新闻。但是,事实本身的真实性,是新闻报道在逻辑上无法左右的,因为事实总是先于新闻而存在,事实是自在的。"[①]在他看来,新闻对事实的呈现是再现与建构的结果。不管事实如何,新闻对事实的面目呈现总是有限的。相对事实来说,新闻真实总是有限度的真实。他提出,新闻真实是以存在论意义的真实(本真真实)为前提,而以认识论意义上的真实(再现真实)为要义,并且将受众对新闻报道或新闻文本的解读(解读真实)纳入,实现传播者与接受者的认知平衡,因而是一种有限度的真实。

新闻真实在客观上形成两种表现:一种是单一的、个别的新闻的具体真实;另一种是由个别的、单一的新闻组合起来共同塑造的整体真实。

具体真实也被称为个别真实、个体真实、微观真实。一般认为要做到具体真实,新闻报道中的每一个具体事实要素必须真实,完全符合客观实际,不得有任何形式和程度的虚构和"合理想象"。同时,由于具体的新闻不可能面面俱到,必然要对事实中某些相对不重要的方面进行概括。概括的事实片断或部分、不同事项及其相互关系必须真实,不夸大,不缩小,不以点带面,不以偏概全。这种概括必须实事求是,能够反映出事实的真相和全貌,完全符合实际。

但新闻的具体真实存在着片面真实的可能性和危险性,而且任何关于某一具体新闻事实的新闻总是出于一定的媒体角度或记者角度,存在着不可克服的"盲人摸象"式的偏误,因此必须由新闻的整体真实加以补正。

整体真实要求新闻报道中的事实要符合这类事实的总体状况和相互联系,能够代表和反映客观事实的整体实际。通过连续不断的新闻报道,在事实的全部总和的相互联系中去把握事实,准确地再现个别事实在事实总体中的客观全貌。这就要求新闻媒体和从业人员不能简单就事论事,以片面的、孤立的、绝对的眼光观察事实、报道事实,而应该把一定的新闻事实置于一定的环境中进行观察,发现它的来龙去脉、前因后果、左右关系,以达到微观层面的整体真实。同时要求媒体在一定时期内关于某一领域的所有报道,比较真实地反映了这一领域的基本真实状况,以达到中

---

① 杨保军.事实·真相·真实:对新闻真实论中三个关键概念及其相互关系的理解[M].新闻记者,2008(6):61-65.

观层面的整体真实。另外,在一定时空范围内的所有新闻媒体关于某一领域的所有新闻报道的累积认知结果要真实反映这一领域的整体实际情况,或至少反映这一领域的主流、主导情况,以达到宏观层面的整体真实。

三、媒介真实——客观真实与受众之间的中间层

大众传媒是反映现实的工具,这是世人对大众传媒社会功能的普遍认识,但是否由此就可以认定大众传媒促进了人们对于真实与非真实的理解与认识,问题并非如此简单。

一般来说,微观真实在实际操作中易于鉴定,容易为一般人所理解、接受。而宏观真实,或者整体真实在具体操作与鉴定方面却复杂得多,新闻毕竟不是有闻必录的,它是从无限的世界中选出有限的事实来报道的。有限的新闻报道如何能反映出无限的客观世界呢?理论研究者通过研究发现了"媒介真实"这一相对隐秘的现象。

"媒介真实是大众传媒主体根据其经验、知识、文化背景而对客观真实做出主观选择、判断和评价之后,通过大众传媒传递给受众的社会事实。这种社会事实不断界定、影响和制约个人的行为与价值观念,并潜在地成为现代社会文化日益重要的参考情境。"①

"媒介真实"这一隐秘现象告诉我们,媒介所"再现"的真实,实质上是一种不完全的真实。在大众传媒的世界里,真实与非真实的界限是模糊不清的,因为在客观真实与受众之间出现了一个中间层,即"媒介真实"。

在现代社会,传媒参与了现实社会的构建,人们之间越来越缺乏个人的直接联系,而是更多地依赖大众传媒传播的信息,接触到的只是"第二手真实",即"媒介真实"。人们头脑中的真实概念,更多地来自"媒介真实"而非客观真实,由此使得传媒拥有了议程设置的功能。传媒并不是平等地对待每个事实,传媒对某些事实的兴趣超出了另外一些事实,传媒由于种种客观、主观因素的影响,决定哪些事实被选择、被接受、被强调、被解释,并以某种特殊方式呈现出来。因此,我们所能认识的是被媒介和其他机构不断建构的,也是被受众从不同角度不断感知的东西。

四、新闻是社会的建构

盖伊·塔克曼在其出版的媒介社会学的核心文献之一的《做新闻:现实的社会建构》一书中,从新闻是框架的视域入手,考查新闻生产,最终为我们揭示了新闻不是事实,也不是"对事实的报道",新闻是"社会的建构"。

---

① 白春生,李鸿标.媒介:全球化时代的领航者[M].天津:天津社会科学院出版社,2008:106.

"框架"的概念来源于贝特森,由戈夫曼将这个概念引入文化社会学,他在1974年出版的《框架分析:经验组织论》一书中对"框架"一词进行了阐释。戈夫曼认为,人们在不知不觉中监控着社会环境,以便根据周围的变化来调整自己的期望和行为。戈夫曼引出"框架"概念本身,是要阐述人们如何理解每天生活中发生的事件,他认为对于一个人来说,真实的东西就是他或她对情景的定义。这种定义可分为条和框架。条是指活动的顺序,框架是指用来界定条的组织类型。简单地说,戈夫曼定义的框架就是人们把现实生活世界中的一个个片断,归整成自己经验和知识的规则。正是依赖于这样的框架,人们体验到的生活世界,便有了条理和秩序,同时,这些被整合条理化了的经验知识,又成为人们下一次理解现实生活世界的基础。人们借由框架来确立情境的意义,所以框架是个人或组织对事件或信息的设定、认识、辨识和标示。

塔克曼认为,框架是编辑、记者在新闻生产中必不可少并坚持运用的东西。框架使一个偶发的事实变成了一次事件,事件又变成了一则新闻报道。由于新闻天然所具有的公共性特征,它随之又成为人们理解、认识世界必不可少的依据(框架)。借此,新闻框架不仅组织新闻生产,而且实际上还起着组织生活现实,并赋予其秩序的作用。塔克曼提出:"新闻讲述社会生活的故事。它是社会之源、知识之源、权力之源,也是通向世界的一扇窗。""作为社会的生产的知识,新闻为我们所需要,为我们所运用,以实现我们的目标;作为意识形态,新闻滋生权力,其本身就是权力的行使;新闻不仅扩散一些知识,而且抑制另外一些我们应知或可知的意念;它不仅作出何为事实的宣称,而且正当化判定事实性的日常过程,以及该过程的展开所依赖并再生的权力结构网络,而这些过程正因其日常性而被看作合理并且正当。"[①]

我国台湾地区学者臧国仁同样从框架理论入手,提出媒介框架是新闻媒体或新闻工作者个人处理意义信息时所依赖的思考基模,也是解释外在事物的基本结构。媒介框架其实就是一种意义的建构活动。新闻工作者将原始事件转换为社会事件,并在考虑此事件的公共性质与社会意义后,再将其转换为新闻报道。在此转换与再转换的过程中,新闻工作者一方面以自己的经验(框架)将此事件从原有情境中抽离,另一方面则将此事件与其他社会意义联结,产生新的情境意义。

臧国仁认为,媒介框架的内涵结构包括媒介组织框架、新闻个人框架、文本框架三个部分。媒介组织框架是指新闻工作者中所制定的一系列惯例与程序,决定了社会事件是否会被选择和报道,是媒介的一个框架机制。新闻个人框架包括记者和编辑两个部分,是指新闻工作者受到自身认知结构影响,自有一套常规理论,一是据此

---

① 潘忠党.也谈"读经典":《做新闻》的跨语境品鉴[J].新闻记者,2021(4):11-22.

拟定工作目标,二是受制于这些认知结构,无法逃脱这种自我成见的限制。文本框架是指新闻写作文本是一种语言意义的建构过程,语言与其他符号信息是对社会真实的转换,在这个过程中文本本身有一个框架。也就是说,媒介框架事实上是经过三个子框架作用的结果。这样,客观世界的真实最后形成新闻报道的流程是:客观真实→媒介组织框架→记者个人框架→文本框架→编辑个人框架→新闻报道。

在媒介框架之外,臧国仁还提出受众框架。他认为,受众框架是指受众在接触媒介时,他们的认知基模会影响对新闻报道内容的选择、解读与判断。也就是说,面对新闻媒介,受众并不是被动地接收,而是由自己的认识框架来对新闻内容进行过滤,从自身的框架对新闻报道的真实性、客观性、人文关怀等方面进行诠释。

受众框架对于新闻报道内容首先是过滤式的选择,对于完全与框架要求不相符的内容不予选择。其次,对于其他内容有一个同化或改造的步骤,即对与自身框架一致的内容进行吸收与同化,对与自身框架不一致的内容进行改造。然后,受众框架对报道产生意义的诠释,并影响更深的心理层次与媒介的消费等行为,反过来这些行为又影响到媒介框架。

因此,新闻真正形成不是在媒介报道之后,而是在媒介框架与受众框架共同作用之后。也就是说,一则新闻实际上是经过媒介框架和受众框架的互动后才产生意义的。一系列的媒介框架和受众框架的互动,就构成了整个传播过程。

社会事件经过新闻媒体的框架化报道后,由客观真实变为了媒介真实。在媒介框架后,媒介真实不可能完全是现实的翻版,媒介真实和客观真实是有差别的。然后,在传播过程中,媒介真实又经过受众的框架化,变为了受众接收的真实。这样,就存在着客观真实、媒介真实、受众真实三个方面的关系[①]。

可以说,经过众多研究者的努力,社会对于传统大众传播时代的"真实"与"新闻真实"有了更明晰的认识。但这种"祛魅"并不是要消解"讲真话/诚实"这一基础的传播伦理,而是要在清楚了解的基础上做得更好。正如塔克曼在《做新闻:现实的社会建构》一书开篇所写的:"新闻是人们了解世界的窗口。"通过这个窗口,人们了解自己,也了解他人,了解自己的国家,同时也了解别的国家和民族的各种情况。对于已经和正在城市化的国家来说,新闻就像一种替代物,它替代了旧时走街串巷向公众通告消息的人,其功能就是告诉我们想知道、需要知道以及应该知道的消息。

如果说在传统媒体时代,世界离不开新闻的话,在任何时候,世界都离不开传播,而传播离不开真实。

当然,这个"真实"在数字媒体时代需要我们去再认识。

---

① 郝雨,郑涵.新闻理论问题十讲[M].上海:上海大学出版社,2015:135-136.

五、后真相与后真实——数字媒体时代的新挑战

在传播活动中,人们一直致力于追寻事实,寻找真相。事实与真相在本体论意义上是统一的存在。相对事实来说,真相是事实实际情况的感性显现。存在过的和存在着的都是事实,但并不一定都是事实的真相。真相是事实的实际情况、本来面目,是真实地表现了一定对象的实际情况或本质的现象。

真相都是事实,但事实并不都是真相,事实中可能会有假相。在现象层面上,事实是由真相性事实和假相性事实共同构成的。但这并不是说,所有事实都必然包含真相和假相,而是说,在有些情况下,事实的现象就是事实的真相,它们是完全同一的;有些极端情况下,事实的现象完全是假相,与事实的本质是彻底背离的;在更多情况下,事实的现象中可能既有真相,又有假相①。

就在我们努力在传播活动中辨析"真"与"假"的问题时。2016年,一个被称为"后真相"(post-truth)的概念热遍全球。《牛津英语词典》将该词选为2016年度热词。

"后真相"指称一种特殊的传播情形,即诉诸情感和个人信念比陈述客观事实更能影响公众舆论的情形。"相对于情感及个人信念,客观事实对形成民意只有相对小的影响,相对于自由漂浮的意见和观点,事实本身反而屈居其次,而这些意见和观点往往建立在人们更为本能和情绪化的信任立场上。在社交网络中,'后真相时代'的真相标准往往是经过技术网络设计的,许多在线内容的价值并不是因为它的真实性,而在于它的情绪制造或情感预设的影响力。在后真相状态下,每个人都可以找到属于自己信任半径范围内的'真相'。"②

"后真相"被认为是在网络传播生态下,数字媒介的"去物质化表达"乃至"私人情景公共化"的"私人化"编码与"网络化"解码的介入而产生的。研究者认为,在解释学视角下,真相不可能是纯粹的客观呈现,而必然在历史、语言、实践等理解要素中差异生成。"后真相的哲学进路暗含了一条关于权力的线索:以共识为基础的真相观转化为一种多元主义的价值取向。"③后真相自身就是当代真理的表达方式,应该将多元公共意见纳入真理体系之内,而不是将其视为有待克服、规训的情景。

---

① 杨保军.事实·真相·真实:对新闻真实论中三个关键概念及其相互关系的理解[J].新闻记者,2006(6):61-65.
② 郭栋.网络与新媒体概论[M].西安:陕西师范大学出版社,2018:96-97.
③ 刘燕南,吴浚诚."后真相"的理论谱系与现实反思[J].现代传播(中国传媒大学学报),2020(11):12-18.

同时，随着传播技术的发展，机器生成新闻和其他创作内容已然司空见惯。本应作为人与人之间连接桥梁的互联网上充斥着大量的非人存在，其61.5%的流量便是由机器人贡献的，主要的社交媒体平台无一能够幸免。例如，Twitter上至少有7%的社交机器人，5%~11%的Facebook账号则由机器人控制。各国主要通讯社（包括新华社、美联社等），以及中外主流报纸如《光明日报》《纽约时报》均采用了AI写稿技术。当AI成为一个新的传播者时，人类使用者对其原真性，或者更广义的真实性发生了相应的改变，不同于既往的人类社交场景。不同的内容或交流场景下，人类用户对原真性的要求是不一致的。但是只要遵循信息生成者和接收者双方共同认定的契约，其原真性缺失带来的负面影响就会很大程度上被规避。因此，我们也许不必将真实简单定义为是人或者不是人，而是多大程度上是人，多大程度上是机器，甚至是多大程度上反映出人的心智。智能传播场景下的真实不再是真与假的二元对立，而是一个从100%的人到100%的机器的谱系①。

也许正如研究者所指出的那样，"大众媒体只是历史的一个插入语。人类一开始使用的媒体就叫作社交媒体，由于有了印刷机和电子技术，才进入大众媒体时代，而移动互联网使现在重新回到社交媒体时代。有150年时间，人对人的传播被高度集中化的大众媒介所淹没，现在钟摆又回来。流行几世纪，基于分享、抄送和个人推荐的社交媒体如今借互联网回归。普通人获得集体设置议题的力量，一场巨大的实践刚开始"②。这场实践将重构"真实"这一传播的基本伦理。

第二节　公正——传播活动的标尺

公正是伦理学领域最古老、最丰富、最具历史特征的规范。公正是一个关于社会协商的问题。"公正，属于一种关系范畴。它涉及人与人之间的关系。其中某种关系就被称为公正。因此，问题不可以是'什么是公正'，而应当是'公正涉及的内容是什么'。……公正这一主题指的是个体在其所处集体中的位置，是他在这个社会中与和他进行交往的他人所具有的关系。……人们都有确认在与他进行交往的他人的关系中的位置的需求，他们要知道他们如何被感受，如何被评价。……当个体的自我价值感受与他人的评价相符合时，他就感觉到得到了公正的对待。这样的评判体现在对于物质和精神财富的分配、拒绝和剥夺中。"③

美国政治哲学家约翰·罗尔斯在《正义论》中对公平正义做了深入解读。他提

---

① 牟怡.智能传播场景中的"真实"再定义[J].人民论坛·学术前沿,2020(18):112-119.
② 郭栋.网络与新媒体概论[M].西安:陕西师范大学出版社,2018:97.
③ 贡贝特.社会民主主义的基础[M].郑春荣,袁亚妮,译.上海:上海人民出版社,2019:26.

出,只有当你不知道自己可能是谁时,才能想清楚什么是公平正义。他用了一个术语"无知之幕"(veil of ignorance),也就是一个人在对自己的社会身份和处境暂时失明的情形。如果我们在不受任何社会影响的情况下,我们就能对有效的公正原则达成一致。"无知之幕"就是"原始状态"(original position),在这种状态下,我们不知道自己应有的特性。我们不知道自己的种族、年龄、性别、教育程度、智商及社会关系。进入原始状态将阻止我们从个人利益角度来阐释公正原则,因为我们不知道什么对我们有益①。

一种社会政治和经济结构或制度,如何安排才算是公平或正义的呢?罗尔斯提出了两个原则。第一,每个人都有权拥有与他人的自由并存的同样的自由。第二,对社会和经济的不平等应作如下安排,即人们能合理地指望这种不平等对每个人有利,而且地位与官职对每个人开放。罗尔斯还设定了这两个原则的次序或等级关系。它由第一优先原则(即自由的优先性)和第二优先原则(即正义对效率和福利的优先性)组成。第一优先原则是指正义的第一原则先于第二原则,它要求每个人的自由平等权利,要首先得到保护,不能为第二原则或其他目的而破坏第一原则;它要求由正义所保障的自由权利绝不能受制于政治交易和经济利益,不管政治交易或带来的经济利益有多么巨大,自由只能为了自由本身的缘故才能进行限制。第二优先原则包括了自由以外所有的社会利益,而只有当这些社会利益有益于最弱小的群体时,才允许它们的不均匀分配。

公正性报道原则在西方新闻界具有悠久的历史,完全可以说在廉价报纸诞生之初,公正性报道原则就已经得到确立。被誉为"美国第一个真正的记者"的詹姆斯·戈登·贝内特创办《纽约先驱报》伊始,即在创刊号上高举公正报道的大旗:"我们将致力于记录事实,记录公共的主要的事件与问题。我们不说废话、不带偏见,公正地、独立地、无畏地和善意地进行报道,并且适当地加以评论。"《纽约时报》在问世之时就标榜是独立报纸。其创始人亨利·雷蒙德在1857年撰写的一篇文章中认为报纸要取得公众的信任,必须是出于真正对公正、福利的责任心。1911年威廉斯拟订的《报人守则》第三条即为:"我们相信,思想清晰、说理明白、正确而公允,是优良新闻事业的基础"。

以公正性原则为向导,也是我国近现代报纸的自觉追求。1904年6月,梁启超在《时报》发刊时就明确提出:"本报论说,以公为主,不偏徇一党之意见。非好为模棱,实鉴乎挟党见以论国事,必将有辟于亲好辟于所贱恶,非惟自蔽,抑其言亦不足取重于社会也,故勉避之。"《申报》在其六十周年革新计划宣言中,郑重声明"代表公

---

① 顾剑.管理伦理学[M].上海:同济大学出版社,2015:72.

正舆论为今后努力之鹄的"。

新闻媒体如何做到公正？当新闻媒体面对不同的伦理冲突时，如何找到那个能平衡各方的伦理原则。罗尔斯的"无知之幕"假设可以促成有效的伦理对话，在尽可能考虑各方立场的情况下达成伦理共识。有研究者认为，如果从正义性角度来说，"无知之幕"假设在媒介伦理中的作用表现以下三个方面：第一，"无知之幕"的假设可以使每一个讨论参与者的权利与义务得到充分的考虑；第二，境况最差的人的权利往往得到保护，他们的处境往往得到最多的考虑和改善；第三，公众的利益常常会得到保护[1]。

一、大众传播媒介的话语霸权[2]

话语（discourse）一词主要是指对事物演绎、推理、叙说的过程，在这个过程中我们能看到权力的作用。正是权力的存在，这个过程才能够到达话语的目的地。关于话语霸权问题，福柯有一句简单而深刻的话：你认为自己在说话，其实是话在说你。

从字面上来看，话语不过是对于事物的论述，任何大众，只要具备言语能力，都可以拥有话语权。但是，由于经济条件和经济地位所导致的阶级冲突以至阶级统治，使得话语也要依照一定程序说出口，这个程序包括受到控制、挑选、组织和分配。而话语所包含的对事物的价值判断，以及构成陈述的逻辑、句法、语义等都是由权势提供的，因此，出现了话语霸权问题。

话语霸权是在一切交流、信息传播领域中，由于主体与客体、个体与大众、同类与异己之间力量的严重不对称导致的结果。力量的优势一方凭借自身的优势而占据排他性的普遍支配地位。

随着社会发展，大众传播媒介凭借传播技术在平面、立体、空间一切话语存在的场所全方位渗透，拥有占绝对优势的权势话语。媒体扮演的角色从最初的传送信息、传播知识发展到后来的舆论监督、议程设置。我们依赖媒体了解整个世界，媒体的声音左右了人们的视线，媒体的意见限制了人们的思维。

尤其是在市场经济的制约下，"大众化"的平面模式取代其他模式成为主导模式后，采访、编辑、播出人员根据自己对大众需要的判断，也出于引导的需要，不断推出千篇一律的实用性、娱乐性和大众性的报道和节目，从而使大众在不用动脑的乐与笑中，放松或放弃了理性批判。在媒体话语霸权下，信息传播生产的"平面"意义加速了人生重要的情怀、价值、心性、理想等意义的流失。它以便捷的信息通道操纵大众的

---

[1] 展江，彭桂兵.媒体道德与伦理·案例教学[M].北京：中国传媒大学出版社，2014：45.
[2] 李岩.媒体批评：立场、范畴、命题、方式[M].杭州：浙江大学出版社，2005：51.

生活并掩盖生活境界低俗化的真相,从而将电脑化的思维方式和现代消费的价值标准强加给所有的社会阶层和个人,以金钱神话的意识和话语方式控制大众的思想。

在传统传播时代,大众传播媒介的话语霸权几乎是无法撼动的。大众媒介通过不断再生其自身的生产逻辑,包括社会结构、制度和组织的逻辑,使之具有习以为常的正当性。因此受众对于与传播机构之间关于公正问题的协商几乎是绝望的,很多时候只能依靠有限的媒介自律来对自己加以安慰。

转机出现在网络与新媒体到来之际。在新媒体环境下,人人拥有麦克风,人人都能生成信息内容,内容产业的制作和传送主体突破了专业媒介机构的范畴,新媒体打造了规模庞大的、分散的传播主体,数字信息的采集和获取已经不是专业传媒机构的专利。在信息传播过程中,用户可以自由选择感兴趣的话题和小组,改变了传统媒体带有强制性质的单向信息传送和受众的被动接受模式。可以说,新媒体突破了传播机构对于信息生产的特权,突破了传播机构的话语霸权,实现了用户与用户之间、信息生产者和消费者之间话语权力的平衡,传统媒体因此迅速衰落,这也正是新媒体的力量之所在。

二、媒体审判与司法公正[①]

"媒体审判"又称"媒介审判""舆论审判""舆论法庭"。媒体审判系指对特定的案件,新闻媒体利用其公开传播的新闻报道,于法院判决之前对案件进行判断,从而干预、影响司法独立和司法公正。一般而言,媒体审判主要表现为媒体罔顾司法程序而对正在审理的案件的案情分析、案件定性、涉案人员定罪量刑等问题作出公开判断和结论,形成一种足以影响司法独立的舆论氛围,从而使审判在不同程度上失去其公正性[②]。

学者魏永征将"媒体审判"概括为:"超越司法程序抢先对案情作出判断,对涉案人员作出定性、定罪、量刑以及胜诉或败诉等结论。媒介审判的报道在事实方面往往是片面的、夸张的,甚至是失实的。它的语言往往是煽情式的,力图激起公众对当事人的憎恨或者同情一类情绪。它有时会采取'炒作'的方式,即由诸多媒体联手对案件作单向度的宣传,有意无意地压制了相反的意见。它的主要后果是形成一种足以影响法庭独立审判的舆论氛围,从而使审判在不同程度上失去了应有的公正性。"[③]

[①] 本部分主要参考展江、彭桂兵的著作《媒体道德与伦理·案例教学》与李兵、展江的文章《"媒体审判"真伪辨》。
[②] 李迎春.司法与传媒关系临界点:采访权的法理与其实践[M].北京:民主法制出版社,2017:129.
[③] 魏永征.新闻传播法教程[M].北京:中国人民大学出版社,2002:209.

"媒体审判"有违无罪推定原则,因此人们一般认为它与社会正义的要求是背道而驰的。

"'媒体审判'本来是法律界和法学界对新闻媒体不当干预法院所独享的审判权,以致阻碍司法公正行为的一种讥讽和批判。如果新闻媒体作出这样的行为,那就越过了正常报道的界限,是一种应该遭到谴责的媒体失德行为。但是在中国的特殊语境下,新闻传播和法律学界对'媒体审判'的看法多有分歧,因此它成为一个中国式的媒体伦理议题。"①

这些年,被研究者认为是"媒体审判"的案件特别多。这些案件在吸引网民眼球的同时,也引发了人们对"媒体审判"与社会正义的思考。

美国哥伦比亚大学法学院中国法律研究中心主任李本指出,英美法系国家和地区的"媒介审判"是媒体的报道与评论可能直接影响到行使司法权的主体——陪审团,进而可能导致不公正的审判;而中国的情形则是,媒体的报道和评论首先影响不直接行使司法权的权力机关,再由权力机关对行使司法权的主体(法院)施压,从而间接影响审判的公正②。

那么,如何规范媒体对司法的报道呢?从1997年起,《中国新闻工作者职业道德准则》中有了关于案件和庭审报道的准则。

法律研究者徐迅根据已有法律法规和既往经验教训,提出媒体在报道司法审判活动时的十条自律规则:①案件判决前不做定罪、定性报道;②对当事人正当行使权利的言行不做倾向性的评论;③对案件涉及的未成年人、妇女、老人和残疾人等的权益予以特别关切;④不宜详细报道涉及国家机密、商业秘密、个人隐私的案情;⑤不对法庭审判活动暗访;⑥不做诉讼一方的代言人;⑦评论一般在判决后进行;⑧判决前发表质疑和批评限于违反诉讼程序的行为;⑨批评性评论应避免针对法官个人的品行学识;⑩不在自己的媒体上发表自己涉诉的报道和评论③。

三、信息茧房

"信息茧房"是由哈佛大学法学院教授凯斯·桑斯坦提出的,他认为人们会习惯性地被自己的兴趣所引导,从而将自己的生活桎梏于像蚕茧一般的"茧房"中。

信息茧房按线上和线下分为群体性信息茧房和网络性信息茧房。

群体性信息茧房主要来自我们的交往人群。人们在交友的时候往往倾向于认

---

① 李兵,展江."媒体审判"真伪辨[M]//戴剑平.2014南方传媒前沿论坛.广州:暨南大学出版社,2014:6.
② 展江,彭桂兵.媒体道德与伦理·案例教学[M].北京:中国传媒大学出版社,2014:270.
③ 展江,彭桂兵.媒体道德与伦理·案例教学[M].北京:中国传媒大学出版社,2014:273.

为三观一致、志同道合的人才能愉快相处。和有共同的爱好、价值观、行为习惯的同道中人在一起聚会畅谈当然是非常愉快的,大家相互欣赏、相互认同、惺惺相惜,当然,其结果就是会沉浸在这个舒适的小圈子里无法自拔①。

在今天,人们关注更多的是网络性信息茧房。网络性信息茧房主要和智能算法推送密切相关。经常上网的人应该会发现,有些新闻网或购物网经常会推送一些很符合自己"口味"的信息,其内在的逻辑就是人工智能算法。

算法推送新闻是一种通过计算机算法与海量数据匹配,将个性化内容推荐给不同用户的智能媒介技术。算法推送是人工智能技术在新闻行业中较为成熟的应用。在算法推送系统下,一则新闻的显现度与阅读量很大程度上由算法规则及其所反映的用户兴趣决定,而专业媒体的把关作用与议程设置能力不断被削弱。在不少人看来,算法新闻的崛起代表一种以计算机技术为主导的新传播力量。

人工智能算法会不断"喂"给受众最想要的信息资讯,这在一定程度上顺应了当前媒体去中心化、裂变化、社交化的内容生产模式,体现了媒体主动迎合用户需求的趋势,其出发点是为了给客户提供个性化的服务。这正符合麻省理工学院传媒与科技专家尼古拉斯·尼葛洛庞帝在互联网出现之初预见性地提出的概念——"我的日报"(Daily Me)。

算法推送将传统时代按着新闻价值标准筛选的信息,变成了以用户需求为标准,而用户的需求并不是全方位的。算法推送打着个性化的旗号,推送的新闻不仅存在质量上的偏差,而且信息质量也不高,不少信息存在着伦理和道德的考究。

桑斯坦用"回音室"阐释了网络时代这种"信息茧房"现象带来的问题:因新技术带给了人无限过滤信息的能力,个人能依照癖好,定制消息;网络也以"协同过滤"的方式,提供消费者偏爱的信息,投其所好,自动隔离了别的意见,从而会增强网民心理的定式化与程式化。如此内闭化的信息环境,就像是"回音室",人们设定了话题、观点,听到的是自己的回音。长此以往,自己就只限制于一定范围的圈子里,听到的都是与自己相符合的声音,于是自己的认知就很难得到升级,而且容易失去理解与共情的能力。而且,网络信息茧房一旦形成,群体内成员与外部世界的交流就会大幅减少,群体成员拥有相近似的观点和看法,群体内同质的特征越显著,其思维方式必然会将自己的偏见认为是真理,从而拒斥其他合理性的观点。当人们沉浸在自我的话语场中,脱离整个社会的发展,群体分裂和人心涣散的社会现象将并行不悖,西方社会的族群敌视、文化冲突很大程度上与算法传播导致的"信息茧房"相关②。而

---

① 孟奕爽.创业思考力:从创意到产品开发[M].长沙:湖南教育出版社,2019:62.
② 孟笛.媒介融合背景下的数据新闻生产研究[M].上海:上海大学出版社,2018:211.

且算法推送导致不同社会阶层和社会群体,甚至是不同地区的人根据共同的兴趣固化媒介使用习惯,这些阶层、群体、地区之间,知识性信息和消遣性信息占有不同的比重,算法推送分发形式进一步加大了数字鸿沟。

当然,技术本身是中性的,如何使其发挥积极作用,还在于使用者个人。我们在拥抱和支持个性化新闻的同时,也要对这些新闻信息提高警惕,谨防自己置身于"信息茧房"中。破茧之术,首先在于个人媒介素养的提升。个人需要掌握实用信息的主动权,具有自主性、批判性、创造性的用户群体能够冷静面对个性化推送环境所带来的问题,不会受到媒介对个人狭隘兴趣的推送裹挟,使自己走向技术的反面。其次,要善于利用"信息茧房"给个人提供了对某一兴趣爱好领域的深度理解的机会,从被信息裹挟的碎片化信息中找到横向和纵向的知识性关联与专业化拓展,从而去转化再造"知识网络"。再次,要加强信息输送平台自律性,提升其道德水平。要善于运用奖赏机制,不仅要战胜人们的理性意志,替他们做选择,收割他们的闲暇时间,更要做安全阀,控制人之惰性并彻底贯彻到算法的结构和交互设计中。

第三节　人文关怀——传播活动坚守的原则

人因传播而存在,媒介因人的传播需求而发展。媒介传播的对象主要是人和人类及其生活状况,集中于人的生存和发展、人的尊严、人性的肯定、人的价值实现、人的全面发展等方面,因此人文关怀是传播的基本要求。

一、人文关怀与关怀伦理

西方的人文关怀起源于14世纪到16世纪欧洲文艺复兴时期的"人文主义",是一种反对宗教蒙昧主义,提倡关怀人、尊重人和以人为中心的进步的文化思潮。西方人文关怀思想的萌芽可以追溯到古希腊时期。以智者学派为代表,提出"人是万物的尺度",这是人文主义思想的发端。然而,到了中世纪晚期,欧洲文明陷入基督教神学的桎梏中,人也在被奴役和压迫中生存。后来,由于欧洲资本主义经济萌芽,世俗文化有所发展,人们试图冲破这种桎梏,在欧洲兴起了"文艺复兴"运动。人文主义就是文艺复兴时期的指导思想。

在中国五千年的文明史中,人文关怀也得到了很多关注。《周易》一书中"观乎天文,以察时变;观乎人文,以化成天下"的句子就是关于"人文"的描述。老子的"无为"、孔子的"仁爱"、墨子的"兼爱"思想都是人文主义的体现。中国传统人文关怀思想主要是指关注人的现世幸福,追求人精神自由的实现和人格修养的塑造,注重人伦道德和万物和谐的学说体系,"其基本内容为天地之性人为贵的人道精神、天地万物为一体的生命意识与宇宙情怀、自强不息的人生态度和进取精神、凛然大义的人格气节和高尚的情操、宽厚仁爱的道德追求"①。

人文关怀主要在于尊重人的尊严、思想和情感,肯定人的价值、意义和人的主体性,关怀个体的自我实现与自由,追求人性的完善,实现人的最大发展。吴信训教授认为,人文关怀有两个层面的含义:"第一是从哲学层面来说的,那就是指对人自身存在和发展过程中遇到的各种问题的关注、探索和解答。在这个层面上的人文关怀是与科学理性相对应的一个概念。第二是从伦理学的角度来说的,主要是指对个体的人的主体性及其存在方式的关怀,对人的本性、人的地位、人的价值、人的尊严、人的权利、人的发展、人的自由等各个方面的唤醒、保护和推崇,对人的理智与情感、意志与需要、理性与非理性等各个方面的全面理解和尊重。"②

二、灾难报道与二次伤害

所谓灾难报道,即对非人的意志所能左右的灾害,如地震、洪水、飓风、热浪、火山爆发等,以及由于人为酿成的恶性事故,如车祸、空难、海难、火灾、建筑物倒塌、重大设备事故等的报道③。灾难事件往往表现为时间的突发性、极大的破坏性、影响的持续性,同个体的生命财产安全、日常生活等方面具有较强的关联度,因而具有较高的新闻价值。

在某些灾难报道中,媒体人对血腥画面的渲染,赤裸裸展示受难者家属的悲痛情感,事实上构成了灾难之外的二次伤害,违背了新闻伦理规范。

二次伤害包含两个方面:一是对受难者及其家属的伤害。例如:不顾受难者家属的焦急、痛苦情绪,强行进行采访;未经受难者家属的许可,公开受难者的照片。二是引起公众心理的不适和恐慌。例如:对灾难现场的反复渲染和对血腥场面的直接呈现;播出遇难者的伤口、惨状,甚至尸体等。

由于灾难报道的特殊性,它一般都涉及人的生命财产安全,因此媒体在报道这类新闻时采取何种立场,以及报道的角度和深度都是值得认真考虑的问题。

那么,在新闻报道中,如何避免二次伤害?

1996年,美国职业新闻工作者协会修订的"道德准则"中"最小伤害"被列为与"追寻真相""独立行动"同等重要的地位。美国设有一个由新闻记者、新闻教育工作者和健康专家创建的中心,这是一个关于创伤、冲突和悲剧事件的新闻报道的全球性网络。该中心的《灾难与新闻工作者:更具影响力的灾难报道指南》中,要求记者

---

① 牛静.新闻传播伦理与法规:理论及案例评析[M].2版.上海:复旦大学出版社,2018:61.
② 吴信训.都市新闻传播学[M].上海:复旦大学出版社,2006:79.
③ 王军.传媒法规与伦理[M].北京:中国传媒大学出版社,2009:309.

采访灾难事件时必须"永远怀着尊严和尊敬对待受害者——正如你想被别人对待的方式一样,新闻记者总在尝试接近生还者,但应该心怀体恤谨慎行事,知道何时停止、怎样停止"[①]。

英国报刊投诉委员会规定:①媒体应避免使用带有偏见或不敬的语气,报道当事人种族、肤色、宗教、性别、性别取向或其他身体及心智疾病或残障;②采访悲恸或惊恐事件,要注意敏感性。

我国研究者提出,灾难新闻报道要注意:"首先,灾难报道要坚守人道主义底线。媒体人的职责是人文关怀,这是以人为本最为本质的内在要求。媒体人要做的是抚慰创伤,而非撕裂伤口。对于那些在灾难中身体和心灵受到严重伤害的人们来说,对生命的尊重和情感的保护高于一切。以迎合情感消费需求而博得关注度的报道,需要避免。尊重新闻事实,进行客观报道,而不是无情披露受难者及其家庭的隐私。其次,明确灾难新闻的报道宗旨,跟进事态的发展,满足公众的知情权,而非一味地进行悲情叙事。在新闻报道手法上,避免渲染情绪,尽量减少血腥场面、悲伤时刻等长镜头、特写的描述,防止给受害者家属带来二次伤害。在新闻报道内容上,要注重对救灾、抗灾等内容的关注,及时更新信息。受灾情况、灾区需求等内容不应为领导人动态、感人的英雄事迹让路,对灾民和灾情的报道才是主角。再次,对二次伤害的防范还体现在内外部的监督上。内部监督主要强调新闻工作者不仅要加强自身专业素养的培育,还要明确新闻伦理规范。如果媒体要对受难者亲友进行采访,需提前与他们沟通,充分尊重他们的意愿。需要注意的是,内部监督与外部监督要联系起来,建立新闻机构内部的审查机制以规避新闻伦理失范现象的发生。最后,不能把坏事当好事报道,以免引起受众反感。"[②]

三、涉性案件与媒体披露[③]

美国学者罗宾·本尼迪克特说:"只要人们意识到性行为和人体的隐私性,那么强奸就是一种污名——这未必是一种发生在受害人身上的事情以指责她的污名,而是将她的名字无可挽回地与一种涉性的羞辱行为相联系的那种污名。"这就是涉性案件报道所面临的一个伦理问题。

在法律层面,中外各国都没有禁止披露性侵受害人姓名的特定条款。在英国,披露是合法的,在美因一些州也是如此。《中华人民共和国妇女权益保障法》虽然将隐私权列为一种人格权,多处提及女性权益,但是没有关于与大众媒体的关系,以及

---

① 陈昌凤,王雪冬.灾难报道请恪守"最小伤害"原则[J].青年记者,2008(18):41-42.
② 张涛甫.马克思主义新闻观百问百答[M].上海:复旦大学出版社,2019:88.
③ 展江,彭桂兵.媒体道德与伦理·案例教学[M].北京:中国传媒大学出版社,2014:190.

涉及性侵等事件中的媒体如何处理相关报道的规定。因此,媒体是否予以披露还是一个自主选择和公众评价的问题。基于对女性受害者予以同情和保护的理由,中外媒体多以自律的形式确认不公开性侵案受害者的姓名。

美国主流媒体长期以来倾向于避免指出强奸案和其他性犯罪案受害者和原告人的姓名。其理由是,公众对原告人的确认会使此类犯罪行为的受害人在最脆弱的时候遭受蔑视和羞辱,而且给出姓名还可能公开了受害女性的私生活和性史,使她们面对无理的、不相干的审视。因此,性犯罪是新闻报道应该提供完全信息这一惯例的例外。美国职业新闻工作者协会修订的"道德准则"写道:"在交代青少年犯罪嫌疑人或性犯罪受害者的身份时谨慎从事。"美联社拟定的体例手册要求:一般不指明那些说他们已遭性攻击的人的身份,不同寻常的情况除外;也不播发能识别这些人身份的图片或视频;成年受害人自己公布身份的将是例外;对于例外情形的处理必须咨询高级主编/主管。

四、艾滋病报道的隐私侵害与丑化歧视

在中国,从1985年发现第一例艾滋病患者开始,短短几十年间,艾滋病病毒携带者和艾滋病病人由于各种原因大量出现。在这场旷日持久的抗击艾滋病的战争中,新闻媒体在其中起到了不可估量的积极作用。然而,在新闻报道中,我们却常常听到一些不和谐的音符,部分新闻媒体和新闻工作者在艾滋病相关报道中有意无意地向公众传递错误的信息,甚至公然表示对感染者的偏见和歧视。

媒体对艾滋病报道的不当之处主要表现在以下方面。第一,随意披露艾滋病病毒携带者的家庭隐私,如当事人的姓名、工作单位、家庭住址等当事人不愿披露的信息。更有甚者,采用偷拍等隐性采访,给本就痛苦的艾滋病受害者带来了更大的伤害。第二,以煽情手法满足受众猎奇心理。有的媒体抓住一些艾滋病患者的离奇故事和患病细节,任意炒作,甚至是恶意炒作。第三,报道带有偏见和歧视。在一些报道中,任意给艾滋病受害者贴上标签,如艾滋病妈妈、性工作者、吸毒人群、卖血人群等。在解释和分析艾滋病患者感染的原因时,一些媒体从业者不是从各方面去寻找根源,而是归结于艾滋病患者本身,严重地歧视艾滋病患者。

那么,如何做好艾滋病相关报道呢?研究者提出,报道艾滋病必须以人为本。艾滋病是人类的疾病,是涉及普通大众健康的卫生问题。这就要求媒体应该从爱心出发,从以人为本的价值观念出发去报道。

以人为本,首先是人人平等地尊重每一个人,关爱生命,人的价值高于物的价值。对于像艾滋病这种传染病,应该既看到它有传染性的一面,没有感染的人有权利保护自己不被传染;又看到它有"社会的歧视和偏见"的另一面,感染者有权利在

不侵犯他人权利的前提下,保护自己不受到不平等的歧视和伤害。

媒体应学会用弱者的眼光去看待社会,这样报道出来的事实真相才是以人为本的事实真相,因为强者可以自己"报道"自己眼中的事实真相。

以人为本,还要求媒体尊重人们的隐私和个人权利不受侵犯。艾滋病病毒的传播途径,涉及人们的个人隐私行为,所以尊重个人的隐私和权利不受侵犯就显得突出,成人之间非强迫性性行为是个人之间"私行为"。

最后,以人为本还应该尊重报道中涉及的每一个人的知情权。媒体要报道某个人的隐私领域,必须要得到被报道者的同意,而且这种同意还必须是"知情的自愿同意"①。

总体来说,人文关怀是一种实践人类人文精神信仰的具体过程,是新闻报道的基准的伦理问题。新闻工作者要通过提升人文知识,树立以人为本的理念,坚持自我反省,加强道德建设来不断指引自己的传播实践。

 课后题

1. 怎样理解"真相"的多元主义价值观取向?

2.《世界人权宣言》的序言写道:"鉴于对人类家庭所有成员的固有尊严及其平等的和不移的权利的承认,乃是世界自由、正义与和平的基础。"结合媒介伦理,谈谈你对此的看法。

3.《中国新闻工作者职业道德准则》第四条中提出:"坚持走基层、转作风、改文风,练就过硬脚力、眼力、脑力、笔力,拜人民为师,向人民学习,深入了解社情民意,增进与群众的感情。"结合媒介伦理,谈谈你对这则要求的看法。

---

① 任学锋,余冬保.艾滋病防治媒体报道参考手册[M].北京:军事医学科学出版社,2005:17.

第九章

新闻事实核查

真实是新闻的前提，为保证新闻的客观性和真实性，就需要对新闻进行事实核查。新闻事实核查是应用多种方式对新闻的真实性和准确性进行核验。在新闻事业发展历史上，新闻事实核查的出现既是业内的主动作为，也是应对传播环境复杂化与文化消费多元化的产物。在中外新闻史上，新闻事实核查并非新事物。我国早在宋代就有了新闻检查制度的雏形；在西方，新闻事实核查也已经有约100年的历史。随着新闻传播环境的复杂化，新闻事实核查方式也由原来的人工核查向综合应用大数据、人工智能、区块链等技术进行核查的方式演进。但随着媒介社交化的发展，新闻生产主体多元化，传播路径多元化、复杂化，新闻事实核查仍旧面临重大挑战。

第一节　新闻事实核查的起源与发展

新闻事实核查最初是传统媒体机构内部的业务实践，起源于20世纪20年代的美国。当时《时代》周刊、《纽约时报》、《华盛顿邮报》等率先成立新闻事实核查部，使之成为新闻产制流程中必不可少的一个环节[①]。西方的"事实核查"（fact checking）制度，是指一些媒体为了确保所刊载、发布的事实的真实性与准确性，而设立专门的事实核查部门和专业的"事实核查人"（fact-checker），以便对媒体的内容生产进行严格的把关与管理。发端之初，主要是指在政治语境中对政治家公共言论的核实和验证，目前新闻事实核查的内涵已经扩展到对媒体新闻本身的事实性核查[②]。根据美国杜克大学记者实验室发布的统计，截至2020年6月22日，全球事实查核机构约有290家，遍及全球83国。

一、新闻事实核查的起源

新闻事实核查制度在西方新闻事业的发展历程中扮演着重要角色。其发端于美国，后传播至欧洲国家，历时约100年。新闻事实核查制度兴起于美国"揭丑运动"后期，最初由美国《时代》周刊的一个女性团体发起，之后德国的《明镜》周刊、美国的《华盛顿邮报》《纽约时报》《纽约客》等都建立起新闻事实核查相应部门或职位。德国的《明镜》周刊的"档案部"、《华盛顿邮报》的"新闻监察官"、《纽约时报》的"公共编辑"（public editor）、《纽约客》的"事实核查部"（fact checking department）等都是为进行新闻事实的核查而设立的。

[①] 雷晓艳.事实核查的国际实践：逻辑依据、主导模式和中国启示[J].新闻界，2018(12):12-17.
[②] 王君超，叶雨阳.西方媒体的"事实核查"制度及其借鉴意义[J].新闻记者，2015(8):21-26.

首先引入核查制度的媒介是杂志,先行者是《时代》周刊和《纽约客》。《时代》周刊创建于1923年。出版后不久,为了保证出版物的质量,该杂志的两位创办人亨利·卢斯和英国人哈登决定成立一个专门的妇女小组进行有效的文章核查,以确保文章的准确性。这些妇女事实检查员组成了历史上第一个新闻事实核查小组。《时代》杂志编辑爱德华·肯尼迪(Edward Kennedy)在其备忘录中描述了事实检查员的工作:"在核查过程中要牢记,文章作者是你的'天敌'。他试图用自己的方式做每件事。但是请记住,当读者指责美国的错误时,他们会直接指向你而不是作者。"1927年,《时代》周刊的主要竞争对手《纽约客》也成立了事实核查部门。

二、新闻事实核查的发展历程

国内外在新闻事业发展的早期均重视新闻事实的核查,并以不同的组织形式和技术手段进行新闻事实的核查。互联网的兴起,使新闻的真实性面临重大挑战,行业内开始重新重视新闻事实核查,并将新技术应用到了新闻事实核查领域。

1. 国外新闻事实核查的发展历程

20世纪20—40年代,新闻事实核查制度经历了产生,并逐步扩散到欧洲的过程。20世纪40年代,新闻事实核查制度发展到欧洲。德国《明镜》周刊在1946年初成立了档案馆。它负责整理、收集和检查新闻报道中涉及的材料,这种传统一直延续至今。《明镜》周刊的新闻事实核查小组也成为其一个主要特征。值得一提的是,许多团队成员都是某一领域的专家,很多人还有博士学位。

20世纪80年代,电视上的竞选广告遍布美国,政治演讲对观众投票的影响越来越大。为了检验政治人物言行的一致性和履行承诺的行动,许多媒体开始进行事实核实,核实政治人物逐渐发展成一类特殊报道,成为新闻事实核查的雏形。从那时起,政治就成为新闻报道的主要焦点。特别是在选举期间,媒体对候选人陈述事实的核实都受到广泛关注。这种事实核查新闻更像是对政治言论和政策执行的一种媒体监督。

21世纪,移动互联网和社交媒体的普及改变了新闻的生产模式和信息生态。媒体的出现打破了专业媒体的垄断,新闻事实与舆论之间的界限越来越模糊。在抢夺时效的压力和验证事实过程复杂的背景下,不仅网络媒体往往在新闻发布前忽略事实验证,而且一些传统媒体也忽视了与新媒体竞争中的事实验证环节。面对越来越不均衡的新闻质量,一些有经验的记者开始尝试建立事实验证新闻网站或栏目。因此,事实核查新闻作为第三方事后的验证,正式诞生了。如今,西方一些事实验证栏目或网站已经建立。例如,《华盛顿邮报》设立了 Fact Checker 专栏、政治事实网站和故事网站。此外,杜克大学记者实验室网站有一个专门的新闻事实验证版块,用于报道全球新闻事实验证的研究成果和技术应用。

《华盛顿邮报》的 Fact Checker 专栏创办于 2007 年 9 月,其创立初衷是为了对 2008 年的美国总统大选进行新闻事实核查。Fact Checker 依托《华盛顿邮报》的网站,在每周日都会刊登新闻事实核查的文章,是传统媒体在新闻事实核查方面的先行者。该栏目主要核查的内容是政治人物的言论,为此还专门推出了"匹诺曹指数"(The Pinocchio Test)作为衡量政治人物言论不实程度的标准。因为匹诺曹这一虚拟人物形象的特点,匹诺曹的个数可以生动直观地代表说谎的严重程度。其等级划分从 1 个匹诺曹到 4 个匹诺曹依次增加。1 个匹诺曹指选择性陈述,言论可以被认为"基本真实"(mostly true);2 个匹诺曹指在事实方面有明显遗漏或夸张,运用了一些误导性的文字游戏,言论可以被认为"半真实"(half true);3 个匹诺曹指存在重大的事实错误或明显的矛盾,言论可以被认为"基本失实"(mostly false);4 个匹诺曹则是代表弥天大谎。除了这四个等级之外,针对一些过于复杂的议题或是政治人物言行"前后矛盾"等特殊情况,该栏目还设置了"无法判断"的标签。

《华盛顿邮报》除了 Fact Checker 专栏之外,还推出了一款事实核查客户端——Truth Teller。这个 App 利用机器人和网上数据库,只需用户将视频片段上传或录入其中,就能通过已有的数据库来对视频中的言论进行即时的事实核查。

2013 年,《华盛顿邮报》就曾尝试过使用机器人进行新闻事实核查。在 2016 年,又针对唐纳德·特朗普(Donald Trump)的言行,推出了一款专门的浏览器以便自动帮助用户核查其言论是否与事实相符。在美国大选等事件的推动下,美国国内关于自动新闻事实核查的研究,得到了越来越多的资金支持。总部位于伦敦的新闻事实核查慈善机构 Full Fact 于 2016 年开始开发自动新闻事实核查工具,已获得来自谷歌公司的经费支持,随后又宣布获得来自 Omidyar 基金会和 Open Society 基金会的 50 万英镑的额外资金支持。

《坦帕湾时报》隶属于传媒教育机构波因特学院(Poynter Institute),于 2007 年创办新闻事实核查研究的代表性项目——PolitiFact 项目。该项目在创办后的短短两年内就获得了普利策新闻奖,是首例获得该奖的网络媒体。该项目创办的初衷与 Fact Checker 栏目一样,也是针对 2008 年美国大选期间的政治言论进行辨别和核查,以此来鉴别政治假新闻。与"匹诺曹指数"类似,PolitiFact 也制定了"真实性测量仪"(Truth-O-Meter)的六级量表来对政治言论进行评价。在该量表中,六个级别分别是"真实"(true)、"基本真实"(mostly true)、"半真实"(half true)、"基本失实"(mostly false)、"失实"(false)、"完全失实"(pants on fire)。除此之外,PolitiFact 还自创了一致性测量仪(The Flip-O-Meter)、诺言测量仪(The Pledge-O-Meter)等测量工具。

PolitiFact 对言论进行核查的流程是先由一位作者对政治人物的言论进行调查,并写出一篇真伪核查文章。之后,由一个至少由 3 人组成的团队对该文章进行审核,并最终给出言论的真实性测量结果。PolitiFact 的新闻事实核查的原则可以总结为五个方面:透明(transparency)、公正(fairness)、彻底(thoroughness)、独立(independence)、问责制(accountability)。

PolitiFact 还开办了 PunditFact 栏目,专门核实专家、专栏作家、博客作者、政治分析家、脱口秀主持人与嘉宾及其他媒体人物的事实性言论。PolitiFact 的影响力在美国进一步扩大,并陆续与多家媒体建立合作关系。

Storyful 成立于 2010 年,采用自研信息监测工具 Newswire 和 Truthy 系统,实时监控 Facebook、YouTube 等主流社交媒体上产生的 UGC 内容。Newswire 主要针对图片和视频内容,可以对 Twitter、Facebook、YouTube、Instagram 等新媒体上的 UGC 内容进行实时监测。Newswire 会先将抓取到的热点素材推送给人工核查团队,然后由人工核查员进一步对内容作出研判。之后,人工团队会借助技术手段对视频、图片的真伪进行核实。在确定其真实性之后,Storyful 会与信源联系,根据后者回复的情况,为图片或视频贴上"事实清晰""等待回复""已经授权""尚无回复"等标签。而 Truthy 系统采用了数据挖掘、社交网络分析、复杂系统模型分析等先进技术,能够对社交媒体中传播错误信息的行为进行自动识别和监测[①]。例如,Truthy 系统能够对每小时 Twitter 用户发送的数千条推文进行分析,并得出传播的主要观点及用户行为模式等详细信息。Storyful 在新闻事实核查领域中开辟出一条成功的商业化道路。Storyful 以新闻事实核查为核心业务,专门针对用户在社交媒体上发布的内容展开核查。通过核查普通用户上传的内容,建立起素材提供者的数据库。媒体用户可以通过该网站获取经过核验的素材提供者的信息,在得到允许后便可在正式的新闻稿中使用。通过对自媒体的热点内容进行新闻事实核查,Storyful 将非职业记者、传统媒体和受众串联了起来。目前,路透社、《纽约时报》、BBC 等多家知名媒体都已经成为 Storyful 的注册用户。

2016 年,被称为"事实核查元年"。许多传统媒体和新生的媒体平台在事实核查相关工作上投入了大量精力。《爱尔兰时报》(The Irish Times)编辑凯文·奥沙利文(Kevin O'Sullivan)就曾公开表示:"优质媒体更应对自己的新闻活动充满自信,通过不偏不倚的报道,明确表达新闻的价值。"

---

① 梁亮.浅析国外事实核查的发展现状[J].传媒评论,2018(5):54-67.

谷歌新闻（Google News）于 2016 年初在新闻应用中设置了"本地来源"（local source）标签，通过地理位置的定位，帮助公众搜索附近的新闻，以便更准确地核查新闻的真实性。2016 年底，谷歌在新闻应用中增加"事实检查"（fact check）标签，重点标注那些经过专业新闻事实核查机构调查过的虚假报道。

除此之外，谷歌还通过与第三方的合作，在浏览器的扩展程序中提供新闻的自动分级功能。其将新闻分级为绿色（真实）、黄色（待查）和红色（虚假）等级别。谷歌试图通过仔细的划分，更准确地确定信源。

为了应对假新闻，Facebook 允许用户举报和标记不准确的新闻，并展开了以下几项动作：一是通过内容自动识别技术在网上清除虚假信息，降低可疑新闻的推送频率。二是在用户浏览"有争议内容"的新闻时，给出明确提示，并在用户点击虚假新闻下方的辟谣提示链接时，为其推送被标记的争议内容以及该新闻的源链接。三是积极与第三方新闻事实核查机构合作。2017 年初，Facebook 开始与国际事实核查原则的签署者——Poynter 展开合作，识别 Facebook 上的假新闻。四是加入了聚集了 80 多家媒体的 First Draft Partner Network 联盟平台。80 多家媒体将一同为怎样发现、证实和发布来自社交网络的内容提供实用和伦理方面的指导。

杜克大学记者实验室在 2017 年底获得来自奈特基金会、Facebook 新闻项目和 Craig Newmark 基金会的 120 万美元的资金支持，用于启动"科技与核查合作社"（Tech & Check Cooperative）。开发自动新闻事实核查平台的伦敦创业公司 Fact-mata 也宣布获得 100 万美元的种子基金。自动新闻事实核查领域的研究进展迅速，但是在可预见的未来仍然需要人工监督。

总体来看，老牌媒体在新闻事实核查领域依然具有较强的公信力，将新闻事实核查做成了专业化、系统化的栏目。依托于自身的影响力，新闻事实核查内容也得以更为广泛地传播。新闻事实核查在这里成为一种新的报道形态。但在移动社交媒体中，新闻事实核查更像是一种辅助新闻报道的技术。Facebook 与 Poynter 合作之后，虽然大大降低了虚假新闻的传播速度，但是一个核查标签的建立一般需要约 3 天的时间，而此时对于新闻的印象已经基本形成。而以 Storyful 为代表的这类网站的出现则体现出新闻事实核查在主题和内容上的延伸。

2. 我国新闻事实核查的演变历程

我国是世界上最早创立报纸的国家之一，早在唐朝就出现了报纸的雏形，同时不同形式的新闻核查制度历史悠久。宋代的"定本制度"是我国新闻核查制度的雏形。直到清末，新闻核查制度开始成形。清政府颁布了《大清印刷物专律》和《报章应守规则》。《大清报律》是我国历史上第一部有关报纸的专门法。随后新闻核查制度经历了北洋政府时期、国民党时期,但是在这期间中国新闻核查制度没有发挥自己的正向引导作用,反而成为中国报业发展的桎梏。

新中国成立后,中国报业在共产党和人民政权的整顿下,第一次在全国范围内实现了出版自由,并且建立了事后审读制。"对于改进书刊素质并防止反动宣传的问题:拟不采取事前检查制度,而采取事后审查制度。"[①]在这一时期,广大报刊出版单位在采编、审核、把关方面落实自己的责任。原稿由责任编辑初审,编辑室主任复审,总编(副总编)终审。书稿发排出样时,先由照排人员毛校,然后出初样,送校对室校对。报纸积极服务党和国家工作大局,弘扬主旋律,营造了良好的新闻氛围。

随着信息技术的发展,新媒体开始涌现。由于新媒体具有传播速度快、门槛低的特点,出现了许多虚假新闻、"标题党"新闻,扰乱了新闻传播秩序。在这种情况下,国家广播电视总局发布了规定,新媒体要"三审三校",坚持传统媒体与新媒体一个标准,自觉抵制各类有害和虚假信息的传播。同时,在新闻事实核查方面公布了相关规定,要求严格做到新闻采编与经营分开,坚持实地、现场、直接采访,建立新闻消息来源核实核准机制,多方核实新闻事实,确保新闻报道真实、准确、客观、公正。

除了政府对于新闻的检查和新闻媒体自身对于新闻事实的核查外,我国也出现了一批专门针对新闻事实核查的人员,在新闻事实核查领域进行了初步的尝试。2010年10月,一个20多人的小团队在果壳网组成了"谣言粉碎机",他们有着较高的学历,学科背景涵盖物理、生物、电子、植物、数学等领域。该版块负责人是化学专业的博士后,从美国学成回国后,加入果壳网。2010年10月份果壳网上线以来,在她的带领下"谣言粉碎机"先后揭穿了"在加油站使用手机会引起火灾或爆炸""剃头发、剃毛会使毛发变粗""可乐会杀精"等多个谣言。谣言粉碎机是果壳网当时最火的主题站,该版块不断击破各个谣言,力图还原事情真相与细节,遏制网络谣言肆意传播。

2011年1月27日《人民日报》创建《求证》专栏。《求证》专栏是《人民日报》开辟的深度调查性新闻专栏,以"探寻喧哗背后的真相"为栏目宗旨,"对各类争议新闻、疑点事件进行探寻,力求通过严谨核实与深入调查,澄清事实,还原真相,回应关切,阻击谣传"。同年,《人民日报》与新浪微博合作开通了网络版《求证》栏目。《求证》是新闻界第一个主要针对网络争议和传闻以及媒体的相关不实报道,通过深度调查来揭示真相、获取证据的新闻栏目。《人民日报》作为我国的权威媒体,推出的《求证》栏目,公信力被广大民众认可。通过权威媒体发布辟谣信息对谣言的传播和扩散具有一定的抑制作用。

---

① 刘琰.我国近现代新闻检查制度综述[J].青年记者,2009(9):87-90.

在确立选题后,栏目组会根据问题制定完整严密的策划方案,寻找证据,力求在有限时间内挑选最核心、最尖锐的问题,进行采访调查。强国论坛就是其重要选题来源。《求证》专栏采用"疑问+调查"或"疑问+回应"的结构模式,以调查性报道方式呈现辟谣报道。《求证》的报道定位是"像破案一样用放大镜去寻找证据,深入调查,严谨核实,多信源互证"。对待事件类选题,记者做到了深入一线调查采访,到新闻现场采写一手资料,接触核心资料、核心人物;对待话题类、科普类选题,记者认真核对数据,掌握权威资料,必要的时候还要亲自试验;如果是社会普遍关注的现象问题,记者会对最权威的部门进行采访,让其对事件进行权威定性[1]。

从科学范畴的角度看,证伪过程应该是一个严密的逻辑论证过程,应避免以一种新闻报道的方式来对谣言证伪。利用多方信源互证,最大限度地接近事实,并要通过多媒体构建传播平台,改进报道方法,增加网友对主流媒体辟谣栏目的接受程度。《求证》栏目通过提供权威信息、运用逻辑严密的证伪论据及平衡的报道方式对谣言进行证伪,消除谣言信息的不确定性,对有效辟谣提供了很好的借鉴意义[2]。

2012年6月搜狐新闻网上线《谣言终结者》栏目,宣布为"我们让真相大白",是当时门户网站中较早开设的辟谣求证类栏目,平均每周1~2期,每期至少涉及5个谣言。《谣言终结者》栏目设定了辟谣的三大原则:①谣言需针对新闻热点,避免无聊和过气;②求证来源必须权威,是来自当事人或者官方机构的信息,杜绝二次传谣;③点评是辟谣的灵魂,务必言简意赅、一语中的,揭示谣言产生的土壤。

搜狐网《谣言终结者》栏目专门针对互联网中传播的小道消息,紧追新闻热点,坚持权威路径,揭示谣言产生的背景和土壤。搜狐新闻的《谣言终结者》栏目还总结和提出了栏目辟谣的"七种武器"并列出了相应案例。

武器之一:用科学反击伪科学。一些看似很"科学"的传言,实为伪科学。搜狐新闻采访专业人士,用权威说法终结伪科学。

武器之二:借助常识的力量。很多流传已久的"段子",明显违背常识。有时候,我们不必追求深度调查,只需提供最基本的信息。

武器之三:直击信源。职业新闻人都知道,只有三个互不相干的信源交叉印证过的消息,才可认定逼近真相。无消息来源者,不少是假新闻;据说、据报道、有消息称,这样模棱两可的东西,也不可信。

武器之四:追击那些缺乏w的"新闻"。新闻有五要素——时间(when)、地点(where)、人物(who)、事件(what)、原因(why),但谣言往往缺前三个。

---

[1] 宋祖华,蒋文.谣言证伪研究:以《人民日报》《求证》栏目为例[J].新闻知识,2015(5):20-21.
[2] 宋祖华,蒋文.谣言证伪研究:以《人民日报》《求证》栏目为例[J].新闻知识,2015(5):20-21.

武器之五:别信那些所谓的"名人名言"。很多名人爱"放炮",而谣言就趁机而入。《谣言终结者》栏目采访诸多名人,当事人辟谣最权威。

武器之六:官场小道消息,多不靠谱。贪腐固然存在,但要相信党和国家治理腐败的决心。

武器之七:有图不一定有真相。技术的进步,让我们不能再相信有图就有真相了。很多图都进行过技术处理。

搜狐网的《谣言终结者》针对的主要是网络中热传的各种小道消息,通过大数据来选取需要核查的热点事件,重点关注涉官、涉腐、网传名人的言论、假常识、伪科学、PS图片等谣言,具有非常强的吸引力。从核查实践来看,《谣言终结者》注重信源的权威性和谣言信源的溯源考证,这两个方面均对谣言的证伪起着关键性作用。同时,《谣言终结者》已经将新闻事实核查的实践上升到了理论的高度,对网络谣言的辨识进行了理论总结,也有助于新闻事实核查经验的传播扩散。

《新闻大求真》是湖南卫视播出的一款新闻求证类电视节目。栏目依托湖南卫视建立起了一个权威且具有公信力的信息追踪验证平台,从传言提及的新闻事实出发,用科学实验来验证传言的真假,从中获取健康、实用的服务性知识,核查内容涉及食品安全、健康养生以及民生服务等诸多领域。《新闻大求真》节目"用科学的方法关注社会热点,用实验的方式还知识于民"。这种实践,在电视类节目中具有较高的创新价值。

2016年1月9日,腾讯新闻在北京的"较真沙龙"上正式发布事实查证平台"较真"。这是一个致力于新闻查证的全民平台,目标是对各种假新闻、缺陷新闻、谣言、钓鱼贴、营销贴进行查证和快速打击,对人们感兴趣的,但缺乏来龙去脉的消息进行溯源并探查真相,目前已经形成了包括较真网页版、微信公众号、小程序在内的平台矩阵。

腾讯较真平台实行邀请和推荐制,选择具备专业查证能力的机构及人士加入团队,主要面向全国范围邀请各领域的权威机构、媒体、自媒体、学者等加入。这些机构和专业人士在加入后可以推荐其他机构和专业人士加入,不限领域。除此之外,较真平台还与国外事实核查机构开展合作。2017年2月,腾讯较真平台进驻杜克大学全球事实查证网站数据库的站点,开始向世界发声。现在,较真平台涉及食品、医疗等各领域的专业查证员超过100位[1]。

在较真平台上,用户可以对包括食品、医疗、公共安全等所有关于公共利益和公

---

[1] 佟婕.事实核查新闻在突发公共事件中的生产机制探析:以腾讯较真平台新冠肺炎辟谣为例[J].新闻研究导刊,2021(2):102-103.

共兴趣等方面的内容进行信息查证。较真平台的内容呈现形式主要是文章,后续还将推出问答、视频等其他形式。

较真平台通过整合自身资源,不断利用新媒体多元化的手段进行产品运营,扩大平台产品的传播范围。在产品的分发渠道方面,新闻事实核查文章的传播渠道覆盖腾讯新闻客户端、天天快报、腾讯新闻微信版、腾讯新闻手机QQ版等多个平台,强力辐射广大受众人群。腾讯在投入大量资源支持新闻事实核查成果分发与传播的同时,还通过图片、短视频、直播、互动游戏等有趣的形式使受众更易接受事实核查新闻。例如,顺应短视频发展风潮,制作了一系列"较真"短视频,在腾讯视频平台上设立视频专辑"较真"。较真平台整合自身资源,充分利用腾讯网的诸多子平台资源,多平台联动,为新闻事实核查成果铺设了一条宽阔的传播通道,扩展其产品的辐射范围,争取广大的受众,使得新闻事实核查成果最大范围内致效[①]。

与国内其他新闻事实核查机构不同的是,较真平台突出了"查",依托腾讯的内容生产和大数据优势,用户可以在较真平台上进行相关联的事实查询。较真平台所做的不是简单的证伪发布,因而从其平台的定位来看,较真事实查证不仅体现在较多的媒体矩阵上,而且体现在核查的功能定位和形式多样化的传播方式上。

NJU核真录是南京大学新闻传播学院"事实核查"的教学实验微信公众号,创办于2017年10月,在知乎、澎湃新闻、虎嗅均设有发布栏目。该平台自课堂产生,主体为在校的本科生和研究生,旨在"为公共提供经过验证的事实,解释模棱两可的公共政策,并监督公众人物所宣称的事实性"[②]。NJU核真录每周更新1~2篇文章,核查范围涉及时政、商业、房地产、环境等,核查对象包括企业、企业家等多类新闻对象。

从主体上来看,国内的新闻事实核查以媒体为主;从核查的内容来看,主要关注政治、医疗、食品、健康、突发事件等方面;从核查的机制来看,主要借助于官方信息、专家学者评价、当事人或目击者证伪、大数据比对等方式。随着网络环境的复杂化及网络信息传播主体的多元化,新闻事实核查在虚假新闻治理中的重要性日渐凸显。我国当前新闻事实核查机构的数量有待增长,且核查机构在核查能力、核查技术等方面还需要一个较长时期的探索和发展。

---

① 李凌凌,秦瑞.我国事实核查网站现状及发展趋势[J].新闻爱好者,2020(5):43-45.
② 郑雯佳.开放的探索:事实核查实践与公共生活的相互依存——以"NJU核真录"为例[J].新闻记者,2020(8):20-31.

第二节　中外新闻事实核查机制

新闻事实核查的核心是通过对新闻报道涉及事实进行多途径验证来确保事实真实客观。中外新闻事实核查机制受媒体发展传统、运营状况及技术应用的影响，体现出不同的特点。从网络传播的角度来看，海量新闻事实的核查存在很大困难，因而，分领域核查是当前中外新闻事实核查呈现出的一大特点。

一、中外新闻事实核查机构的组成

国内外新闻事实核查机构的组成经历了从内部核查到外部核查，以及功能独立和逐渐分离的过程。从媒体内部采编人员兼顾核查新闻事实、专业新闻事实核查员岗位的设立，到新闻事实核查栏目、网站的设立，再到独立的、专业化的新闻事实核查机构的组建，是新闻事实核查机构发展变化的基本脉络。这一发展变化的脉络体现了新闻机构及社会公众对新闻事实核查需求的增长，以及新闻事实核查发展的日益成熟。

新闻事实核查机构的组成是决定新闻事实核查运营方式的关键因素。新闻事实核查进入商业化运营的时间较短，但新闻事实核查机构正呈现出蓬勃发展的势头，不仅传统媒体纷纷开展新闻事实核查项目，由高校、记者团队、NGO 等创建的民间新闻事实核查机构也大量涌现。尽管这些专业新闻事实核查机构大多与媒体、高校等有着隶属、合作关系，但在业务运营和组织架构上属于独立机构。这些专门从事新闻事实核查的社会机构的出现，标志着新闻事实核查成为媒介领域新的细分行业[①]。

1. 从媒体内部采编人员把关到新闻事实核查职能的单设

从组织机构上来分，国外的新闻事实核查机构大体可以分为依附于传媒公司建立的核查机构和独立的核查机构。依附于传媒公司的核查机构数量相对较少，但依附于传媒公司的核查机构的影响力以及覆盖的受众群体远远大于独立的核查机构。知名传媒公司不仅有很高的收视率或发行量，也主导着网络上的信息流通。同时，在需要收集大量信息时，核查机构可以利用传媒公司编辑部里的各类人才资源和基础设施。知名新闻编辑室也会为规模较小而零散的核查机构提供帮助，使得其能够以较少的成本快速进入这个领域。

在欧洲也只有少数长期从事新闻事实核查的机构依附于传媒公司，传统的新闻

---

① 李希光，吴艳梅."后真相"时代的事实核查新闻:发展与局限[J].全球传媒学刊,2018(2):52-75.

媒体在政治事实核查新闻中依旧处于主导地位。传统新闻编辑室里的新闻事实核查人员在获取信息资源方面具有得天独厚的优势,但新闻事实核查人员要依赖媒体编辑旨趣和经济支持,一旦失去了媒体的支持,许多新闻事实核查项目就无法展开,因而他们选择的核查主题、事件等都会受到媒体或者编辑人员的影响和限制。

国外的新闻事实核查最早可以追溯到现代报纸诞生之初。19世纪早期,媒体中就开始出现"信息核对员"①,也就是报刊中扮演重要角色的"把关人"。"把关人"就是传播媒介内部的工作人员,负责对要刊发新闻信息内容真实性、客观性及立场等方面的审核。"把关人"一词,最早是由美国社会心理学家、传播学四大奠基人之一的库尔特·卢因于1947年在《群体生活的渠道》一文中提出的。他认为,在研究群体传播时,信息的流动是在一些含有"门区"的渠道里进行的,在这些渠道中,存在着一些把关人,只有符合群体规范或把关人价值标准的信息才能进入传播渠道。大众媒体对信息的"把关"是一种惯例做法,目的是为了确保新闻质量,维护自身公信力,属于一种内向型驱动的自主行为。

到20世纪二三十年代,美国全国性杂志已经有了成型的核查机构。20世纪30年代的"解释性新闻"、70年代的"精确新闻"、90年代的"公共性报道"等,都从一定的角度和层面回应社会问题,划定新闻专业边界,巩固合法性。这些为新闻事实核查的兴起奠定了社会结构与文化认同的基础。到了20世纪80年代,美国报纸上已经开始零星出现新闻事实核查的内容,90年代,专门用于核查政治广告准确度的"广告监看"(adwatch)诞生并受到欢迎,成为现今普及的新闻事实核查操作的前身②。

《华盛顿邮报》和《纽约时报》等是传统媒体中在新闻事实核查方面较早的执行者,都各自设立了新闻事实核查相应的部门或职位。这些新闻事实核查员只需要做好一件事情,那就是核对稿件中涉及的事实,保证所发布的文章是准确无误的。《纽约客》的新闻核查员在核查时,不限于仅对新闻作品的审核,甚至连诗歌都不会放过,对于诗歌中与事实不符合的内容,都会与诗人联系进行修改,在读者心目中建立起了"不出错"的信誉。《明镜》周刊是德国著名的刊物,它的高质量的报道还要归功于具有新闻事实核查功能的档案部,这些新闻事实核查员在核查过程中,对每条与事实相关的、不是主观表达的词语都要进行核查。《明镜》周刊当时拥有庞大的新闻

---

① 周炜乐,方师师.从新闻核查到核查新闻:事实核查的美国传统及在欧洲的嬗变[J].新闻记者,2017(4):33-42.
② 周炜乐,方师师.从新闻核查到核查新闻:事实核查的美国传统及在欧洲的嬗变[J].新闻记者,2017(4):33-42.

事实核查团队。具有新闻事实核查功能的档案部有 100 人之多,其中 35 人做资料归档工作,65 人同时兼做研究与新闻事实核查。所有的核查员同时也是研究员,有自己擅长的研究领域,其中不少人还拥有某领域的博士学位①。

我国早在宋代,就出现了新闻核查制度,称为"定本制度",即进奏院定期把编好的官报样本送至枢密院审查,经审查批准之后以这个样本向地方发布官报,但古代报刊都是官办为主,目的是服务上层。我国的近代报业,开始仿照西方设立编辑部,有采编人员负责新闻事实的核实。中国共产党领导的新闻事业,一直视真实为新闻的生命,比如 1947 年,在解放区新闻工作者队伍中进行的以维护新闻真实性为目的的反"客里空"运动。新中国成立后,尤其是改革开放后,我国媒体实行"事业单位,企业化管理"体制,后来媒体行业逐步向集团化发展,参与市场竞争,媒体对于新闻事实的真实性日益重视。但国内传统媒体对于新闻事实核查均沿用采编人员核查的形式,大多未设立新闻事实核查岗位。在核查机制建设方面,商业媒体处于探索的前沿梯队。2017 年,ONE 实验室设立了中国第一个媒体新闻事实核查员职位,从开始选题到最终定稿的每一个环节,新闻事实核查员都必须参与,除了核实学术论文,稿件里涉及的所有相关历史事件都需要核实。但不幸的是,由于各种原因 ONE 实验室只运营了半年多就宣布关闭。

我国的新闻事实核查项目都是依托于各类新闻媒体,还没有独立的第三方核查机构。从属于主流媒体的平台一开始就拥有了原新闻媒体的基础资源和设备,可以和其他核查平台进行合作,能够以较少的成本费用取得成功。从传播效果看,从属于媒体,源于用户对于已经树立起口碑的新闻媒体的信任度,会直接拥有不小的浏览量,对于从属于其的核查栏目也会同样信任。较真 App 刚上线时,每一篇文章的访问量在一开始就有 7000 次以上,而单纯作为第三方平台,短时间很难取得较大成效。对于新闻媒体而言,也可以用最快的速度进入新闻事实核查领域,以一个新的栏目、新的定位更快地在该领域取得一席之地,更好地扩大自身的影响力。

2. 独立的新闻事实核查机构

随着时代的发展,移动互联网的普及改变了新闻制作的模式,传统主流媒体逐渐丧失了新闻的"第一落点"地位。在此背景下,西方的"事实核查"逐渐由新闻产制成为一个独立的新闻品类,以"政治事实"为代表的一批新媒体初创网站在国外相继问世。

2003 年 FactCheck.org 成立,它是一个不持党派立场的政治核查网站。在这期间,事实核查新闻作为新的新闻范式应运而生,蓬勃发展。2014 年,美国新闻学会将

---

① 文卫华,曾一珺."事实核查"的发展及在新传播形态下的运用[J].中国记者,2016(12):113-115.

这种新型"事实核查"定义为:"针对政治家,以及可以用话语影响他人生活与生计的人物所发表或被记录的言论,新闻事实核查从业者和核查机构重新报道与研究言论中包含的所谓'事实',旨在增进(公众对事实的)了解。新闻事实核查从业者致力于调查可被证实的事实,他们的工作中不存在党派立场、观点主张和辩解。"2007年8月,时任美国一家地方报纸《圣彼得斯堡时报》(2012年1月起更名为《坦帕湾时报》)华盛顿分社社长的阿戴尔发起创办了"政治事实"网站。该网站每天不间断地从报刊、广播电视、网站、社交媒体、宣传片等各类平台获取总统竞选人的言论,并通过"真实性测量仪"(Truth-O-Meter)这一具象化的形式呈现给读者,产生了立竿见影的效果①。

PolitiFact是由《坦帕湾时报》在2007年运营的一个项目,每天会从报纸、新闻网站、社交网站、宣传册、海报等渠道寻找值得核查的信息,旨在寻求美国政坛中的真相,帮助公众识别政治中的虚假新闻,鉴定真伪,再将结果公布给公众。PolitiFact还为每个经鉴定过的项目分配一个Truth-O-Meter评级。创办后短短两年,PolitiFact就获得了普利策新闻奖,开创了网络媒体获得普利策新闻奖的先河②。

爱尔兰记者马克·利特尔(Mark Little)创立了Storyful。这个网站旨在收集、分析Twitter、Facebook、YouTube等社交平台上的突发性新闻信息,并经人工编辑核实之后,分发给合作新闻媒体、品牌企业和视频制作者。其中,BBC、《纽约时报》、卡塔尔半岛电视台等全球诸多新闻媒体都是其客户。Storyful目前已被业界认为是全球范围内专业度和可靠度较高的信源调查网站,也被认为是权威的第三方新闻事实核查机构。

3. 媒体、高校与核查机构的联合体

欧美长期从事新闻事实核查的机构都是脱离传统新闻编辑室运营的,大多是独立的或由非政府组织支持的新闻事实核查网站。此类新闻事实核查机构常与一些新闻机构合作,而且大多数都会雇佣记者。它们缺少专业的编辑部资源,而且和依附于传媒公司的新闻事实核查机构相比,它们也没有数量大且忠诚度高的受众。但独立的新闻事实核查机构免于受到来自传媒公司编辑部立场和商业利益的限制。

许多这类新闻事实核查机构都是知名非政府组织的项目,旨在加强制度的民主化。其他的新闻事实核查机构有的归属于某一为特定目的建立的慈善机构或非政府组织,有的则完全独立。许多独立的新闻事实核查机构会和大学建立某种正式或

---

① 郑晓迪.国外网络新闻事实核查的相关研究与技术应用[J].新闻界,2017(2):95-97.
② 郑晓迪.国外网络新闻事实核查的相关研究与技术应用[J].新闻界,2017(2):95-97.

者非正式的联系。大学为新闻事实核查机构提供场地、设备,还有学生志愿者,同时也会将新闻事实核查列入教学课程中。

为了应对假新闻,Facebook 允许用户举报和标记不准确的新闻。为了进一步提升对假新闻的核查力度,Facebook 积极与第三方新闻事实核查机构合作。2017 年初,Facebook 开始与国际事实核查原则的签署者——Poynter 展开合作,来识别 Facebook 上的假新闻,并加入聚集 80 多家媒体的 First Draft Partner Network 联盟平台。

谷歌新闻于 2016 年底,在新闻应用中增加"事实检查"(fact check)标签,重点标注那些经过专业新闻事实核查机构调查过的虚假报道。通过与第三方的合作,谷歌在浏览器的扩展程序中提供新闻的自动分级功能。谷歌新闻实验室还与尼曼新闻实验室、皮尤调查中心等著名媒介研究机构合作,不断扶植媒体创业项目。其中 First Draft 项目于 2015 年 11 月上线,其主要以专业媒体为服务对象,提供搜索、核查信源的相关知识与工具。

随着网络传播环境的日益复杂化,谣言、传闻、小道消息等在网络中大行其道。在这样的背景下,国内新闻媒体为了提高自己的公信力,开始开设新闻事实核查栏目,例如《人民日报》设立《求证》栏目,帮助受众摆脱谣言,分清是非,了解真相。2014 年,成都全搜索新闻网专门开设了《传真机》栏目,针对谣言、虚假新闻、生活中的谬误进行厘清,成为成都市最主要的辟谣平台之一。

4. 跨国组织的新闻事实核查联盟机构

随着事实核查行业的迅速发展,行业联盟开始出现,其中影响力较大的是 PolitiFact 的母公司波因特学院建立的国际事实核查网络(International Fact-Checking Network,IFCN)。IFCN 成立于 2015 年,目前有 47 家事实核查机构加入了 IFCN,其中包括绝大多数影响力较大的事实核查机构。IFCN 既是一个事实核查行业联盟,也是事实核查的一项工作标准和协定。IFCN 制定了其工作原则,包括:①对非营利性和公正性的承诺;②对事实核查依据透明度的承诺;③对资金和组织透明度的承诺;④对核查方法透明度的承诺;⑤对公开和诚实的更正的承诺。IFCN 将定期对成员进行透明度考核,签订了 IFCN 工作标准承诺并且通过 IFCN 考核的机构,可以在网页上使用 IFCN 的认证图标,以证明其透明度和公正性。

IFCN 将其主要工作概括为:①实时监测事实核查的动态;②帮助事实核查者建立统一的立场;③推广事实核查工作原则;④为奖学金活动、创新资助项目提供资金;⑤举办年度事实核查全球峰会,推动全球事实核查事业发展;⑥提供在线培训;⑦通过年度国际事实核查日倡导和推广新闻事实核查。

另一个影响力较大的新闻事实核查联盟是 First Draft。First Draft 作为一个新闻事实核查联盟,并不直接开展事实核查,而是利用其影响力和关系网络组织多家媒体或事实核查机构共同展开一些事实核查项目。其中一个典型项目是法国大选期间开展的 Cross Check 项目。Cross Check 项目由谷歌新闻实验室和 First Draft 共同发起,关注并核查法国大选期间社交媒体上的虚假新闻。法新社、BuzzFeed、法国《世界报》、法国电视台、Storyful 等 34 家组织参与其中。Cross Check 项目的事实核查呈现出人工核查与技术核查相结合的特点,该项目根据谷歌趋势(Google Trends)提供的数据以及各合作组织记者查阅的内容确定需要核查的内容,Facebook、CrowdTangle 和其他技术公司通过 AI 算法识别文章中的主要事实以加快人工核查的速度。重要的事实核查结果能够通过各个合作机构实现门户网站、电视台、广播、纸媒、社交媒体全网推送,形成广泛传播。

IFCN、First Draft 等行业联盟的出现是一把双刃剑。一方面,这种多机构合作的方式,将技术和新闻专业知识结合起来,不同机构发挥其在发现可疑信息、事实核查、传播渠道等环节的不同优势,这种联合大大提高了事实核查的效率、传播效果和准确性。另一方面,这些由私人资本投资、由西方主流媒体和互联网巨头主导的联盟机构参与制定全球性的事实核查标准,为事实核查人员提供统一培训,开展全球性的事实核查项目合作,在某种程度上形成了话语权垄断[①]。

二、新闻事实核查的流程与技术

国内外新闻事实核查机构进行事实核查的流程包括核查对象选择、进行事实证伪和结果输出;从技术的角度来看,主要可以分为自动核查、人工核查,以及自动和人工核查相结合的方式。欧美兴起的自动化新闻事实核查,利用大数据算法对海量网络事实进行选择性的判断,并根据设定的真实性评级与标识方式进行结果分发,对假新闻甄别做出了很好的探索。

1. 自动化新闻事实核查流程及技术

大多数自动化新闻事实核查的流程可以分为识别与选择、核查与分析,以及校正与分发三个步骤。

(1)识别与选择。如何识别与选择网络事实,什么样的事实有核查的必要,无论在实践上,还是在理论上都是一个难点。海量网络新闻事实中,挑选受众关注的虚假信息进行核查,这不仅仅是一个技术问题,也是一个新闻价值定位的理论问题。不同的新闻事实核查机构,选择标准不同,同一时段所选择的核查对象不同,这都直

---

① 李希光,吴艳梅."后真相"时代事实核查新闻:发展与局限[J]. 全球传媒学刊,2018(2):52-75.

接影响到后期核查的结果。

得克萨斯大学阿灵顿分校的计算机科学家 Chengkai Li 及其团队开发的 ClaimBuster 对指定范围的广播电视媒体、Twitter 账户和网站内容进行监测。在他们看来,立场和观点是自由的,只有重要的事实性陈述最具有公共性,最值得被核查。ClaimBuster 通过自然语言处理及机器收集网站对人类判断不断加深了解,将海量内容分为非事实性陈述、不重要的事实性陈述和重要的事实性陈述。同时,ClaimBuster 还提供针对个人用户的端对端的新闻事实核查与检测服务。

美国杜克大学记者实验室试图为智能手机、平板电脑和电视平台提供即时新闻事实核查,其团队设计了 Pop-Up Family 计划,试图通过 FactStream 一系列的应用程序在电子设备上直接显示核查结果。其开发的核查应用还有:语音激活助理,通过智能语音识别与分析进行核查结果的告知;Chrome 浏览器扩展程序,在诸如总统辩论这样的新闻现场,提供即时的弹幕事实检查;ShareTheFact 组件,帮助搜索引擎查找新闻事实核查文章。

Storyful 致力于核查社交媒体内容的真假。其研发的信息监测工具 Newswire,可以实时对 Twitter、Facebook、YouTube、Instagram 等社交媒体上的 UGC 进行监测,并将抓取到的可能具有新闻价值的热点素材,推送给人工编辑,其中主要以视频素材为主。"接盘手"人工编辑凭借长期的新闻工作经验,可判断并选择出具有利用价值的内容。

(2)核查与分析。自动化新闻事实核查的第二步是对筛选出的内容进行查证。目前主流的自动核查算法主要是从事实的来源、内容和社交场景等特征入手进行的新闻事实核查[①]。目前的方法和思路是将内容与已被核查的语句或权威信源进行匹配、比对。这在技术上一方面要求机器具有理解文本及交叉分析多方信源等能力,另一方面需要有来源确定且已被核实的数据库。

当前核查自动化程度较高的是 ClaimBuster。其匹配工具能够收集来自其他数据库和网站上已核实的内容。核查工具将待核查的内容与其进行比对,分析二者的符号相似性和语意相似性,并生成详细的核查报告。并且,该平台开发了端对端的核查入口,用户可自行检索表述,ClaimBuster 会匹配相似表述,提供核查结果。

由贾斯汀·伯曼(Justin Berman)等三人开发的 NewsCracker 通过算法测量媒体报道的倾向性,以标题强度、中立性和准确性的综合评分,对媒体报道进行可信度评级。算法测量的标准包括对特定网站已有的初步评分、同一新闻的报道数量、引语的数量和来源、含偏见的用语数量以及句子长度和结构,以上被该团队认为是"最重要的五个事实主张"。

---

① 李希光,吴艳梅."后真相"时代事实核查新闻:发展与局限[J].全球传媒学刊,2018(2):52-75.

但实际上,将待核查内容分类并分解成小任务,借助网站工具为人工判断提供信息,仍是新闻事实核查最常用的做法。路透社的研究报告认为目前的自然语言识别算法虽然能有效地抓取语句的相近变体,但后续的分析往往会牺牲核查的准确性。而且,在对新闻事实核查人员和计算机科学家的研究和访谈中,发现目前自动化新闻事实核查技术并不具备对语境的判断力以及核查人员所需的敏感性。

欧洲新闻中心发布的《调查新闻报道验证手册》介绍了来自 BBC、Storyful 等国际知名媒体的记者在新闻事实核查过程中的经验与可用的工具。例如,Reaval 开发的图片核查助手可以运用多种图像修改检测算法对图片进行分析,提供包括元数据分析、GPS 地理定位、EXIF 缩略图提取以及与谷歌反向的图像搜索等功能。手册中,许多专业的核查记者分享了工作中使用的工具,如图片分析工具、数字足迹和时间戳回溯工具等。

(3)校正与分发。基于不同的理念,不同平台采取了不同的结果分发方式。以提供工具服务为主的机构往往选择对核查内容进行真实性评级或标注,也有平台通过发布核查报告公布结果。

PolitiFact 将评级结果在网站上公布,并允许网友提出异议,工作人员会权衡利弊;有社交媒体通讯社之称的 Storyful 向合作新闻媒体提供已核实并获取版权的社交媒体内容;ClaimBuster 有端对端的核查,在网页即时呈现核查结果;Full Fact 开发个人化的核查工具,通过人工智能核查,与用户直接进行对话。

自动化新闻事实核查的另一种思路是非结构化处理,即提供多元信息或警示性标注,这是目前社交媒体平台及搜索引擎采取的方式。例如,Facebook 开发"相关文章"功能,对可能出现的极端言论提供多元甚至相反观点的文章推荐;增加小信息按钮,呈现源站点的维基百科页面。由杜克大学记者实验室和谷歌母公司 Alphabet 共同开发的 ShareTheFact 组件与权威媒体和核查机构合作,对已核查内容进行标记,并在谷歌搜索结果中予以特殊显示[1]。

自动化新闻事实核查仍面临许多挑战。一方面体现在自动化新闻事实核查技术理解复杂文本,尤其在需要根据语境分析的情况下,不能达到专业新闻事实核查人员的能力和敏感度;另一方面,算法的固定程式难以尽善尽美,达不到预计效果。NewsCracker 在核查 BuzzFeed 的一篇报道时,将一篇原本客观的报道认定为有偏见。因为文中引用的用户推文被检测为"许多陈述无法得到验证",并且对整个网站的可信度产生影响。此外,许多机构试图为直播新闻实时生成评分,发现机器难以识别出对应的人物;非英语国家的专业政治用语,机器无法准确地翻译;部分官方数据库的访问权难以获得等[2]。

---

[1] 杨丽萍.欧美新闻事实核查技术应用及趋势[J].中国传媒科技,2018(6):24-26.
[2] 杨丽萍.欧美新闻事实核查技术应用及趋势[J].中国传媒科技,2018(6):24-26.

2. 人工核查的流程与技术

人工核查的流程与技术非常简单,不论核查机构在选题范围、核查目标及对事实的判断标准上有何差异,人工核查的基本流程和方法基本一致:①选择有价值的事实,并从中选择可验证的事实而非观点进行核查;②运用各种新闻的或学科的方法搜集、分析证据;③依据透明性原则呈现核查结果[①]。

选择事实大多依据社会热点事件进行筛选,标准是核查机构选题范围、目的及对社会热点的判定。对事实的分析大多采用权威机构、学者专家证言和观点形式呈现。核查过程遵循客观、透明原则,展示分析数据或资料来源、学者专家身份地位、分析过程等内容。判定结果的呈现多以分级制形式标注,比如腾讯较真平台对事实判定结果的分级为谣言、伪常识、伪科学、有失实、尚无定论、分情况、确实如此等。

目前仍有部分核查机构采用人工的方式筛选待核查内容,如对政治家公开言论进行核查的 PolitiFact。记者每天从读者邮件、电视以及社交媒体等渠道选择文字稿、演讲、新闻报道、宣传册的内容,进行人工核实与评级,并且着重核查权势一方或反复发表误导性言论的主体。

还有国际性非营利企业 Meedan 开发的内容管理平台 Checkdesk。由记者发布一个待核查事件,用户可上传社交媒体链接,记者审核后可形成有关该事件的核查报告,促进公众讨论。

除专门的核查机构外,社交媒体平台基于管理需求,会规范平台内容。Facebook 的社区守则明确规定平台禁止欺凌欺诈、仇恨言论等内容。近年来由于备受假新闻诟病,Facebook 宣布加雇 3000 人进行内容审核。在国内,《人民日报》的《求证》栏目、腾讯较真平台等均是通过人工核查为用户提供核查服务。

三、中外新闻事实核查机制的差异

中外的新闻事实核查由于在媒体市场环境、媒体制度、文化背景等方面的差异,使新闻事实核查在主体、内容、流程和技术方面也存在着较大差异。

---

① 郑雯佳. 开放的探索:事实核查实践与公共生活的相互依存——以"NJU 核真录"为例[J]. 新闻记者,2020(8):20-31.

1. 核查机构主体特性的差异

在国外，许多新闻事实核查机构都是第三方机构独立运营的，这些核查机构不管是在主体建构，还是在运营资金的来源方面都显示出独立的第三方特征。

在我国，腾讯新闻跨出了"事实核查平台化"的第一步。面对谣言时有出现的网络环境，《人民日报》、新华社、新浪微博、果壳网等都以不同的方式进行了尝试。在互联网海量信息的时代，以上平台亦需在人力、财力等方面加大投入，以满足用户需求。

2. 新闻核查内容的差异

随着信息的爆炸式传播，核查机构无暇核实每一条虚假消息，因此，核查机构的主要核查对象都有一定的针对性。

PolitiFact网站的主要核查对象是国会议员、白宫工作人员、游说团体以及利益集团的各种政治言论，宗旨是找寻"美国政坛的真相"。FactCheck.org网站的定位就是专业与权威，主要核查内容是关于政治体系中政客言论的准确性，包括演讲、辩论、采访等诸多活动的言论。

这些国外核查机构的新闻事实核查对象主要是政治家的言论。除此之外，国外在政治言论核查之外的其他领域也出现了专业的核查机构。

我国新闻事实核查平台核查的内容主要是各类媒体报道过的消息。腾讯较真平台的核查内容主要是和普通民众息息相关的公共利益和公众感兴趣的主题消息。《求证》专栏的定位是对重大热点事件和问题的正本清源，对各类不实信息进行阻拦。除此之外，一些核查机构专门针对健康卫生事件、传闻及谣言进行某单一领域的核查。

总体上看，由于新闻信息的生产和传播数量巨大，尽管中外核查领域有所区别，但均是关注于某一些领域，具有较强的领域或行业性特征，也尚无一家核查机构能对所有类型新闻事实进行核查。出现这种局面的根本原因是新闻事实核查缺乏覆盖面广的、可供比对的数据库资源，以及事实核查本身的复杂性。

3. 核查方法的差异

国外一些核查机构具有较强的专业性，在核查过程中，它们尽可能采取科学严谨的方法来核查新闻。PolitiFact网站被称为打分制的真假检测仪，每条进入核实程序的信息都会有一位写手（writer）进行研究，给出初步的真实性评级，并撰文提供详细论证过程；然后，由至少3位编辑组成小组来审核文章内容，并最终决定该信息的真实性等级。不同真实性等级的信息会用不同的"真实性测量仪"图示标识。

与此同时，PolitiFact网站还推出了强化自身透明度的措施，尽可能地提供原始资料来源，让核查程序透明化。例如，某公众人物在接受福克斯电视台访谈节目中宣称"某任美国总统在200多个有据可查的事项上撒了谎"。PolitiFact发现这种说法源自某网站上的一篇文章，然后对文中所列举的事项逐一核实，最后得出结论认为该公众人物的说法是"荒谬的"，同时在页面右侧提供了10个资料来源，包括媒体网站、个人博客、调查报告、邮件采访等，并接受读者的意见与质疑，及时更正错误。PolitiFact在每篇核实事实的文章中，都提供了写手和编辑的姓名与邮箱供读者联系。如果发现事实性错误，该文章页面会加上"更正"的标签，并以编者按的形式说明详情；如果是补充或更新，则加上"更新"的标签并予以说明；如果出了非常大的错误以至于要改变真实性等级，PolitiFact将再次召集编辑小组，重新撰写文章，并在文章开头对这种变动予以说明。PolitiFact将经核实的事实聚成数据库，供搜索和二次利用，比如，从2009年起，PolitiFact就基于这个数据库举办"年度谎言"奖评选活动，让读者投票参与评选①。

我国的核查方法是"报道＋验证过程＋结论＋参考资料"。"报道"一般解释新闻的来源，概括事件，指出需要核实的内容。除了描述文本之外，这部分还经常伴随着图片或视频描述，既对文字描述进行补充，也反映出该消息的传播程度。"验证过程"提供了支持或驳回的内容，由核查人员在阅读各种信息后核实。在这一步骤中，调查人员通常首先找到来源。如果来源可疑，则整个信息的真实性将大大降低。通过对调查人员提供的信息进行分析，结果表明，"结论"大致分为"真""假""不确定"三种情况。"参考资料"是文本所用说明书的总结，借用了学术论文的写作模式，体现了文章的严谨性，增加了验证的可信性。在传播呈现方面会采取多种元素，例如图文结合、数据表格等，方便读者进行阅读。

《人民日报》的《求证》栏目作为一个深度调查专栏，首先坚持了党报的特征，即权威、客观。在进行事实信源核查时，栏目组会派记者亲自去现场，对不同立场的当事人进行采访，力求信源准确性。栏目80%以上的稿件有4个以上的采访对象，保证多个信源互相印证。其次，栏目组会利用好自身大报的优势，通过与其他核查栏目的合作进行全方位的采访，展示事实真相。最后，在栏目中进行澄清，对于一些专业性的知识，或者文字容易引起读者混淆的信息，还会用图表的形式直观地呈现给受众，以传闻→真相的结构顺序来进行编排。

---

① 史安斌,饶庆星.事实核查类新闻的兴起:救赎还是纵容？[J].青年记者,2016(16):85-87.

4. 核查技术的差异

特朗普参与第 45 任美国总统大选后期，假消息在网络中大肆传播。假消息的盛行在美国已经成为一个很严重的问题。国外在新闻事实核查技术方面也开始进行新一轮的探索，进行自动化核查的尝试。

Full Fact 是一家英国的公益机构，谷歌数字新闻计划向该机构资助了 5 万英镑，以开发核查消息的自动化程序。这一程序可供新闻中心使用，也可以 App 的形态出现在新闻记者的手机里，供记者们记录信息或直播新闻事件时使用。App 的主要功能是记者可以录下演讲者的讲话，在听这些内容时，随着屏幕向下滚动，词句会出现在屏幕上，一旦有人对信息准确性提出意见，记者可以用红色标出，并对相关的内容进行修正。

《华盛顿邮报》针对特朗普的 Twitter 账号，做了一个谷歌浏览器的插件。安装这个叫 Real Donald Context 的插件之后，特朗普的每条推文下面都会出现一个方框，方框里会给出相关的重要信息，或指出其言论不当之处。

《世界报》对打击假新闻也"放出大招"，一个名为"解码者"的 13 人团队开发了一个叫"消灭骗局"的数据库，旨在根除大量的虚假信息。《世界报》已经发布了一款搜索引擎，读者们通过这个引擎可以核查政客们的声明有无不实内容。该项目也获得了谷歌数字新闻计划的资助。下载这一扩展程序的用户可以看到文章中的哪些内容已经被更正（绿色），哪些内容可信性待查（黄色），哪些内容是完全错误的（红色）。

开发自动新闻事实核查平台的伦敦创业公司 Factmata 也宣布获得 100 万美元的种子基金。自动新闻事实核查领域的研究进展迅速，但是在可预见的未来仍然需要人工监督。

在自动化新闻领域，2017 年 8 月 8 日，四川九寨沟发生了 7 级地震，地震台发表的一条由机器编写的新闻引起了人们的激烈讨论，但是在新闻核查领域，我国还未真正涉足自动化。

在 2018 年，腾讯较真平台正式发布微信小程序版本，使得辟谣门槛进一步降低。为将平台辟谣的结果施展至最大，较真平台继承拓展平台形态，推出腾讯消息客户端较真页卡。由 H5 移动网页版、微信小程序以及消息客户端较真页卡构成的较真辟谣产物矩阵将为用户提供多元化的辟谣渠道。

第三节　后真相时代与新闻事实核查

2016 年以来,美国民众对美国主流媒体的信任度不断下跌。哈佛大学美国政治研究中心与哈里斯民调机构在 2017 年共同进行的民调显示,高达 65% 的美国选民认为美国主流媒体上"有很多假新闻"。根据皮尤研究中心 2016 年 7 月发布的数据,只有 18% 的美国民众相信其主流媒体。盖洛普咨询公司 2016 年 9 月发布的数据显示,只有 32% 的美国民众认为主流媒体的报告"全面、准确、公平",这一数字是历史最低[1]。兴起于西方的新闻事实核查是为应对后真相时代受众对媒体的不信任,然而有学者进行量化分析认为,在美国,新闻事实核查实际具有选择性和政党偏见,不足以应对社会信任体系的瓦解。

一、后真相时代

20 世纪 90 年代,"后真相"一词由美国媒体首次提出。2004 年,美国作家拉尔夫·凯耶斯在他的著作《后真相时代:现代生活的虚假和欺骗》当中指出,后真相意味着我们不仅具有真相和谎言这两种非黑即白的选择,在这当中还存在着灰色地带,即不构成谎言,但也绝不是完全的真相。由于国际政治与舆论环境的发展与变化,尤其是 2016 年英国宣布脱欧、特朗普当选美国总统,这两件事引起了世界范围内的舆论争议,也由此将"后真相"的概念推向大众。"后真相"概念的影响溢出政治传播领域,被广泛使用于社会各个领域,"后真相"正式成为"一个时代""一种文化"[2]。"新闻反转"与"舆情反转"成为"后真相"在新闻业和舆论场的一个基本症候。在有关"后真相"的描述中,或多或少都伴随着一种对"客观事实是否无效"的消极与悲观、对未来新闻传播行业路在何方的困惑与焦虑,以及作为新闻受众的我们如何知道该相信什么的怀疑与惶惑[3]。2016 年,"post-truth"(后真相)一词因高频使用,被《牛津英语词典》选为年度词汇,并给出词解:诉诸感情及个人信念,较客观事实更能影响民意[4]。

真实性是新闻的第一要义,新闻报道过程中所包含的每一个具体事件,都要和客观实际相符,必须是经受得住考验的真实内容。新闻真实性问题包含事实性真

---

[1] 李希光,吴艳梅."后真相"时代的事实核查新闻:发展与局限[J].全球传媒学刊,2018(2):52-75.
[2] 宗桢,刘雪芹.后真相时代新闻真实性的困境及应对策略[J].戏剧之家,2019(27):218-220.
[3] 李玮,蒋晓丽.从"符合事实"到"社群真知":后真相时代对新闻何以为"真"的符号哲学省思[J].现代传播,2018(12):50-58.
[4] 《牛津英语词典》原文:circumstances in which objective facts are less influential in shaping public opinion than appeals to emotion and personal belief.

实、过程性真实、有限度真实、即时性真实等内容。新闻的真实是事实的真实。理论上,新闻对事实的叙述应与事实相符,但新闻只是关于事实的叙述,并不是事实本身,这两者之间不可避免地存在差距。专业新闻工作者可以努力缩小新闻与事实之间的差距,但两者不可能等同[①]。"后真相"时代新闻真实性面临着严重的挑战。

二、后真相时代新闻真实面临的挑战

1. 社交传播源头难寻,内容真假难辨

社交应用的发展促成了传播结构扁平化,以及内容生产的社会化与大众化。传播者和内容生产者身份纷繁复杂,内容生产质量更是参差不齐、良莠并存。传播内容由生产个体的旨趣决定,转发什么、写什么、怎么评价都成为缺乏法制化约束与程序规范的行为,更有甚者,为了追求流量或上热搜,不择手段,故意掩盖或歪曲事实。大行其道的"标题党"、随意转发的见闻、肆意剪辑的短视频等信息冒充新闻扰乱着受众的时间和事件日程。受众对各类网络信息的信任度降低,习惯了"随便看看"式的浏览,通常并不关注信息是否真实。

2. 竞争引发的把关缺失,导致新闻失实

伴随媒体形式的多样化,传播市场竞争加剧。由传统媒体之间的竞争,到传统媒体、网络门户媒体之间的竞争,再到社交媒体、自媒体与传统媒体之间的竞争,一次次将时效性逼到了无可复加的程度,时效性就是流量,时效性就是效益,对于时效性的强调超越了以往任何一个时期。不确定来源的信息、传闻、小道消息等均成为各类媒体报道的内容,缺乏把关和审核就被传播开来。一旦此类事件具有足够的吸引力,极易造成信息在社会中传播扩散。近年来,Facebook 等社交媒体已经成为虚假信息泛滥的重灾区。

3. 新闻娱乐化,新闻的事实性本质正在被边缘化

网络新闻正在助推新闻的娱乐化发展,社会新闻、娱乐新闻成为吸引流量的主阵地。在这一类新闻中,新闻的事实属性不再被重视,关注的是这件事发生在谁身上,是否有"料"。被反复炒作的国内外明星,被胡编乱造的历史人物、传奇故事等,都成为媒体传播中非常重视的内容,网络空间正在成为一个巨大的"娱乐场"。

---

① 陈力丹,孙龙飞,邝西曦. 泛众传播视域下的新闻真实[J]. 新闻与写作,2016(3):51-55.

三、后真相时代事实核查的困境

新闻事实核查技术及机构的产生与发展,有助于推动新闻报道回归事实的真实性。但从国内外新闻事实核查机构的发展及面临的环境来看,新闻事实核查还面临着一系列的问题,依托新闻事实核查破解后真相时代困局,还有很长一段路要走。

1. 海量信息与核查效率之间的技术困境

从全球范围来看,自动核查事实的技术尚处于探索阶段。依托数据通信、人工智能、机器学习等技术的自动核查,只适用于有比对案例数据库的事实,且主要为事实类型的信息,除此之外,自动核查就无能为力了。通常的解决办法是通过自动与人工核查相结合的方式,进行新闻事实核查。这种半人工的方式虽然提高了新闻事实核查的准确度,但是效率却是有限的。相较于网络空间中海量的新闻生产能力和传播能力来讲,目前的核查技术还处于起步探索阶段,远不能适应海量数据的核查。这也就是我们看到的新闻事实核查机构均是限定于某一有限范围进行核查的核心原因。

2. 虚假新闻界定标准的伦理困境

自动新闻事实核查面临的直接困境是虚假新闻的界定问题。按照目前的自动新闻事实核查算法,核查虚假新闻的基本方法是将其与相对可靠的新闻来源和新闻报道进行比对,也就是说,需要确定与之对标的"新闻真实"。目前的自动新闻事实核查通常将主流媒体报道视作真实性的标准,这一做法在西方舆论界也引发了异议。

此外,应用于社交媒体平台的广泛的自动新闻事实核查比相对小规模、局限性的人工新闻事实核查更容易引发"言论自由"方面的争议。社交媒体和科技公司很少公布其核心算法,通过不公开、不透明的技术算法得出的真实性判断,左右公众在社交媒体上的媒介接触,同样面临着新闻伦理争议[1]。

3. 商业利益与新闻专业主义之间的困境

新闻专业主义要求媒体从业人员遵从新闻真实性、客观性标准,将真实事实传播给受众。新闻事实核查需要一定的技术研发和运营成本,但目前来看,国内外新闻事实核查机构与平台均无成熟的盈利模式,多靠依附主体或第三方的资助。而对于一些引入新闻事实核查的搜索引擎和社交媒体来讲,遵循新闻专业主义,扩大新闻事实核查范围,将降低其平台上最能吸引用户眼球的一部分内容,而这将是与其

---

[1] 李希光,吴艳梅."后真相"时代的事实核查新闻:发展与局限[J].全球传媒学刊,2018(2):52-75.

盈利目标相悖的。这也是全球范围新闻事实核查机构起步快而发展慢的一个主要原因。

新闻事实核查有助于净化新闻传播环境,其积极意义是显而易见的。当前虽然面临许多发展困境,但随着市场的成熟,以及政府主体和市场其他主体的介入,相信这些困境一定会得到有效解决。对于我国而言,可建立符合我国实际情况的核查机制,由党和政府掌握新闻事实核查的主导权,避免新闻事实核查权的无序商业化、市场化趋势。同时,政府可大力推进业界、高校联合开发新闻事实审核大数据系统,不断优化计算机算法和深度学习等技术,力争向世界推广事实核查的中国标准。

 课后题

1. 结合所学内容,分析新闻事实核查的必要性与现实意义。
2. 试比较中外新闻事实核查机制的差异。
3. 后真相时代,新闻事实核查面临哪些困境?

第十章

媒介产业

西方媒介在19世纪80年代就已经走上了全球媒介产业化的道路。在我国，媒介产业化发展始于20世纪90年代。媒介行业作为第三产业的属性早在20世纪80年代就被确认。1987年，国家科学技术委员会（现国家科学技术部）将新闻事业（新闻出版）和广播电视业纳入"信息商品"序列，1993年，中共中央、国务院发布的《关于加快发展第三产业的决定》把"报业经营管理"正式列入第三产业序列，为明确媒介的产业属性提供了政策上的依据。伴随着社会经济、媒介技术及行业竞争的发展，我国新闻传播业开始踏上了媒介产业化的征程。媒介产业化是一个逐渐演进的复杂过程，不仅涉及媒体自身的业务、技术、组织形态，还涉及文化、市场竞争、资本运营等。

产业是指生产经营具有同性质产品的部门或单位，包括直接生产单位及其他服务性部门，它们按照社会需要在市场机制的作用下进行着各种经营活动。而媒介产业化，是指媒介产品的生产、经营、播出等活动完全按照产业部门的行为规范合理运作[1]。媒介产业是媒介活动的产物，包含着各类传媒组织及以此为核心的相关设备制造、服务和材料提供等，横跨信息服务产业和文化产业。媒介产业不仅承担着传播信息的社会责任，而且具有显著的公共性。伴随着网络通信技术、媒介技术以及媒介融合的发展，当前媒介产业呈现全球化、多样化的特点。媒介产业的细分化和媒体融合同时发生，产业化的方向有了更加多元的选择[2]。

我国媒介产业化的开端，被界定为始于1979年，大众媒介的广告经营恢复，从此，"意识形态的媒介"向"产业经营的媒介"过渡。产业化的根本动因是生存环境中的控制力量对媒介的传统形态"控制"的弱化和存在于媒介内部的"利益属性"的显现；产业化的过程又由媒介的"利益属性"和"控制对象属性"所衍生的媒介整体的"控制－利益"产业平衡模式决定。产业化的共同特征一是利益指向，二是淡化行政级别和事业性质，追求相对独立的经营实体地位[3]。

媒介产业化是将媒介产品的生产、经营、保存、买卖、分配等活动进行规范化、市场化改制，是媒介资源优化配置及生产方式的分工化、集约化、规模化的过程[4]。关于新闻传播领域"产业化"的研究在国内常用的概念有"媒介产业""媒介产业化""传媒产业""传媒产业化"，有学者对概念进行了区分，但从文献角度来看，研究者们还是按照约定俗成的方式在使用，同时，从概念的提出来看，最早是黄升民教授提出了"媒介产业化"的概念。因此，为行文方便，本书统一用"媒介产业"，如引文中出现

---

[1] 喻国明.中国媒介产业的现实发展与未来趋势[J].中国人民大学学报,2002(1):10-16.
[2] 黄升民,刘珊.颠覆与重构：中国媒介产业化二十年[J].新闻与传播评论,2018(1):74-81.
[3] 黄升民."媒介产业化"十年考[J].现代传播（中国传媒大学学报）,2007(1):101-107.
[4] 吴曼芳,刘灏.媒介产业组织学[M].北京：中国电影出版社,2010:12.

"传媒产业",其内涵等同"媒介产业"。

黄升民教授认为,媒介产业演进的客观规律为:纵观整个大众媒介发展的历程与趋势,技术与资本一直是两大推动力,力量不断扩大,媒体也就随之不断扩张。在数字化浪潮之下,尤其是互联网兴起之后,媒体扩张速度更快,形成了信息娱乐产业。在另外一端,其他产业,如钢铁、环保、家电也都进入这一领域,报刊、手机、有线电视、移动媒体、游戏、出版、电影都参与其中,我们称之为文化产业、媒体产业或者娱乐产业①。

有学者认为媒介产业经济的发展经历了三个阶段。第一阶段媒介产业追求的是规模经济效应,第二阶段媒介产业追求的是范围经济效益,而在互联网的"下半场"发展中,表现较为突出的媒介产业经济模式则是第三阶段的集成经济模式。集成经济是媒介产业转型过程中,突破产业界限、扩张产业价值链的内在逻辑要求。传统的规模经济和范围经济的发展模式都存在规模的临界点,在经济范围达到一定的临界点之后,由于生产、沟通和管理等成本的上升,产品平均成本上升而平均利润下降,边际效益递减,很容易出现规模不经济或者范围不经济。而在互联网"互联互通"特质的作用下,原有的社会半径被大大扩张,开放性成为媒介产业的新属性,对于规模临界点很难实现人为的估量和把控,如果沿用传统的经济模式,则无法避免由于规模扩张带来的负面效应,分散和弱化媒介产业的核心竞争力,最终导致效率下降和收益减少。集成经济则不受困于规模扩张的制约,而是将系统内外的关联资源整合利用,通过结构改造和产品线的拓宽,形成各要素共同联动、协作生产的集成竞争力②。

价值链这一概念是由哈佛商学院教授迈克尔·波特1985年在其撰写的《竞争优势》一书中提出的。他认为,"每一家企业都是在设计、生产、销售、发送和辅助其产品的过程中进行种种活动的集合体。所有这些活动可以用一个价值链来表明"③。媒介产业价值链是指以电视、报刊、电脑以及电话等为基础平台,以新闻、娱乐、音乐、游戏、文字等为内容,以报刊、图书、广播、电视、网络、光盘、唱片为媒介,以调研、策划、制作、包装、发行、广告以及相关商品开发为工业流水线的运作体系④。在该链条上,内容供应商、渠道营销商、产品消费商等主体以信息流为纽带联结起来。各类主体彼此分工完成从调研策划到最终出品消费的全部过程。一旦产品获利,将共享

---

① 黄升民."媒介产业化"十年考[J].现代传播(中国传媒大学学报),2007(1):101-107.
② 喻国明,赵睿.从"下半场"到"集成经济模式":中国传媒产业的新趋势——2017我国媒体融合最新发展之年终盘点[J].新闻与写作,2017(12):9-13.
③ 波特.竞争优势[M].陈小悦,译.北京:华夏出版社,2005:34-55.
④ 向志强,彭祝斌.媒介产业价值链与媒介组织的管理创新[J].新闻界,2006(5):14-15.

利益。反之,任何一环出现问题都可能影响其他主体,造成"牵一发而动全身"①。

媒介产业价值链有别于其他产业价值链,具有自身的独特属性。媒介产业价值链是以内容产品的价值链为"骨血"的,因为媒介产业所生产的产品是文本、音视频等信息内容,其价值链条上各个增值环节自然也离不开信息的纽带作用,信息产品的加工、分发、复制等过程促进了媒介产业的增值实现。尽管有大量的资金流和物质流充斥活跃在媒介产业内,但是信息流依然是更多、更直接、更重要的。

产业化的路径在与新技术结合中产生巨大能量,称为"媒介母力量",其催生的移动媒体形态在总体上改变着原有的信息接收形式。手机终端、平板电脑逐渐成为具有控制优势的接收终端②。随着互联网发展进入"下半场",媒介融合的诉求由"大而全"转向"专而精";媒介融合的路径逐渐明晰,形成了以智能化内容提供、新闻＋服务、数字化平台建设为核心的三种主要路径;传媒产业呈现集成经济的态势,并形成了核心产业横向集成、关联产业纵向集成、外围产业混合集成三种不同的传媒产业集成模式;在传媒产业盈利能力上,知识付费成为传媒盈利的新增长点,而场景消费则展现了巨大的盈利潜力③。

媒介产业内容包罗万象,作为一本媒介素养教材,不可能面面俱到。本章内容选择了媒介产业内三个版块的内容进行介绍和分析:网红经济、自媒体 IP 和付费新闻。这三个版块分别代表了媒介产业的媒介经济、自媒体运营和媒介产品。本章试图通过这三个方面来管窥媒介产业当前的发展状态。

第一节　网红经济

作为数字时代的产物,"网红经济"这一新型经济模式是"互联网＋"时代的一个缩影。伴随着媒介技术的发展和媒介产业的升级,作为一种新的经济形态,网红经济呈现出爆发式增长态势。"网红"频频引发网络热潮,各种网红直播带货,都受到人们的高度关注,扩大了"网红经济"的影响力。如何认识网红,以及如何看待网红经济相关要素在媒介产业中的资源组合,是科学认知网红经济的必备条件。

一、网红及网红经济

网红与网红经济是网络技术应用大众化发展的产物,其形式经历了一个不断演

---

① 马英杰,黄存勋.基于媒介产业价值链的馆媒合作研究[J].档案学研究,2012(1):46-48.
② 张毓强.产业化:国际传播媒介发展的必由路径[J].现代传播(中国传媒大学学报),2012(12):42-44.
③ 喻国明,赵睿.从"下半场"到"集成经济模式":中国传媒产业的新趋势——2017 我国媒体融合最新发展之年终盘点[J].新闻与写作,2017(12):9-13.

变和发展的过程。从网络技术的发展和网红形态的演变,可以看到网红线上线下内涵和外延的不断拓展,也不断推动了网红经济发展模式和表现形态的变化。

1. 网红

网红是互联网技术的迭代与普及日益全方位地渗透到大众生活的产物。简单而言,"网红"最初即指"网络红人",2015年被《咬文嚼字》杂志列为年度十大流行语,泛指那些被网民追捧而走红的人。互联网行业的资深人士也对网红有各种定义。真格基金创始人徐小平认为,网红完全是市场自发的、民众拥戴的品牌。新榜传媒认为,网红的本质,就是以人格化网生内容塑造具有较强传播力与影响力的调性网络形象。美空网CEO傅磊认为,网红需要潜质,有自己的风格和追随者,能吸引一定网络流量。君联资本合伙人邵振兴认为,网红是KOL的一种,能对粉丝某些行为产生影响力和决策力。以太资本认为,网红并具有人格化形象,已经具备一定传播力和影响力,并能持续生产创作优质内容,有一定商业变现潜力的群体[①]。

随着网络技术的发展,网红在内容和形式上却发生着变化。网红的内涵没有变,但其外延不断扩大。"网红打卡地"指旅游景点、餐饮地点、某书店的拍照点等。"网红城市"指那些社交平台上关注量非常大的城市,比如重庆、西安、成都、南宁等。还有如"网红歌曲""网红小吃""网红零食""网红头像""网红脸""网红县长"等网红的具体样态。

根据互联网技术的发展阶段,已有研究指出网络走红现象在国内分别经历了文字、图片和视频三个不同时代,平均每代间隔七年左右。从走红形式和群体特征上看,不同时期的网红存在明显的分化,文字时代以网络文学网红为特色,图片时代以恶搞另类为主,视频直播时代的网红群体的身份构成和走红方式呈现多元化趋势,网红进入职业化和产业化的发展阶段。

(1)文字网红时代:始于互联网在国内发展早期,网络写手开始在网络平台借助发文来打造个人影响力,当时盛行的网络文学就是典型的表现形式。在1998—2004年间,新浪BBS、天涯论坛、猫扑论坛、起点中文网、榕树下等文学社区,涌现出了一批知名网络写手,比如南派三叔、当年明月、安妮宝贝。当他们获得一定的知名度和流量后,就开始出书变现。这一时期,虽未明确提出"网红"这一概念,但从网络行为以及变现方式来看,以网络写手为代表的文字写手,已经是这个时代的网红。

(2)图文网红时代:图文网红始于博客在国内的发展。2003年国内开始有博客网站开通,2005年被视为中国的博客元年。博客(Blog),它的全名是Weblog,中文意思是"网络日志",后来缩写为Blog,而博客者(Blogger)就是写Blog的人。博客以

---

① 以太资本.网红经济学:新入口 新内容 新模式[M].北京:人民邮电出版社,2016:3-4.

"低门槛"进入的形式,满足了个人网络出版的空间问题。当时的新浪博客聚集了国内商业和演艺界的一大批明星,影响盛极一时。

博客以更加自由和随性的表达方式,满足了"草根"的话语需求。没有技术壁垒,没有金钱成本壁垒,也没有身份限制,广大受众的表达积极性被空前激发。芙蓉姐姐、凤姐、天仙妹妹等一批"草根网红"以大胆随性的图片文字,迅速红遍网络,"网络红人"一词开始被广泛使用。这一时期的网络红人,大多是因为"胆大"而出圈,其热度多靠另类的言行而获得。网络红人在这一时期,甚至引发了理论界对于"审丑"还是"审美"的反思与批评。

(3)富媒体时代下的网红泛化。从2010年起,随着以微博为代表的移动社交网络应用的兴起,到现如今微信的普及流行,这些日新月异的网络应用持续推出并不断优化着层出不穷的新鲜功能,使移动社交进入富媒体时代。除了文字、图片的传统方式之外,GIF动图、短视频、网络直播等多元的媒体表现形式给予了网络红人更多施展技能以表现自我的空间和手段。

与此同时,随着微博、微信、知乎、陌陌等移动社交工具愈加深刻地渗透融入并改造着人们的传统生活方式,网络红人在网络平台的言论、举动和表现借由这些普及覆盖率日益广泛的移动交互应用可以到达更广泛的受众。

也正是在这一时期,"网络红人"的表述开始被"网红"所取代,而"网红"一词最开始被大众熟知时,主要指代的是一群外貌姣好、通过分享展示其精心修饰的个人美丽容颜的照片以及日常穿衣搭配和美妆护肤经验,而积累起数十万甚至数百万粉丝拥趸的年轻女孩。这类网红大多因为整形或化妆修饰的面容,以及与富家子弟的绯闻而开始走红,她们的外貌特征因为相似性显著而被赋予"网红脸"的标签,在一定程度上引发了某种时尚和审美流行取向,同时这些网红靠广泛的粉丝影响力经营着一家家销售额过亿的网店,无形之中其所代表的名利价值也刺激了众多的追捧和效仿者。

网红门类的多元化也推动了网红的泛化发展,任何人都有机会把网络平台作为成名的原始渠道,甚至本身已经具有知名度和影响力的明星和企业家也纷纷重视起网络平台,将其作为进一步扩大影响的途径,许多企业家也开始自诩为网红。同时,网红和明星之间的界限也日趋模糊,许多影视明星开始使用网络直播,甚至学习网红的方式在自媒体中代言广告、售卖产品等,大有"网红明星化,明星网红化"之势。时至今日,"网红"一词可以指代的群体不断扩大,内涵日渐丰富,发展不断刷新着大众对于这一群体的认知,也因为泛化而更加成为一种现象级的时代产物[①]。

---

① 木铎观察.网红进化史:新媒介赋权下的个人IP打造[EB/OL].(2017-11-09)[2021-10-17]. https://www.sohu.com/a/203500337_756780.

有学者认为网红是视像时代、粉丝时代、自媒体时代、狂欢时代、话语时代、商业时代合力造就和共生衍创的产物。网红本身是大众传播的产物。作为传播载体的"网红"通过打造个性标签,以符号化和强互动的传播形式吸引公众的注意力。网红的发展既是网络技术发展的产物,也是社群化传播形态发展的结果。

2. 网红文化

"网红"既是传播现象,也是文化现象,两者天然地发生着联系,也是一种网络亚文化形态。网红文化是一种颇具争议的传媒文化现象、社会心理现象,自诞生伊始便经历着众多纷争与辩驳,蕴含着多重研究意义与价值。网红文化对于青年价值观培育是契机,也是危机。其正向效应主要体现在宽松的网络文化环境有利于青年价值观的真实表达,网络红人的草根特性为青年群体提供价值憧憬,网红文化的倒逼加速社会青年化进程;其负向效应则体现在部分网红文化扭曲审美价值观,甚至威胁生命健康、冲击伦理价值观、模糊道德标准、腐蚀经济价值观、触碰法律红线等。

商业文化逻辑主导的"网红文化"本身包含着浓厚的商业成分,商业文化传播模式下的"网红文化"追求的是经济利益。由个体"网红"到普遍性的"网红文化"再到终极的"网红经济",构成了网红传播的完整链条。在网红传播实践中,这种传播模式在经济上取得成效,推动了网络直播平台的迅速发展。与此同时,"网红"的"工业化生产"也导致了公众的审美疲劳[①]。

从网红文化依托的载体来看,大致可以分为三种类型。首先是网络红"人"。从最早依靠网络图片火爆一时的芙蓉姐姐,到凭借拍摄短视频迅速蹿红的 papi 酱,再到从造星机器,包括直播平台(斗鱼直播、花椒直播、熊猫直播)、短视频 App(抖音、火山小视频、快手、淘宝直播)等走出来的大胃王密子君、李子柒……以人为指向的网红依然是最广泛的,对青年造成的影响也是深刻的。截至 2019 年 6 月,短视频用户已占网民总体的 75.8%,网络直播用户占网民总体的 50.7%。在短视频与直播等形式所构建的广阔市场中,网红大致以颜值类、电竞类、专业知识类和搞笑类四类形式存在,他们致力于成为"社交媒体影响者",满足人们个性化选择和娱乐的需求,拥有了影响他人、改变他人的可能。其次是网络红"物",即被打造成网红的各种物品,是一种流量变现的经济产物。它们或是由积攒了大量粉丝的网红,通过"带货"掀起的潮流,让广大网友争相购买以获得网红同款;或是由电商有预谋地定向营销,在网络上炒作出来的产品。不论是上述哪种,它们都有一个共同的指向,就是将网红转换为实实在在的购买力,满足人们自我表达和价值追求的需要。再次是网红"行

---

① 王欢妮,刘海明.网红文化的传播转向与群体心理:基于"流浪大师"现象的考察[J].新闻与写作,2019(7):43-47.

为"。网红行为是前两者的衍生物,是与网红的"人"和"物"产生更多元化关系的产物。受众对于网红不仅限于模仿和购买产品,而是更丰富的表达形式,如去某些"红人"去过的地方进行"打卡",更为夸张的是全面复刻自己喜欢的网红的穿衣风格与生活方式。此外,近年来以建筑景观、文化民俗等为特色,打造出来的一系列网红城市,通过"眼球效应"汇聚关注,获得了网民的打卡追捧,成为当地经济发展的新增长点,也深度影响了政府决策与发展导向。因此,不管是网红"人"、网红"物",还是网红"行为"、网红城市,都是互联网时代下多元化的产物,其背后的产业关联更是多样。这种产业关联,是媒体、商家、网民等主体汇聚而形成的多元文化共生,它催生了经济与技术、商业与文化、现实与梦想的耦合,形成了一种各得其所、相得益彰的文化价值表达①。

中国的网红发展与网络媒介技术发展同步,从微博论坛为代表的图文时期、短视频为代表的宽频时期,到直播实时分享为代表的移动互联网时期,网红代表性人物不断涌现,类型呈现多元化,分布于社会生活的各个领域。当网红与商业经济挂钩之后,依托网络平台与个人影响力,将粉丝转化为购买力,他们获得的不仅仅是关注度,还有巨大的经济效益,网红、网红店、网红产品甚至网红经济等成为流行语②。

3. 网红经济

网红经济是一种以网红为主导,通过互联网平台进行营销和内容传播,将庞大的粉丝经济转化为购买力的经济形态③。MBA智库的词义解释将网红经济定义为:依托互联网,特别是移动互联网传播及其社交平台推广,通过大量聚集社会关注度,形成庞大的粉丝和定向营销市场,并围绕网红IP(intellectual property)衍生出各种消费市场,最终形成完整的网红产业链条的新经济模式。

网红经济的诞生有着深层次的技术和社会背景。从技术角度看,网络通信技术的发展以及移动设备交互功能的进化,是网红经济产生的基础条件。从属性优势看,网红的广泛连接性、及时性、互动性,使其具备了比传统广告媒介、渠道更优的商业效能,成为网红商业化竞争力的关键。从商业角度看,商业竞争导致传统营销的投入越来越大,性价比愈发缺乏优势,且转化率往往难以评估,由于审美疲劳,黏度、转化率都不理想,这为网红的商业化提供了成长机会。从消费环境来看,新生

---

① 李力,常青.网红文化影响下的青年价值困境及其超越[J].中国青年研究,2020(6):114-119.
② 网红文化,如何"塑造"人们的审美[EB/OL].(2020-11-18)[2021-05-20].https://baijiahao.baidu.com/s?id=1683664312749494848&wfr=spider&for=pc.
③ 田英.传播学视域下网红经济存在的问题及对策[J].青年记者,2019(35):28-29.

代年轻人群从小在互联网中长大,而且很多深受影视娱乐文化的影响,随着他们逐渐成为社会工作主力,并越来越成为消费主力,生活习惯、消费习惯都带着很强的互联网特性,文化偏好也得以在消费中顺延。消费产品的丰富,促进了粉丝经济的快速普及。

二、网红经济的类型

网红经济主要是依靠流量变现,通过特定的引流方式,吸引大批粉丝,通过广告、产品植入或直接卖货等形式,实现变现。作为近年来崛起的一种新兴经济业态,网红经济具有社交互动性强、精准触达目标群体、高效转化等特点,并对流量、营销、渠道等领域都带来了深远影响。根据网红经济所涉及的领域、输出模式及变现模式,可以把网红经济的商业模式大致分为以下三类。

(1)时尚网红。此类网红产生于综合性社交平台,最早由模特、设计师或电商卖家演变而来,他们通常年轻貌美、精通时尚,擅长与粉丝互动,主要通过售卖产品或服务等电商形式实现变现。

(2)内容网红。此类网红诞生于短视频平台,多以自媒体为主,比如微博、微信公众号、视频音频平台等,输出原创内容,比如文章、段子、评论、漫画、自制视频或混剪视频等内容,变现形式主要有内容付费、服务付费、线下活动收费等。

(3)主播网红。此类网红产生于各类直播平台,身份多元,常以才艺、知识、技能传授等内容为主,具有极强的实时互动性,变现形式主要有粉丝打赏、品牌冠名等。

网红经济的发展,催生了相关领域的快速发展。目前的网红经济已经成为一个以网红为中心,包含社交平台、MCN(multi-channel network)机构、电商直播平台、消费者在内的大产业。通过社交平台引流,通过MCN机构进行网红的孵化和包装,通过电商平台连通物流和供应链,实现从产品、网红卖家、销售平台、物流到终端用户的变现流程。MCN,即多频道网络,是一种多频道网络的产品形态,主要服务于网红的孵化,逐渐将服务扩展到了内容生产、网红孵化、网红电商、网红营销、主题活动、渠道投放等,通过各种活动或内容的连续输出,实现稳定变现。

三、网红经济的特征

作为一种新的经济业态,网红经济以内容输出为基本依托,涵盖众多新兴垂直领域,表现形式多样化,实现了从产品到消费者的社群化、针对性营销传播。网红经济不仅仅是我们看到的网红,还是一个以网红为中心,包含从策划、执行、渠道、营销到客服等的完整链条。网红经济因其内容和风格定位的差异,而具有了不同的网络文化属性。从当前网红经济的发展状况来看,其特征主要表现在以下方面。

1. 聚集流量变现特征

通过以"热点""爆款",引发"扎堆",聚集大量网络消费者的围观,其核心过程就是由"聚集"实现"变现"。实现聚集的过程是网红经济发展的起点与关键,因而,聚集的方式非常关键。网红团队所称的"热点"或"爆款"是引发群体网络聚集的一种典型而夸张的方式,在现实中屡试不爽,也集中体现了网络群体的文化属性。

2. 产业化特征

网红经济成为一种新的业态,是其经济价值实现的集中体现。网红已经远远超越了单个个体发展的时代,而日益呈现出分工明确、操作专业、资本驱动的发展格局。随着网红经济效益的提升,整个产业链越来越齐备、完整,形成了一个包含包装孵化、商业化、商品化发展的发达产业。同时,网红经济中的产品供应链也已经形成,各种专业的中间服务机构已经成为网红经济发展的有力助推器。

3. 差异化特征

随着网红经济市场竞争的加剧,网红经济也开始表现出垂直细分化特征。这种市场细分是应对网民的需求和建立自身竞争力的策略,无论是内容网红、主播网红,还是时尚网红,都表现出内容或形式的垂直细分化特征。

4. 时效性特征

网红经济具备一定的现象性、时效性。依托网红驱动的商业形式,网红本身以及内容输出都具有非常强大的时效性,表现为内容型网红面临持续高质量产出的压力,直播型网红面临粉丝审美疲劳的潜在风险。

5. 开放性特征

发展初期的网红经济是一项技术和资金门槛相对较低的经济形态,同时,网红经济强烈的社交化属性也决定了网红经济是一个具有较强开放性的经济形态。每一个感兴趣的网民,都可以关注自己感兴趣的网红;每一个有志于从事网红经济的网民,都有机会利用自身优势,而成为其中的一分子。

6. 多元化特征

从网红经济发展的群体构成来看,有家庭主妇、技术专家、俊男靓女等,从覆盖的领域来看,有各类搞笑段子、情景剧、冷知识、专业讲解、直播带货等,可以看到网红经济的参与者及涵盖领域的多元化。

四、网红经济存在的问题

网红经济是一种以网红为主导，通过互联网平台进行营销和内容传播，将庞大的粉丝经济转化为购买力的经济形态。近年来，网红经济不断发展壮大，丰富了市场经济形式，但随着网红经济规模的不断扩大，其问题也逐渐显现，主要存在以下问题。

1. 同质化现象严重

（1）网红形象程式化。网红形象程式化，不仅导致受众审美疲劳，还会对整个社会的审美形成错误引导和片面反映。

（2）网红平台扎堆。网红经济的传播渠道包括电商平台、社交平台、短视频平台、直播平台等多个媒介平台。但是，近年来，网红规模在短视频平台与直播平台上发展迅猛。网红们争相扎堆抖音、快手等短视频平台以及斗鱼、YY等直播平台，加剧了平台监管的难度，导致平台乱象时有出现，平台空间被过度挤占，资源被过度利用。

（3）内容原创性不足。从抖音平台的网红传播内容来看，不论是背景音乐，还是视频的表现形式、人物的肢体动作，均呈现很高的相似性和重复率，最大的不同在于人物的替换。网红经济传播中传播内容以模仿性内容为主，原创性内容相对匮乏，内容缺乏传播价值和传播意义。大量同质化内容的传播不仅是对传播平台资源的浪费，也是对内容接收者时间和精力的消耗。

2. 内容低俗化

为了吸引受众注意力，满足受众的猎奇心理，网红经济内容传播"三俗"之风蔓延。部分网红在平台上传播暴力、色情等低俗的文字、图片与视频，迎合某些受众的低级趣味，扰乱传播秩序，污染传播环境。网红传播受众以青年为主，根据艾瑞咨询的数据，2018年中国网红粉丝总人数达5.88亿，其中，年龄在25岁以下的粉丝超过总数的一半。

3. 生命周期短

大多数网红从走红到淡出公众视野的时间很短。网红经济传播从开始到火爆，多数靠网络媒体的宣传推广，所需时间短，流行状态转瞬即逝。不仅网红产品生命周期短，网红的生命周期也十分短暂。短暂的网红经济传播周期造成受众对网红产品、行为或个体文化理解的从众式心理，一知半解，许多由网红经济引发的传播现象还来不及深入分析便已消失。生命周期短暂反映了部分网红传播的内容本身价值经不起时间的考验。网红生命周期短，也加速了该行业的竞争更替节奏。

第二节　自媒体 IP

　　自媒体是一种以普通个体为主体的媒体组织形态。伴随着媒介产业的发展，自媒体的发展由个体化向组织化、产业化发展。自媒体 IP 是媒介产业化发展背景下发展起来的一种新兴媒介样态，是自媒体深度产业化的产物。一个自媒体 IP 就是一个文化 IP，就是一个超级品牌，依托自媒体本身的影响力——组织或个人的影响力，跨平台吸引流量，通过售卖自身影响力或产品实现变现。

　　自媒体 IP 实际上是一种内容或服务价值的长期积累、孵化，并以跨界跨业开发为主导的产业模式。IP 具有的市场高辨识度以及积累的大量原始用户群体，为文化产品的创作和再创作提供了良好的基础。将 IP 不断扩充进行多元化发展成为衍生产品，对 IP 的外化形象进行多元演绎，是自媒体 IP 孵化塑造、升级发展的必经之路。

一、自媒体与自媒体 IP

　　IP(intellectual property)原意为知识产权，在文化领域，IP 主要指文学和艺术等创意作品的著作权。文化 IP 体现为文化产品之间的连接与融合。作为一种文化符号，文化 IP 具有辨识度高、吸引力强、变现穿透能力强、变现周期长的特点，为文化产品的生产和再生产提供了良好的条件。文化 IP 生产实际上是一种以优质内容（产品或服务）为基础，将内容价值进行长期积累孵化、跨领域开发的产业模式。自媒体为了实现自身的规模化、产业化发展，也先后走向了 IP 化的道路。

1. 自媒体

　　自媒体一词源于英文 we media。在 2003 年 7 月美国新闻学会媒体中心，谢因·波曼与克里斯·威利斯联合发布了 we media 研究报告，报告对自媒体提出了较为严谨的界定："自媒体是普通大众经由数字科技、强化与全球知识体系相连之后，一种开始理解普通大众如何提供与分享他们自身的事实、新闻的途径。"[1]

　　从传播主体与技术角度来看，自媒体是平民化、自主化的传播者，是依靠电子化的手段，向特定或不特定的个人或群体传递信息的新型媒体的总称。在融媒体背景下，自媒体平台众多，如微信公众号、微博、抖音、豆瓣、知乎、今日头条和各种网络社区论坛等，只要是可以用个人为主体的账号生产并传播原创类内容的平台，都属于自媒体的范畴。

---

[1]　王晶.从网红到网红经济：自媒体传播新探索[J].出版广角，2017(5)：49-50.

2. 自媒体 IP 化

自媒体通过产出独特内容,结合流量、社区,在固定的垂直领域进行粉丝积累,并从内容、衍生产品与服务、商业渠道与商业模式等方面深度开发,在丰富自身产品线的同时,创新商业模式,实现自身 IP 化与产品/服务群组化,进而实现商业变现。在这种自媒体商业逻辑下,自媒体 IP 化开始形成。

自媒体 IP 化发展对自媒体的创造性及独特性具有积极影响。只有不断生产优质原创内容的自媒体 IP,才能在媒体市场的激烈竞争中得以生存。大家所熟知的"罗辑思维""好奇心日报""十点读书"等具有代表性的自媒体,都是通过创新实现自媒体 IP 化的典型。

在自媒体 IP 化后,自媒体生产的优质内容将不会局限于某一个平台发布来获得单一流量,而是通过跨平台进行扩展延伸,吸引更多受众和有能力的创作者加入团队,实现更高的商业价值。自媒体 IP 化是自媒体发展升级的必然选择。在融媒体时代,自媒体 IP 化已经成为一种必然的趋势。

3. 自媒体 IP 化所需的基本要素

优质内容是自媒体 IP 化生存、发展的必备条件。优质的内容生产是自媒体生存和 IP 化发展的基础,没有优质内容的持续输出,自媒体就没有生存和发展的空间,IP 化发展更无从谈起。同时,内容形式的多元化也成为 IP 化发展的基本条件之一。内容形式的多元化发展,将会吸引不同平台和渠道的受众,这对于自媒体打通各类渠道,多平台引流最终形成 IP 化起着关键性作用。

大量的粉丝是自媒体 IP 化发展的基础。持续稳定、数量庞大的粉丝群体是自媒体商业变现和自媒体 IP 化的市场基础。拥有一定数量的粉丝群体,自媒体才能形成自身的受众社群,并且进行社群的经营与维系,也才有可能实现 IP 化发展。

跨平台发展成为自媒体 IP 化发展的必备策略。IP 化的一大特点就是多元化,现今互联网不断发展,社交平台也不断更新交替,像微信公众号、微博、B 站、抖音、快手等,这些平台都有着自身的忠实受众,并且用户属性既有交叉,又有不同,这些平台的受众都是自媒体 IP 化过程中需要重视的群体。因而,跨平台发展,成为自媒体 IP 化发展的必经之路。

自媒体 IP 化发展还需要资本支持。无论是自身资本积累,还是依靠外来投资,充沛的资金投入都成为当今自媒体 IP 化发展壮大的助推力。

4. 自媒体与自媒体 IP 的关系

IP 化是目前自媒体不断发展壮大的新出路,自媒体 IP 化发展是优质自媒体实现自我价值的必经之路。目前网络社交不断发展,社交环境的发展变化也推动着自媒体IP化的进程。在新媒体时代，网络社交平台使社交变得更加简易便捷，并且形式更加多样化，加速了社群的形成。自媒体通过不同平台的广泛传播，潜在受众可以被快速筛选出来，固定受众的用户关系被不断加强，从而形成对内容品牌的高度认可。自媒体IP化是自媒体发展壮大的必然选择，也是自媒体延续自身生命力的重要手段。

二、自媒体IP开发

自媒体的IP开发可以使优质自媒体快速地走上自媒体IP化的道路，实现自身的转型与升级。自媒体IP开发策略需要自媒体运营团队根据自身的特点做出调整，突出自身的独特性。尽管不同的自媒体IP开发方式不尽相同，但仍有一些共性的规律可循。

1. 内容营销

任何领域的自媒体，在发展初期都需要借助持续稳定的高质量内容产出来获得流量，因而，如何产出高质量的内容成为自媒体发展的关键，内容营销成为自媒体IP开发的第一步。

坚持"内容为王"的创新意识。在自媒体的运营中，必须强调内容的重要性，但同时需要进行不同的包装与创新来增强产品的生命力。这就对自媒体内容生产者提出了较高要求。

自媒体提供的内容涉及较广的知识，并且以较为通俗的手法进行呈现。从时间范围来看，从史前文明到现代最前沿的科学和商业知识，都是对自然历史与人类历史的重瞻与敬畏。从横向来看，知识更是涉及各个领域，从不同角度展示了商业、艺术与科学的发展规则。这些知识的再生产都依据自身受众的特点，进行再加工，并且将专业知识以通俗的语言及形式进行叙述。

面对如今碎片化的信息传播，短小精悍的内容更易获得受众的青睐。这类内容，一方面需要切入点以及长度的"小"，耗费受众的时间成本少，并且要以小切口贴近受众的生活，例如"罗辑思维"的60秒语音。另一方面，内容的价值要高，无论是生活指导，还是知识传播，都需要将内容进行不断筛选和重组。

（1）为受众提供满足需求的产品。1999年美国学者约瑟夫·派恩与詹姆斯·吉尔摩合著了《体验经济》一书。"体验经济"要求产品或服务能够满足消费者的"体验需求"，其核心是生产与消费的合二为一，以消费者作为创造价值的主体，在消费的过程中产生"愉悦""难忘"等体验。自媒体内容产品的消费本质上就是体验过程，自媒体作为"体验生产者"的首要任务就是通过营造体验氛围、搭建体验平台并选择体验对象，使受众以"参与"而非"观赏"的方式融入内容产品的生产过程之中，从而为受众提供真正需要的、个性化与定制化的精神满足。

(2)准确判断了解受众需求。例如,知识型自媒体作为自媒体的重要类型之一,提供有一定价值含量的知识型内容,帮助用户获取知识和满足用户的学习需求成为其首要目的。同时,随着现代信息的快速传播,以较少的时间成本获得较高价值的信息已经成为受众的普遍需求。

为达到满足受众需求的目的,"罗辑思维"以高效的知识胶囊的形式对自身内容进行包装传播,例如60秒语音,以及在"得到"App专栏内的快速解读类节目都是以高效的知识胶囊这一形式传递给受众,从而达到令受众满意的效果。除去受众对于知识的需求,"罗辑思维"还洞察到大部分受众缺乏剖析事物内在逻辑关系和提炼知识的时间与精力,需要以更高效的方式快速获取更多高价值的信息。于是"罗辑思维"团队推出了"得到"的主打知识付费产品"每天听本书",这一项目是"罗辑思维"团队为受众从众多书籍中筛选出值得阅读的书籍,并将书籍脉络、中心思想、价值观念等内容以语音的方式分享给受众。

(3)垂直领域内容形式多样化。自媒体不仅要保证自身在垂直领域内持续大量的内容产出,还需要保证内容传播形式的多样化设计。在实现稳定内容生产后,创新传播形式或者对现有形式做出适当调整更能延长自媒体IP的生命力。例如,"罗辑思维"在微信公众号进行了稳定传播后,又上线"得到"App以及开展《时间的朋友》跨年演讲来丰富自身内容的传播形式。同时,从2012年"罗辑思维"开始发布内容后,其团队对于短音频的发布也在不断进行调整。例如,将单字词的发布逐渐转化为陈述短句的发布,对某一现象或者事物进行定义和解读。之后,对短音频部分又进行了全面的改版。

2. 通过碎片化传播占据受众注意力

移动互联条件下,受众获取信息的需求同时间碎片化的矛盾成为自媒体碎片化传播的市场机会。在各类终端吸引受众注意力,其实质就是如何充分利用受众的碎片化时间。合理高效设计碎片化时间进行传播,让受众在时间片段中不断加深对某一自媒体的认知,才能吸引更多的受众和流量。

"知识碎片化"是"罗辑思维"团队提出的一种满足现代社会大众需求的传播方法。长期处于快节奏生活中的受众,通过简单的一分钟语音或者几分钟的阅读就可以了解至少一个知识点。这样的碎片化传播可以满足大部分受众目前的状态以及需求,在零散的时间片段中把握受众,提供合适的产品,帮助受众提高效率,也更能加强受众的依赖感和认同感。

以"金句"形式打造快速传播重点。美国学者迈克尔·戈德海伯于1997年在

《注意力购买者》一文中提出了"注意力经济"这一新经济理论。在该篇论文中,戈德海伯提出,当今社会是一个信息极度丰富以至于泛滥的社会,网络技术的不断升级发展使信息在快速传播的同时,内容也更加充实,从而导致信息非但不是稀缺资源,反而是过剩的。相对于过剩的信息,只有一种资源是稀缺的,那就是人们的注意力。因此,自媒体产业的市场经济价值与它是否能够有效吸引受众眼球有着密切的关系。自媒体就需要在自身的内容、排版或时段上聚集受众的注意力。注重打造内容传播亮点成为自媒体发展的技巧之一,以"金句"形式打造快速传播重点也成为自媒体快速传播的重要途径。例如,"罗辑思维"团队每年的跨年演讲《时间的朋友》都会在社交媒体上刷屏,这就是因为其深知内容传播的技巧,注重打磨金句,便于在粉丝及媒体中传播。

3. 注重核心价值和 IP 特色的"人格化"塑造

自媒体在 IP 开发的过程中需要树立一个稳定的核心价值。这一核心价值是该自媒体的内核。面对不断变化的外部环境,自媒体产出的文化产品或服务需要演绎多元的外化形象,并赋予其更多的创造性。但无论外化形象如何改变,如何以创新形式进行多元演绎,本质内核才是支撑自媒体生命力的核心。

稳定 IP 的内在核心价值。在对 IP 的开发中,自媒体首先需要塑造和挖掘自身价值。成功的 IP 不是简单的 IP 符号,而是以核心受众为中心形成的文化圈层。在互联网中,受众倾向于浏览个人感兴趣的内容,这就要求 IP 的核心价值能链接目标受众需求,将受众的情感与 IP 形成一种紧密的内在联系,能展示强烈的共情力。例如,"罗辑思维"的核心价值在于向受众传递终身学习这一理念,而受众本身对于这一理念接受度较高并愿意付出行动,受众个人情感与 IP 达到了高度紧密的结合。

内容服务的本质是提供版权,即知识生产者对其所创作的智力劳动成果享有的专有权利。自媒体 IP 开发不仅需要多样化的内容和形式,还需要赋予 IP 内在核心价值,在稳定的核心价值的基础上进行衍生与发展。只有稳定 IP 内在核心价值,才能避免在 IP 开发中的过度商业化。

将自身 IP 特色"人格化"。在融媒体环境下,越来越多的自媒体开始兴起,自媒体平台也在不断更新换代。要想在众多自媒体中脱颖而出,必须将 IP 特色"人格化""风格化"。浓郁的个人特色将形成强大的竞争力,不论如何创新或者进行结构调整,自身特色都是不可丢弃的重要特质。例如,在"罗辑思维"的运营中,罗振宇所展示出的幽默风趣的语言风格也是"罗辑思维"的特点之一。通俗易懂的解读方式在现代社会更易被受众接受,也更有竞争力。

4. 注重社群运营

一般情况下,广义而言的社群是指在某些边界线、地区或领域内发生作用的一切社会关系。它可以指实际的地理区域或是在某区域内发生的社会关系,也可以指存在于较抽象的、思想上的关系。本书中所提出的社群是指通过相同的传播媒介聚合到一起,进行信息传播、交流与共享的群体。这样的受众社群具有稳定的群体结构和较一致的群体意识,并且成员间有频繁的互动联系,价值取向相似,具有团结协作、互帮互助的能力。

随着网络技术的不断发展,网络世界孕育出了新的电子关系的形式,使人们的感情积累不必完全依附于面对面的互动。互联网促进了新的关系类型的形成,在网络世界中,匿名的网络在线用户可以通过网络平台一起讨论共同感兴趣的话题并发表自己的意见及感想。当网民们的互动性不断提高时,这种网上接触就会演变成充分发育的网友关系,大大小小的网络社群也就开始形成与发展。但是由于网络自身具有的虚拟性特点,许多网民融入的网上社群,完全不同于他们在物质世界中所在的社群,这一新鲜的体验感使得更多的网民加入网上社群,并不断扩容发散。

社群是每一个自媒体发展过程中不可缺少的重要组成部分。自媒体初创阶段,小部分的粉丝开始聚集,成为团体之后衍生为社群。粉丝或者受众社群与自媒体品牌之间有着更为亲密的联系,核心社群直接关乎自媒体的发展状况。社群运营与维系质量直接关系着自媒体IP的引流变现能力。

社群营销一般是指以用户的需求为出发点,以定位明确、特色鲜明的垂直领域产品或服务来维系与之相对应的受众,从而形成受众与品牌之间的亲密联系,再通过内容延伸扩展、增强社群黏性、产出衍生产品等来形成营销模式。大部分的社群营销都具有一个代表性的人物,这样更能获得受众的信任感,便于传播产品、信息和服务。

社群营销虽然方法较多,但是依然具有以下普遍特征。

(1)去中心化:虽然由相似受众组成了社群群体,但是受众个体之间依旧有差距,在社群营销中需要尊重每一个个体,使其在群体中具有一定的存在感,被认同、被理解。

(2)持续稳定的内容输出:输出受众需要的高质量内容,并且主要是垂直领域的大量优质内容。通常将自身输出的产品内容渗透进受众的碎片化时间当中,充分利用受众的碎片化时间,包围和填充受众时间空隙。

(3)互动性强:受众加入社群后,自媒体通过高频率讨论及互动提升用户黏性,延长社群的生命力。在互动方式上,不仅注重受众间的互动,而且需注重受众与自媒体的直接互动,充分调动和发挥受众的能动性,增强受众与自媒体之间的联结。

5. 自媒体社群营销

社群的最初本质就是以共同的兴趣爱好、相同的价值观组织起来的人类共同体。社群营销就是以自媒体为载体，通过输出产品或服务满足具有共同兴趣爱好群体的需求的一种商业形态。因此，自媒体社群营销是一种贴近消费者、针对性非常强的营销模式。尽管自媒体社群营销方式非常多元，但基本可以总结为以下几个方面。

(1) 进行多渠道传播。在进行社群营销时，信息流广告最为常见。信息流广告是指在用户访问及浏览过程中，后台通过对受众的浏览内容和用户画像进行精准分析后对其推送的相关的商业内容。信息流广告会将其商业内容糅合进受众感兴趣的信息中，从而完成营销推广。这一方式比以往的强行推送更易被受众接受。在平台利用算法推算出受众的兴趣领域后，后台将对社群受众推送这一方面的相关内容以求减少受众反感，同时达到营销的目的。这种信息流广告的投放也需要利用多渠道的传播平台进行有效投放，在对自身社群受众进行画像勾勒后，选择自身产品适合的传播平台，使得其内容能较为精准地投放到目标群体，同时可辐射潜在目标群体。

(2) 评估社群营销效果。社群营销的本质在于与受众建立紧密联系，形成依赖关系，而建立这种关系需要付出大量的时间与精力去逐步培养受众对产品或服务的信任与感情。根据对自身内容的阅读量、转赞评、粉丝量、活跃度等参数进行权重分配后的系统评估，从而对营销模式做出相应调整。所以自媒体需要在合适的时间范围内，对自身的社群营销进行及时的效果评估，再根据评估结果进行适当调整或策略的转变。针对社群营销的特性，自媒体通过不断输出高质量内容，满足受众的需求，引导受众传播，与受众形成良性互动。通过互动增强与受众的黏性，将营销内容和社群生活充分联系、融合，确保营销效果的最大化。

(3) 社群运营与维系。自媒体社群的发展壮大，一方面依赖于自身领域内容的凝聚作用，另一方面则需要平台主动组织、引导受众形成社群，并进行社群的运营与维系，这样才能使自媒体的社群受众不断增加，社群生命周期不断延长。

满足用户需求，建立核心社群。自媒体自身具有相当数量的关注者才足以形成受众社群。持续并且高质量的产出是吸引关注的重要方式，同时，为保证核心社群具有生命力和活力，自媒体需要与用户建立良好的关系，在某些方面能满足用户的需求。这些需求不仅包括用户对于传播内容的需求，还包括用户对于互动的需求。通过需求的满足，用户得到了群体认同，达到了自我认同以及自我满足。自媒体IP开发过程中，产出内容依据传播情境进行适当调整与变化。内容定位保证在垂直领域所属内容的前提下,融合其他领域的内容成为趋势,内容的承载形式与表现手段逐渐多元化,提供更多的延伸产品和服务,满足多元化的需求。用户的参与和互动方式也不限于线上的信息交流,线下活动的开展成为必要组成部分。自媒体需要时刻注意需求变量,不断提升内容生产质量和服务能力以满足核心社群不断增长的需求,更加稳妥地运营与维系核心社群。例如"罗辑思维"推出了"会来事"这一项目,满足用户对于社群协作的需求,以"会员+来信+有事"的形式,会员可以向社群内的"罗友"寻求帮助,通过个体间的互动协作促进社群协作关系的形成,从而更加稳固核心社群的结构。

以付费会员制的方式维系核心社群,并提供区别化服务。付费是一种最直接的分化核心社群与普通社群的方式。会员制也成为自媒体社群运营的惯用方式,这样不仅可以对自身的受众社群进行分化,同时也是社群运营与维系的重要手段。"罗辑思维"是知识类自媒体中较早实行会员制的。会员制中会员专享成为吸引受众的主要方式,分化服务更加促进了普通受众向核心社群的转化。而会员这一头衔更加密切了受众与自媒体的联系,以付费的方式加强了受众对自媒体的情感认同。

运用阶段性、针对性强的运维策略。自媒体社群运维通常经过初建、发展、成熟、衰退等不同阶段。针对不同发展的阶段,自媒体采取不同的策略进行社群运营与维系。处于初建期的自媒体,着力于以下方面:生产和推广优质内容,吸引更多受众关注;推广会员计划,构建自身的核心社群;积极开发社群活动,建立稳定的社群协作关系。处于发展阶段的自媒体,在吸引更多具备消费能力会员的同时,着重保持社群忠诚度,在推行付费会员制的同时,避免受众的大量流失。处于成熟阶段的自媒体,已经有了适应其自身发展的稳定模式,但是这类成熟的社群正面临过度商业化、会员黏度不足、成长空间受限等问题,需要进一步实现社群细分,增强受众黏性,维系社群协作意识,加强社群各个受众间的群体认同感,从而提升整个社群的凝聚力。

自媒体对于核心受众群体多采取"去中心化",实现每个个体需求的全覆盖,同时,对全体受众划分用户圈层,形成合理的嵌套体系,并针对不同圈层提供内容与服务,保持受众的参与感和持久度,从而达到延长社群生命周期的目的。

(4)注重受众连结及粉丝扩容。自媒体作为自我展示的平台,除了运营者本身需要具有极强的个人主观能动性外,更需要充分调动粉丝的能动性。IP经营者需要洞察粉丝的需求并且积极推动与粉丝之间的互动,增强受众黏性,达到粉丝扩容的目的。自媒体为个体提供了自我展示的平台,侧重"个体主观能动性"的发挥。所以,增强互动性是IP开发的重要环节,充分发挥受众的能动性对IP形象塑造起着十分重要的作用。在IP开发过程中,丰富的互动体验是非常重要的社群运维方式,也是巩固核心受众的重要方式。核心受众之所以愿意付出比其他普通受众更多的时间、精力与金钱和IP创造团队共同致力于IP的培养维护,最重要的一点,就是因为他们的建议和衍生作品往往能够得到IP品牌的重视和认同,这会让他们感觉到自己参与到了创作过程中,从而获得极大的成就感。目前,IP经营者越来越重视核心受众群体对官方认可的需求,并通过各种方式使这类互动得以实现。所以在IP开发的过程中,自媒体经营者均积极采取各种方式鼓励受众、引导受众从下而上地参与到IP开发的过程当中,这种策略非常有助于加强受众对IP的认同感,并促进IP跨界跨领域延伸。

受众认识IP、接受IP、忠诚IP,并不是所有的IP都可以经历的,往往在忠诚IP的时候,受众与自媒体文化IP间就已经出现断裂。而要达到IP的良性开发,不仅需要核心用户自己去消费产品或服务,还需要他们自发地认同和维护品牌,帮助品牌拓展更多的核心受众。而这些都要求IP自身具有一种强大的文化吸引力,并能引发核心受众的共鸣。现实中,自媒体的受众与传统行业的用户忠诚度相比,受众的黏性较弱,提升受众黏性成为自媒体运营的重要环节。

自媒体通常采用以下手段来提升受众黏性。

①与受众进行双向互动:自媒体不是单方面的内容输出,每个受众个体都需要在自媒体形成的社群中寻求存在感,自媒体对个体的观点表示回应,达到双向的反馈。

②对受众的互动行为进行奖励:当受众对自媒体的关注度和传播度进行了有效贡献时,自媒体给予受众物质或非物质的激励来刺激受众进行更多的投入。

③线上线下结合:受众在长期的线上活动后已经与品牌形成连接,适当的线下活动更能提升整个社群的协作能力和集体归属感,使社群成员的联系不断加强,受众群体不断发展壮大。

④受众细分:也指受众分层,目前最为广泛的细分方法便是推行会员制,面对不同的受众群体应当给予不同的内容与权益,这样更有利于核心受众群体的扩大。

自媒体非常重视情感营销,促进口碑传播,从而实现粉丝扩容。社交媒体的传播本质上是一种集体互动行为,培养受众的参与感极为重要,要用更大的诚意打动受众。例如,"罗辑思维"在微信公众号设置了与用户服务相关的菜单栏,方便用户更好地了解和体验服务并反馈意见。在融媒体环境下,每个人都成为信息服务获取和扩散的节点,口碑越来越重要。口碑传播首先基于内容产品的价值,其次便是能否嵌入人们交往的重要节点,这就满足了社群的需求。口碑传播与粉丝扩容是相互促进的两个重要方面。

6. 实现 IP 的商业价值与商业变现

自媒体社群通常以"内容＋社群＋商业"为基本构成模式，进行 IP 建构和推广。以"罗辑思维"为例，它生产优质的内容产品，进行多平台、多渠道的营销，打造自己独特的文化 IP 风格。在此基础上，自媒体根据社群发展阶段采取相应策略，在适当时机借助付费构建核心社群，满足用户需求，实现社群的长久发展，吸引忠实消费者，进而实现商业变现。

近年来，人们物质生活水平提升，对于精神需求的欲望日益强烈。当人们的求知欲越来越高时，对知识的渴求与有限的时间精力这一矛盾也开始凸显。当受众熟知的手段不能满足受众的需求时，就会催生焦虑情绪。现今，每个人都是信息的生产者，信息量暴增并且真假难辨，知识焦虑随之产生。在知识焦虑这一社会背景下，自媒体顺势开始成为满足人们精神消费不可缺少的信息来源，这也为自媒体的发展提供了广阔的市场。

当信息量和可选择性都增加时，受众的决策力会受到严重的影响，选择的时间成本相应增加，这时人们倾向于以消费来代替个人亲自搜索，知识付费平台也随之增多。知识付费的本质就是将知识变成产品或服务，以实现其商业价值。知识付费激励优秀内容的产出，也有利于受众通过付费形式高效获取经过筛选后的信息。生产者可以通过生产优质内容获得经济收益，购买者也可以在有效时间内满足自身的知识需求。

7. 个人 IP 反哺自媒体 IP

不同于现在大量的团队运营，早期自媒体运营大多数为个人运营，在个人不断的积累中，个人 IP 将先于自媒体 IP 出现。但同时，运营者的个人 IP 对于自媒体 IP 的塑造具有极强的引导作用，个人 IP 反哺自媒体 IP 也成为 IP 开发的一种形式。

大多数自媒体在创建初期通过树立代表人物来聚拢粉丝流量，并且建立社群增加受众黏性。通过不同平台的传播，个人 IP 与自媒体 IP 密不可分，优秀的个人 IP 可以带动受众去接受与信任自媒体 IP，从而实现个人 IP 反哺自媒体 IP。就像罗振宇与"罗辑思维"一样，罗振宇本人的知识网红形象使得受众由对罗振宇个人的信任感扩散至对"罗辑思维"整个团队自媒体 IP 的信任感，形成了个人 IP 对自媒体 IP 的反哺。

三、自媒体 IP 开发所面临的困难与挑战

近年来，随着自媒体 IP 的不断涌现，自媒体 IP 市场也面临着新的困难与挑战。自媒体 IP 同质化、缺乏创新性、内容输出质量低等问题，都使自媒体 IP 化发展之路面临诸多挑战，这不仅需要自媒体运营团队反思，也需要受众正确面对。

1. 开发策略缺乏创新点

自媒体 IP 开发已经形成了较为固定的开发模式,在这一背景下,除了解决完善开发模式本身存在的问题外,还有 IP 开发显得后劲不足的问题。在开发模式逐渐缺乏创新、内容供应泛滥的情况下,IP 开发的总数仍呈上升趋势,但是开发成功的 IP 属于少数,只有在开发模式中加入更多创新,才能使整个 IP 开发环境更为活跃。

(1)自媒体"同质化"不断加重。互联网与自媒体平台的出现使内容生产的门槛不断降低,人人都可以成为自媒体。但由于"去中心化"这一特点,热点事件出现时,相关信息将快速增长,但同质化内容也越来越多,受众面临海量信息将更为无所适从,打击且降低了受众发掘持优质观点的自媒体的积极性。

同质化现象不仅表现在自媒体对"爆点"内容的生产内容中,也表现在自媒体类型上。当一个类型的自媒体获得受众关注,取得巨大成功后,同一类型的自媒体将大量出现,并对其进行一定程度上的模仿。作为同类型的自媒体,在运营和内容选择上存在大量相近点,新建立的自媒体要完全实现内容与形式的独特性,摆脱自媒体类型同质化,需要在创新上付出大量的努力。

(2)马太效应凸显。随着自媒体的不断发展,大部分具有 IP 属性的顶端自媒体在占据市场的同时,关注度及粉丝量仍在不断提升。这部分自媒体凭借自身的受众基础、优质内容的稳定输出,以及形式创新使自媒体市场更呈现出一种强者越来越强、弱者越来越弱的马太效应。自媒体市场出现的这种两极分化趋势将越来越严重,头部自媒体将会吸引更多受众的注意力,而处于弱势的自媒体将面临重大发展危机。

2. 资本推动与内容精细化的矛盾

在自媒体 IP 开发的发展模式背景下,互联网投资总额下降与扩展受众和内容精细化的成本不断提升的矛盾已然显现。自媒体运营者面对 IP 开发时需要更加专业化和精细化的运营,而专业化和精细化也意味着运营成本的明显增加。

(1)互联网投资总额下降。根据中国信息通信研究院发布的《2021 年二季度互联网投融资运行情况》研究报告显示,我国互联网投融资稳中略降。我国互联网投融资整体维持高位,案例数环比增长 9.7%,同比增长 15.7%;总金额环比减少 8.1%。

(2)扩展受众与内容精细化的成本不断提升。在当前 IP 开发的基础设施及产业供应链还需完善的情况下,扩展受众及内容精细化的成本在不断提升。成熟的自媒体 IP 体系需要更加专业化的分工,并针对相关领域进行精细化运营以及规模化生产。成本的提升是自媒体 IP 开发中扩展受众与内容精细化无法绕过的门槛。

3. 文化 IP 市场乱象时有显现

随着 IP 化的不断发展,整个自媒体 IP 市场乱象时有显现。市场授权交易混乱现象依旧存在,并且侵权后的维权成本高昂,侵权行为屡禁不止。伴随自媒体 IP 市场的发展,不同平台都开启了"会员制"进行引流变现,"会员制"的泛滥对于受众的选择将造成一定的负面影响,生产者与受众之间需要更多的信任感,才能使受众选择成为会员。

(1)市场授权交易还需规范。随着自媒体 IP 的不断成熟,多领域的跨界联动合作成为 IP 辐射扩散的重要趋势。版权方在准确选择合作对象以实现版权价值最大化的同时,也存在着盲目授权的行为。科技在大力推动自媒体 IP 时,IP 授权交易市场乱象依然存在。面对侵权后的维权过程中,程序烦琐、维权成本高昂也成为侵权行为屡禁不止的原因之一。建立第三方版权交易市场有利于缓解这一问题,例如,京东以自身的大数据作为基础,为 IP 的内容版权方、品牌方提供在线授权交易服务、联合营销服务等,但是第三方交易市场的建立依然面对着内容供应商不足、衍生供应链不完善等问题。

(2)"会员制"泛滥。伴随自媒体 IP 市场的发展,越来越多的个体以及平台开启"会员制",进行引流变现,对于受众而言,成为会员的成本也在不断增加。"会员制"的泛滥对受众的选择形成了一定的负面影响。面对不同的"会员制",受众将不断进行对比判断。如何降低受众的选择成本和选择风险,自媒体如何在众多"会员制"中脱颖而出,赢得更多受众的信赖成为自媒体 IP 发展需要面临的新问题。

第三节 付费新闻

随着新媒体的发展,互联网信息大量涌现,内容同质化严重,网络上琐碎的内容难以满足部分用户对高质量内容的需求,在这种背景下,以提供专业化内容的付费新闻平台应运而生。与付费新闻相关的问题也随之而来。付费新闻的实质是知识付费,媒体提供专业的信息以获取商业价值,这本是商业的通行规律。但受众的新闻消费习惯、新闻从业者的版权意识、媒介的竞争生态等因素导致付费新闻在我国发展较为缓慢。

一、付费新闻模式

付费新闻模式是指基于传统媒体在线数字内容的支付模式。20 世纪末,在网络技术革命的影响下,美国新闻业进行了一系列数字化转型的尝试,包括创建独立的网站、发布电子杂志等。其中,《华尔街日报》率先在其网站上对内容收费,这被视为收费墙模式的开始。在互联网内容免费的大环境中,付费机制的建立确立了用户必须为有价值的内容和媒体产品付费的原则,并对媒体的生态平衡发展作出了巨大贡献。付费新闻模式一般分为两大方面,即硬付费墙模式和软付费墙模式。

1. 硬付费墙模式

硬付费墙模式是一种将读者与报纸的数字内容完全分开的支付模式,也就是说,新闻内容处于收费墙内,在支付订阅之前,读者看不到任何内容,例如2007年之前的《华尔街日报》网站。从市场运营及经济盈利能力而言,这种模式将读者与报纸数字内容完全隔离,是一种运营风险非常大的经营模式。一旦筑起这堵墙,报纸网站将会面临失去大部分读者和广告的风险。而维持网站运营的唯一方法是提供单一的内容并吸引足够的用户。因此,硬付费墙模式的成功需要以下要素:提供增值元素、准确确定目标读者、垄断市场。

许多业内人士认为这种模式不稳定,易使用户与报纸网站完全隔离。金融学博士费利克斯·萨尔曼说:"当你点击报纸网站,遭遇的却是冰冷的付费墙,这是多么令人失望的尝试,于是读者就这样辗转到其他不设墙的网站去了。"维基百科的吉米·华莱士认为,硬付费墙大大减少了数字平台的影响力。《泰晤士报》因设立了硬付费墙,尽管订阅收入可能增加,但访问《泰晤士报》网站的游客人数却减少了60%。《纽约时报》网站在2005年设立付费墙时,试图采用"硬付费"的做法,事实证明,访问量的减少导致了广告的损失,以及报纸网站影响力的丧失。美国的《华尔街日报》是第一家从付费墙模式中获利的报纸,但其也在2008年开始发布部分免费内容,以增加其影响力[1]。

2. 软付费墙模式

与硬付费墙模式相比,软付费墙模式即部分内容向用户开放,用户可以通过试读的方式接触新闻内容。软付费墙模式通常包括以下三种具体形式。

(1)计量付费。和硬付费墙模式进行比对,计量付费的方式,可以在一定限度内,让公众了解较多免费的内容,即限定内容、限定数量。一旦这一内容达到浏览次数后,就需要付费。现在美国的大多数报纸网站都选用这种方法,尤其《纽约时报》从2011年时就已经开始选用这种方式。通常用户可以每月进行20条新闻的浏览,当超出这一数据后,就需要通过付费的方式来获得更多的内容。而这种付费的模式相较于传统的网站来说,实际上更能让读者在付费后认真观看内容,并保证网站的浏览量处于稳定状态。《纽约时报》在选用这种方式初期,付费订阅客户就已经达到了22.4万。

---

[1] MBA智库[EB/OL].[2020-07-10]. https://wiki.mbalib.com/wiki/%E4%BB%98%E8%B4%B9%E5%A2%99%E6%A8%A1%E5%BC%8F.

(2)残缺吸引。残缺吸引的支付模式是指报纸网站免费开放绝大部分新闻内容,但对自身最有竞争力的独家新闻、独特栏目长期维持收费状态。这种付费模式与计量付费相比,既能维持网站常态访问量,又能通过连载故事或突发新闻推动数字内容赢利。目前,这种付费墙模式为很多中小型报纸采用[①]。

(3)捆绑订阅。新闻网站会选择捆绑订阅的方式对产品进行促销,与零售行业的促销模式较为类似,在对数字内容收费时,纸质报纸订阅者可以多付1~2美元,就能获得移动终端上的相关内容。这种方式不仅可以将线下和线上沟通融合,也让更多的读者在订阅纸质报纸时,可以获得更加全面和丰富的内容。这种方式将线下和线上内容进行捆绑销售,在降低用户使用成本的同时,可以让用户获得报纸更多的内容,同时促进了线上和线下的销售。

以《纽约时报》为例,一方面,只订阅星期天版的用户可以看到报纸所有的数字内容;另一方面,只订阅网站内容的用户则可以被赠阅每周的星期天版纸质报纸。俄勒冈州的《本德公告报》纸质版订阅费为每月10.5美元,纸质版加数字内容的订阅费为每月11美元,数字内容单独订阅费为每月8美元。显然,多花0.5美元就可以浏览该报全部数字内容对于读者具有强大的价格吸引力,而选择单独订阅数字内容则显得不划算[②]。

二、付费新闻模式的特点

1. 多样性

付费新闻在形式上具有多样性,满足了不同受众的需求。不同媒体采用了不同的付费模式,有些媒体还同时采用了不同的付费模式。例如,英国的《金融时报》就同时采取了计量付费和捆绑订阅等付费模式。2002年5月,《金融时报》推行了计量付费模式,即用户可以享受7天的免费新闻服务。付费标准为每年75英镑,还有升级版付费模式,每年需200英镑。《金融时报》同时还采用捆绑订阅,即用户成为付费会员后,不仅可以观看所有的新闻,还可以享受信息检索、数据信息、个人办公软件、专业栏目等附加服务。

---

① MBA智库[EB/OL].[2020-07-10]. https://wiki.mbalib.com/wiki/%E4%BB%98%E8%B4%B9%E5%A2%99%E6%A8%A1%E5%BC%8F.

② MBA智库[EB/OL].[2020-07-10]. https://wiki.mbalib.com/wiki/%E4%BB%98%E8%B4%B9%E5%A2%99%E6%A8%A1%E5%BC%8F.

2. 与时俱进性

付费模式随着技术的发展不断更新,媒体也在随着技术的发展不断采用新的付费模式。例如,《纽约时报》付费墙模式就经历了两个阶段:以2011年为分界线,之前可以统称为"专栏作家付费墙",即将其所有的专栏和文章总结在了一个"专栏作家名单"上,每年收费50美元,但这个模式的尝试最终以失败告终;2011年之后是以计量付费为主,一直沿用至今。

三、国内外付费新闻的现状

国外付费新闻发展较早,无论是媒体,还是受众,对付费新闻接受度较高。通过对2014年的相关数据的分析,能够发现有60%的美国报纸,都添加了付费墙。在这当中,排名前20的美国报纸,有50%设置了付费墙模式。根据美国新闻学会的调查,至2015年,美国98家发行量超过5万份的受调查报纸中,有77家使用数字付费订阅模式,比例达78%[①]。在欧洲国家,仅2016年,就有66%的报纸添加了付费墙模式。在波兰,这一数据甚至高达90%。根据世界报业协会《2017年世界新闻趋势报告》,读者付费收入已占到总体数字收入的约30%,全球数字发行收入同比增长28%,数字广告收入在2015—2016年仅增长5%,表明读者付费收入超过了广告价值,付费收入对媒体日益关键[②]。

国内的付费新闻发展虽探索较早,但是能真正实施的媒体较少。随着我国移动互联网的高速发展,融媒化、内容生产主体多元化、线下和线上融合、新闻平台综合化已成为媒体发展的趋势,这使得新闻平台受到直接影响,平台的付费模式也开始走向两极分化。

首先,某些传统媒体并不重视内容付费的方式,所以没有利用付费墙或其他付费方式进行收费的尝试和改革。尤其以《潇湘晨报》为代表的都市报在进行付费尝试后,市场占有率有所下降,因此没有进一步推行内容付费。2010—2016年,《人民日报》通过6年的付费模式推广,最终选择取消收费,以让更多的用户可以阅读文章。

其次,财经媒体等不同领域的媒体,依旧重视内容付费的方式,选用的思维方法也开始走向多样化。从2017年开始,财新网就正式成为全面付费的媒体,启动全面收费的方式后,网站发展速度较快。财经媒体不断推广付费方式,使得国内的媒体付费进入新一轮高潮。

---

① 史安斌,沈晓波. 破"墙"建"桥"与报业的数字化转型[J]. 青年记者,2016(13):82-85.
② 黄楚新,王丹丹. 国外主流传统媒体付费阅读状况及借鉴意义[J]. 中国报业,2019(5):102-106.

四、国内外付费新闻平台成功案例

1.《纽约时报》及其付费实践

《纽约时报》是在美国出版的一份日报,具有较强的影响力,是美国严肃出版物的代表,长期以来享有较高的声誉。

2017年,《纽约时报》发表了一份名为《杰出新闻》的报告,称自己是一家以用户订阅盈利的报社,而正是这种对用户的关注,促使《纽约时报》从众多媒体中脱颖而出。2018年3月,《纽约时报》的付费用户总数达到260万。《纽约时报》为数百万的用户提供了一个强大的新闻信息库,这是一个强有力的商业模式,这一战略也符合《纽约时报》长期以来的价值取向。

《纽约时报》属于大型综合类媒体,作为在美国颇具影响的主流媒体,其内容多元化,受众定位首先是全国受众群,然后才是细分的各类群体。《纽约时报》拥有统一的品牌管理系统,其纸质版具有多个地方版本。

《纽约时报》以用户为重点,利用综合渠道向公众展示产品,使其能有效地将产品与用户联系起来。除了向用户提供大量的文字产品外,还高度重视向用户提供语音、视频、互动格式、图片、App等多媒体方面的产品,开发社交网络、搜索引擎、数据检索等新型功能,配合手机、平板电脑等各种移动终端的使用,来满足用户的不同需求。《纽约时报》的付费新闻实践,改变了用户对付费新闻的认知。

《纽约时报》实行的付费模式所具备的优势有以下三点。

首先,《纽约时报》付费模式使用的时间较长。在20世纪90年代末期,其就已经开始提出付费理念。通过不断的延续和发展,到2011年时,《纽约时报》正式采用付费墙策略,用户不断增多,互联网线上收费处于较为稳定的状态。尤其在付费墙模式刚推出后,《纽约时报》在工作日的平均发行量就已经超过160万份,比原有的方式增长了将近70%。

其次,《纽约时报》长期提供"优质内容"。《纽约时报》报道的新闻内容选题精准,制作质量较高,拥有大量的忠实用户。因此,在付费墙模式推出之后,公司原本具备的各项资源都能转化为推广优势。对于受众而言,《纽约时报》不仅深受普通受众喜欢,其高质量的新闻报道也赢得了许多专业人士的认可,他们可通过付费的方式获得高质量的新闻。付费模式实施后,对于《纽约时报》来说,较传统的文章阅读总人数有所下降,但却通过高质量的新闻内容获得了忠实的用户群体和较好的市场收益;对于受众来说,虽然需要付费才能阅读,但是很多内容的质量相较于市面上的其他报道来说水平较高。

最后,《纽约时报》较为重视创新理念。21世纪是知识经济的时代,科技对新闻行业的发展影响深远。在2006年时,公司通过全新的实验室(NYT R&D),开展了对未来新闻的探索等多方面的新产品开发;充分利用StreamTools等工具解决新闻内容的展现方式,使推出的内容备受关注;同时,《纽约时报》新闻内容较早开始探索新闻报道可视化、数字化和互动,并在新闻内容中添加图形或视频等多种新闻报道方式。这种创新性理念,使《纽约时报》赢得了市场先机。

2. 财新网及其付费实践

财新传媒是提供财经新闻及资讯服务的全媒体集团,它依托专业的团队和强大的原创新闻优势,以期刊、网站、视频、图书、会议等多层次的业务平台,向中国具有影响力的读者群提供准确、全面、深入的财经新闻和资讯信息服务。

财新传媒旗下的财新网于2010年正式上线,定位为原创财经新闻报道,是财新传媒集团旗下主要的媒体平台之一。财新网从2017年11月6日起启动了财经新闻全面收费,这是中国首家全面转型付费的新闻网站。财新传媒从创办开始就把自身定位为一家拥有多种媒体产品的全媒体集团,而不仅仅是拥有纸质杂志的媒体。财新传媒的受众定位是政商学界的精英人士,这就要求媒体本身有较高的水平,才能满足受众的阅读需求。因此其内容专业化,尤其在财经新闻方面有很大的权威性和话语权,注重"内容+平台"全方位发展。

财新网付费新闻的内容大致分为三种,即交互网页、手机互动和信息图表。交互网页是指经数据挖掘以及分析后,通过可视化设计,以交互网页形式呈现的资讯庞杂的新闻故事、研究报告等。手机互动是指充分利用移动设备的高传播效率,将不同内容制作成可视化互动作品,有效增加可读性与阅览次数。信息图表是指以图解说,化繁为简,让读者更快理解资讯;表格赋予数字具体形象,图像赋予信息优美画面[①]。

财新网所具备的优势有以下两点。

首先,财新网涉及的受众范围较广,在长期的推广中,用户忠诚度较高。尽管初期是以免费平台为主与客户建立关系,但后续增加付费订阅的方式后,很多用户想要利用付费的方法获得更多优质的新闻内容,所以逐步形成了良性循环。与其他网站比较来说,财新网的内容还能通过用户评论的方式进行交互,让用户真正参与了新闻再生产过程。

其次,财新网发布的内容原创性较高,尤以揭示性的调查报告为主,受到了业界的广泛关注。作为整个行业内的佼佼者,财新数字新闻相较于传统新闻来说价值更高,且财新网针对这方面的投入始终较高,所以能够在原创性的基础上,以更客观专

---

① 邱雪.财新数字新闻付费模式研究[D].沈阳:辽宁大学,2019.

业的态度关注经济的发展动向,成为整个行业内首屈一指的报道典范。

通过对国内外付费新闻平台的分析,可以看到,付费新闻平台在进行数字化转型时,在清晰定位的基础上,优质内容是其核心竞争力。在避免内容同质化的同时,进行"垂直细分领域"的内容创新,根据自身优势构建某一领域的新闻报道的权威地位,打造高质量深度报道,做到"内容为王",不断创新。付费媒体还在承载内容的新闻形式上顺应时代的发展,不断创新,利用 UR、VR 和大数据等技术,使新闻表现形式数字化、可视化和可参与,借此来吸引受众,增加自身流量和利润。《纽约时报》和财新网都是靠高质量的内容和多元化的形式取胜,得以长远长效发展。

在受众定位方面,媒体要增强自己的核心竞争力,对受众进行专业化分类和精准定位。例如,财新网就把目标限定为政商学界的精英人士。除此之外,媒体要加强与受众的互动交流,与受众形成"强联系",增强自身的用户黏性,提高用户的忠诚度。

在媒体自身定位基础上,精准识别用户。在"大众"变为"分众"的当下,要获得持续的发展动力,新闻媒体不仅要对受众进行专业化定位,更要对自身进行专业化定位,要更有针对性地调整自己的风格和报道模式,专注于为用户提供个性化服务,形成自己的品牌风格。付费新闻的转型需要建立适合自身特色的付费新闻模式,提高自己的竞争力和辨识度,专注于垂直细分领域的深度高质量报道,形成自身的独特风格,才能在市场竞争中生存并立于不败之地。

五、我国付费新闻发展需要解决的问题

1. 对著作权的保护有待细化与加强

随着互联网新闻出版的发展,面临的著作权问题纷繁复杂,且不断涌现新的问题。新闻信息的生产主体多元化,各类主体对于新闻信息的生产加工方式也变得多元化。在同质化严重的同时,也面临着著作权归属难以划分的问题。部分非专业新闻信息生产加工主体对著作权的重视不足,屡屡通过"打擦边球"进行新闻信息的加工处理。在产生侵权问题时,面临不能有效界定或界定成本过高、无法取证或获得有效证据、最终诉讼时间过长等问题。即使遇到"洗稿"的侵权现象,也很难真正破解相关问题,以法律的手段维护被侵害者的合法权益。当前法律当中,针对著作权设立的标准,难以形成差异性对比。被控作品和原告的作品相似性较高,在判定的过程中,无法真正触及核心。这些都影响到了付费新闻的发展。

"实质性相似"的理念被提出后,要考虑思想和表达之间的差异性。尽管作品需要具备独创性的效果,但是法院需要在独创性表达的过程中,明确被告处于不当使用的状态,在这种情况下,致使两种作品的相似性较高。然而在进行作品区分时,怎样明确划分思想和表达之间的差异性,依旧是一大难题。所以文字抄袭,很难被直

接界定。

2. 自媒体平台缺乏行业自律规范,带来无序竞争

自媒体平台作为备受受众追捧的新闻整合类社交媒体,不属于正规的媒介组织或机构,缺乏行业规范与自律性,也不具有新闻采访权。这类公众号依托用户基数巨大的平台进行运作,互动性强,曝光率高,流量巨大,较高的覆盖率令其运营产生巨大的市场利润,一些高端品牌也会在上面进行广告投放。然而,一些运营主体为了商业利益与同行进行不良竞争,照搬其他人的原创内容,侵害了作者的著作权。许多需要付费的内容通过其他方式都可以免费看到。这使得自媒体乱象的频繁发生。

3. 受众的免费共享思维带来付费障碍

在我国,受众的付费意愿不足,媒体也难以获得忠诚度很高的订阅用户。由于传统报业在进行数字化转型初期实施的免费战略,使得互联网新闻内容同质化严重,"搬运新闻"的现象屡禁不止。在这种大环境下,受众并没有养成通过付费获取新闻的消费习惯,难以适应付费新闻平台的模式。同时,受众并不关心自己阅读的东西是否是原创,这也使付费新闻在我国发展缺乏受众的市场基础。

4. 碎片化阅读带来版权信任缺失

伴随着新媒体发展的不断深入,碎片化阅读成为人们的一种阅读习惯。在这一背景下,人们获取信息的渠道不断增加,获取的信息内容也变得更加纷繁复杂,受众对这些信息只能做到浅显了解,并不关心信息来源,以及内容是否为抄袭的,甚至一些受众并没有形成对原创作品的尊重意识。

5. 社交传播带来版权保护难题

"社交传播"是一种非常便捷的传播方式,为微博、微信等社交类App的UGC提供了便捷。当下的互联网媒体涉及的社交软件较多,用户在观察到自己较为感兴趣的内容后,通常会利用截屏或复制等多种方式,或者将原创作品不断演绎添加自身的观念,广泛传播到朋友圈或微博等多种平台中,信息传播的速度较快,传播范围较广,这导致原创信息的价值在瞬间瓦解。版权保护依旧是一大难题。

 课后题

1. 当前许多城市都通过打造网红来推广城市旅游,请结合相关理论分析这一现象。
2. 当前我国自媒体IP开发面临哪些问题?
3. 你如何看待我国付费新闻的发展前景?

参考文献
References

图书

[1] 麦克卢汉. 理解媒介：论人的延伸[M]. 何道宽, 译. 北京：商务印书馆, 2001.

[2] 费斯克. 关键概念：传播与文化研究辞典[M]. 李彬, 译. 北京：新华出版社, 2004.

[3] 伯格. 理解媒介：媒介与文化研究的关键文本[M]. 秦洁, 译. 北京：清华大学出版社, 2013.

[4] 郭庆光. 传播学教程[M]. 北京：中国人民大学出版社, 1999.

[5] 张锦华. 公共领域、多文化主义与传播研究[M]. 台北：正中书局, 1997.

[6] 张开. 媒介素养概论[M]. 北京：中国传媒大学出版社, 2006.

[7] 波特. 竞争优势[M]. 陈小悦, 译. 北京：华夏出版社, 2005.

[8] 吴曼芳, 刘灏. 媒介产业组织学[M]. 北京：中国电影出版社, 2010.

[9] 以太资本. 网红经济学：新入口 新内容 新模式[M]. 北京：人民邮电出版社, 2016.

[10] 伊尼斯. 传播的偏向[M]. 何道宽, 译. 北京：中国人民大学出版社, 2001.

[11] 莱文森. 数字麦克卢汉[M]. 何道宽, 译. 北京：中国社会科学出版社, 2001.

[12] 林文刚. 媒介环境学：思想沿革与多维视野[M]. 何道宽, 译. 北京：北京大学出版社, 2007.

[13] 波特. 媒介素养[M]. 李德刚, 译. 北京：清华大学出版社, 2012.

[14] 汤普森. 意识形态与现代文化[M]. 高铦, 文涓, 高戈, 等译. 南京：译林出版社, 2005.

[15] 钱尼. 文化转向：当代文化史概览[M]. 戴从容, 译. 南京：江苏人民出版社, 2004.

[16] 凯尔纳. 媒体文化：介于现代与后现代之间的文化研究、认同性与政治的新描述[M]. 丁宁, 译. 北京：商务印书馆, 2004.

[17] 阿多诺. 文化工业再思考[M]//陶东风. 文化研究：第一辑[C]. 天津：天津社会科学院出版社, 2000.

[18] 莫利. 电视、受众与文化研究[M]. 史安斌, 译. 北京：新华出版社, 2005.

[19] 陆扬, 王毅. 大众文化研究[M]. 上海：上海三联书店, 2001.

[20]孙黎.中国网络青年亚文化群体新媒介赋权行为及影响[M].武汉:华中科技大学出版社,2020.

[21]费瑟斯通.消费文化与后现代主义[M].刘精明,译.南京:译林出版社,2000.

[22]卡瓦拉罗.文化理论关键词[M].张卫东,张生,赵顺宏,译.南京:江苏人民出版社,2013.

[23]曾一果.媒介文化理论概论[M].北京:中国人民大学出版社,2015.

[24]于翠玲,王颖吉.媒介文化素养的多维视角[M].北京:北京师范大学出版社,2019.

[25]高萍.当代媒介素养十讲[M].北京:中国人民大学出版社,2018.

[26]马克思恩格斯选集[M].北京:人民出版社,1972.

[27]马克思恩格斯全集[M].北京:人民出版社,1979.

[28]萨特.存在与虚无[M].陈宣良,译.北京:生活·读书·新知三联书店,1987.

[29]吴予敏.无形的网络:从传播学的角度看中国的传统文化[M].北京:国际文化出版公司,1988.

[30]普洛格,贝茨.文化演进与人类行为[M].吴爱明,邓勇,译.沈阳:辽宁人民出版社,1988.

[31]彼彻姆.哲学的伦理学[M].雷克勤,郭夏娟,李兰芬,等译.北京:中国社会科学出版社,1990.

[32]施拉姆.大众传播媒介与社会发展[M].金燕宁,等译.北京:华夏出版社,1990.

[33]宋林飞.社会传播学[M].上海:上海人民出版社,1994.

[34]奥尼尔.身体形态现代社会的五种身体[M].张旭春,译.沈阳:春风文艺出版社,1999.

[35]小约翰.传播理论[M].陈德民,等译.北京:中国社会科学出版社,1999.

[36]梅洛-庞蒂.知觉现象学[M].姜志辉,译.北京:商务印书馆,2001.

[37]吴信训.都市新闻传播学[M].上海:复旦大学出版社,2006.

[38]姚福申.新时期中国新闻传播评述[M].上海:复旦大学出版社,2002.

[39]魏永征.新闻传播法教程[M].北京:中国人民大学出版社,2002.

[40]童兵.比较新闻传播学[M].北京:中国人民大学出版社,2002.

[41]杨海坤.宪法学基本论[M].北京:中国人事出版社,2002.

[42]全国13所高等院校《社会心理学》编写组.社会心理学[M].3版.天津:南开大学出版社,2003.07.

[43]余仕麟.伦理学概论[M].北京:民族出版社,2004.

[44]李岩.媒介批评:立场 范畴 命题 方式[M].杭州:浙江大学出版社,2005.

[45]凯瑞.文化的传播"媒介与社会"论文集[M].丁未,译.北京:华夏出版社,2005.

[46]任学锋,余冬保.艾滋病防治媒体报道参考手册[M].北京:军事医学科学出版社,2005.

[47]吴兆路,甲斐胜二,林俊相.中国学研究:第10辑[M].济南:济南出版社,2007.

[48]白春生,李鸿标.媒介全球化时代的领航者[M].天津:天津社会科学院出版社,2008.

[49]陈力丹.精神交往论:马克思恩格斯的传播观[M].北京:中国人民大学出版社,2008.

[50]翁.口语文化与书面文化语词的技术化[M].何道宽,译.北京:北京大学出版社,2008.

[51]李智,吴国喆.新编民法总论案例教程[M].北京:中国民主法制出版社,2008.

[52]孙旭培.新闻传播法学[M].上海:复旦大学出版社,2008.

[53]王海明.伦理学导论[M].上海:复旦大学出版社,2009.

[54]王军.传媒法规与伦理[M].北京:中国传媒大学出版社,2009.

[55]施拉姆,波特.传播学概论[M].陈亮,周立方,李启,译.北京:中国人民大学出版社,2010.

[56]郭庆光.传播学教程[M].2版.北京:中国人民大学出版社,2011.

[57]夏德元.电子媒介的崛起:社会的媒介化及人与媒介关系的嬗变[M].上海:复旦大学出版社,2011.

[58]罗胜华.网络法案例评析[M].北京:对外经济贸易大学出版社,2012.

[59]郑维东.媒介化社会与经济增长理论及实证研究[M].北京:中国传媒大学出版社,2013.

[60]吉敏丽.宪法事例研析[M].北京:中国政法大学出版社,2013.

[61]牛静.媒体权利的保障与约束研究[M].武汉:华中科技大学出版社,2014.

[62]胡建淼.政府法治建设[M].北京:国家行政学院出版社,2014.

[63]展江,彭桂兵.媒体道德与伦理·案例教学[M].北京:中国传媒大学出版社,2014.

[64]邹玉,邹俊巍.新形态广播[M].北京:中国广播影视出版社,2014.

[65]陈奎,刘宇晖.网络法十六讲[M].北京:对外经济贸易大学出版社,2014.

[66]戴剑平.2014南方传媒前沿论坛[M].广州:暨南大学出版社,2014.

[67]张冠文.人与互联网的同构:媒介环境学视阈下互联网交往形态的演化[M].北京:中国广播影视出版社,2015.

[68]牛静.新闻传播伦理与法规:理论与案例评析[M].上海:复旦大学出版社,2015.

[69]郝雨,郑涵.新闻理论问题十讲[M].上海:上海大学出版社,2015.

[70]顾剑.管理伦理学[M].上海:同济大学出版社,2015.

[71]肖峰.信息技术哲学[M].广州:华南理工大学出版社,2016.

[72]马克思主义新闻观教学团队.马克思主义新闻观读本[M].上海:复旦大学出版

社,2016.

[73] 格里芬. 初识传播学:在信息社会正确认知自我他人及世界[M]. 展江,译. 北京:北京联合出版公司,2016.

[74] 广播影视业务教育培训丛书编写组. 广播电视综合知识[M]. 北京:中国国际广播出版社,2016.

[75] 鲍嵘. 共和国高等教育系统与法权观念变迁[M]. 北京:九州出版社,2016.

[76] 刘金霞,温慧卿. 新编民法原理与实务[M]. 北京:北京理工大学出版社,2017.

[77] 唐凯麟. 伦理学[M]. 合肥:安徽文艺出版社,2017.

[78] 叶青. 法学名家评案说法:"双千"专家专辑[M]. 上海:复旦大学出版社,2017.

[79] 南长森,屈雅利. 媒介素养教程[M]. 西安:陕西师范大学出版社,2017.

[80] 塔腾,所罗门,北京大学新媒体研究院社会化媒体研究中心. 社交媒体营销[M]. 上海:上海人民出版社,2017.

[81] 袁同凯. 文化人类学简论[M]. 天津:南开大学出版社,2017.

[82] 马龙. 万物守护者:记忆的历史[M]. 程微,译. 重庆:重庆出版社,2017.

[83] 李泽厚. 伦理学纲要续篇[M]. 北京:生活·读书·新知三联书店,2017.

[84] 约斯特. 新闻学原理[M]. 王海,译. 北京:中国传媒大学出版社,2013.

[85] 李迎春. 司法与传媒关系临界点:采访权的法理与其实践[M]. 北京:中国民主法制出版社,2017.

[86] 董国旺. 网络强国负熵源:网络空间法治[M]. 北京:知识产权出版社,2017.

[87] 赵瑞华. 媒介文化与休闲异化:媒介文化对现代休闲方式负面影响研究[M]. 广州:中山大学出版社,2017.

[88] 郑文辉. 中国法律和法律体系[M]. 广州:中山大学出版社,2017.

[89] 吕世伦,文正邦. 法哲学论[M]. 哈尔滨:黑龙江美术出版社,2018.

[90] 尼采. 查拉图斯特拉如是说[M]. 孙周兴,译. 上海:上海人民出版社,2018.

[91] 张好玟. 英国"第四等级"报刊观念的兴起[M]. 上海:复旦大学出版社,2018.

[92] 谢清果. 华夏传播研究:第1辑[M]. 北京:中国传媒大学出版社,2018.

[93] 李昕揆. 印刷术与西方现代性的形成:麦克卢汉印刷媒介思想研究[M]. 北京:商务印书馆,2018.

[94] 黄瑚. 网络传播法规与伦理教程[M]. 上海:复旦大学出版社,2018.

[95] 牛静. 新闻传播伦理与法规:理论及案例评析[M]. 2版. 上海:复旦大学出版社,2018.

[96] 孟笛. 媒介融合背景下的数据新闻生产研究[M]. 上海:上海大学出版社,2018.

[97] 孙那. 中美数字内容产业版权政策与法律制度比较[M]. 北京:知识产权出版社,2018.

[98] 郭栋. 网络与新媒体概论[M]. 西安:陕西师范大学出版社,2018.

[99] 贡贝特. 社会民主主义的基础[M]. 郑春荣,袁亚妮,译. 上海:上海人民出版社,2019.

[100] 王沛莹. 科技与法律的博弈:大数据时代的隐私保护与被遗忘权[M]. 成都:电子科技大学出版社,2019.

[101] 张涛甫. 马克思主义新闻观百问百答[M]. 上海:复旦大学出版社,2019.

[102] 杨加明. 网络著作权刑法保护研究[M]. 北京:知识产权出版社,2019.

[103] 孟奕爽. 创业思考力:从创意到产品开发[M]. 长沙:湖南教育出版社,2019.

[104] 刘颂杰,曹斯,张纯. 英国媒体数字化转型:案例与模式[M]. 广州:南方日报出版社,2017.

[105] 洛厄里,德弗勒. 大众传播效果研究的里程碑[M]. 刘海龙,等译. 3版. 北京:中国人民大学出版社,2009.

[106] 麦奎尔. 麦奎尔大众传播理论[M]. 崔保国,李琨,译. 4版. 北京:清华大学出版社,2006.

[107] 克劳利,海尔. 传播的历史:技术、文化与社会[M]. 董璐,何道宽,王树国,译. 6版. 北京:北京大学出版社,2018.

[108] 刘海龙. 大众传播理论:范式与流派[M]. 北京:中国人民大学出版社,2008.

[109] 郑超然,程曼丽,王泰玄. 外国新闻传播史[M]. 北京:中国人民大学出版社,2000.

[110] 李彬. 传播学引论[M]. 3版. 北京:高等教育出版社,2013.

期刊

[1] 喻国明,王小龙,郭剑楠. 智媒时代媒介的重新定义:依据社会化场域的范式[J]. 青年记者,2019(28):38-41.

[2] 丁云亮. 理解文本:阿瑟·伯格的媒介批评方法论[J]. 吉林师范大学学报(人文社会科学版),2015(2):104-108.

[3] 何敏杰. 媒介依赖:一种工具化时代的到来——当代大学生手机使用与满足实证研究[J]. 湖南大众传媒职业技术学院学报,2013(2):18-22.

[4] 陈昌凤. 工具性兼人性:技术化时代的媒介伦理[J]. 新闻与写作,2019(4):1.

[5] 张昆. 大众媒介的政治属性与政治功能[J]. 武汉大学学报(人文科学版),2006(1):96-100.

[6] 卜卫.论媒介教育的意义、内容和方法[J].现代传播,1997(1):29-33.

[7] 张志安,沈国麟.媒介素养:一个亟待重视的全民教育课题——对中国大陆媒介素养研究的回顾和简评[J].新闻记者,2004(5):11-13.

[8] 臧海群.传播学教育新方向:从媒介研究到媒介素养[J].现代传播,2003(6):89-92.

[9] 宋小卫.西方学者论媒介素养教育[J].国际新闻界,2000(4):55-58.

[10] 张开,丁飞思.回放与展望:中国媒介素养发展的20年[J].新闻与写作,2020(8):4-12.

[11] 张毅,张志安.美国媒介素养教育的特色与经验[J].新闻记者,2000(10):66-69.

[12] 王君超.媒介批评课程与批判性思维的培养:清华大学的教学案例[J].清华大学教育研究,2009(5):114-118.

[13] 陈力丹.细节决定新闻真实:谈记者采访写作中的细节差误[J].新闻界,2016(6):2-5.

[14] 汝绪华.国外假新闻研究:缘起、进展与评价[J].新闻与传播评论,2019(9):58-70.

[15] 黄广芳,熊思宇.疯狂动物城:刻板印象三部曲[J].电影文学,2016(23):120-122.

[16] 李琦.谍战剧:对一种传播现象的思考[J].新闻与传播研究,2011(6):11.

[17] 代艳娟.电视广告中女性刻板形象研究[J].当代传播,2015(20):2.

[18] 赵冰心.葛兰西文化领导权理论及其当代价值[J].学术交流,2020(8):16-24.

[19] 李智.从权力话语到话语权力:兼对福柯话语理论的一种哲学批判[J].新视野,2017(2):108-113.

[20] 朱佳明,付天海.以福柯话语权理论解读动画影片《疯狂动物城》[J].电影评介,2016(10):90-93.

[21] 陈吉德.意识形态批评及其对电影研究的价值[J].南京师范大学学报,2020(4):140-148.

[22] 方亭.一曲他者的挽歌:从他者视角解读《立春》中王彩玲之形象[J].电影文学,2008(21):24-25.

[23] 李琼.消费"她时代"女性时尚杂志广告中的女性形象塑造[J].出版发行研究,2015(6):64-66.

[24] 陈红星,蔡圣勤.《面纱》的后殖民主义解读[J].电影文学,2008(9):89-90.

[25] 韩子满.文学翻译与杂合[J].中国翻译,2002(2):54-58.

[26] 李馥辰.后殖民背景下对《刮痧》中主人公的文化身份再解读[J].苏州大学学报,2012(4):153-157.

[27] 胡立新,方拥军.好莱坞大片的极端文化价值观批判[J].文艺争鸣,2006(4):123-127.

[28] 武闽.韩剧助推国家形象塑造的传播学分析:《以太阳的后裔》为例[J].传媒,2016(16):65-68.

[29] 王妍力.用霍尔"编码解码"理论解读《延禧攻略》[J].新闻研究导刊,2018(15):130-131.

[30] 张少君.对于中国青年亚文化中风格之争的社会学分析:再议"非主流"文化及"杀马特"文化[J].中国青年研究,2017(11):29-34.

[31] 陈维超.青年亚文化视域下"鬼畜"视频研究[J].常州大学学报,2019(5):110-116.

[32] 陈龙.青年亚文化与当代媒介素养教育[J].国际新闻界,2005(2):17-22.

[33] 蔡骐,文芊芊.风格表意与认同建构:青少年网络自拍亚文化[J].现代传播,2020,42(12):142-146.

[34] 杨旦修.日常生活、电视剧与拟态环境[J].文艺争鸣,2010(8):44-46.

[35] 许玲.景观世界的商品化现实与迷幻的主体:德博尔"景观社会"中的影像、消费与媒介[J].江汉论坛,2007(9):65-67.

[36] 董青,洪艳."体育媒体奇观"研究:以世界杯足球赛为例[J].北京体育大学学报,2010(12):23-26.

[37] 胡岑岑.网络社区、狂热消费与免费劳动:近期粉丝文化研究的趋势[J].中国青年研究,2018(6):10.

[38] 王亦高."新闻本质真实"论与亚里士多德的"真实观"[J].国际新闻界,2007(10):34-38.

[39] 杨保军.事实·真相·真实:对新闻真实论中三个关键概念及其相互关系的理解[J].新闻记者,2008(6):62.

[40] 郭道晖.新闻媒体的公权利与社会权力[J].河北法学,2012(1):2-10.

[41] 周蜀秦,宋道雷.现实空间与网络空间的政治生活与国家治理[J].南京师范大学学报(社会科学版),2015(6):50-57.

[42] 刘明洋,王鸿坤.从"身体媒介"到"类身体媒介"的媒介伦理变迁[J].新闻记者,2019(5):75-85.

[43] 牟怡.智能传播场景中的"真实"再定义[J].人民论坛·学术前沿,2020(18):12-18.

[44] 陈堂发.论私法范畴的媒体权利:基于《民法典·人格权编》相关条款[J].新闻与传播研究,2020(8):66-74.

[45]潘忠党.也谈"读经典":《做新闻》的跨语境品鉴[J].新闻记者,2021(4):11-22.

[46]雷晓艳.事实核查的国际实践:逻辑依据、主导模式和中国启示[J].新闻界,2018(12):12-17.

[47]王君超,叶雨阳.西方媒体的"事实核查"制度及其借鉴意义[J].新闻记者,2015(8):21-26.

[48]梁亮.浅析国外事实核查的发展现状[J].传媒评论,2018(5):54-67.

[49]刘琰.我国近现代新闻检查制度综述[J].青年记者,2009(9):89-90.

[50]李凌凌,秦瑞.我国事实核查网站现状及发展趋势[J].新闻爱好者,2020(5):43-45.

[51]郑雯佳.开放的探索:事实核查实践与公共生活的相互依存——以"NJU核真录"为例[J].新闻记者,2020(8):20-31.

[52]李希光,吴艳梅."后真相"时代的事实核查新闻:发展与局限[J].全球传媒学刊,2018(2):52-75.

[53]周炜乐,方师师.从新闻核查到核查新闻:事实核查的美国传统及在欧洲的嬗变[J].新闻记者,2017(4):33-42.

[54]文卫华,曾一珺."事实核查"的发展及在新传播形态下的运用[J].中国记者,2016(12):113-115.

[55]郑晓迪.国外网络新闻事实核查的相关研究与技术应用[J].新闻界,2017(2):95-97.

[56]杨丽萍.欧美新闻事实核查技术应用及趋势[J].中国传媒科技,2018(6):24-26.

[57]史安斌,饶庆星.事实核查类新闻的兴起:救赎还是纵容?[J].青年记者,2016(16):85-87.

[58]宗桢,刘雪芹.后真相时代新闻真实性的困境及应对策略[J].戏剧之家,2019(27):218-220.

[59]李玮,蒋晓丽.从"符合事实"到"社群真知":后真相时代对新闻何以为"真"的符号哲学省思[J].现代传播,2018(12):50-58.

[60]陈力丹,孙龙飞,邝西曦.泛众传播视域下的新闻真实[J].新闻与写作,2016(3):51-55.

[61]喻国明.中国媒介产业的现实发展与未来趋势[J].中国人民大学学报,2002(1):10-16.

[62]黄升民,刘珊.颠覆与重构:中国媒介产业化二十年[J].新闻与传播评论,2018(1):74-81.

[63] 黄升民."媒介产业化"十年考[J].现代传播(中国传媒大学学报),2007(1):101-107.

[64] 喻国明,赵睿.从"下半场"到"集成经济模式":中国传媒产业的新趋势——2017我国媒体融合最新发展之年终盘点[J].新闻与写作,2017(12):9-13.

[65] 向志强,彭祝斌.媒介产业价值链与媒介组织的管理创新[J].新闻界,2006(5):14-15.

[66] 马英杰,黄存勋.基于媒介产业价值链的馆媒合作研究[J].档案学研究,2012(1):46-48.

[67] 张毓强.产业化:国际传播媒介发展的必由路径[J].现代传播(中国传媒大学学报),2012(12):42-44.

[68] 王欢妮,刘海明.网红文化的传播转向与群体心理:基于"流浪大师"现象的考察[J].新闻与写作,2019(7):43-47.

[69] 李力,常青.网红文化影响下的青年价值困境及其超越[J].中国青年研究,2020(6):114-119.

[70] 田英.传播学视域下网红经济存在的问题及对策[J].青年记者,2019(35):28-29.

[71] 王晶.从网红到网红经济:自媒体传播新探索[J].新传媒,2017(3):49-50.

[72] 史安斌,沈晓波.破"墙"建"桥"与报业的数字化转型[J].青年记者,2016(13):82-85.

[73] 黄楚新,王丹丹.国外主流传统媒体付费阅读状况及借鉴意义[J].中国报业,2019(5):102-106.

[74] 嵇美云.大众传播第三人效果的案例研究[J].当代传播,2001(11):77-78.

论文

[1] 邱雪.财新数字新闻付费模式研究[D].沈阳:辽宁大学,2019.

[2] 赵盈.日常生活审美化与都市消费空间:以上海"新天地"为例[D].上海:上海师范大学,2006.

报纸

[1] 金元浦.电影、电视和通俗文学[N].中华读书报,2001-07-26(5).

[2] 郑保卫.媒介教育大众化势在必行[N].中华新闻报,2002-1-15(5).